Klausurenbuch
für die
Rechtspflegerprüfung

Klausurenbuch für die Rechtspflegerprüfung

Herausgegeben von

Renate von König
Susanne Sonnenfeld
Brigitte Steder

2000
Walter de Gruyter · Berlin · New York

Gedruckt auf säurefreiem Papier,
das die US-ANSI-Norm über Haltbarkeit erfüllt.

Die Deutsche Bibliothek – CIP-Einheitsaufnahme

Klausurenbuch für die Rechtspflegerprüfung / hrsg. von Renate von König ... – Berlin ; New York : de Gruyter, 2000
ISBN 3-11-015909-0

Umschlaggestaltung: Christopher Schneider, D-12157 Berlin
Konvertierung/Satz: WERKSATZ Schmidt & Schulz, D-06773 Gräfenhainichen
Druck: Gerike GmbH, D-10999 Berlin
Bindung: Lüderitz & Bauer GmbH, D-10833 Berlin

Dem Erinnern an
Professor Diether Huhn

Vorwort

„Klausuren-Lösen wird gelernt durch Klausuren lösen“ wie auch „Klausuren-Schreiben nur durch Klausuren schreiben gelernt wird!“

Diese Erfahrung ließ die Idee zu vorliegendem Klausurenbuch entstehen und bildet gleichzeitig dessen Konzeption. Es soll als „Trainingsstrecke“ dienen, für das vor allen Rechtspflegeranwärtern liegende Finale des Studiums, der Rechtspflegerprüfung. Es wendet sich damit insbesondere an die Fachhochschulstudenten des Fachbereichs Rechtspflege aber auch an diejenigen, die sich im Studium oder in der Ausbildung mit den behandelten Rechtsgebieten befassen.

Der weitgefächerte Themenkanon der Rechtspflegerausbildung und -prüfung wird durch Klausuren sämtlicher relevanter Rechtsgebiete abgedeckt. Die Zusammensetzung des Autorenteams gewährleistet, daß nahezu sämtliche Fachhochschulen, die über einen Fachbereich Rechtspflege verfügen, vertreten und somit auch fachhochschulspezifische Besonderheiten wie z. B. im Hinblick auf die zur Prüfung zugelassenen Hilfsmittel, berücksichtigt sind. Es ist so ein „flächen- und themendeckendes“ Übungsbuch des Klausurenschreibens für die Rechtspflegerprüfung entstanden.

Die einzelnen Fälle bestehen aus einem Klausurentext und einer Musterlösung.

Ziel dieses Buches ist es nicht, die einzelnen Problemkreise der jeweiligen Fälle inhaltlich zu vertiefen und über den eigentlichen Lösungsweg hinaus zu erläutern. Im Vordergrund steht die Methodik der Fallösung, durch die Musterlösung soll dargestellt werden, was von den Studenten im Hinblick auf Inhalt, Aufbau, Form und Stil der Lösung erwartet wird; dabei wollen wir nicht verhehlen, daß auch die hier abgedruckten Musterlösungen teilweise erheblich über das hinaus gehen, was unter Prüfungsbedingungen tatsächlich von einem Prüfungskandidaten erwartet werden kann.

Die Erfahrung der Klausurenkorrektur lehrt uns, daß zahlreiche Studenten nicht aufgrund mangelnder Rechtskenntnisse in Klausuren scheitern, sondern aufgrund des Unvermögens, das Wissen in juristisch geeigneter Form darzustellen. Die Musterlösungen sollen neben der inhaltlichen Lösung insbesondere die Darstellungsform aufzeigen. Da sich die Fälle auf alle für den Rechtspfleger relevanten Rechtsgebiete erstrecken, wird darüber hinaus auch die Wissensvermittlung und -wiederholung gewährleistet.

Unser Dank gebührt den engagierten Mitautoren, die dem Buch zu einer bundesweit repräsentativen Mischung an Klausurfällen für die Rechtspflegerprüfung verholfen haben und dem Verlag de Gruyter, der mit der Aufnahme dieses Klausurenbuches sein Lehrbuchangebot nunmehr auch auf die Studenten des Fachbereichs Rechtspflege ausweitet.

Berlin, im November 1999 Die Herausgeberinnen

Prof. Diether Huhn
1935–1999

Wir blicken zurück, um vorauszuschauen

„Was nach diesem Leben kommt, ist Gegenstand unterschiedlicher Glaubensüberzeugungen, was in diesem Leben geschieht, Gegenstand unterschiedlicher Einschätzungen. In Wirklichkeit wissen wir über das, was vor Augen liegt, nicht viel mehr als über das was kommt.“ Das waren typische Sätze von Diether Huhn, der von dem, was vor Augen liegt, weit mehr wußte als die Meisten.

Die Endlichkeit des irdischen Daseins war eine der wenigen Gewißheiten, die auch er, der oft anderer Ansicht – besser eigener vorausschauender Einsicht war, nicht in Frage stellte. Er war Richter in Berlin, Landgerichtsrat, Richter am Kammergericht, Vorsitzender Richter am Landgericht, Professor an der Fachhochschule für Verwaltung und Rechtspflege Berlin, langjährig Rektor, Prorektor der FHVR und Dekan des Fachbereichs Rechtspflege, ehemals Gesamthochschulbeauftragter des Senats von Berlin. Das sind biographische Daten, ihre nicht einmal vollständige Aufzählung allein rühmen sein Lebenswerk, seine Persönlichkeit nicht. Dies haben andere getan, allen voran die Bundesministerin der Justiz Prof. Dr. Herta Däubler-Gmelin, das war seiner würdig.

Die Jurisprudenz, die sich mit der Beurteilung vergangener, allenfalls gegenwärtiger Sachverhalte beschäftigen muß, war sein Beruf, seine Berufung war weit mehr. Er konnte nicht nur beurteilen, er konnte gestalten, widersprechen, verändern als Richter, Pädagoge, Autor, Wissenschaftler, Intellektueller, Schriftsteller und vor allem als Mensch. Die Rechtspflegerausbildung in Berlin hat er auf die Fachhochschulebene gehoben, der keine Wissensvermittlungsanstalt, keine Kaderschule, sondern eine Denkschule wollte. Er war überzeugt davon, daß die Justiz nicht bereits dann demokratisch ist, wenn sie eingerichtet ist, daß Institutionen als solche nichts garantieren, daß Justiz in Deutschland keine Frage der Gesetze, sondern immer noch eine Frage des Denkens ist. Denken lehren, nicht Gedachtes war sein Ziel. Er hielt Denken für ein wichtiges soziales Verhalten, eine geeignete Waffe gegen

für ein wichtiges soziales Verhalten, eine geeignete Waffe gegen das Glauben, vor allem gegen die Autoritätsgläubigkeit. Deshalb hat er die Studentinnen und Studenten zu eigenständigem kritischen Denken angehalten, sie befähigt zu verantwortlichem Handeln und Entscheiden in demokratischem und rechtsstaatlichem Verständnis. Er hat den jungen Menschen nicht gesagt, sie sollen so werden, wie die älteren sind. Er war ein Reformator, der es schließlich für erforderlich hielt, die Rechtspflegerausbildung aus der Enge des Fachbereichs Rechtspflege und der Gerichtspraxis zu befreien, wenn der Staat Rechtspflegerinnen und Rechtspfleger haben will für das 21. Jahrhundert.
Diether Huhn hat unsere Welt am 23. 9. 1999 unwiderruflich verlassen, das Erscheinen dieses Buches hat er nicht erlebt. Für uns endet die Zeit mit und beginnt die Zeit ohne Diether Huhn, dem wir Dank schulden, nicht zuletzt für die großen und kleinen Wohltaten eines Menschenfreundes, der sich auch für diejenigen erfolgreich einsetzte, die nicht zu seinen Freunden zählten.
Sein Tod wird uns veranlassen, in seinem Geiste fortzuwirken, so gut wir es verstehen, so wird die Zeit nach ihm auch geprägt sein von der Erinnerung an ihn.

Berlin, im November 1999 Die Herausgeberinnen

Inhaltsverzeichnis

Autorenverzeichnis

Professor Dipl.-Pol. *Hans-Joachim von Schuckmann*
Fachhochschule für Verwaltung und Rechtspflege, Berlin

Diplom-Rechtspfleger *Ulrich Keller*
Fachhochschule der Sächsischen Verwaltung Fachbereich Rechtspflege, Meißen

Diplom-Rechtspfleger *Erhard Alff*
Niedersächsische Fachhochschule für Verwaltung und Rechtspflege, Hildesheim

Diplom-Rechtspflegerin *Brigitte Steder*
Fachhochschule für Verwaltung und Rechtspflege, Berlin

Professor *Günther Helwich*
Niedersächsische Fachhochschule für Verwaltung und Rechtspflege, Hildesheim

Professorin *Susanne Sonnenfeld*
Fachhochschule für Verwaltung und Rechtspflege, Berlin

Professor Dr. *Hans Rausch*
Fachhochschule für Rechtspflege Nordrhein-Westfalen, Bad Münstereifel

Professorin Dr. *Jutta Müller-Lukoschek*
Fachhochschule für Verwaltung und Rechtspflege, Berlin

Dr. *Jost Jung*
Fachhochschule, Hochschule für Rechtspflege, Schwetzingen

Heinrich Hellwig
Verwaltungsfachhochschule, Fachbereich Rechtspflege, Rotenburg a. d. Fulda

Dr. *Peter Müller-Engelmann*
Verwaltungsfachhochschule, Fachbereich Rechtspflege, Rotenburg a. d. Fulda

Diplom-Rechtspfleger *Volker Busch*
Fachhochschule für Rechtspflege Nordrhein-Westfalen,
Bad Münstereifel

Diplom-Rechtspflegerin *Renate Baronin von König*
Fachhochschule für Verwaltung und Rechtspflege, Berlin

Diplom-Rechtspflegerin *Helga Hünnekens*
Fachhochschule für Rechtspflege Nordrhein-Westfalen,
Bad Münstereifel

Dr. *Erich Denk*
Bayerische Beamtenfachhochschule Fachbereich Rechtspflege,
Starnberg

Abkürzungsverzeichnis

aA	anderer Ansicht
aaO	am angegebenen Ort
abgedr	abgedruckt
abl	ablehnend
Abs	Absatz
Abschn	Abschnitt
Abt	Abteilung
abw	abweichend
aE	am Ende
aF	alte Fassung
AG	Amtsgericht, Aktiengesellschaft
AktG	AktienG
allgem	allgemein
allgM	allgemeine Meinung
aM	anderer Meinung
amtl Begr	amtliche Begründung
ÄndG	Gesetz zur Änderung (von)
Anh	Anhang
Anl	Anlage
ao	außerordentlich
AO	Abgabenordnung
Art	Artikel
Aufl	Auflage
ausf	ausführlich
AV	Allgemeine Verfügung
Az	Aktenzeichen
B	Bund(es)
b	bei
BAG	Bundesarbeitsgericht
BAnz	Bundesanzeiger
BauGB	Baugesetzbuch
BayObLG	Bayerisches Oberstes Landesgericht
Bd, Bde	Band, Bände
begl	beglaubigt(e)
Begr, begr	Begründung, begründet

Bek	Bekanntmachung
Bekl-Vertr	Beklagten-Vertreter
Bem	Bemerkung
ber	berichtigt
bes	besonders, besondere(r, s)
betr	betreffend
BeurkG	BeurkundungsG
BGB	Bürgerliches Gesetzbuch
BGBl	Bundesgesetzblatt, ohne Ziff = Teil I, mit II = Teil II, mit III = Teil III
BGH	Bundesgerichtshof
BNotO	Bundesnotarordnung
BRAGO	Bundesrechtsanwaltsgebührenordnung
BR-Drucks	Bundesrats-Drucksache
Bsp	Beispiel
BT-Drucks	Bundestags-Drucksache
BV	Bestandsverzeichnis
BVerfG	Bundesverfassungsgericht
BVerfGE	Entscheidungen des Bundesverfassungsgerichts
bzgl	bezüglich
bzw	beziehungsweise
DB-PKH	Durchführungsbestimmungen zum Gesetz über die Prozeßkostenhilfe
ders	derselbe
dgl	dergleichen
dh	das heißt
dies	dieselben
Drucks	Drucksache
dtsch	deutsch
E	Entwurf
EB	Empfangsbekenntnis
ebd	ebenda
ed(s)	editor(s)
EGBGB	Einführungsgesetz zum BGB
EGHGB	Einführungsgesetz zum HGB
Einf	Einführung

Einl	Einleitung
engl	englisch
entspr	entsprechend
Entw	Entwurf
ErbGleichG	Erbrechtsgleichstellungsgesetz
ErgBd	Ergänzungsband
Erl	Erläuterung(en)
f, ff	folgend, folgende
FamG	Familiengericht
FamRZ	Zeitschrift für das gesamte Familienrecht
FGG	Gesetz über die Angelegenheiten der freiwilligen Gerichtsbarkeit
FHH	Freie und Hansestadt Hamburg
FlSt	Flurstück
Fn	Fußnote
FS	Festschrift
G	Gesetz
GBl	Gesetzblatt
GBO	Grundbuchordnung
geänd	geändert
Geb	Gebühr
gem	gemäß
GesO	Gesamtvollstreckungsordnung
ggf	gegebenenfalls
GKG	Gerichtskostengesetz
glA	gleicher Ansicht
GmbH	Gesellschaft mit beschränkter Haftung
GmbHG	Gesetz betreffend die Gesellschaft mit beschränkter Haftung
GrdEStG	Grunderwerbssteuergesetz
GS	Gedächtnisschrift
GV	Gemeinsame Verfügung (mehrerer Ministerien)
GVBl	Gesetz- und Verordnungsblatt
GVG	Gerichtsverfassungsgesetz
GVKostG	Gesetz über Kosten der Gerichtsvollzieher
GVO	Grundstücksverkehrsordnung

hA	herrschende Ansicht
Halbs	Halbsatz
Hdb	Handbuch
HGB	Handelsgesetzbuch
Hinw	Hinweis
hL	herrschende Lehre
hM	herrschende Meinung
HR	Handelsgegister
HRA	Handelsregister A
HRB	Handelsregister B
HRV	Handelsregisterverfügung
Hrsg, hrsg	Herausgeber, herausgegeben
Hs	Halbsatz
idF	in der Fassung
idR	in der Regel
idS	in diesem Sinne
iErg	im Ergebnis
ieS	in engerem Sinne
IHK	Industrie- und Handelskammer
im allg	im allgemeinen
insbes	insbesondere
insges	insgesamt
iS(v)	im Sinne (von)
iVm	in Verbindung mit
iwS	in weiterem Sinne
iZw	im Zweifel
JA	Jugendamt
JGG	Jugendgerichtsgesetz
JS	Justizsekretär
JOS	Justizobersekretär
JHS	Justizhauptsekretär
JM	Justizminister(ium)
Kap	Kapitel
KG	Kommanditgesellschaft, Kammergericht
Kl-Vertr	Kläger-Vertreter
Komm	Kommentar

KostO	Kostenordnung
KostVfg	Kostenverfügung
krit	kritisch
KV	Kostenverzeichnis zum GKG
lfd	laufend
LFGG	Landesgesetz für die freiwillige Gerichtsbarkeit
lit	Buchstabe
LS	Leitsatz
lt	laut
LV	Literaturverzeichnis, Schrifttumsverzeichnis
mE	meines Erachtens
m Hinw	mit Hinweis(en)
m krit Anm	mit kritischer Anmerkung (von)
m zust Anm	mit zustimmender Anmerkung
maW	mit anderen Worten
mwN	mit weiteren Nachweisen
Nachw	Nachweis(e)
nF	neue Fassung
NJW	Neue Juristische Wochenschrift
NJW-RR	NJW-Rechtsprechungsreport
Nov	Novelle
Nr	Nummer
o	oben
O	Ordnung
oä	oder ähnlich
og	oben genannt
oHG	offene Handelsgesellschaft
oJ	ohne Jahr
OLG	Oberlandesgericht
ONr	Ordnungsnummer
oV	ohne Verfasser
PartGG	Gesetz über Partnerschaftsgesellschaften Angehöriger Freier Berufe
pers	persönlich(e)

phG	persönlich haftender Gesellschafter
PKH	Prozeßkostenhilfe
Prot	Protokoll
ProzBev	Prozeßbevollmächtigte(e)
RA	Rechtsanwalt
RAussch	Rechtsausschuß
RdErl	Runderlaß
Rdschr	Rundschreiben
Reg	Regierung
RG	Reichsgericht
RGZ	Entscheidungen des Reichsgerichts in Zivilsachen
Ri	Richtlinie, auch Richter
Rn	Randnummer (-ziffer)
RPflG	Rechtspflegergesetz
Rpfleger	Der Deutsche Rechtspfleger
Rspr	Rechtsprechung
S	Seite, Satz
s	siehe
SGB VIII	Sozialgesetzbuch Teil VIII
so	siehe oben
Sp	Spalte
st	ständige
su	siehe unten
sa	siehe auch
Slg	Sammlung
sog	sogenannt(e)
StGB	Strafgesetzbuch
str	strittig, streitig
stRspr	ständige Rechtsprechung
StVG	Straßenverkehrsgesetz
StVollStrO	Strafvollstreckungsordnung
StVZO	Straßenverkehrszulassungsordnung
TB	Tagesbeginn
TE	Tagesende
Tz	Textziffer

u	unten
uä	und ähnliche
ua	unter anderem, und andere
uam	und anderes mehr
UdG	Urkundsbeamter der Geschäftsstelle
Überbl	Überblick
Übk	Übereinkommen
üM	überwiegende Meinung
unstr	unstrittig
unv	unveröffentlicht
URNr	Urkundenrollen-Nummer
uU	unter Umständen
v	vom
Vbm	Vorbemerkung
Vers	Versicherung
Vertr	Vertreter
Vfg	Verfügung
vgl	vergleiche
vgu	vorgelesen, genehmigt, unterschrieben
Voraufl	Vorauflage
Vorbem	Vorbemerkung
VormG	Vormundschaftsgericht
wv	wieder vorlegen
zB	zum Beispiel
Ziff	Ziffer
zit	zitiert
ZPO	Zivilprozeßordnung
zT	zum Teil
ZU	Zustellungsurkunde
zust	zustimmend
zutr	zutreffend
ZVG	Zwangsversteigerungsgesetz
zZ	zur Zeit

Einleitung A

Diether Huhn, Berlin

Vier allgemeine Vorbemerkungen

I. Klausuren-Lösen wird gelernt durch: Klausuren-Lösen

Mit juristischen Klausuren haben auch diejenigen, die heute Klausuren stellen – wie der aufschlußreiche Begriff lautet – und bewerten, ihre bewährten Erfahrungen „von der anderen Seite". Ehe man Klausuren ausgeben und zensieren darf (besser: muß), mußte man und frau Klausuren bearbeiten in der Hoffnung auf hinreichende Ergebnisse. Ergebnis hieß und heißt hier nicht „Lösung" des Falles, sondern die Zensur, die konzentrierte Qualifizierung durch den bestellten, nicht gewählten Beurteiler.

Ich vergesse mein ganzes Leben nicht die Monate – sie verliefen in dem mir heute idyllisch erscheinenden Schleswig –, in denen ich mich auf das 2. (sogenannte große) juristische Staatsexamen vorbereitete. Ich hatte mich und einige Leidensgefährten davon überzeugt, daß die zweckmäßigste Prüfungsvorbereitung darin bestehe, eine Auswahl von Klausuren aller in Frage kommenden Rechtsgebiete immer wieder zu bearbeiten, durchzunehmen, um die – ich weiß nicht mehr: wievielen – Fälle schließlich zu beherrschen (als ob ein juristischer Fall ein wildes Tier sei, das der Kandidat in der Manege der Prüfung unter seiner Peitsche tanzen lassen müßte). Das Problem bestand darin, hinreichend wenige (aber nicht zu wenige) und hinreichend typische Fälle zu finden, die eine möglichst hohe Chance umschlossen, wenigstens in die Nähe der „Probleme" zu kommen, mit denen in der wirklichen Prüfung zu rechnen sein würde. Mit diesem Verfahren hatten wir Glück. Wir erkannten in vielen der tatsächlichen Prüfungsklausuren die Probleme wieder, die in unseren Übungsklausuren vorgekommen waren. Unsere Methode hatte Erfolg. Das Lernen am Fall hatte sich zu Prüfungszwecken als wesentlich erfolgreicher erwiesen als das systematische, das „Lehrbuchlernen".

Ich will mit dieser biographischen Erinnerung keinen Leit- und Lehrsatz aufstellen, außer vielleicht den Satz: Klausuren-Lösen wird nur durch Klausuren-Lösen gelernt. Hochsprung wird nur durch Hochsprung gelernt, sagte mein Vater, der einer von Deutschlands ersten Leichtathleten war. Und als Hochsprungtrainer fand er den Satz am wirksamsten: „Höher springen! Versuche einfach, höher zu springen!“ Mit gewissen Einschränkungen gilt die Lehre dieses Satzes auch für die juristische Prüfung, wenn es hier auch vielleicht etwas komplizierter ist, den Begriff der Höhe zu definieren als dort, wo das mit einer Hochsprunglatte passiert.

II. 250 Jahre Prüfungserfahrung

Dies ist also ein Buch der Prüfungsvorbereitung für die Rechtspflegerprüfung. Ich denke, daß es daneben auch ein Buch ist, das die praktische Gestalt des Rechtes der freiwilligen Gerichtsbarkeit in gewisser Weise beschreibt und in deren Praxis auf eine praktische Weise einführt.

Für jemanden wie mich, der sich mit solchen semipraktischen Fällen und mit vielen wirklichen Praxisfällen dieser (und anderer) Gebiete leidend und Leiden machend seit 40 Jahren beschäftigt, ist die Versuchung gegenüber einer Sammlung wie dieser groß, das Phänomen selbst, die „Soziologie der Klausur“, zum Gegenstand einer kritischen Betrachtung zu machen. Das ist jedoch nur mehr ein persönliches als ein allgemeines Bedürfnis. So verweise ich alle, denen es vielleicht darin ähnlich geht wie mir, auf den zurückliegenden Versuch, den ich dem Thema früher gewidmet habe und der im Anhang dieses Buches wiedergegeben ist.

Die Hauptadressaten dieses Buches sind die Rechtspflegerstudenten, deren Studium zu Ende geht. Wir präsentieren Ihnen dieses Buch in der durch sehr lange Prüfungserfahrung gestützten Erwartung, daß es tatsächlich diejenigen Fallkonstellationen enthält, mit denen man in mehr oder weniger großer Abwandlung in Prüfungen immer wieder rechnen muß. Es wird vielleicht Kolleginnen und Kollegen geben, die eine solche Versprechung für etwas zu vollmundig halten. Ich meine sie trotzdem ganz ernst und verweise zur Legitimation auf die vielleicht 250-jährige Prüfungserfahrung, die herauskäme, wenn man die Prüfertätigkeit der Autorinnen und Autoren dieses Buches zusammenzählt.

III. Prüfung und Praxis

In diesem Buch geht es also in erster Linie um die „Probleme" (wie die Juristen gerne sagen), um die Fragestellungen, von denen die Autoren der Fälle meinen, daß sie im Mittelpunkt des Falles stehen und also in dem Gutachten jedenfalls angesprochen werden müssen, das von den Kandidaten in der Prüfung erwartet wird.

Die hier präsentierten Fälle sind sämtlich praktische Prüfungsfälle. Daß sie damit auch praktische Fälle sind, ist nicht gesagt, obwohl sie meistens aus Fällen der wirklichen Praxis entstanden sind. Hier geht es – um das in aller Deutlichkeit festzuhalten – um Prüfungs-Praxis, nicht um juristische Praxis überhaupt. Daß die Prüfung der Praxis etwa entspreche, ist ein Postulat, das zwar immer wieder aufgestellt, aber ebenso oft auch gebrochen wird. Es ist eigentlich auch ein ziemlich unerfüllbares Postulat. Das, was die juristische Praxis tatsächlich verlangt, ist kaum prüfbar bei Leuten, die nur rudimentäre Erfahrungen mit der tatsächlichen Arbeitssituation haben und die in der Ausbildung und Prüfung Leistungen in einem wesentlich anderen Kontext erbringen müssen als in der Praxis selbst. Die juristische Praxis in allen juristischen Arbeitsgebieten (außer natürlich in dem Arbeitsgebiet des juristischen Prüfers) gleicht der praktischen Ausbildungssituation kaum, eigentlich gar nicht. Ich halte mit der Resignation eines langen juristischen Berufslebens an der melancholischen Überzeugung fest, daß die Fertigkeiten, die der praktische Jurist betätigen und die Kenntnisse, die er besitzen muß, in der juristischen Ausbildung fast nicht gelehrt und gelernt werden. Gute Juristen werden es jenseits und neben der juristischen Ausbildung. Wer aber das Zeug hat, schließlich ein guter Richter, Rechtsanwalt, Rechtspfleger, Jurist zu sein, der hat auch das Zeug, gute Ausbildungs- und Prüfungsleistungen zu erbringen. Die herkömmliche juristische Ausbildung schadet nichts. Soweit, glaube ich, ist die Juristenreform der 60er Jahre doch gekommen.

IV. Dem Glück eine Chance geben

Wenn wir Studenten empfehlen, die nachfolgenden in Fällen dargestellten Probleme zu studieren, empfehlen wir ihnen keineswegs nur, das zu tun, was eben getan werden muß. Wir können durch unsere eigenen Erfahrungen bestätigen, daß der durch diese „Fälle" für die Prüfung lernt, tatsächlich auch für das „Leben" gelernt hat (wenn auch die Beziehungen komplizierter sind als es das Sprichwort nahelegt). Eine Theorie der Klausur wird in diesem Buche nicht geboten. Ich will nicht sagen, daß eine solche Theorie nicht möglich ist. Ich will auch nicht sagen, daß man Prüfungskandidaten nicht darüber belehren könnte, „wie man Klausuren schreibt". Ich will aber die Erfahrung bekräftigen, daß die Kenntnis von „Klausur-Problemen" von einem bestimmten Ausbildungszeitpunkt an nützlicher ist als sozusagen abstrakte Kenntnisse über das Klausuren-Schreiben als solches. Es ist, glaube ich, nicht sehr übertrieben, wenn man sagt: Regeln für *das* Klausuren-Schreiben gibt es eigentlich nicht. Ein familienrechtlicher Fall und ein grundbuchrechtlicher Fall (z. B.) unterscheiden sich in ihrer inneren Struktur so sehr voneinander, daß Regeln, die für die Lösung beider Arten von Fällen gelten, von einer ans Uninteressante grenzenden Allgemeinheit sind.

Ich habe eben wieder gelesen, was ich vor 20 Jahren in meinem – dann sehr umstrittenen – Buch „Der Fall Familie" (Luchterhand 1977) über das Lösen von familienrechtlichen Fällen gesagt habe. Das ist ja ein Menschenalter her! Ich habe dort unter anderem versucht, aus der allgemeinen juristischen Denk- und Analyseform von der „Natur der Sache" Folgerungen zu ziehen. Ich dachte, einige dieser Leitsätze hier wiederholen zu können. Dort steht z. B.: „Daß man die Fragen stellen kann, wenn man die Antwort besitzt, weiß Politik und Werbung". Hier gehts um den umgekehrten, an sich viel geläufigeren Vorgang. Jeder Fall trägt seine Lösung in sich. Vertiefe ich mich nur lange genug in ihn, wende ihn nur oft genug hin und her, ergibt sich, was ich zu tun habe, „wie von selbst". Im Problem liegt die Lösung, die Antwort in der Frage.

Das ist ein ganz schöner Satz, finde ich heute noch, aber ein Leitsatz zur Lösung juristischer Prüfungsfälle ist es wohl weniger, so sehr es ein Satz ist, der gegenüber dem praktischen Aktenfall nützt. In der Praxis bleibt es so: Je genauer man den Menschen zuhört, je sorgfältiger man überhaupt zuhört, je weniger man aber vorher weiß, also: je offener man ist, umso leichter fällt die Entscheidung, umso selbstverständlicher wird die Jurisprudenz. – Aber so weit sind wir hier ja nicht. Hier geht es um Klausuren, also darum, daß Jüngere sich vor Älteren beweisen, ob sie aufgenommen werden dürfen in die Reihen derer, die über Menschen juristisch befinden dürfen.

Ich verzichte also auf alle allgemeinen Regeln über das Klausuren-Schreiben. Wir gehen vielmehr davon aus, daß solche Sätze diejenigen, denen das vorliegende Buch von Nutzen sein könnte, im Verlaufe ihres Studiums schon genug gehört haben. Nur meinen Satz, daß die Qualität eines juristischen Gutachtens dadurch steigt, daß es gut geschrieben ist, würde ich gern noch anbringen. Und dann würde ich – in Abweichung zu dem Satz meines Vaters – den Satz aussprechen: Schreiben wird durch Lesen gelernt. Aber was soll eine Leseliste noch, wenn die Prüfung näher und näher rückt?

Dieses Buch will in einem einfachen Sinne, handfest, nützlich sein. Es will helfen, eine Situation zu bestehen, die ihrer Natur nach „beschränkt", aber (oder gerade deswegen) ziemlich gut zu beschreiben ist, wenn man sie – was wir alle von uns sagen können – oft genug erlebt hat.

Klausuren-Schreiben – wie gesagt – wird durch Klausuren-Schreiben gelernt. Wir nehmen an und setzen voraus, daß die Adressaten dieses Buches schon manche juristische Klausur geschrieben haben. Jetzt haben sie nicht mehr viel Zeit, bis es „ernst" wird. Wir empfehlen Ihnen deshalb *nicht*, die Fälle dieses Buches in dem Vorsatz zu studieren, sie zunächst in simulierten Klausursituationen selbst zu lösen und dann das eigene mit dem hier vorgeschlagenen Ergebnis zu vergleichen. Dieses Verfahren ist zu zeitaufwendig. Nützlicher ist es demgegenüber, den Fallkatalog dieses Buches mehrmals durchzugehen. Gebt Eurem Glück eine Chance! sage ich den Studentinnen und Studenten oft. Im Falle dieses Buches heißt das: Geht die Fälle dieses Buches so durch, daß Ihr Euch vor Beginn der Prüfung sagen könnt: Vielleicht habe ich Glück und es kommt ein Fall vor, der den Fällen gleicht, die ich bei „von König-Sonnenfeld-Steder" studiert habe.

Einleitung B

Hans-Joachim von Schuckmann, Berlin

Vorbereitung auf die Klausur und deren Bearbeitung

I. Klausurvorbereitung

Vor Klausurterminen wird von den Studenten regelmäßig gefragt, wie man sich am besten auf die Klausuren vorbereiten könnte. Unausgesprochen ist damit gemeint, welche Themen Gegenstand der Klausur seien. Abgesehen von der Unzulässigkeit der Offenlegung der konkreten Klausurprobleme, geht schon die Fragestellung an den Realitäten vorbei. Der Umfang der jeweiligen Rechtsgebiete läßt eine vollständige Kenntnis aller Rechtsprobleme nicht mehr zu. Das Ziel jeder Prüfung ist es auch nicht, die Unkenntnis des Kandidaten nachzuweisen sondern die Fähigkeit zur Anwendung juristischer Methoden bei der Lösung eines Problems festzustellen. So kann auch ein Anfangsfehler bei konsequenter weiterer Bearbeitung die Arbeit zu einem brauchbaren Ergebnis, vielleicht sogar zu einem Prädikat führen.

Ein einheitliches Klausurenschema gibt es nicht. Hilfreich sind dagegen die Arbeitsanleitungen und Aufbauschemata für die einzelnen Gebiete der freiwilligen Gerichtsbarkeit und Vollstreckung, die in den „Rechtspfleger-Studienheften“ [1], aber auch in

1 *Peter Dyrchs* Das richtige Konzipieren, Korrigieren und Analysieren von Klausuren, RpflStud 1998, 6; *Markus Jakoby* Das „Handwerkszeug“ für die juristische Fallbearbeitung, RpflStud 1993, 164; *Friedrich Lappe* Das Gutachten in der Rechtspfleger-Klausur, RpflStud 1983, 47; *ders* Der Festsetzungsantrag – ZPR-Klausur mit Musterlösung, RpflStud 1987, 34; *ders* Gutachten oder Checkliste?, RpflStud 1989, 74; *Dieter Leesmeister* „Was man weiß, was man wissen sollte“ – Vorbereitung und Feststellung des geringsten Gebots bei der Vollstreckungsversteigerung eines Grundstücks, RpflStud 1998, 120; *Elmar Staffler* Der Gerechte muß viel leiden – Fehleranalyse zur Zivilprozeßrechtsklausur, RpflStud 1996, 151; *Willi Strunz* Allgemeine Richtlinien für die Bearbeitung und Lösung von juristischen Klausuren, RpflStud 1983, 79; *Otto Wesche* Technik und Taktik der Klausurerstellung, RpflStud 1997, 137; *Hans Winter* Über die Bearbeitung von Klausuren in Vormundschaftssachen, RpflStud 1985, 85.

den „Rechtspfleger-Studienbüchern“[2] oder in Lehr- und Arbeitsbüchern[3] veröffentlicht sind. Wer sich an diese Schemata hält, wird keine wesentlichen Probleme übersehen. Das jeweilige Schema sollte aber nicht „sklavisch“ abgearbeitet werden. Es ist nicht nur zeitaufwendig sondern auch unzweckmäßig, Punkte langatmig zu erörtern, für die es im Sachverhalt keinen Anhaltspunkt gibt. Nicht existierende Probleme zu erörtern, führt eher zu einer negativen Bewertung. Welches Schema für das jeweilige Gebiet verwendet wird, ist letztlich unwesentlich.

Voraussetzung für einen Erfolg ist u. a., daß der Kandidat ausgeruht zur Bearbeitung der Klausur erscheint. Man sollte seine Klausurvorbereitung möglichst am vorletzten Tag vor der Klausur abgeschlossen haben, damit man am letzten Tag durch einen Spaziergang und rechtzeitiges Schlafengehen die nötige Entspannung findet. So vorbereitet wird einen auch eine zunächst unbekannte Problemstellung nicht aus der Fassung bringen und eher zu einer Lösung führen, die zumindest als vertretbar bezeichnet werden kann.

Zum Klausurtermin sind nur die zugelassenen Hilfsmittel z. B. Schönfelder, Deutsche Gesetze, ggfs. bestimmte Kommentare – natürlich frei von Eintragungen und Anlagen – und Taschenrechner mitzubringen. Ein Verstoß kann als Täuschungsversuch angesehen werden.

Bei den Schreibgeräten ist auch an ein Ersatzstück zu denken.

Soweit eigenes Schreibpapier verwendet werden darf, sollte man einen ausreichenden Vorrat von Blättern im Format DIN A 4 jeweils in der Mitte längs kniffen und numerieren. Damit ist bei der Bearbeitung vorgegeben, welcher Teil beschrieben und welcher als Korrekturrand freizuhalten ist. So spart man Zeit und das Wohlwollen der Korrektoren wird dem Bearbeiter sicher sein. Außerdem sollte man sich angewöhnen, stets nur die Vorderseite eines Bogens zu beschreiben. Dieses Verfahren läßt ein evtl. notwendig werdendes Auswechseln einzelner Blätter zu, ohne den weiter gültigen Text noch einmal abschreiben zu müssen. Über-

2 Band 1: *Eickmann/Gurowski* Grundbuchrecht, 4. Aufl 1992, Einführung.

3 *Böttcher* Fallbearbeitung im Grundbuchrecht, 2. Aufl 1997, XXIII; *Eickmann* Grundbuchverfahrensrecht, 3. Aufl 1994, 6. Kap; *Huhn/von Schuckmann* Arbeitsbuch Liegenschaftsrecht, 1992, 303.

haupt sollte man grundsätzlich davon absehen, erst im Konzept zu schreiben, um nachher eine Reinschrift zu fertigen. Diese Zeit hat man erfahrungsgemäß nicht.

II. Klausurbearbeitung

Sowie die Aufgabe ausgegeben ist, sollte man den Text in Ruhe durchlesen. Hierbei sollte man spontane Einfälle sofort am Rand notieren. Mit an Sicherheit grenzender Wahrscheinlichkeit wird man mit mindestens einer Stelle im Sachverhalt nichts anzufangen wissen. Schlagartig wird dann das Denken für andere Probleme blockiert. Deshalb ist es gut, sich bereits Stichworte gemerkt zu haben, die man später „abrufen" kann.

Man sollte Anträge sofort am Rand kennzeichnen zB durch ein „A". Wichtige Erklärungen sollte man sofort unterstreichen, zB in Grundbuchklausuren Bewilligungen, Auflassungen, Zustimmungen und ähnliche zur Eintragung erforderliche Erklärungen.

Auf eine Erörterung der Zuständigkeit sollte man jedenfalls dann verzichten, wenn der Aufgabentext von der Zuständigkeit ausdrücklich ausgeht. Verständlich ist zwar das Erfolgserlebnis, wenn man mit der Erörterung der relativ einfachen Zuständigkeitsfragen bereits zwei Seiten gefüllt hat. Das erhebende Gefühl, bereits die „halbe" Arbeit bewältigt zu haben, kostet aber nur Zeit, die man später dringend benötigt, und bringt kaum Punkte.

Nach Feststellung der Eingänge und Anträge ist die Erledigungsreihenfolge festzulegen. Das hat insbes. für Grundbuchklausuren Bedeutung.

Jeder Antrag muß für sich behandelt werden. Es wäre ein Aufbaufehler, vermeintlich für mehrere Anträge gemeinsam geltende Fragen zB Antragsberechtigung gewissermaßen „vor die Klammer zu ziehen". Leicht übersieht man dabei die Besonderheiten des einzelnen Antrags. Zulässig ist dagegen eine Verweisung auf frühere Ausführungen, um Wiederholungen zu vermeiden. Außerdem spart dies Zeit.

Bei der Abfassung der Lösung sollte man auf klare Aussagen achten. Man vermeide deshalb den Konjunktiv, wenn man eine Feststellung treffen will. Auch Füllworte wie „halt" sollte man weglassen.

Verlangt die Aufgabe - neben dem Gutachten - den Entwurf der Verfügungen oder auch nur der Entscheidungen, sind diese im Wortlaut ggfs mit Expeditionsangaben zu fertigen.

Am Schluß ist entweder die Arbeit zu unterschreiben oder falls anonym geschrieben wurde, die Kennummer anzugeben. Vor der Abgabe sollte man sich vergewissern, daß sämtliche Blätter vorhanden und numeriert sind.

Fall 1: Pfändung eines Nießbrauchs

Hans-Joachim von Schuckmann, Berlin

Klausur aus dem Sachgebiet Grundbuchrecht

Aufgabe:

Sie sind zuständige(r) Grundbuchrechtspfleger(in) bei dem Amtsgericht Spandau in Berlin.
Am 9. Oktober 1998 werden Ihnen die Grundakten von Spandau Blatt 27798 mit den anliegenden Eingängen vorgelegt. Der Grundbuchinhalt ergibt sich aus dem anliegenden Handblatt.
In der Grundakte befinden sich keine unerledigten Vorgänge.

1. Äußern Sie sich bitte gutachtlich zu den Eingängen.
2. Entwerfen Sie bitte die Verfügungen des Gerichts.

Sofern Zwischenverfügungen ergehen, ist in der Regel danach davon auszugehen, daß die Beanstandungen behoben wurden.

Bearbeitungszeit: 5 Stunden
Hilfsmittel: Schönfelder, Deutsche Gesetze
Beck'sche Textausgabe, Band „GBO“

Sachverhalt:

Marktfrucht GmbH

10717 Berlin, den 30.09.1998
Pariser Straße 58

An das
Amtsgericht Spandau
- Grundbuchamt -

Eingegangen am 01.10.1998
um 10.03 Uhr
Berlin, den 01.10.1998

Wald, JHS

In der
Grundbuchsache
Spandau Blatt 27798

überreiche ich Löschungsbewilligung vom
01.09.1998 und beantrage die Löschung des Nießbrauchs II/1.

Ruth Kirschkern
Geschäftsführerin

/22

Rechtsanwalt Karl Weiß

10715 Berlin, den 30.09.1998
Kurfürstendamm 201

An das
Amtsgericht Spandau
- Grundbuchamt -

Eingegangen am 01.10.1998
um 10.05 Uhr
1 Anlage
Berlin, den 01.10.1998

Wald, JHS

In der Grundbuchsache
Spandau Blatt 27798

überreiche ich Pfändungs- und Überweisungsbeschluß des Amtsgerichts Spandau vom 02.09.1998 - 30 M 987/98 - nebst Zustellungsurkunde und beantrage namens und in Vollmacht des Gläubigers, die Pfändung des Nießbrauchs II/1 im Grundbuch einzutragen.

Weiß
Rechtsanwalt

/23

Hinweis für den Bearbeiter:
Die Zustellungsurkunde ist mit dem Pfändungs- und Überweisungsbeschluß fest verbunden und ergibt, daß die Zustellung an die Drittschuldnerin am 09.09.1998 erfolgt ist.

Amtsgericht Spandau 02.09.1998
30 M 987/98

Pfändungs- und Überweisungsbeschluß

In der Zwangsvollstreckungssache
des Kaufmanns Karl Obst, geboren am 18.10.1950,
Uhlandstraße 57, 10717 Berlin

Gläubiger

Prozeßbevollmächtiger:
Rechtsanwalt Karl Weiß, Kurfürstendamm 201, 10715 Berlin

gegen

die Kauffrau Ruth Kirschkern, geboren am 21.02.1953,
Streitstraße 13, 13587 Berlin,

Schuldnerin

Nach dem Urteil des Landgerichts Berlin vom 20.12.1997
– 52 O 12/97 –
kann der Gläubiger von der Schuldnerin 20.000,00 DM beanspruchen.
Wegen dieses Anspruchs sowie der Kosten dieses Beschlusses und seiner Zustellung wird der angeblich für die Schuldnerin an dem Grundstück der Marktfrucht GmbH, Pariser Straße 58, 10717 Berlin, Drittschuldnerin, im Grundbuch von Spandau des Amtsgerichts Spandau, Band 926, Blatt 27798 in Abteilung II unter laufender Nr. 1 eingetragene Nießbrauch gepfändet.
Die Drittschuldnerin Marktfrucht GmbH darf an den Schuldner nicht mehr leisten.
Die Schuldnerin darf nicht mehr über den Nießbrauch verfügen.
Zugleich wird dem Gläubiger die Befugnis zur Ausübung der aus dem Nießbrauch folgenden Rechte überwiesen.

(Es folgt Kostenberechnung über 350,00 DM).

Korinthenberg
Rechtspfleger

Ausgefertigt:
Meikel, JAng.
als Urkundsbeamtin der Geschäftsstelle
/zu 23

Notar Otto Horn

Potsdam, den 30.09.1998
Berliner Straße 108

An das
Amtsgericht Spandau
- Grundbuchamt -

Eingegangen am 01.10.1998 um 10.10 Uhr 1 Anlage Berlin, den 01.10.1998 *Wald*, JHS

In der Grundbuchsache
Spandau Blatt 27798

überreiche ich

Eintragungsbewilligung vom 29.09.1998 (UR-Nr. 930/98)
mit der Bitte, den gestellten Anträgen zu entsprechen.

Horn, Notar

/24

UR-Nr. 930/98

Eintragungsbewilligung

Als Geschäftsführerin der Marktfrucht GmbH bewillige und beantrage ich, im Grundbuch von Spandau Blatt 27798 eine Vormerkung zur Sicherung des Anspruchs des Kaufmanns Karl Reiß in Berlin, geboren am 01.03.1940, und des Maklers Kurt Braun in Berlin, geb. 02.04.1941, aus einem im Vertrag vom 27.07.1998 (UR-Nr. 727/97 Notar Horn) vereinbarten schuldrechtlichen Vorkaufsrechts einzutragen.

Potsdam, den 29.9.1998
Ruth Kirschkern

– Es folgt notarielle Unterschriftsbeglaubigung –

/zu 24

Rechtsanwalt und Notar
Hans Schwarz

10719 Berlin, den 30.09.1998
Uhlandstraße 80

An das
Amtsgericht Spandau
- Grundbuchamt -

Eingegangen am 01.10.1998
um 10.20 Uhr
1 Anlage
Berlin, den 01.10.1998

Wald, JHS

In der Grundbuchsache
Spandau Blatt 27798

überreiche ich gem § 15 GBO meine Urkunde Nr. 929/98.

Schwarz, Notar

/25

<u>UR-Nr. 929/98</u>

Als Geschäftsführerin der Marktfrucht GmbH bewillige und beantrage ich die Eintragung eines Wohnungsrechts im Grundbuch von Spandau Blatt 27798 für die Eheleute Emil Blau, geboren am 21.08.1923 und dessen Ehefrau Ida Blau geborene Weiß, geboren am 03.07.1924, beide wohnhaft in 10717 Berlin, Emserstraße 3. Das Wohnungsrecht umfaßt 3 Räume nach Wahl der Berechtigten und die Gartennutzung. Sollten die Berechtigten die monatliche Miete mit mehr als einer Monatsmiete im Rückstand sein, erlischt das Wohnungsrecht. Zur Löschung genügt das rechtskräftige Urteil eines Gerichts.

Berlin, den 30.9.1998

Marktfrucht GmbH

Ruth Kirschkern
Geschäftsführerin

– Es folgt notarielle Unterschriftsbeglaubigung –

/zu 25

Deutsche Bauernbank AG

Berlin, den 28.09.1998
Leipziger Straße 10

An das
Amtsgericht Spandau
– Grundbuchamt –

Eingegangen am 01.10.1998 um 10.30 Uhr Berlin, den 01. Oktober 1998 *Wald*, JHS

In der Grundbuchsache
Spandau Blatt 27798

beantragen wir, bei dem Recht III/1

1. die Löschung eines letztstelligen Teilbetrages von 100.000,00 DM,

2. die Eintragung der Abtretung eines erststelligen Teilbetrages von 200.000,00 DM an die Deutsche Bank AG in Berlin einzutragen.

Hirse ***Korn***

/26

Anlage: Handblatt

Amtsgericht Spandau

Grundbuch

von

<u>Spandau</u>

Band 926 Blatt 27798

Grundbuch von Spandau **Blatt 27798**

Bestandsverzeichnis **Einlegebogen** **B R**

Lfd. Nr. Oder Grund-stücke	Bish. lfd. Nr. der Grund-stücke	Bezeichnung der Grundstücke und der mit dem Eigentum verbundenen Rechte			Größe
		Gemarkung		Wirtschaftsart und Lage	m²
		Flur	Flurstück		
1	2	3 a/b		3 c	4
1	–	9	10/1	Hof und Gebäudefläche, Havelpark 11	200
2	–	9	10/2	Gartenland, Havelpark 12	300

• Wenn die Angabe der Gemarkung fehlt, stimmt ihre Bezeichnung mit der des Grundbuchbezirks überein.

Fortsetzung auf Einlegebogen **B**

Grundbuch von Spandau **Blatt 27798**

Bestandsverzeichnis **Einlegebogen** **B R**

Bestand und Zuschreibungen		Abschreibungen	
Zur Lfd. Nr. der Grund-stücke		Zur Lfd. Nr. der Grund-stücke	
5	6	7	8
1,2	Von Spandau Blatt 123 hierher übertragen am 2. August 1993 Henke Mönch		

GS 123 Bln

Grundbuch von Spandau **Blatt 27798**

Erste Abteilung Einlegebogen **I 1**

Lfd. Nr. der Eintragungen	Eigentümer	Lfd. Nr. der Grundstücke im Bestandsverzeichnis	Grundlage der Eintragung
1	2	3	4
1	Marktfrucht GmbH, Berlin	1, 2	Aufgelassen am 1. Februar 1993 und eingetragen am 2. August 1993 Henke Mönch
			Fortsetzung auf Einlegebogen **I**

Grundbuch von Spandau **Blatt 27798**

Zweite Abteilung Einlegebogen **II R**

Lfd. Nr. der Eintragungen	Lfd. Nr. der betroffenen Grundstücke im Bestandsverzeichnis	Lasten und Beschränkungen
1	2	3
1	1, 2	Nießbrauch für die Kauffrau Ruth Kirschkern, geb. 21.2.1953, Berlin. Unter Bezug auf die Bewilligung vom 2.3.1994 (UR-Nr. 123/94 Notar Otto Blomberg in Berlin) eingetragen am 3.5.1994. Henke Mönch
		Fortsetzung auf Einlegebogen **II**

Grundbuch von Spandau **Blatt 27798**

Zweite Abteilung Einlegebogen **II**

Veränderungen		Löschungen	
Lfd. Nr. der Spalte 1		Lfd. Nr. der Spalte 1	
4	5	6	7

Grundbuch von Spandau **Blatt 27798**

Dritte Abteilung **Einlegebogen** **III R**

Lfd. Nr. der Eintragungen	Lfd. Nr. der belasteten Grundstücke im Bestandsverzeichnis	Betrag	Hypotheken, Grundschulden, Rentenschulden
1	2	3	4
1	1, 2	500.000,00 DM	Fünfhunderttausend Deutsche Mark Grundschuld nebst bis zu 15 – fünfzehn – v H Jahreszinsen für die Deutsche Bauernbank AG in Berlin unter Bezug auf die Bewilligung vom 4. 6. 1994 (Notar Schwarz in Berlin UR-Nr. 681/94) eingetragen am 30. Juni 1994. Henke Mönch

Fortsetzung auf Einlegebogen **III**

Grundbuch von Spandau **Blatt 27798**

Dritte Abteilung **Einlegebogen** **III**

Veränderungen		
Lfd. Nr. der Spalte 1	Betrag	
5	6	7

Grundbuch von Spandau **Blatt 27798**

Dritte Abteilung **Einlegebogen** **III L R**

		Löschungen
Lfd. Nr. der Spalte 1	Betrag	
8	9	10

Fortsetzung auf Einlegebogen **III L**

Gutachten:

A. Anträge

I. Dem Grundbuchamt liegen 5 Eingänge (ONr 22, 23, 24, 25, 26) vor.

1. Beantragt wurde die Eintragung

a) der Löschung des Nießbrauchs II/1 (ONr 22)
b) der Pfändung des Nießbrauchs II/1 (ONr 22)
c) der Vormerkung für ein schuldrechtliches Vorkaufsrecht (ONr 24)
d) des Wohnungsrechts (ONr 25)
e) der Teillöschung der Grundschuld III/1 (ONr 26):
f) der Teilabtretung der Grundschuld III/1 (ONr 26).

2. Da mehrere Anträge gestellt sind, richtet sich die Erledigungsreihenfolge nach dem Eingangszeitpunkt soweit dasselbe Recht betroffen ist (§ 17 GBO). Sämtliche Eingänge sind zeitlich nacheinander beim Grundbuchamt eingegangen.
Dasselbe Recht ist iSv § 17 GBO betroffen, wenn zwischen den beantragten Eintragungen ein Rangverhältnis besteht oder eine Eintragung die andere ausschließt oder die früher beantragte Eintragung die später beantragte Eintragung erst zulässig macht.

a) Löschung und Pfändung II/1 betreffen dasselbe Recht II/1 und müssen gem § 17 GBO nacheinander erledigt werden.

b) Vormerkung und Wohnungsrecht betreffen das Eigentum und müssen nacheinander erledigt werden (§ 17 GBO).

c) Teillöschung und Teilabtretung III/1 betreffen zwar dasselbe Recht III/1 aber unterschiedliche Teile; können also unabhängig voneinander erledigt werden.

3. Bei mehreren Anträgen kann der Antragsteller bestimmen, daß die eine Eintragung nicht ohne die andere Eintragung erfolgen soll (§ 16 Abs 2 GBO). Eine ausdrückliche Bestimmung gem § 16

Abs 2 GBO liegt nicht vor. Es ist auch keine stillschweigende Bestimmung anzunehmen, da zwischen den Anträgen kein innerer rechtlicher oder wirtschaftlicher Zusammenhang besteht, der eine einheitliche Erledigung als gewollt annehmen läßt.

II. Löschung II/1 (ONr 22)

1. Antragsteller ist die Grundstückseigentümerin Marktfrucht GmbH.
Sie ist als Begünstigte antragsberechtigt.
Die GmbH wird von der Geschäftsführerin vertreten (§ 35 Abs 1 GmbHG). Es bedarf aber noch des Vertretungsnachweises der Geschäftsführerin durch Vorlage eines

a) beglaubigten Handelsregisterauszugs oder

b) Registerzeugnisses gem § 32 Abs 2 GBO oder einer

c) Notarbescheinigung gem § 21 BNotO.

Eine Bezugnahme auf das Handelsregister B (§ 34 GBO) ist nicht möglich, da in Berlin nur beim Amtsgericht Charlottenburg das Handelsregister geführt wird.
Das Amtsgericht Spandau ist also nicht zugleich das Registergericht.

2. Die Bezeichnung des Grundstücks ist durch Hinweis auf das Grundbuchblatt erfolgt (§ 28 GBO).

3. Es fehlt die Löschungsbewilligung (§ 19 GBO) der Berechtigten II/1 in mindestens notariell beglaubigter Form (§ 29 GBO).

4. Die Bewilligungsbefugnis der Berechtigten II/1 könnte eingeschränkt sein, da durch den Eingang ONr 23 bekannt ist, daß eine Pfändung des Nießbrauchs vorliegt. Es ist zu prüfen, ob die Pfändung bereits wirksam geworden ist. Die Pfändung des Nießbrauchs und die damit verbundene Verfügungsbeschränkung wird mit Zustellung des Pfändungsbeschlusses an die Drittschuldnerin wirksam (§ 857 Abs 1 ZPO iVm § 829 ZPO).[1] Deshalb

1 *Haegele/Schöner/Stöber* Grundbuchrecht, 11. Aufl Rn 1389.

ist die Vorlage der Ausfertigung des Pfändungsbeschlusses und der Zustellungsurkunde erforderlich. Das Grundbuchamt darf das Grundbuch nicht „sehenden Auges" unrichtig machen.

5. Da der Pfändungs- und Überweisungsbeschluß bereits am 9. September 1998 zugestellt worden ist, bedarf es noch der Zustimmung des Pfändungsgläubigers (§ 876 S 1 BGB) in öffentlich beglaubigter Form (§ 29 GBO).
Das gilt jedoch gem § 878 BGB nicht, wenn die Aufhebungserklärung schon vor Wirksamwerden der Pfändung für die Nießbrauchberechtigte gem § 875 Abs 2 BGB durch Übergabe der Bewilligung an die Eigentümerin bindend geworden ist.[2]

6. Die Berechtigte des Nießbrauchs ist zugleich Geschäftsführerin der GmbH, die als Grundstückseigentümerin im Grundbuch eingetragen ist. Die Aushändigung der Löschungsbewilligung an die Grundstückseigentümerin muß nach außen hin erkennbar gemacht werden, wenn dadurch die Bindung an die Aufhebungserklärung herbeigeführt werden soll.[3]

7. § 878 BGB kommt aber schon deshalb nicht zur Anwendung, weil der Eintragungsantrag nicht vor Wirksamwerden der Pfändung durch die Zustellung am 9. September 1998 an die Eigentümerin beim Grundbuchamt eingegangen ist.

8. Die Voreintragung der betroffenen Berechtigten II/1 liegt vor (§ 39 GBO).

9. Es ist eine Zwischenverfügung gem § 18 GBO zu erlassen.[4] Die Zwischenverfügung muß wegen der erforderlichen Fristsetzung zugestellt werden (§ 16 Abs 2 FGG).

2 BayObLG, Rpfleger 1998, 69.
3 BayObLG, Rpfleger 1998, 69.
4 AA *Böttcher* Zwangsvollstreckung im Grundbuch, Rn 509 = sofortige Zurückweisung, weil Zustimmung des Pfändungsgläubigers wegen dessen Antrags auf Eintragung der Pfändung nicht zu erwarten sei.

III. Pfändung II/1 (ONr 23)

1. Antragsteller ist der Pfändungsgläubiger.
Als Begünstigter ist er antragsberechtigt (§ 13 GBO).
Er wird vertreten durch Rechtsanwalt Weiß. Dieser muß seine Vollmacht nachweisen, weil die Prozeßvollmacht nur die Vollstreckung, aber nicht das Grundbuchverfahren umfaßt.

2. Der Nießbrauch ist nicht übertragbar (§ 1059 S 1 BGB). Deshalb wäre er auch nicht pfändbar (§ 851 Abs 1 ZPO). Die Ausübung des Nießbrauchs kann aber einem Dritten überlassen werden (§ 1059 S 2 BGB). Deshalb kann der Nießbrauch doch gepfändet werden (§ 857 Abs 3 ZPO) und nicht nur der Anspruch auf Ausübung.[5]

3. Wirksam wird die Pfändung mit Zustellung an die Drittschuldnerin (§ 829 BGB). Eine Eintragung im Grundbuch ist zur Wirksamkeit der Pfändung nicht erforderlich.[6]
Da die Eintragung im Grundbuch weder gesetzlich vorgeschrieben noch zugelassen ist, kann sie nur erfolgen, wenn an die Eintragung oder Nichteintragung rechtliche Folgen geknüpft sind.

4. Die Aufhebung des Nießbrauchs durch die Nießbrauchberechtigte ohne Zustimmung des Pfändungsgläubigers und Löschung im Grundbuch (§ 875 Abs 1 BGB) ist dem Pfändungsgläubiger gegenüber unwirksam (§§ 136, 135 Abs 1 BGB). Der Nießbrauch wäre formell gelöscht, aber materiell nicht erloschen. Bei gutgläubigem Erwerb des Grundstücks durch Dritte würde das Recht auch materiell erlöschen (§ 892 BGB). Die Eintragung ist deshalb zulässig.[7]

5. Da der Unrichtigkeitsnachweis durch Vorlage der Ausfertigung des Pfändungsbeschlusses mit Zustellungsurkunde geführt wurde, ist die Pfändung des Nießbrauchs einzutragen, wenn die Vollmacht des Rechtsanwalts erbracht ist.

5 BGH, Rpfleger 1974, 186; aA *Palandt/Bassenge* § 1059 BGB Rn 6.
6 BayObLG, Rpfleger 1998, 69.
7 *Haegele/Schöner/Stöber* GBR, Rn 1389; *Böttcher* Zwangsvollstreckung im Grundbuch, Rn 507.

6. Die Bezeichnung des Grundstücks ist durch Hinweis auf das Grundbuchblatt erfolgt (§ 28 GBO).

7. Es ist eine Zwischenverfügung zu erlassen (§ 18 GBO), die an RA Weiß mit Empfangsbekenntnis (§ 212a ZPO) zugestellt werden muß.

IV. Vormerkung eines schuldrechtlichen Vorkaufsrechts (ONr 24)

1. Antragsteller ist die Marktfrucht GmbH.
Als Eigentümerin ist sie Betroffene und damit antragsberechtigt (§ 13 GBO). Die Antragstellerin wird von der Geschäftsführerin vertreten (§ 35 Abs 1 GmbHG).
Es fehlt jedoch der Nachweis der Vertretungsberechtigung (vgl II.1.)
Notar Horn tritt nur als Bote auf, da er weder den Antrag formuliert noch sich auf § 15 GBO berufen hat. Er muß aber von der Eintragung benachrichtigt werden (§ 55 Abs 1 GBO).

2. Die erforderliche Bewilligung (§ 19 GBO) liegt in notariell beglaubigter Form vor (§ 29 GBO). Vertretungsnachweis in öffentlich beglaubigter Form fehlt auch hier (vgl II.1.).

3. Eine Vormerkung kann gem § 883 BGB zur Sicherung eines schuldrechtlichen Anspruchs auf Einräumung eines dinglichen Rechts (z. B. Eigentum) eingetragen werden.
Bei einem Vorkaufsrecht ist zwischen der Befugnis, das Vorkaufsrecht auszuüben (also der Befugnis, die erforderliche Willenserklärung abzugeben), und dem schuldrechtlichen Anspruch auf Auflassung, der durch Ausübung des Vorkaufsrechts entsteht, zu unterscheiden. Gläubiger des Anspruchs auf Auflassung ist nach § 505 Abs 2 BGB der Vorkaufsberechtigte. Mithin kann zur Sicherung des Anspruchs aus einem schuldrechtlichen Vorkaufsrecht gem § 505 BGB eine Vormerkung gem § 883 BGB eingetragen werden.[8]

8 Vgl BGH, Rpfleger 1998, 17.

4. Die Eintragung soll für mehrere Personen erfolgen. Nach § 47 GBO soll in diesem Fall entweder der Anteil in Bruchteilen oder das Gemeinschaftsverhältnis angegeben werden. Wird zugunsten mehrerer Berechtigter ein schuldrechtliches Vorkaufsrecht bestellt, auf das § 513 BGB Anwendung findet, kann bei der Eintragung einer Vormerkung zugunsten der Berechtigten die Angabe des nach Ausübung des Rechts zwischen ihnen zustande kommenden Gemeinschaftsverhältnisses nicht verlangt werden. Gem § 47 GBO ist vielmehr in das Grundbuch einzutragen, daß § 513 BGB auf das Vorkaufsrecht Anwendung findet.[9]

5. Vorlage des schuldrechtlichen Vertrags ist nicht erforderlich. Es genügt bei der Eintragung die Bezugnahme auf die Vertragsurkunde, aus der sich der Anspruch ergeben soll.[10]

6. Das Grundstück ist unter Hinweis auf das Grundbuchblatt bezeichnet worden (§ 28 Abs 1 GBO). Da im Bestandsverzeichnis zwei Grundstücke gebucht sind, gelten sämtliche Grundstücke als gemeint.

7. Die Voreintragung der betroffenen Eigentümerin ist gegeben (§ 39 GBO).

8. Es ist eine Zwischenverfügung zu erlassen.

V. Wohnungsrecht (ONr 25)

1. Antragsteller ist die Marktfrucht GmbH.
Als Eigentümerin ist sie betroffen und damit antragsberechtigt (§ 13 GBO).
Die Eigentümerin ist eine GmbH, die von der Geschäftsführerin vertreten wird (§ 35 Abs 1 GmbHG).
Es fehlt der Nachweis der Vertretungsberechtigung der Geschäftsführerin (vgl II.1.).

9 BGH, Rpfleger 1998, 17.

10 KG Rpfleger 1972, 94; streitig ist hingegen die Frage, ob und inwieweit das Grundbuchamt befugt oder sogar verpflichtet ist, das Bestehen des zu sichernden Anspruchs zu prüfen, vgl *Haegele/Schöner/Stöber* GBR, 11. Aufl, Rn 1514.

Notar Schwarz tritt als Verfahrensbevollmächtigter auf, da er sich auf § 15 GBO beruft. Er hat die zur Eintragung erforderliche Bewilligung beglaubigt. Damit gilt er als zur Antragstellung namens der Antragsberechtigten ermächtigt (§ 15 GBO).

2. Die Bewilligung (§ 19 GBO) der Geschäftsführerin der Eigentümerin liegt vor.
Es fehlt aber auch hier der Nachweis der Vertretungsberechtigung. Die Form des § 29 GBO (mindestens öffentliche Beglaubigung) ist gewahrt.

3. Bei dem beantragten Wohnungsrecht handelt es sich um ein Recht gem § 1093 BGB, da bei der Wortwahl vom Ausschluß des Eigentümers von der Nutzung auszugehen ist.
Das Wohnungsrecht soll auf Spandau Blatt 27798 eingetragen werden. Dort sind jedoch zwei rechtlich selbständige Grundstücke eingetragen. Mangels anderweiter Angaben gelten sämtliche gebuchten Grundstücke als gemeint.[11] Deshalb müßte das Wohnungsrecht auf beiden Grundstücken als sogenanntes Gesamtrecht eingetragen werden.

a) Die Eintragung eines Wohnungsrechts als Gesamtrecht ist aber nicht zulässig, wenn nur ein Grundstück (Hausgrundstück) ein Wohnen ermöglicht, während sich auf dem übrigen Grundstück lediglich der dazugehörende Garten befindet.[12]

b) Auch begrifflich kann das Wohnungsrecht nicht auf dem Grundstück lfd Nr 2 des Bestandsverzeichnisses eingetragen werden, weil es sich um Gartenland handelt.[13]
Das Wohnungsrecht kann allerdings auch die Nutzung des Gartens einschließen, wenn es sich um dasselbe Grundstück handelt. Vorher müßten die Grundstücke BV Nr 1 und 2 aber rechtlich zu einem Grundstück verbunden werden und zwar entweder durch Vereinigung oder Zuschreibung als Bestandteil (§ 890 BGB). Andernfalls müßte für die Gartenutzung an dem Grundstück BV Nr 2 eine gesonderte Dienstbarkeit gem § 1090 BGB bestellt werden.

11 BayObLG, Rpfleger 1981, 147.
12 OLG Zweibrücken, Rpfleger 1998, 282.
13 OLG Zweibrücken, Rpfleger 1998, 282.

4. Es fehlt die Konkretisierung der Räume nach dem Bestimmtheitsgrundsatz.
Die Räume sind in der Eintragungsbewilligung so genau zu beschreiben, daß ein Dritter ohne weiteres feststellen kann, welche Räume gemeint sind. Die Ausübung eines Wahlrechts gem § 315 BGB kann eine zulässige auflösende und zugleich aufschiebende Bedingung für ein Wohnungsrecht an verschiedenen Räumen sein. Aber die zu wählenden Räume müssen bestimmt sein. Diese Voraussetzung liegt hier nicht vor.

5. Die Regelung des Erlöschens bei Zahlungsrückstand ist eine rechtsgeschäftliche Bedingung, die im Grundbuch direkt vermerkt werden muß. Lediglich wegen des näheren Inhalts kann auf die Bewilligung Bezug genommen werden.

6. Bei der Angabe der Berechtigten fehlt das Gemeinschaftsverhältnis (§ 47 GBO).

7. Die Voreintragung der Betroffenen ist gegeben.

8. Es ist eine Zwischenverfügung zu erlassen.

VI. Teillöschung III/1 (ONr 26)

1. Antragsteller ist die Gläubigerin III/1.
Sie ist als Betroffene antragsberechtigt (§ 13 GBO). Die Gläubigerin ist eine Aktiengesellschaft. Sie wird vom Vorstand vertreten (§ 78 AktG).
Es fehlt der Nachweis der Vertretungsberechtigung (vgl II.1.).

2. Es fehlt die Löschungsbewilligung (§ 19 GBO) in notariell beglaubigter Form (§ 29 GBO).

3. Es fehlt die Zustimmung der Eigentümerin (§ 27 GBO) in notariell beglaubigter Form (§ 29 GBO).

4. Es fehlt der Grundschuldbrief III/1 gem §§ 42, 62 GBO und zwecks Legitimationsprüfung.

5. Die Voreintragung (§ 39 GBO) ist gegeben.

6. Betrag und Grundbuch sind im Antrag ordnungsgemäß bezeichnet (§ 28 GBO).

7. Es muß eine Zwischenverfügung erlassen werden.

VII. Teilabtretung (ONr 26)

1. Antragsteller ist die Gläubigerin III/1. Als Gläubigerin ist sie Betroffene der Abtretung und damit antragsberechtigt (§ 13 GBO). Die Gläubigerin ist eine Aktiengesellschaft und wird vom Vorstand vertreten (§ 78 AktG).
Es fehlt der Nachweis der Vertretungsberechtigung (vgl II.1.).

2. Zur Eintragung ist die Bewilligung der Gläubigerin in notariell beglaubigter Form erforderlich. Diese ist anzufordern. Die Bewilligung muß die Angabe enthalten, ob und gegebenenfalls ab wann die Zinsen mitabgetreten wurden.

3. Da das Recht III/1 ein Briefrecht ist, reicht eine Abtretungserklärung in der Form des § 29 GBO (§ 26 GBO).
Es fehlt der Grundschuldbrief zwecks Legitimation und wegen §§ 42, 62 GBO.

4. Die neuen Teile der Grundschuld haben gleichen Rang. Rangbestimmung für den Teilbetrag ist zulässig, muß aber im Grundbuch eingetragen werden. Zustimmung des Eigentümers ist nicht erforderlich (§ 1151 BGB).

5. Teilbriefbildung ist zulässig aber nicht zwingend (§ 1152 BGB). Ein Antrag liegt nicht vor.

6. Die Voreintragung liegt ebenfalls vor.

7. Betrag und Grundbuch sind ebenfalls ordnungsgemäß bezeichnet.

8. Es ist eine Zwischenverfügung zu erlassen.

B. Verfügungen

I. Vfg zu ONr 22

1. Schreiben an die Eigentümerin Marktfrucht GmbH – mit ZU –:

Sehr geehrte Frau Kirschkern,

in der Grundbuchsache Spandau Blatt 27798 bedarf es noch

1. des Nachweises der Vertretungsberechtigung der Geschäftsführerin durch Vorlage eines

a) beglaubigten Handelsregisterauszugs
b) Registerzeugnisses gem § 32 Abs 2 GBO oder einer
c) Notarbescheinigung gem § 21 BNotO,

2. der Vorlage der Löschungsbewilligung (§ 19 BGO) der Berechtigten II/1
in mindestens notariell beglaubigter Form (§ 29 GBO),

3. der Vorlage der Zustimmung des Pfändungsgläubigers (§ 876 S 1 BGB)
in öffentlich beglaubigter Form (§ 29 GBO).

Es wird Ihnen eine Frist zur Erledigung (§ 18 GBO) von 3 Monaten gesetzt.

Mit freundlichen Grüßen

2. Frist: 3 Monate
3. Weitere Vfg besonders
Berlin, den ....

Rechtspfleger(in)

II. Vfg zu ONr 23

1. Schreiben an RA Weiß – EB –:

Sehr geehrter Herr Rechtsanwalt Weiß,

in der Grundbuchsache Spandau Bl 27798 bedarf es noch des Nachweises Ihrer Vertretungsmacht durch Vorlage einer Vollmacht des Gläubigers, weil die Prozeßvollmacht nur die Vollstreckung aber nicht das Grundbuchverfahren umfaßt.

Frist gem § 18 GBO: 3 Monate.

2. Frist: 3 Monate
3. W Vfg bes

Berlin, den ....

Rechtspfleger(in)

III. Vfg zu ONr 24

1. Schreiben an die Eigentümerin Marktfrucht GmbH – ZU –:

Sehr geehrte Frau Kirschkern,

in der Grundbuchsache Spandau Bl 27798 bedarf es noch des Nachweises Ihrer Vertretungsberechtigung durch Vorlage eines

a) beglaubigten Handelsregisterauszuges oder
b) Registerzeugnisses gem § 32 Abs 2 GBO oder einer
c) Notarbescheinigung gem § 21 BNotO.

Frist gem § 18 GBO: 3 Monate

2. Frist: 3 Monate
3. W Vfg bes

Berlin, den ....

Rechtspfleger(in)

IV. Vfg zu ONr 25

1. Schreiben an Notar Schwarz zu UR-Nr 929/98 – EB –:

Sehr geehrter Herr Notar,

in der Grundbuchsache Spandau Bl 27798 bedarf es noch

a) des Nachweises der Vertretungsberechtigung der Geschäftsführerin der Eigentümerin zB durch eine Notarbescheinigung gem § 21 BNotO,

b) einer Änderung der Bewilligung in der Form des § 29 GBO dahingehend, daß das Wohnungsrecht nur auf dem Grundstück Nr 1 des Bestandsverzeichnisses eingetragen wird. Die Eintragung eines Gesamtrechts ist nicht möglich, wenn nur ein Grundstück bebaut ist. Für die Gartennutzung müßte eine besondere Dienstbarkeit am Grundstück Nr 2 des Bestandsverzeichnisses bestellt werden.
Andernfalls müßten beide Grundstücke zuvor gem § 890 BGB miteinander verbunden werden.

c) der Konkretisierung der Räume in der Form des § 29 GBO,

d) der Angabe des Gemeinschaftsverhältnisses der Berechtigten gem § 47 GBO.

Frist gem § 18 GBO: 3 Monate

2. Frist: 3 Monate
3. W Vfg bes
Berlin, den ....

Rechtspfleger(in)

V. Vfg zu ONr 26

1. Schreiben an Gläubigerin III/1 – ZU –:

Sehr geehrte Damen und Herren,

in der Grundbuchsache Spandau Blatt 27798 bedarf es zur Eintragung

1. der Löschung eines Teilbetrags von 100.000,00 DM

a) des Nachweises der Vertretungsberechtigung der Damen/Herren Hirse und Korn durch Vorlage eines

aa) beglaubigten Handelsregisterauszuges oder
bb) Registerzeugnisses gem § 32 GBO oder einer
cc) Notarbescheinigung gem § 21 BNotO,

b) der Löschungsbewilligung in notariell beglaubigter Form (§ 29 GBO),

c) der Zustimmung der Grundstückseigentümerin gem § 27 GBO in notariell beglaubigter Form (§ 29 GBO),

d) der Vorlage des Grundschuldbriefes III/1 zur Legitimation der Gläubigerin und wegen §§ 41, 42, 62 GBO.

2. der Abtretung eines Teilbetrages von 200.000,00 DM

a) des Nachweises der Vertretungsberechtigung (s o)

b) der Bewilligung (§ 19 GBO) oder der Abtretungserklärung in notariell beglaubigter Form (§ 29 GBO)

c) der Vorlage des Grundschuldbriefes III/1 (s o).

Frist gem § 18 GBO: 3 Monate

2. Frist: 3 Monate
Berlin, den ....

Rechtspfleger(in)

VI. Vfg zu ONr 22

1. Beschluß
   In der Grundbuchsache Spandau Blatt 27798
   wird der Antrag der
   Marktfrucht GmbH, Pariser Str. 58, 10717 Berlin,
   vertreten durch die Geschäftsführerin Ruth Kirschkern
   vom 30.9.1998
   auf Eintragung der Löschung des Nießbrauchsrechts II/1
   zurückgewiesen.

Gründe

Die Antragstellerin ist Eigentümerin der im Grundbuch von Spandau Bl 27798 eingetragenen Grundstücke. Sie hat die Löschung des in Abt II Nr 1 für die Geschäftsführerin Ruth Kirschkern eingetragenen Nießbrauchs beantragt. Als Begünstigte der Löschung ist die Eigentümerin antragsberechtigt.
Zur Löschung bedurfte es des Vertretungsnachweises der Geschäftsführerin, der Löschungsbewilligung der Berechtigten II/1 (§ 19 GBO) und der Zustimmung des Pfändungsgläubigers (§ 876 S 1 BGB), weil die Pfändung mit Zustellung des Pfändungs- und Überweisungsbeschlusses bereits am 9.9.1998 wirksam geworden ist.
Der Antragstellerin wurde mit Zwischenverfügung vom ...., zugestellt am ...., eine Frist von 3 Monaten zur Behebung der Hindernisse gesetzt. Diese Frist ist ergebnislos verstrichen.
Der Antrag war daher zurückzuweisen.

Berlin, den ....
Amtsgericht Spandau

Rechtspfleger(in)

2. Ausfertigung von 1) an Antragstellerin senden
3. Kosten
4. W Vfg bes

Berlin, den ....

Rechtspfleger(in)

VII. Vfg zu ONr 23

1. Einzutragen in das Grundbuch von Spandau Bl 27798:

<u>Abteilung II Spalten 4 u 5</u>

Sp. 4 1
Sp. 5 Gepfändet für den Kaufmann Karl Obst geb. 18.10.1950, Berlin, wegen einer Forderung von 20.350,00 DM gem Pfändungs- und Überweisungsbeschluß des Amtsgerichts Spandau vom 2. September 1990 – 30 M 987/98 –. Eingetragen am ...

2. Wohnungsblatt
3. Nachrichten an
   a) Eigentümerin
   b) Berechtigte II/1
   c) Pfändungsgläubiger II/1
   d) Rechtsanwalt Karl Weiß
4. Kosten
5. ZdA

Berlin, den ....

Rechtspfleger(in)

VIII. Vfg zu ONr 24

Einzutragen in das Grundbuch von Spandau Bl. 27798:

<u>Abteilung II Spalten 1–3</u>

Sp. 1 2
Sp. 2 1, 2
Sp. 3 Vormerkung zur Sicherung des Anspruchs auf Eigentumsübertragung für den Kaufmann Karl Reiß in Berlin, geb. am 1.3.1940, und den Makler Kurt Braun, geb. 2.4.1941. § 513 BGB findet Anwendung. Unter Bezug auf die Bewilligung vom 29.9.1998 (UR-Nr. 930/98 Notar Horn) eingetragen am ....

2. Wohnungsblatt
3. Nachrichten an
   a) Eigentümerin
   b) Berechtigte II/2
   c) Notar Horn zu UR Nr. 930/98
4. Kosten
5. Frist löschen
6. W Vfg bes

Berlin, den ....

Rechtspfleger(in)

IX. Vfg zu ONr 25

Einzutragen in das Grundbuch von Spandau Bl. 27798:

<u>Abteilung II Spalten 1–3</u>

a)

Sp. 1 3

Sp. 2 1

Sp. 3 Bedingtes Wohnungsrecht für Emil Blau, geb. 21.8.1923, und dessen Ehefrau Ida Blau geb. Weiß, geb. 3.7.1924, beide in Berlin, als Gesamtberechtigte gem § 428 BGB. Unter Bezug auf die Bewilligungen vom 30.9.1998 (UR Nr. 929/98 Notar Hans Schwarz in Berlin) und vom .... (UR Nr. .... Notar ....) eingetragen am ....

b)

Sp. 1 4

Sp. 2 2

Sp. 3 Bedingtes Gartennutzungsrecht für Emil Blau, geb. 21.8.1923, und dessen Ehefrau Ida Blau geb. Weiß, geb. 3.7.1924, beide in Berlin, als Gesamtberechtigte gem. § 428 BGB. Unter Bezug auf die Bewilligungen vom 30.9.1998 (UR Nr. 929/98 Notar Hans Schwarz in Berlin) und vom ....(UR Nr. ....Notar ....) eingetragen am ....

2. Wohnungsblatt berichtigen
3. Nachrichten an:
    a) Eigentümerin
    b) Berechtigte II/3 u. 4
    c) Notar Hans Schwarz zu UR Nr. 929/98
4. Kosten
5. Frist ONr 25 löschen
6. W Vfg bes

Berlin, den ....

Rechtspfleger(in)

X. Vfg I zu ONr 26

1. Einzutragen in das Grundbuch von Spandau Bl. 27798:

Abteilung III Spalten 8–10

Sp. 8 1
Sp. 9 100.000,00 DM
Sp. 10 Hunderttausend Deutsche Mark letztstelliger Teilbetrag gelöscht am ....

2. Gelöschten Teilbetrag in Sp. 3 absetzen

3. Nachrichten an
    a) Eigentümerin
    b) Gläubigerin III/1

4. Vermerk auf Brief III/1 setzen:
    a) am Kopf: „Noch gültig für 400.000,00 DM"
    b) am Schluß: – einrücken Text aus Sp. 10 –

5. Brief III/1 – nach Erledigung der Verf II zu ONr 26 – an Gl. III/1 zurücksenden – Einschreiben/Rückschein
6. Kosten
7. W Vfg bes

Berlin, den ....

Rechtspfleger(in)

XI. Vfg II zu ONr 26

1. Einzutragen in das Grundbuch von Spandau Bl. 27798:

Abteilung III Spalten 5–7
Sp. 5 1a
Sp. 6 200.000,00 DM
Sp. 7 Zweihunderttausend Deutsche Mark nebst Zinsen hieraus seit dem .... mit dem Rang vor dem Rest abgetreten an die Deutsche Bank AG in Berlin. Eingetragen am ....

2. Wohnungsblatt berichtigen
3. Vermerk auf Brief III/1 setzen:
– einrücken Text aus Sp. 7 –
Berlin, den ....
Amtsgericht Spandau
4. Brief III/1 an Gl. Deutsche Bauernbank AG – Einschreiben/ Rückschein – zurücksenden
5. Nachrichten an:
a) Eigentümerin
b) Gl. III/1 u III/1a
6. Kosten
7. Frist ONr 26 löschen
8. ZdA
Berlin, den ....

Rechtspfleger(in)

Fall 2: Zwangsvollstreckung im Grundbuch

Ulrich Keller, Meißen

Klausur aus dem Sachgebiet
Grundbuch- und Zwangsvollstreckungsrecht*

Aufgabe:

Es ist gutachtlich zu prüfen, welche Entscheidungen der Rechtspfleger treffen wird. Entscheidungen müssen in ihrem Wortlaut nicht entworfen werden.

Bearbeitungszeit:	5 Stunden
Hilfsmittel:	Schönfelder, Textausgabe Deutsche Gesetze einfache Textausgabe der Gesamtvollstreckungsordnung Palandt, Bürgerliches Gesetzbuch Demharter, Grundbuchordnung Thomas/Putzo, Zivilprozeßordnung

Sachverhalt:

Dem nach dem Geschäftsverteilungsplan zuständigen Rechtspfleger beim Grundbuchamt Leipzig werden am 21.7.1997 die Grundakten der Grundbücher der Gemarkung Leutzsch Blatt 2512 und 2514 nebst den darin enthaltenen und nachstehend wiedergegebenen Schriftstücken vorgelegt. Es ist davon auszugehen, daß die dort behaupteten Tatsachen der Richtigkeit entsprechen, die Schriftstücke unterzeichnet sind, ihr Eingang beim Grundbuchamt ordnungsgemäß beurkundet ist, gerichtliche Entscheidungen und notarielle Urkunden ordnungsgemäß ausgefertigt vorliegen sowie erwähnte öffentlich-rechtliche Genehmigungen ordnungsgemäß erteilt und vorgelegt worden sind. Vorgenommene Rötungen in den Grundbuchauszügen sind in den Ablichtungen als schwarze (Unter-) Streichungen erkennbar.

* Die Klausur war Teil der Rechtspflegerprüfung im Freistaat Sachsen 1997.

Dipl.-Kfm. Elfriede Emmerling
Unternehmensberatung

Karl-Tauchnitz-Str. 15
04107 Leipzig

An das Amtsgericht Leipzig
Grundbuchamt
Schongauerstr. 5

04329 Leipzig

Amtsgericht Leipzig
Grundbuchamt

eingegangen am 23.6.1997.
um 09.38 Uhr

Leipzig, 21.6.1997

Betreff: Grundbuch von Leutzsch Blatt 2512
Grundschuld für Christian Chevalier

Sehr geehrte Damen und Herren,

nach dem Urteil des Landgerichts Leipzig vom 7.1.1997 steht mir gegen Herrn Christian Chevalier aus Leipzig eine Forderung von DM 12.805,00 nebst 5 % Zinsen seit 27.7.1996 zu. Wegen diesen Anspruchs und der weiteren Kosten des Verfahren ließ ich die in oben genanntem Grundbuch für den Schuldner eingetragene Grundschuld pfänden. Dies ergibt sich aus dem beigefügten Pfändungsbeschluß des Amtsgerichts Leipzig vom 15.5.1997.

Ich beantrage, die Pfändung in das Grundbuch einzutragen. Der Grundschuldbrief wird noch von der verwahrenden Stelle übersandt werden.
Für Kosten mache ich mich stark.

Hochachtungsvoll

(E. Emmerling)

Amtsgericht Leipzig, ...15. 5. 1997 .... **Angerstr. 40**
Datum **04177 Leipzig**

Gesch.-Nr.: ....5 B 1207/97..........
Bitte stets angeben

Pfändungs- und Überweisungsbeschluß

In der Zwangsvollstreckungssache
Elfriede Emmerling, Karl-Tauchnitz-Str. 15, Leipzig

– Gläubiger –

vertreten durch ---

gegen

Christian Chevalier, Brandenburger Str. 5, Leipzig

– Schuldner –

vertreten durch ---

Auf Grund der vollstreckbaren Ausfertigung des Urteils des
Landgerichts Leipzig
vom 7.1.1997
(Gesch.-Nr. 2 O 526/96)
kann der Gläubiger von dem Schuldner beanspruchen:

12.805	DM	Hauptforderung
513,98	DM	5 % Zinsen seit dem 27.7.1996 für die Hauptforderung
	DM	vorgerichtliche Kosten
1.857,20	DM	festgesetzte Kosten
	DM	Kosten des Mahnbescheids
	DM	Kosten des Vollstreckungsbescheids
	DM	% Zinsen seit dem aus den Kosten
	DM	Kosten früherer Vollstreckungsmaßnahmen gem. Anlage
	DM	
	DM	
15.176,18	DM	**Hinzu kommen die weiteren Zinsen**

abzüglich gezahlt am ---

Wegen dieser Ansprüche und Kosten für diesen Bescheid und der Zustellungskosten wird die angebliche Forderung des Schuldners an

Genaue Bezeichnung des Drittschuldners – Firmenbezeichnung, genaue Anschrift –

Albert und Annemarie von Aschenbach, Peterssteinweg 9, Leipzig; als Eigentümer des Grundbesitzes von Leutzsch Grundbuchblatt 2512 in BGB-Gesellschaft; sowie als Schuldner der Darlehensforderung

Drittschuldner

auf s. u.

gepfändet.

Gepfändet wird die angeblich für den Schuldner im Grundbuch des Amtsgerichts Leipzig von Leutzsch Blatt 2512 in Abteilung III auf dem Grundstück FlSt. 243 eingetragene Grundschuld mit Brief in Höhe von 120.000,00 DM nebst 15 % Zinsen seit 19.6.1996 zusammen mit der angeblichen Forderung des Schuldners, deren Sicherung die vorbezeichnete Grundschuld dient, nämlich der Forderung aus dem Darlehensvertrag vom 14.3.1996 an die Eheleute Aschenbach auf Rückzahlung des Darlehensbetrages von 120.000,00 DM nebst 6,5 % Zinsen seit dem 19.6.1996.

Der Drittschuldner darf, soweit die Forderung gepfändet ist, nicht mehr an den Schuldner zahlen.
Der Schuldner darf insoweit nicht über die Forderung verfügen, insbesondere sie nicht einziehen.
Soweit die Forderung des Schuldners gepfändet ist, wird sie dem Gläubiger zur Einziehung überwiesen.

Hinweis: Die Überweisung wird nur gleichzeitig mit der Pfändung wirksam. Für diese ist außer dem Pfändungsbeschluß die Übergabe des Grundschuldbriefes an den Gläubiger erforderlich.

Ausgefertigt ....(Huber)..................
Rechtspfleger

...........(Müller, JS z. A.)..........
als Urkundsbeamter der Geschäftsstelle

(Siegel)

Dresdner Bank Niederlassung Leipzig
W.-Leuschner-Platz 2
04103 Leipzig

An das
Grundbuchamt Leipzig
Schongauerstr. 5

04329 Leipzig

Amtsgericht Leipzig
Grundbuchamt

eingegangen am 25.6.1997.
um 12.58 Uhr

Leipzig, 24.6.1997

Betr.: Grundbuch von Leutzsch Blatt 2512

Sehr geehrte Damen und Herren,
nach Mitteilung der Frau Elfriede Emmerling über die Pfändung der im Grundbuch von Leutzsch Blatt 2512 eingetragenen Grundschuld übersenden wir den Grundschuldbrief über die im Grundbuch von Leutzsch Blatt 2512 für die Herren Bolliger und Chevalier eingetragene Grundschuld zu 120.000 DM. Der Grundschuldbrief war auftragsgemäß von uns für die Grundschuldgläubiger verwahrt worden.
Nach Vollzug der Eintragung wollen Sie diesen bitte der Pfändungsgläubigerin übersenden.
Kosten übernehmen wir nicht.

Mit freundlichen Grüßen

(ppa. Müller-Lassalle) (ppa. Krautwurst)

Deutscher

Grundschuldbrief

über

120.000 Deutsche Mark

eingetragen im Grundbuch von Leutzsch

Blatt 2512

Inhalt der Eintragung:

Nr. 1:
Grundschuld zu einhundertzwanzigtausend Deutsche Mark für Bolliger, Bernd, geb. am 15.2.1952, Leipzig, und Chevalier, Christian, geb. am 18.5.1955, Leipzig, als Gesamtgläubiger gem § 428 BGB; 15 % Zinsen; vollstreckbar gem § 800 ZPO; gem Bewilligung vom 14.3.1996 (Notar Dr. Detter, Leipzig, URNr. 127/96) eingetragen am 19.6.1996.

Belastetes Grundstück:

Das im Bestandsverzeichnis im Grundbuch unter Nr. 1 verzeichnete Grundstück.

Leipzig, den 19.6.1996

(Siegel) Amtsgericht
(Mittermeier)
Rechtspfleger

Rechtsanwalt Gunter Gerlich
Bornaische Str. 255
04275 Leipzig

Amtgericht Leipzig
Grundbuchamt
Schongauerstr. 5

04329 Leipzig

Amtsgericht Leipzig **Grundbuchamt**
eingegangen am 1.7.1997. um 15.39 Uhr

Leipzig, 27.6.1997

Grundbuch von Leutzsch

Zwangshypothek - EILT

Hiermit zeige ich an, daß ich im Zwangsvollstreckungsverfahren der

Immobilienbetreuung Leipzig GmbH,
vertreten durch den Geschäftsführer Konrad Kettler,
Grimmaische Str. 12, Leipzig

gegen die Eheleute
Albert und Annemarie von Aschenbach, Peterssteinweg 9, Leipzig
die Gläubigerin anwaltlich vertrete.

Unter Vorlage der vollstreckbaren Ausfertigung des Urteils des Landgerichts Leipzig vom 5.2.1997 beantrage ich wegen

17.580,00 DM Hauptforderung zuzüglich
301,87 DM Kosten für diesen Antrag gem BRAGO

= 17.881,87 DM nebst den laufenden Zinsen aus dem Hauptsachebetrag seit 1.10.1996

die Eintragung einer Zwangssicherungshypothek an dem Grundbesitz der Schuldner im Grundbuch von Leutzsch Blatt 2512.

Nach Eintragung erbitte ich den Schuldtitel zurück. Kosten der Eintragung wollen der Gläubigerin in Rechnung gestellt werden.

Hochachtungsvoll
(Gerlich)

Ausfertigung

Verkündet am 5.2.1997

.......(Hartmann, JOS).......
(Unterschrift der Geschäftsstelle)

Geschäftsnummer:
2 O 728/96

IM NAMEN DES VOLKES

In dem Rechtsstreit Immobilienbetreuung Leipzig GmbH,
vertr. d. d. Geschäftsführer
Konrad Kettler
Grimmaische Str. 12
Leipzig Kläger

Prozeßbevollmächtigter: Rechtsanwalt
Gunter Gerlich, Bornaische Str. 255,
Leipzig

gegen Albert von Aschenbach,
Annemarie von Aschenbach,
geb. von Poldern
Peterssteinweg 9
Leipzig
- als Gesellschafter bürgerlichen
Rechts -

Beklagte

Prozeßbevollmächtigter: Rechtsanwalt
Ludwig Loew, Hainstr. 12, Leipzig

wegen Forderung

erläßt das Landgericht Leipzig

auf Grund der mündlichen Verhandlung
vom 31.1.1997 folgendes

Urteil

1. Die Beklagten werden gesamtschuldnerisch verurteilt, an die Klägerin DM 17.580,00 (i. W.: siebzehntausendfünfhundertachtzig Deutsche Mark) nebst 2 % Zinsen jährlich über dem jeweiligen Diskontsatz der Deutschen Bundesbank seit 1.10.1996 zu zahlen.

2. Die Beklagten tragen die Kosten des Verfahrens.

3. Das Urteil ist gegen Sicherheitsleistung von DM 20.000,00 vorläufig vollstreckbar.

Gründe

(hier nicht abgedruckt)

(Baumbach)	(Lauterbach)	(Albers)
Baumbach	Lauterbach	Dr. Albers
VRiLG	RiLG	RiLG

Vorstehende Ausfertigung wird der
Immobilienbetreuung Leipzig GmbH,
vertr. d. d. Geschäftsführer Konrad Kettler
Grimmaische Str. 12
Leipzig

zum Zwecke der Zwangsvollstreckung erteilt.
Das Urteil wurde d. Beklagten/-vertreter am 7.2.1997
von Amts wegen zugestellt.

Landgericht Leipzig, den 7.2.1997

...........(Hartmann, JOS).........
(Urkundsbeamter der Geschäftsstelle)

(Siegel)

Rechtsanwalt Dr. Wilfried Wenders
Hohe Str. 12
04103 Leipzig

Amtgericht Leipzig
Grundbuchamt
Schongauerstr. 5

04329 Leipzig

Amtsgericht Leipzig
Grundbuchamt

eingegangen am 17.7.1997.
um 08.15 Uhr

Leipzig, 16.7.1997

Grundbuch von Leutzsch Blatt 2512

Sehr geehrte Damen und Herren,

Hiermit zeige ich unter Vorlage des Beschlusses des Amtsgerichts Leipzig, Abteilung Gesamtvollstreckung, vom 8.7.1997 an, daß ich zum Sequester über das Vermögen der Gesellschaft bürgerlichen Rechts der Eheleute Albert und Annemarie von Aschenbach bestellt worden bin.

Gleichzeitig teile ich mit, daß das Amtsgericht mit gleichem Beschluß die Einstellung aller Vollstreckungsmaßnahmen angeordnet hat. Aus diesem Grunde lege ich gegen die am 20.5.1997 erfolgte Eintragung einer Vormerkung für die Westsächsische Baugesellschaft mbH in das Grundbuch der Schuldner

Beschwerde

ein und beantrage, diese Vormerkung zu löschen, hilfsweise einen Amtswiderspruch hiergegen einzutragen.

Die Schuldner haben mit notariellem Vertrag vom 22.8.1996 das Grundstück FlSt. 243/1 an die Westsächsische Baugesellschaft verkauft. Die Eintragung einer Vormerkung war weder bewilligt noch beantragt worden. Nachdem aber die Erwerberin im März von den wirtschaftlichen Schwierigkeiten der Eigentümer erfahren hatte, drang sie auf Eintragung einer Vormerkung und er-

zwang diese schließlich im Wege der Zwangsvollstreckung durch einstweilige Verfügung. Der Beschluß des Amtsgerichts Leipzig vom 3.4.1997 wurde am 7.4.1997 der Westsächsischen Baugesellschaft zugestellt. Wenn zwar nicht zu diesem Zeitpunkt, hätte die Erwerberin aber spätestens zum Zeitpunkt ihrer Antragstellung auf Eintragung der Vormerkung am 9.5.1997 von dem bevorstehenden Antrag auf Gesamtvollstreckung Kenntnis erlangen müssen. Nachdem nun im Rahmen des Eröffnungsverfahrens das Amtsgericht die Einstellung laufender Vollstreckungsmaßnahmen untersagt hat, kann die Erwerberin ihre Rechte aus der Vormerkung nicht mehr weiter verfolgen. Die Vormerkung ist daher als unwirksam zu löschen.
Ich bitte um Eintragungsnachricht.

Mit freundlichen Grüßen

(Wenders)

Amtsgericht Leipzig
Abteilung Gesamtvollstreckung

Gesch.-Z.: 2 N 128/97

Leipzig, den 8.7.1997

In dem Verfahren über die Eröffnung der Gesamtvollstreckung über das Vermögen der

Gesellschaft bürgerlichen Rechts aus den Personen
Albert von Aschenbach, geb. am 22.02.1931, und
Annemarie von Aschenbach geborene von Poldern, geb.
am 15.3.1937,
beide Peterssteinweg 9, Leipzig
auf Antrag der Deutschen Bank, Zweigniederlassung
Leipzig, Schillerplatz 1, Leipzig
vom 7.7.1997

ergeht ohne mündliche Verhandlung folgender

Beschluß

1. Gem § 2 Abs. 3 GesO wird gegen die Schuldner ein allgemeines Veräußerungsverbot erlassen. Den Schuldnern wird untersagt, über das zur Masse gehörende Vermögen zu verfügen, insbesondere Vermögensgegenstände zu veräußern oder auch Forderungen einzuziehen.
2. Es wird Sequestration angeordnet. Zum Sequester wird bestellt Rechtsanwalt Dr. Wilfried Wenders, Hohe Str. 12, Leipzig. Der Sequester hat die Geschäftsführung der Schuldner zu überwachen und die Masse zu sichern. Verfügungen über Massegegenstände und -forderungen bedürfen der Zustimmung des Sequesters.
3. Eingeleitete Vollstreckungsmaßnahmen gegen die Schuldner sind gem § 2 Abs. 4 GesO ohne Sicherheitsleistung von Amts wegen einzustellen.

(Windscheid)
Windscheid
Richter am Amtsgericht

Für die Übereinstimmung der Ausfertigung
mit der Urschrift.
Amtsgericht Leipzig, 8.7.1997

...........(Gierke, JHS)............
(Urkundsbeamter der Geschäftsstelle)

(Siegel)

Notar
Dr. Dieter Detter
Willy-Brandt-Platz 5 04103 Leipzig

Amtsgericht Leipzig
Grundbuchamt
Schongauerstr. 5

04329 Leipzig

Amtsgericht Leipzig
Grundbuchamt
eingegangen am 4.7.1997.
um 11.00 Uhr

Leipzig, 2.7.1997

Betr.: Grundbuch von Leutzsch Blatt 2514
Urkunde vom 22.8.1996, URNr. 2812/96
Urkunde vom 20.6.1997, URNr. 1289/97

Sehr geehrte Damen und Herren,

ich übergebe meine Urkunde vom 20.6.1997 und beantrage gem § 15 GBO

> Eintragung der Eheleute Aschenbach als Eigentümer in BGB-Gesellschaft im Grundbuch von Leutzsch Blatt 2514, Flurstück 255 zu 740 m^2.
>
> Löschung der in Abteilung II unter Nr. 1 eingetragenen Auflassungsvormerkung; zur Bewilligung der Löschung verweise ich auf Seite 8 meiner Urkunde vom 22.8.1996, die sich in Ausfertigung bereits bei den Grundakten befindet.

Zum Nachweis der Vollmacht verweise ich auf die in Ausfertigung bereits vorliegende Urkunde vom 22.8.1996 (URNr. 2812/96), in welcher die Beteiligten der Notarangestellten Vollmacht zur Erklärung der Auflassung erteilt haben. Ebenso verweise ich auf den bei den Grundakten befindlichen beglaubigten Auszug aus dem Handelsregister des Amtsgerichts Leipzig, HR B 3215, vom 21. 8. 1996, in welchem Udo Ulmer als alleinvertretungsberechtigter Geschäftsführer der Veräußerin eingetragen ist. Die Vollmachten wurden nicht widerrufen.

Ferner lege ich vor:
Bescheinigung der Stadt Leipzig v. 5. 5. 1997 gem §§ 24 ff. BauGB
Unbedenklichkeitsbescheinigung des Finanzamts Leipzig v. 12. 5. 1997

Bezüglich der Genehmigung nach GVO verweise ich auf § 2 Abs. 1 S. 2 Nr. 1 GVO.

Ich erbitte Eintragungsnachricht. Kosten tragen die Erwerber.

Mit freundlichen Grüßen

(Detter, Notar)

Vor dem unterzeichnenden Notar

Dr. Dieter Detter

mit dem Amtssitz in Leipzig, Willy-Brandt-Platz 5

erschien heute, am

20. 06. 1997

Frau Petra Possenhofer,
geb. am 25. 7. 1967,
Notargehilfin in Leipzig,
dem Notar persönlich bekannt,

handelnd nicht im eigenen Namen sondern auf Grund Vollmacht aus der Urkunde des amtierenden Notars vom 22.8.1996 (URNr. 2812/96) für

Westsächsische Baugesellschaft mbH, gesetzlich vertreten durch den alleinigen Geschäftsführer Udo Ulmer, mit Sitz in Leipzig, Marschnerstr. 5

– nachstehend als Veräußerer bezeichnet –

und für die Eheleute

Dr. Albert von Aschenbach, geb. am 22.02.1931, und
Annemarie von Aschenbach geborene von Poldern, geb. am 15.3.1937,
beide wohnhaft in Leipzig, Peterssteinweg 9

– nachstehend als Erwerber bezeichnet –

Die Urkunde liegt bei Beurkundung in Urschrift vor und trägt keinen Widerrufsvermerk bezüglich der Vollmacht. Der Notar hat sich über die Geschäftsfähigkeit der Erschienenen Gewißheit verschafft.
Die Erschienene erklärt zur Niederschrift des Notars folgende

Auflassung

§ 1

Mit genannter Urkunde hat der Veräußerer den Erwerbern nachstehenden Grundbesitz zum Kaufpreis von DM 780.000,00 (i. W.: siebenhundertachtzigtausend Deutsche Mark) verkauft. Bei dem verkauften Grundbesitz handelt es sich um das

Flurstück 255 Gemarkung Leutzsch zu 740 m²

eingetragen im Grundbuch des Amtsgerichts Leipzig von Leutzsch Blatt 2514.

§ 2

Nach vollständiger Kaufpreiszahlung und Einholung der zur Eigentumsumschreibung im Grundbuch erforderlichen Genehmigung erkläre ich namens des Veräußerers und der Erwerber die Auflassung wie folgt:

Veräußerer und Erwerber sind sich darüber einig, daß das Eigentum an oben bezeichneten Grundbesitz auf die Erwerber im Berechtigungsverhältnis einer Gesellschaft bürgerlichen Rechts übergeht.
Sie bewilligen und beantragen die Eigentumsumschreibung im Grundbuch.

§ 3

Die Kosten dieser Urkunde und ihres Vollzuges tragen die Erwerber.

Vorgelesen, genehmigt und unterschrieben.

(Petra Possenhofer)

(Detter, Notar)

Die Übereinstimmung der vorstehenden Abschrift
mit der vorliegende Urschrift wird beglaubigt.

Leipzig, 20. 6. 1997 (Detter) (Siegel)
Dr. Detter, Notar

Bayerische Hypotheken- und Wechselbank

Richard-Wagner-Str. 15
04103 Leipzig

An das Grundbuchamt Leipzig
Schongauerstr. 5

04329 Leipzig

Amtsgericht Leipzig
Grundbuchamt

eingegangen am 6.5.1997.
um 13.08 Uhr

Leipzig, 30.4.1997

Betr.: Grundbuch von Leutzsch Blatt 2514

Sehr geehrte Damen und Herren,
im Grundbuch von Leutzsch Blatt 2514 ist zu Gunsten der Eheleute Aschenbach eine Vormerkung zur Sicherung eines Anspruchs auf Eigentumserwerb gegenüber dem eingetragenen Eigentümer eingetragen.
Wir teilen hiermit mit, daß dieser Anspruch zu unseren Gunsten mit Beschluß vom 21.4.1997 gepfändet worden ist.
Der Pfändungsbeschluß ist in Abschrift beigefügt.

Mit freundlichen Grüßen

(Koller) (ppa. Maihold)

Amtsgericht Leipzig, ...21.4.1997.........
Datum

Angerstr. 40
04177 Leipzig

Gesch.-Nr.: ....5 B 889/97..........
Bitte stets angeben

Pfändungs- und Überweisungsbeschluß

In der Zwangsvollstreckungssache
Bayerische Hypotheken- und Wechselbank, Leipzig

– Gläubiger –

vertreten durch ---

gegen

Dr. Albert Aschenbach und Annemarie Aschenbach, Peterssteinweg 9, Leipzig; in Gesellschaft bürgerlichen Rechts

– Schuldner –

vertreten durch ---

Auf Grund der vollstreckbaren Ausfertigung des Urteils des
Landgerichts Leipzig
vom 31.1.1997
(Gesch.-Nr. 2 O 826/96)
kann der Gläubiger von dem Schuldner beanspruchen:

72.500	DM	Hauptforderung
5.860,42	DM	10 % Zinsen seit dem 1.7.1996 für die Hauptforderung
	DM	vorgerichtliche Kosten
	DM	festgesetzte Kosten
	DM	Kosten des Mahnbescheids
	DM	Kosten des Vollstreckungsbescheids
	DM	% Zinsen seit dem aus den Kosten
	DM	Kosten früherer Vollstreckungs-maßnahmen gem. Anlage
	DM	
	DM	
78.360,42	DM	**Hinzu kommen die weiteren Zinsen**

abzüglich gezahlt am ---

Wegen dieser Ansprüche und Kosten für diesen Bescheid und der Zustellungskosten wird die angebliche Forderung des Schuldners an

Genaue Bezeichnung des Drittschuldners – Firmenbezeichnung, genaue Anschrift –

Westsächsische Baugesellschaft mbH, vertreten d. d. Geschäftsführer Udo Ulmer; Marschnerstr. 5, Leipzig

Drittschuldner

auf s. u.

gepfändet.

Gepfändet wird der angebliche Anspruch auf Übertragung des Eigentums an dem von den Schuldnern mit Vertrag von 22.8.1996 (Urkunde Nr. 2812/96 des Notars Dr. Detter in Leipzig) gekauften Grundstück Flurstück 255 zu 740 m^2, eingetragen im Grundbuch des Amtsgerichts Leipzig für Leutzsch Blatt 2514.
Es wird angeordnet, daß das Grundstück an einen auf Antrag des Gläubigers vom Amtsgericht Leipzig zu bestellenden Sequester herauszugeben und an ihn als Vertreter des Schuldners aufzulassen ist.

Der Drittschuldner darf, soweit die Forderung gepfändet ist, nicht mehr an den Schuldner zahlen.
Der Schuldner darf insoweit nicht über die Forderung verfügen, insbesondere sie nicht einziehen.
Soweit die Forderung des Schuldners gepfändet ist, wird sie dem Gläubiger zur Einziehung überwiesen.

Ausgefertigt

........(Huber)..................
Rechtspfleger

...........(Müller, JS z. A.)..........
als Urkundsbeamter der Geschäftsstelle

(Siegel)

Grundbuch von Leutzsch Blatt 2512

Grundbuch von Leutzsch **Blatt** 2512 **Bestandsverzeichnis**

Laufende Nummer der Grundstücke	Bisherige laufende Nummer der Grundstücke	Bezeichnung der Grundstücke und der mit dem Eigentum verbundenen Rechte a, b) Gemarkung und Flurstück	c) Wirtschaftsart und Lage	Größe
1	2	3		4
1	–	243	Freifläche	2540
2	1	243/1	Gebäude- und Freifläche; Am Stadion 5	1520
3	1	243/2	Freifläche; Am Stadion	1020

Bestand und Zuschreibungen		Abschreibungen	
Zur lfd. Nr. der Grundstücke		Zur lfd. Nr. der Grundstücke	
5	6	7	8
1	Bei Neufassung der Abteilung O als Bestand eingetragen am 25.4.1991. Mittermeier		
1, 2, 3	VN 25/94: BVNr. 1 geteilt und als BVNrn. 2 und 3 neu vorgetragen am 12.12.1996. Mittermeier		

Grundbuch von Leutzsch **Blatt** 2512 **Erste Abteilung**

Lfd. Nr. der Eintragungen	Eigentümer	Lfd. Nr. der Grundstücke im Bestandsverzeichnis	Grundlage der Eintragung
1	2	3	4
1a b	Aschenbach, Dr. Albert von, geb. am 22.02.1931, Leipzig; Aschenbach, Annemarie von, geborene von Poldern, geb. am 15.3.1937, Leipzig; – in BGB-Gesellschaft –	1	Auflassung vom 11.12.1990; eingetragen am 25.4.1991. Mittermeier

Grundbuch von Leutzsch **Blatt** 2512 **Zweite Abteilung**

Lfd. Nr. der Eintragungen	laufende Nummer der betroffenen Grundstücke im Bestandsverzeichnis	Lasten und Beschränkungen
1	2	3
1	2	Auflassungsvormerkung für die Westsächsische Baugesellschaft mbH, Leipzig; gem einstweiliger Verfügung des Amtsgerichts Leipzig vom 3.4.1997 (Az.: 3 C 245/97) eingetragen am 20.5.1997. Mittermeier

Spalten 4–7 (Veränderungen bzw Löschungen) keine Eintragungen

Grundbuch von Leutzsch **Blatt** 2512 **Dritte Abteilung**

Lfd. Nr. der Eintragungen	laufende Nummer der belasteten Grundstücke im Bestandsverzeichnis	Betrag	Hypotheken, Grundschulden, Rentenschulden
1	2	3	4
1	1	120.000 DM	Grundschuld zu einhundertzwanzigtausend Deutsche Mark für Bolliger, Bernd, geb. am 15.2.1952, Leipzig, und Chevalier, Christian, geb. am 18.5.1955, Leipzig, als Gesamtgläubiger gem § 428 BGB; 15 % Zinsen; vollstreckbar gem § 800 ZPO; gem Bewilligung vom 14.3.1996 (Notar Dr. Detter, Leipzig, URNr. 127/96) eingetragen am 19.6.1996. Mittermeier

Spalten 5–10 (Veränderungen bzw Löschungen) keine Eintragungen

Grundbuch von Leutzsch Blatt 2514

Grundbuch von Leutzsch **Blatt** 2514 **Bestandsverzeichnis**

Laufende Nummer der Grundstücke	Bisherige laufende Nummer der Grundstücke	Bezeichnung der Grundstücke und der mit dem Eigentum verbundenen Rechte: a, b) Gemarkung und Flurstück	c) Wirtschaftsart und Lage	Größe
1	2	3		4
1	–	255	Gebäude- und Freifläche	740

Bestand und Zuschreibungen		Abschreibungen	
Zur lfd. Nr. der Grundstücke		Zur lfd. Nr. der Grundstücke	
5	6	7	8
1	Bei Neufassung der Abteilung O als Bestand eingetragen am 18. 8. 1991. Mittermeier		

Grundbuch von Leutzsch Blatt 2514 Erste Abteilung

Lfd. Nr. der Eintragungen	Eigentümer	Lfd. Nr. der Grundstücke im Bestandsverzeichnis	Grundlage der Eintragung
1	2	3	4
1	Westsächsische Baugesellschaft mbH, Leipzig	1	Auflassung vom 11.6.1991; eingetragen am 18.8.1991. Mittermeier

Grundbuch von Leutzsch **Blatt** 2514 **Zweite Abteilung**

Lfd. Nr. der Eintragungen	laufende Nummer der betroffenen Grundstücke im Bestandsverzeichnis	Lasten und Beschränkungen
1	2	3
1	1	Auflassungsvormerkung für Aschenbach, Dr. Albert von, geb. am 22.02.1931, Leipzig; Aschenbach, Annemarie von, geborene von Poldern, geb. am 15.3.1937, Leipzig; in BGB-Gesellschaft; gem Bewilligung vom 22.8.1996 (Notar Dr. Detter, Leipzig, URNr. 2812/96) eingetragen am 19.9.1996. Mittermeier

Spalten 4–7 (Veränderungen bzw Löschungen) keine Eintragungen

Grundbuch von **Leutzsch** **Blatt** **2514** **Dritte Abteilung**

– keine Eintragungen –

Gutachten:

Dem Grundbuchamt liegen verschiedene Anträge auf Eintragungen in die Grundbücher der Gemarkung Leutzsch Blatt 2512 und Blatt 2514 vor.

Grundbuch Blatt 2512:

1. Antrag vom 23.6.1997 auf Eintragung der Pfändung der in Abt III Nr 1 eingetragenen Grundschuld.
2. Antrag vom 1.7.1997 auf Eintragung einer Sicherungshypothek im Wege der Zwangsvollstreckung.
3. Beschwerde vom 17.7.1997 gegen die Eintragung der Vormerkung Abt II Nr 1 mit dem Antrag diese zu löschen oder Amtswiderspruch einzutragen.

Grundbuch Blatt 2514:

4. Antrag vom 4.7.1997 auf Eintragung des Eigentumswechsels am Grundstück BVNr 1.
5. Antrag vom 4.7.1997 auf Löschung der in Abt II Nr 1 eingetragenen Auflassungsvormerkung.

Bezüglich der Pfändung des Auflassungsanspruchs durch Beschluß vom 21.4.1997 wurde durch die Gläubigerin in dem Schreiben vom 30.4.1997 kein Antrag auf Grundbucheintragung gestellt.

Die Anträge betreffen nicht dasselbe Recht. Bereits hier kann festgestellt werden, daß die Erledigungsreihenfolge des § 17 GBO nicht beachtet werden muß. Die Anträge können unabhängig voneinander vollzogen werden. Lediglich zwischen den Anträgen Nr. 4 und Nr. 5 kommt ein Vorbehalt gem § 16 Abs 2 GBO in Betracht, auf diesen wird noch einzugehen sein.
Für alle Anträge besteht eine einheitliche Zuständigkeit, sachlich und örtlich des Amtsgerichts Leipzig, § 1 Abs 1 GBO, funktionell des Rechtspflegers, § 3 Nr 1 lit h) RPflG.

I. Pfändung der Grundschuld

1. Antrag

Antrag gem § 13 Abs 1 GBO wurde gestellt durch Elfriede Emmerling. Inhaltlich ist die Eintragung der Pfändung der Grundschuld Abt. III Nr. 1 beantragt. Elfriede Emmerling ist als Pfändungsgläubigerin durch die Eintragung unmittelbar begünstigt und damit antragsberechtigt, § 13 Abs 1 S 2 GBO.
Beantragt ist lediglich Eintragung der Pfändung. Zwar wurde auch Überweisungsbeschluß erlassen, jedoch ist die Überweisung zur Einziehung nicht in das Grundbuch eintragbar, weil damit kein Gläubigerwechsel verbunden ist.[1]

2. Nachweis der Unrichtigkeit

a) Grundbuchunrichtigkeit

Die Pfändung einer Briefgrundschuld erfolgt nach §§ 857 Abs 6, 830 Abs 1 S 1 ZPO durch Erlaß des Pfändungsbeschlusses durch das zuständige Vollstreckungsgericht und Übergabe des Grundschuldbriefes an den Gläubiger, Zustellung des Pfändungsbeschlusses an den Drittschuldner nach § 829 Abs 3 ZPO ist für die Pfändung allein des Rechts nicht erforderlich. Sie wird außerhalb des Grundbuchs wirksam, die Grundbucheintragung ist Grundbuchberichtigung zur Zerstörung des guten Glaubens im Hinblick auf das Pfandrecht an der Grundschuld durch die Pfändung (§§ 135, 892 BGB). Grundbuchberichtigung kann nach §§ 22 Abs 1, 29 Abs 1 S 2 GBO erfolgen durch Unrichtigkeitsnachweis gegenüber dem Grundbuchamt. Diesem muß in Form öffentlicher Urkunden zur vollen Überzeugung die Tatsache der Grundbuchunrichtigkeit – hier der Pfändung – nachgewiesen werden.[2]

1 *Haegele/Schöner/Stöber* Grundbuchrecht, 10. Aufl München 1993, Rn 2462; *Stöber* Forderungspfändung, 11. Aufl Bielefeld 1996, Rn 1837; *Zöller/Stöber* ZPO, 20. Aufl Köln 1996, § 837 Rn 6; auf das Problem der Überweisung bei Grundpfandrechten nach der Entscheidung des BGH, NJW 1994, 3225 = Rpfleger 1995, 119 m abl Anm *Riedel* muß daher nicht eingegangen werden; dazu *Stöber* Forderungspfändung, Rn 1837a ff.; *ders* NJW 1996, 1180.
2 *Meikel/Böttcher* GBO, 7. Aufl München 1988, § 22 Rn 104.

b) Prüfung der wirksamen Pfändung

aa) Pfändungsbeschluß

Der Pfändungsbeschluß wurde am 15.5.1997 durch das örtlich zuständige Amtsgericht erlassen. Zuständig ist nach § 828 Abs 2 ZPO das Amtsgericht als Vollstreckungsgericht, in dessen Bezirk der Schuldner – hier Christian Chevalier – seinen Wohnsitz hat, funktionell zuständig ist nach § 3 Nr 3 lit a), § 20 Nr 17 RPflG der Rechtspfleger. In dem Pfändungsbeschluß ist der Drittschuldner ausreichend bezeichnet (Drittschuldner bei Pfändung einer Grundschuld ist nur der Grundstückseigentümer). Ebenso ist das gepfändete Recht nach Grundbuchblatt und Eintragung ausreichend angegeben. Daß in dem Pfändungsbeschluß daneben die schuldrechtliche Forderung im Wege der Doppelpfändung mitgepfändet ist, ist hier ohne Belang.[3]
Der Vollstreckungsschuldner ist als Gesamtgläubiger im Grundbuch eingetragen. Fraglich ist, ob aus einem Vollstreckungstitel gegen ihn die gesamte Grundschuld gepfändet werden kann, ob nicht auch ein Titel gegen den weiteren Grundschuldgläubiger Bernd Bolliger erforderlich ist. Da aber bei Gesamtgläubigerschaft nach § 428 BGB jeder Gläubiger die volle Leistung an sich fordern kann, kann auch ein Pfandgläubiger dieses volle Leistungsrecht pfänden. Die Gesamtgläubigerschaft hindert daher die Pfändung der vollen Grundschuld nicht, sie ermöglicht sie sogar erst.[4]

bb) Briefübergabe

Nach § 857 Abs 6, § 830 Abs 1 S 1 ZPO muß ferner der Gläubigerin der Brief übergeben worden sein. Im vorliegenden Fall wurde der Brief durch einen Dritten – den diese verwahrende Bank – dem Grundbuchamt vorgelegt. Damit kann das Grundbuchamt nicht davon ausgehen, daß die Gläubigerin unmittelbaren Besitz am Brief erlangt hat, der aber für die Wirksamkeit der Pfändung notwendig ist.[5] Bei Briefbesitz eines Dritten wird die Pfändung erst wirksam, wenn dieser den Brief freiwillig an die Gläubigerin herausgibt oder er nach Pfändung des Herausgabeanspruchs des

3 Zur Doppelpfändung Grundschuld/Forderung *Stöber* Forderungspfändung, Rn 1876.

4 *Stöber* Forderungspfändung, Rn 63.

5 *Stöber* Forderungspfändung, Rn 1816 ff.

Schuldners durch den Gerichtsvollzieher weggenommen wird. Fraglich ist hier, ob in der freiwilligen Vorlage beim Grundbuchamt eine Herausgabe an die Gläubigerin und damit Wirksamkeit der Pfändung gesehen werden kann. Für den vergleichbaren Fall der Vorlage des Briefes beim Vollstreckungsgericht im Zwangsversteigerungsverfahren wird das verneint.[6] Es kann daher nicht davon ausgegangen werden, daß die Gläubigerin in den Besitz des Briefes gelangt ist und die Pfändung somit wirksam geworden ist. Der Brief müßte daher zunächst durch die verwahrende Bank – nicht durch das Grundbuchamt, diesen hat es zurückzusenden – an die Gläubigerin herauszugeben, die ihn dann wieder beim Grundbuchamt zum Zwecke der Grundbucheintragung einreichen kann.[7] Sollte der Brief tatsächlich der Gläubigerin schon übergeben worden sein, wäre dies in Form des § 29 Abs 1 S. 2 GBO nachzuweisen, im übrigen könnte sie aber durch Verlust des Besitzes ihr Pfandrecht aber auch wieder verloren haben.

cc) Pfändung rückständiger Zinsen

Von der Pfändung allein der Grundschuld wären nur die seit Wirksamkeit der Pfändung laufenden Nebenleistungen miterfaßt. Im vorliegenden Fall wurden aber die Zinsen der Grundschuld seit ihrer Eintragung am 19. 6. 1996 mitgepfändet. Rückständige Nebenleistungen werden nach §§ 857 Abs 6, 830 Abs 3 ZPO, §§ 1159, 398 BGB, § 829 ZPO wie gewöhnliche Geldforderungen gepfändet. Notwendig ist daher hier neben dem Pfändungsbeschluß seine Zustellung an den Drittschuldner – hier die Grundstückseigentümer, § 829 Abs 3 ZPO.[8] Zustellungsnachweis liegt nicht vor. Die Wirksamkeit der Pfändung rückständiger Zinsen ist nicht ausreichend nachgewiesen.

3. Form der Nachweise

Die Grundbuchunrichtigkeit kann nur durch öffentliche Urkunden nachgewiesen werden, § 29 Abs 1 S 2 GBO. Der Pfändungsbeschluß ist öffentliche Urkunde, ebenso der zur Pfändung der

6 RGZ 59, 318; *Stöber* Forderungspfändung, Rn 1816.

7 *Haegele/Schöner/Stöber* Grundbuchrecht, Rn 2477; *Demharter* GBO, 21. Aufl München 1995, § 26 Rn 23; *Stöber* Forderungspfändung, Rn 1831.

8 *Haegele/Schöner/Stöber* Grundbuchrecht, Rn 2486, 2464; *Stöber* Forderungspfändung, Rn 1798.

rückständigen Zinsen notwendige Zustellungsnachweis des Gerichtsvollziehers. Die Tatsache des Briefbesitzes der Gläubigerin ist schon dann nachgewiesen, wenn sie den Brief beim Grundbuchamt einreicht,[9] es ist dann davon auszugehen, daß sie ihn ordnungsgemäß erlangt hat.

4. Voreintragung

Der betroffene Vollstreckungsschuldner ist als Gläubiger der Grundschuld im Grundbuch voreingetragen, § 39 GBO.

5. Briefvorlage

Der Grundschuldbrief zum Zwecke der Eintragung des Pfändungsvermerks nach §§ 41, 42, 62, 70 GBO liegt vor. Allerdings ist die Briefvorlage durch den Dritten nicht geeignet, die Wirksamkeit der Pfändung nachzuweisen.

6. Entscheidung des Grundbuchamts

Mangels wirksamer Pfändung ist der Antrag auf Eintragung derselben zurückzuweisen, § 18 Abs 1 GBO. Zwischenverfügung kann nicht ergehen, weil der Mangel nicht im Nachweis der Pfändung liegt sondern diese überhaupt noch nicht wirksam erfolgt ist. Hierzu muß der Gläubigerin erst der Grundschuldbrief übergeben werden. Diesen hat das Grundbuchamt an die Dresdner Bank zurückzusenden – nicht an die Gläubigerin. Möglich wäre auch eine Aussetzung des Antrags bis zur Erlangung der wirksamen Pfändung, dieser gälte dann erst ab wirksamer Pfändung als gestellt.[10] Wegen des fehlenden Zustellungsnachweises des Pfändungsbeschlusses hinsichtlich der rückständigen Zinsen hätte Zwischenverfügung ergehen können.

9 *Haegele/Schöner/Stöber* Grundbuchrecht, Rn 1831.
10 *Stöber* Forderungspfändung, Rn 1831 Fn 57.

II. Eintragung Sicherungshypothek

1. vollstreckungsrechtliche Voraussetzungen

a) Antrag

Antrag gem § 867 Abs 1 S 1 ZPO wurde gestellt durch Rechtsanwalt Gerlich für die Immobilienbetreuung Leipzig GmbH. Der Antrag ist gerichtet auf Eintragung einer Sicherungshypothek gem §§ 866, 867 ZPO zu DM 17.881,87 DM an dem Grundbesitz der Eheleute Aschenbach. Die Vertretung des Rechtsanwalts muß nicht urkundlich nachgewiesen werden, § 88 Abs 2 ZPO.

b) allgemeine Vollstreckungsvoraussetzungen

aa) Vollstreckungstitel

Als Vollstreckungstitel liegt ein Urteil des Landgerichts Leipzig vor, § 704 ZPO. Die Parteien sind ausreichend bezeichnet, insbesondere richtet sich der Titel gegen beide Vollstreckungsschuldner wie im Grundbuch eingetragen. Der Titel ist auf Geldzahlung gerichtet, hat somit vollstreckungsfähigen Inhalt. Das Urteil ist zumindest vorläufig vollstreckbar, § 709 S 1 ZPO, nach dem Datum der Verkündung kann es auch schon rechtskräftig sein, §§ 511, 516, 705 ZPO.

bb) Vollstreckungsklausel

Das Urteil liegt ordnungsgemäß in vollstreckbarer Ausfertigung vor, §§ 724, 725 ZPO.

cc) Zustellung

Die Zustellung des Urteils an die Schuldner ist durch Bescheinigung der Geschäftsstelle nachgewiesen, § 750 Abs 1, § 213a ZPO (§ 317 ZPO).

dd) besondere Vollstreckungsvoraussetzungen

Als besondere Vollstreckungsvoraussetzung kommt Sicherheitsleistung gem § 751 Abs 2 ZPO in Betracht. Das Urteil ist gem § 709 S 1 ZPO gegen Sicherheitsleistung von DM 20.000,00 vorläufig vollstreckbar, Sicherheit ist nicht geleistet. In Anwendung des § 720a Abs 1 S 1 lit. b) ZPO könnte diese auch unterbleiben. Das Urteil ist vorläufig vollstreckbar und auf Geldleistung gerichtet. Es wurde den Schuldnern innerhalb der nach § 750 Abs 3

ZPO notwendigen Frist zugestellt. Jedoch ist im Falle der Sicherungsvollstreckung nach herrschender Ansicht auch die einfache Klausel zuzustellen.[11] Dies ist im vorliegenden Fall nicht nachgewiesen, gem § 317 ZPO wird nur das reine Urteil von Amts wegen zugestellt. Der Mangel der Zustellung kann geheilt werden entweder durch inzwischen eingetretene Rechtskraft des Urteils, dies ist durch entsprechenden Vermerk nachzuweisen (§ 706 Abs 1 ZPO), durch Nachweis der Sicherheitsleistung nach § 751 Abs 2 ZPO, dann liegt kein Fall der Sicherungsvollstreckung vor, oder durch Nachweis der Zustellung der Vollstreckungsklausel durch den Gerichtsvollzieher. In Anwendung der Sicherungsvollstreckung kann Sicherheitsleistung unterbleiben.

ee) kein Vollstreckungshindernis

Es darf kein Vollstreckungshindernis gegeben sein. Dies könnte in der Anordnung der Einstellung laufender Vollstreckungsmaßnahmen des Amtsgerichts Leipzig vom 8. 7. 1997 liegen. Am 7. 7. 1997 wurde durch die Deutsche Bank beantragt, über das Vermögen der Gesellschaft bürgerlichen Rechts – der Grundstückseigentümer Aschenbach – das Gesamtvollstreckungsverfahren zu eröffnen. Mit diesem zulässigen Eröffnungsantrag tritt nach ständiger Rechtsprechung kraft Gesetzes das einstweilige Vollstreckungsverbot des § 2 Abs 4 GesO in Kraft.[12] Der Beschluß des Vollstreckungsgerichts bringt dies zum Ausdruck. Die Anordnung der Einstellung laufender Vollstreckungsmaßnahmen beinhaltet konsequent auch das Verbot der Einleitung neuer Vollstreckungsmaßnahmen. Damit steht der Eintragung der beantragten Sicherungshypothek dieses Vollstreckungshindernis entgegen. Zwar wurde ihre Eintragung am 1. 7. 1997 noch vor dem Gesamtvollstreckungsantrag und dem Vollstreckungshindernis beantragt, die Sicherungshypothek als Zwangsvollstreckungsmaßnahme genießt aber keinen Schutz nach § 17 GBO, §§ 878, 892 Abs 2 BGB gegenüber eintretenden Beeinträchtigungen.

11 *Thomas/Putzo* ZPO, 20. Aufl München 1997, § 750 Rn 18; *Zöller/Stöber* ZPO, § 720a Rn 4 auch zur Gegenansicht.

12 Grundlegend BGH, JZ 1996, 426; *Hess/Binz/Wienberg* GesO, 3. Aufl Neuwied 1997, § 2 Rn 120d.

c) Geldbetrag der Forderung

Die Forderung liegt über dem Mindestbetrag des § 866 Abs 3 ZPO.[13] Zur Hauptforderung wird die Eintragung der Kosten des Rechtsanwalts gem §§ 57, 58 Abs 3 Nr. 6 BRAGO beantragt. Für diese Kosten haftet das Grundstück bereits kraft Gesetzes, § 867 Abs 1 S 3 ZPO. Eine zusätzliche Eintragung verbietet sich daher. Insoweit wäre der Antrag auf Eintragung zurückzuweisen, nach allgemeiner Ansicht sollen diese Kosten aber von der Gesamtforderung abgezogen werden, insoweit wird der Antrag einfach ignoriert.[14]

d) mehrere Grundstücke

Die Eintragung der Hypothek ist beantragt bezüglich des Grundbuchblattes 2512. Mangels weiterer Differenzierung gelten alle dort gebuchten Grundstücke als betroffen.[15] Hier handelt es sich um FlSte. 243/1 und 243/2, die jeweils eigenes Grundstück sind. Die Sicherungshypothek kann aber nicht als Gesamtrecht an mehreren Grundstücken eingetragen werden, § 867 Abs 2 ZPO. Insoweit muß durch den Gläubiger der Forderungsbetrag auf die Grundstücke verteilt werden.

2. grundbuchrechtliche Voraussetzungen

a) Antrag

Antrag wurde durch Rechtsanwalt Gerlich als Vertreter der Vollstreckungsgläubigerin gestellt. Diese ist durch die Eintragung unmittelbar begünstigt, § 13 Abs 1 S 2 GBO.

b) Bestimmung des Geldbetrages

Der Geldbetrag der Forderung lautet auf Deutsche Mark, § 28 S 2 GBO. Neben der Hauptsache ist jedoch beantragt, die Zinsen seit 1.10.1996 (Titulierung) einzutragen. Hier handelt es sich um einen gleitenden Zinssatz orientiert an dem Diskontsatz der Deutschen Bundesbank. Er kann theoretisch unbegrenzt hoch sein.

13 Auch nach den Änderungen durch die 2. Zwangsvollstreckungsnovelle (vom 17.12.1997, BGBl I S 3037) zum 1.1.1999 sind die Voraussetzungen der §§ 866, 867 ZPO erfüllt.

14 *Haegele/Schöner/Stöber* Grundbuchrecht, Rn 2192; *Zeller/Stöber* ZVG, 15. Aufl München 1996, Einl Rn 70.2.

15 *Demharter* GBO, § 28 Rn 13.

Nach grundbuchrechtlichen Grundsätzen muß aber ein Höchstzinssatz bestimmt sein, denn nachrangige Berechtigte müssen jederzeit genau berechnen können, welcher Betrag ihnen maximal im Range vorgeht. Auch in diesem Fall muß daher der gleitende Zinssatz nach oben begrenzt werden. Die Bestimmung des Höchstzinssatzes kann nach allgemeiner Ansicht formlos durch den Gläubiger erfolgen.[16]

c) Voreintragung

Die schuldnerische Gesellschaft bürgerlichen Rechts ist als Eigentümer im Grundbuch voreingetragen, § 39 GBO.

3. Entscheidung

Der Antrag auf Eintragung der Sicherungshypothek ist zurückzuweisen, § 18 Abs 1 GBO. Das Vollstreckungshindernis des § 2 Abs 4 GBO stellt ein durch den Antragsteller nicht behebbares Eintragungshindernis dar. Die Verteilung der Forderung nach § 867 Abs 2 ZPO hätte durch nicht rangwahrende Aufklärungsverfügung nach § 139 ZPO angemahnt werden können, gleiches gilt für die fehlende Zustellung der Klausel nach § 750 Abs 3 ZPO bzw. Nachweis der Sicherheitsleistung. Bezüglich des fehlenden Höchstzinses als grundbuchrechtliches Erfordernis wäre sogar Zwischenverfügung nach § 18 Abs 1 GBO möglich gewesen.

III. Beschwerde gegen Auflassungsvormerkung

1. Zuständigkeit

Die Beschwerde wird gem § 73 GBO beim Grundbuchamt eingelegt. Über ihre Abhilfe entscheidet zunächst das Grundbuchamt, § 75 GBO. Weil die angefochtene Grundbucheintragung eine Entscheidung des Rechtspflegers ist, gilt die Beschwerde als Erinnerung gem § 11 RPflG. Über diese entscheidet zunächst der Rechtspfleger.

16 KG, Rpfleger 1971, 316 m Anm *Haegele*; *Zeller/Stöber* ZVG, Einl Rn 67.3; *Haegele/Schöner/Stöber* Grundbuchrecht, Rn 2190.

2. Zulässigkeit

a) beschränkte oder unbeschränkte Beschwerde

Mit Schreiben vom 16. 7. 1997 legte der Sequester des Vermögens der Grundstückseigentümer gegen die Eintragung der Auflassungsvormerkung vom 20. 5. 1997 Beschwerde ein. Gegen eine Eintragung ist nach § 71 Abs 2 GBO ein Rechtsmittel nicht gegeben. Im Wege der beschränkten Beschwerde kann aber verlangt werden, einen Amtswiderspruch gem § 53 Abs 1 S 1 GBO gegen die Eintragung einzutragen. Soweit sich an diese aber kein gutgläubiger Erwerb anschließen kann, kann im Wege der unbeschränkten Beschwerde die Löschung verlangt werden.[17] Es ist daher zunächst zu prüfen, ob gegen die Eintragung einer Vormerkung unbeschränkte Beschwerde mit dem Ziel der Löschung oder beschränkte Beschwerde mit dem Ziel der Eintragung eines Amtswiderspruchs zulässig ist. Maßgebend ist, ob sich an die eingetragene Vormerkung gutgläubiger Erwerb anschließen kann oder nicht. In Frage kommt ein sogenannter gutgläubiger Zweiterwerb der Vormerkung mit Abtretung der Forderung durch den Berechtigten an einen Dritten.[18] Eine Ansicht verneint die Möglichkeit gutgläubigen Erwerbs und läßt gegen die im Wege der einstweiligen Verfügung eingetragene Vormerkung die unbeschränkte Beschwerde zu.[19] Die überwiegende Ansicht hält mit der Möglichkeit des gutgläubigen Zweiterwerbs einer Vormerkung nur eine beschränkte Beschwerde für zulässig.[20]

17 Zur Unterscheidung *Demharter* GBO, § 71 Rn 37; *Meikel/Streck* GBO, § 71 Rn 39.

18 Dieser ist umstritten, wird überwiegend aber bejaht; dafür *Westermann/Eickmann* Sachenrecht Band II, 6. Aufl Heidelberg 1988, § 101 IV; *Weirich* Grundstücksrecht, 2. Aufl München 1996, Rn 701 ff.; *Haegele/Schöner/Stöber* Grundbuchrecht, Rn 1535; umfassend MünchKomm/*Wacke* BGB, 2. Aufl München 1986, § 883 Rn 64 ff.; im Ergebnis auch BGH, Rpfleger 1958, 310; dagegen *Baur/Stürner* Sachenrecht, 16. Aufl München 1992, § 20 V 1. b; unentschieden *Palandt/Bassenge* BGB, 56. Aufl München 1997, § 885 Rn 20.

19 BayObLG, Rpfleger 1987, 57; *Demharter* GBO, § 71 Rn 39, allerdings m mißverständlichem Hinw auf BGH, Rpfleger 1958, 310, der einen gutgläubigen Zweiterwerb gerade zuläßt.

20 *Meikel/Streck* GBO, § 53 Rn 48, § 71 Rn 53 mwN.

b) Einlegung der Beschwerde
Die Beschwerde wurde schriftlich beim Grundbuchamt eingelegt, § 73 Abs 1, 2 GBO.

3. Begründetheit

In jedem Fall - ob beschränkt oder unbeschränkt - ist die Beschwerde begründet, wenn die Eintragung der Auflassungsvormerkung unter Verletzung gesetzlicher Vorschriften erfolgte und das Grundbuch durch die Eintragung unrichtig geworden ist. Die Eintragung erfolgte in Vollziehung einer einstweiligen Verfügung des Amtsgerichts Leipzig vom 3.4.1997. Zu prüfen sind die Voraussetzungen dieser Vollziehung:

a) vollstreckungsrechtliche Voraussetzungen
Als Titel der Vollziehung lag der anordnende Beschluß des Amtsgerichts Leipzig vom 3.4.1997 vor, §§ 935, 936, 928 ZPO. Dieses war nach § 942 Abs 2 ZPO zum Erlaß befugt. Eine Vollstreckungsklausel war nach § 929 Abs 1 ZPO nicht notwendig. Die Verfügung konnte auch vor Zustellung an die Antragsgegner vollzogen werden, § 929 Abs 3 ZPO. Das Grundbuchamt hatte die Zustellung nicht zu prüfen und auch nicht zu überwachen, ob sie innerhalb der Wochenfrist des § 929 Abs 3 ZPO nachfolgte.[21]
Jedoch war die Vollziehungsfrist des § 929 Abs 2 ZPO nicht gewahrt. Der Verfügungsbeschluß wurde dem Antragsteller am 7.4.1997 zugestellt. Antrag auf Eintragung der Vormerkung wurde erst am 9.5.1997 gestellt. Zwar gilt in diesem Zeitpunkt die Verfügungs als vollzogen, § 932 Abs 3 ZPO analog, doch selbst hier war die Monatsfrist des § 929 Abs 2 ZPO nicht mehr gewahrt. Die Eintragung der Vormerkung hätte nicht erfolgen dürfen. Die unter Verstoß des § 929 Abs 2 ZPO getroffenen Vollstreckungsmaßnahme ist nach ganz überwiegender Ansicht unwirksam.[22]

21 BayObLG, Rpfleger 1993, 397, für die Eintragung einer Arresthypothek; *Haegele/Schöner/Stöber* Grundbuchrecht, Rn 1548; *Zöller/Vollkommer* ZPO, § 929 Rn 25, § 932 Rn 7.

22 BGH, NJW 1991, 497; *Zöller/Vollkommer* ZPO, § 929 Rn 20; *Thomas/Putzo* ZPO, § 929 Rn 5; *Brox/Walker* Zwangsvollstreckungsrecht, 5. Aufl Köln 1996, Rn 1540; anders nur *Baumbach/Lauterbach/Albers/Hartmann* ZPO, 55. Aufl München 1997, § 929 Rn 18.

Damit ist auch die eingetragene Vormerkung nicht wirksam entstanden.
Der Beschwerdeführer hält in seiner Begründung § 2 Abs 4 GesO auf die eingetragene Vormerkung für anwendbar. Mit Wirksamwerden dieses Vollstreckungshindernisses dürfen laufende Vollstreckungsmaßnahmen nicht mehr weitergeführt werden, bleiben jedoch bis zur Entscheidung über die Eröffnung des Gesamtvollstreckungsverfahrens und der damit verbundenen Rückschlagsperre des § 7 Abs 3 GesO bestehen, § 776 S 2 ZPO.[23] Damit bleibt auch die im Wege der Vollziehung der einstweiligen Verfügung entstandene Vormerkung für die Dauer des Gesamtvollstreckungseröffnungsverfahrens noch bestehen. Ob sie bei Eröffnung unter die Regelung des § 7 Abs 3 GesO fällt und dann erlischt, ist hier nicht relevant; dies muß aber verneint werden, da in jedem Fall die Vollstreckung mit Eintragung der Vormerkung beendet ist und eine erzwungene Vormerkung im Ergebnis der bewilligten gleichstehen muß, vgl § 885 Abs 1 BGB.[24]

b) grundbuchrechtliche Voraussetzungen

Es ist davon auszugehen, daß die Vormerkung auf Antrag des Berechtigten eingetragen wurde, § 13 GBO, und die weiteren grundbuchrechtlichen Voraussetzungen vorgelegen haben.

4. Entscheidung

Die Beschwerde ist begründet, weil mit Versäumnis der Vollziehungsfrist eine Eintragung der Vormerkung nicht hätte erfolgen dürfen. Die vom Beschwerdeführer vorgebrachte Begründung hingegen begründet die Beschwerde nicht.
Die Entscheidung des Grundbuchamts liegt nun entweder in der Löschung der Vormerkung, sofern die unbeschränkte Beschwerde für zulässig erachtet wird und die Möglichkeit gutgläubigen Erwerbs damit verneint wird,[25] oder in der Eintragung eines Amtswiderspruchs gem § 53 Abs 1 S 1 GBO, sofern die Möglichkeit

23 *Hess/Binz/Wienberg* GesO, § 2 Rn 120f.

24 OLG Frankfurt a M, Rpfleger 1995, 500; auch die Vormerkung zur Sicherung des Anspruchs auf Eintragung einer Bauhandwerkersicherungshypothek muß bestehenbleiben, so zu Recht OLG Jena, Rpfleger 1996, 211; anders LG Dresden, Rpfleger 1997, 106 m abl Anm *Keller*.

25 *Demharter* GBO, § 71 Rn 39.

gutgläubigen Erwerbs bejaht wird.[26] Vor einer Löschung ist dem Berechtigten rechtliches Gehör zu gewähren.[27]

IV. Eigentumswechsel

1. Antrag

Antrag wurde erklärt durch Notar Dr. Detter ohne besonderen Hinweis für welche Antragsberechtigten. Der Antrag gilt dann als für alle Antragsberechtigten gestellt.[28] Beantragt wird die Eintragung der Eheleute Aschenbach in Gesellschaft bürgerlichen Rechts als Eigentümer des im Grundbuchblatt 2514 vorgetragenen Grundstücks. Antragsberechtigt sind die Veräußerin – Westsächsische Baugesellschaft mbH- und die Erwerber – Eheleute Aschenbach, § 13 Abs 1 S 2 GBO. Für diese stellte der Notar Antrag gem § 15 GBO. Er hat die Auflassungserklärung beurkundet, für ihn gilt damit die Vermutung des § 15 GBO.

2. Auflassung

a) Rechtsfähigkeit und Geschäftsfähigkeit

Das Grundbuchamt hat unter Vorlage der Auflassungsurkunde die Wirksamkeit des materiellen Rechtsgeschäfts zu prüfen, § 20 GBO. Die Veräußerin ist rechtsfähig, § 13 Abs 1 GmbHG. Von der Geschäftsfähigkeit aller Beteiligten ist auszugehen. Bezüglich der Vertreterin Petra Possenhofer hatte sich der Notar hiervon überzeugt, § 11 BeurkG.

b) Verfügungsberechtigung

Problematisch ist die Frage der Verfügungsberechtigung der Beteiligten: Zu prüfen ist diese auf Seiten der Veräußerin, gegen

26 *Meikel/Streck* GBO, § 53 Rn 48 Fn 202; die Voraussetzungen des § 53 GBO liegen vor: Gesetzesverstoß durch das Grundbuchamt – Unrichtigkeit des Grundbuchs – Möglichkeit gutgläubigen Erwerbs; dazu *Keller* RpflStud 1992, 161; nach *Haegele/Schöner/Stöber* Grundbuchrecht, Rn 1549, kann die Löschung nur nach §§ 22, 29 GBO erfolgen; für die Arresthypothek bei Verstoß gegen § 929 Abs 3 S 2 ZPO wurde die Eintragung eines Amtswiderspruchs verneint, BayObLG, Rpfleger 1993, 397.

27 *Demharter* GBO, § 1 Rn 49; LG Nürnberg-Fürth, MittBayNot 1992, 336.

28 *Demharter* GBO, § 15 Rn 11.

sie besteht keine Verfügungsbeeinträchtigung. Fraglich ist aber, welchen Einfluß die Pfändung des Auflassungsanspruchs der Erwerber durch die Bayer. Hypo-Bank auf das Rechtsgeschäft hat, ebenso wie sich das allgemeine Veräußerungs- und Vollstreckungsverbot nach § 2 Abs 3, 4 GesO der Erwerber auf das Rechtsgeschäft auswirkt.

Letzteres hat keinen Einfluß auf die Wirksamkeit, da durch das allgemeine Veräußerungsverbot die Erwerber lediglich gehindert sind, über ihnen gehörende Gegenstände zu verfügen, nicht aber neues Vermögen zu erwerben, das bei Eröffnung der Gesamtvollstreckung im übrigen zur Masse gehört. Durch das Vollstreckungsverbot nach § 2 Abs 4 GesO wird auch die Pfändung des Auflassungsanspruchs – der als Vermögensrecht auch zur künftigen Masse gehört – noch nicht beseitigt, dies würde gem § 7 Abs 3 GesO erst mit Eröffnung der Gesamtvollstreckung eintreten.[29]

Zu erörtern sind die Auswirkungen der Pfändung selbst: Mit Beschluß vom 21.4.1997 wurde für die Bayer. Hypo-Bank der Auflassungsanspruch aus dem Kaufvertrag vom 22.8.1996 gepfändet, §§ 857 Abs 1, 828, 829, 848 Abs 1 ZPO. Drittschuldner und gepfändeter Anspruch sind in dem Beschluß ausreichend bezeichnet. Zwar ist die nach § 829 Abs 3 ZPO zur Wirksamkeit der Pfändung notwendige Drittschuldnerzustellung nicht nachgewiesen, dennoch genügt der Sachvortrag der Gläubigerbank, um dem Grundbuchamt Kenntnis der möglichen Pfändung zu verschaffen, so daß es diese beachten muß. Gepfändet wurde im übrigen nur der schuldrechtliche Anspruch auf Eigentumsverschaffung aus dem Kaufvertrag vom 22.8.1996, eine Auflassung war noch nicht erklärt, ein zu pfändendes Anwartschaftsrecht bestand daher noch nicht. Folge der Pfändung: Der schuldrechtliche Anspruch auf Eigentumsverschaffung ist verstrickt und mit einem Pfändungspfandrecht der Gläubigerin belastet, für diese gelten §§ 136, 135 BGB.[30] Die Pfändung bewirkt, daß eine wirksame Erfüllung des Anspruchs durch den Drittschuldner nur unter Mitwirkung

29 Zum Erlöschen eines Pfändungspfandrechts grundlegend nun BGH, Rpfleger 1995, 308.

30 Auf die Streitfrage öffentlich-rechtliches oder gemischt privatrechtliches Pfändungspfandrecht muß nicht eingegangen werden; *Stöber* Forderungspfändung, Rn 2034, 2043a.

der Gläubigerin möglich ist (vgl auch §§ 1281, 1282, 1287 BGB zur Verpfändung). Zur Sicherung ihrer Rechte ist ein Sequester zu bestellen, der an Stelle des Schuldners die Auflassung entgegenzunehmen hat und die Sicherungshypothek der Gläubigerin zur Eintragung zu bringen hat, § 848 Abs 2 ZPO.[31] Mit Erfüllungswirkung nach § 362 BGB kann der Drittschuldner die Eigentumsübertragung nur noch an den noch zu bestellenden Sequester leisten. Die hier erklärte Auflassung vom 20.6.1997 sollte in Erfüllung des gepfändeten Anspruchs erfolgen, ein Sequester für den Schuldner war aber nicht beteiligt. Insoweit kann der Drittschuldner das Eigentum nicht auch mit Wirkung an die Gläubigerin verschaffen, der gepfändete Anspruch wäre nicht wirksam erfüllt.

Fraglich ist, ob das Grundbuchamt diese Pfändung des schuldrechtlichen Anspruchs zu beachten hat, mit der Folge der Zustimmungspflicht der Gläubigerin an der Auflassung. Denn mit Vollzug der jetzt vorliegenden Auflassung würde der Schuldner als Eigentümer in das Grundbuch eingetragen (zwar der Gläubigerin gegenüber unwirksam, § 135 BGB), eine gleichzeitige Eintragung der Sicherungshypothek nach § 848 Abs 2 ZPO würde aber nicht erfolgen. Genau das will aber das Gesetz durch Mitwirkung des Sequesters oder des Gläubigers verhindern. Die Frage der formellen Zustimmungspflicht der Gläubigerin bei Pfändung des schuldrechtlichen Anspruchs auf Eigentumsverschaffung ist umstritten.[32] Eine Ansicht bejaht das Erfordernis der Zustimmung der Gläubigerin, da mit Erklärung und Vollzug der Auflassung über den gepfändeten Anspruch verfügt wird und dies wirksam nur mit Zustimmung des Gläubigers möglich ist.[33] Eine andere Ansicht sieht die Auflassung zutreffend als vom schuldrechtlichen Anspruch abstrakt und stellt darauf ab, daß die Pfändung oder Verpfändung eines schuldrechtlichen Anspruchs des Erwerbers keinen Einfluß auf die Verfügungsbefugnis des Veräußerers hat, und die Frage ob eine durch ihn erklärte Auflassung

31 Die Bestellung des Sequesters muß nicht im Pfändungsbeschluß erfolgen, sie kann auch später nachfolgen; *Zöller/Stöber* ZPO, § 848 Rn 3.

32 Daß sie materiellrechtlich an der Auflassung beteiligt werden muß, damit ihr gegenüber Erfüllungswirkung nach § 362 BGB eintritt, steht außer Frage.

33 BayObLG, Rpfleger 1987, 48; BayObLG, Rpfleger 1987, 299; *Demharter* GBO, § 26 Rn 27, zum gleichen Fall der Verpfändung.

geeignet ist, den geschuldeten und durch den Gläubiger gepfändeten Anspruch zur Erfüllung zu bringen, nicht durch das Grundbuchamt geprüft werden kann und auch nicht geprüft werden darf. Die Auflassung wird abstrakt zum Grundgeschäft erklärt.[34] Folgt man dieser letzten Ansicht, hat die Pfändung des schuldrechtlichen Anspruchs keinen Einfluß auf die Wirksamkeit der Auflassung. Das Grundbuchamt darf weder eine Zustimmung der Pfandgläubigerin verlangen, noch die Auflassung mangels Mitwirkung eines Sequesters ablehnen.

c) Inhalt der Auflassung

Die Auflassung wurde durch Petra Possenhofer als Vertreterin von Veräußerer und Erwerber erklärt. Die Vollmacht wurde jeweils in der Urkunde vom 22.8.1996 erklärt, Befreiung von § 181 BGB muß dabei logisch erklärt worden sein. Die Auflassung wurde in der Form des § 925 Abs 2 BGB unbedingt und unbefristet erklärt, § 925 Abs 2 BGB. Das betroffene Grundstück wurde ausreichend bezeichnet, § 28 S 1 GBO. Das Anteilsverhältnis der Erwerber besteht in zulässiger Gesellschaft bürgerlichen Rechts, § 47 GBO.

d) Vertretung

Petra Possenhofer erklärte die Auflassung als Vertreterin. Sie gab eigene Willenserklärungen im Namen der Vertretenen ab. Vertretungsmacht unter Befreiung von § 181 BGB wurde jeweils erklärt in dem notariellen Kaufvertrag vom 22.8.1996. Für die Veräußerung handelte der alleinvertretungsberechtigte Geschäftsführer Udo Ulmer, § 35 GmbHG.

3. Bewilligung

Neben der Auflassungserklärung ist nach ganz allgemeine Ansicht die Eintragungsbewilligung des betroffenen Eigentümers gem § 19 GBO erforderlich. Diese liegt aber konkludent in der Auflassungserklärung,[35] wurde im vorliegenden Fall im übrigen ausdrücklich erklärt.

34 Grundlegend *Stöber* DNotZ 1985, 587, zum gleichen Fall der Verpfändung, ebenso *Haegele/Schöner/Stöber* Grundbuchrecht, Rn 1564, 1576aff.; *Stöber* Forderungspfändung, Rn 2043a.

35 Für alle *Demharter* GBO, § 20 Rn 2.

4. Form

Der Antrag ist formlos möglich, er wurde schriftlich gestellt. Die Auflassungserklärung ist in öffentlicher Urkunde nachgewiesen, § 29 Abs 1 S 2 GBO. In gleicher Weise muß die Vertretungsmacht der Petra Possenhofer nachgewiesen werden. Ihr wurde Vertretungsmacht in der notariellen Urkunde vom 22. 8. 1996 erteilt, diese lag bei Abgabe der Auflassung in Urschrift vor und befindet sich im übrigen laut Sachverhalt in Ausfertigung beim Grundbuchamt. Das Bestehen dieser Vertretungsmacht im Zeitpunkt der Abgabe der Auflassungserklärung ist daher in Form des § 29 Abs 1 S 2 GBO nachgewiesen, vgl § 172 BGB, § 12 S 1 BeurkG (zutreffend hat der Notar in seiner Urkunde auf die ihm vorliegende Urschrift der Vollmachtsurkunde verwiesen). Für die Veräußerin handelte Udo Ulmer als alleinvertretungsberechtigter Geschäftsführer, § 35 GmbHG. Dessen Vertretungsmacht im Zeitpunkt seiner Vollmachtserteilung am 22. 8. 1996 ist durch den beglaubigten HR-Auszug vom 21. 8. 1996 ausreichend nachgewiesen, § 32 GBO.[36]

5. Voreintragung

Die Veräußerin ist als Eigentümer im Grundbuch voreingetragen, § 39 GBO.

6. öffentlich-rechtliche Genehmigungen

Bescheinigung über Nichtausübung des Vorkaufsrechts der Stadt Leipzig liegt vor, §§ 24, 28 Abs 1 S 2 BauGB. Unbedenklichkeitsbescheinigung des Finanzamts liegt vor, § 22 GrdEStG. Eine Genehmigung nach § 2 Abs 1 S 1 GVO ist nicht erforderlich, da nach dem Grundbuchinhalt ersichtlich ist, daß bereits die Veräußerin nach dem 28. 9. 1990 auf Grund rechtsgeschäftlichen Erwerbs – und damit bereits erteilter Genehmigung – als Eigentümerin eingetragen worden ist, § 2 Abs 1 S 2 Nr. 1 GVO.

36 Es muß nicht etwa ein neuer HR-Auszug vorgelegt werden, um nachzuweisen, daß der Geschäftsführer auch jetzt noch vertretungsberechtigt ist, seine Vertretungsmacht mußte nur bis zur Abgabe seiner Willenserklärung – eben der Vollmachtserteilung – vorliegen.

7. Entscheidung

Der beantragten Eigentumseintragung steht kein Hindernis entgegen. Der Eigentumswechsel kann eingetragen werden.

V. Löschung der Auflassungsvormerkung

1. Antrag

Antrag auf Löschung der im Grundbuch Blatt 2514 zu Gunsten der Eheleute Aschenbach in Gesellschaft bürgerlichen Rechts eingetragenen Auflassungsvormerkung wurde durch den Notar gem § 15 GBO als Vertreter der antragsberechtigten Beteiligten gestellt, § 13 GBO.

2. Bewilligung

a) Erklärung

Die Bewilligung zur Löschung wurde durch die Erwerber nach dem Sachverhalt in der Urkunde vom 22.8.1996 erklärt.

b) Bewilligungsbefugnis

Fraglich ist, ob diese bewilligungsbefugt sind, denn der durch die Vormerkung gesicherte Anspruch auf Eigentumsübertragung wurde zu Gunsten der Bayer. Hypo-Bank mit Beschluß vom 21.4.1997 gepfändet. Fraglich ist nun wieder, wie sich die Pfändung des Auflassungsanspruchs auf die Bewilligungsbefugnis auswirkt. Es wurde bereits festgestellt, daß der schuldrechtliche Anspruch durch die Pfändung verstrickt und mit einem Pfändungspfandrecht belastet ist. Damit ist auch die akzessorische Vormerkung von der Pfändung erfaßt - auch ohne Grundbucheintragung, die Gläubigerin gab die Pfändung dem Grundbuchamt nur zur Kenntnis. Nach nunmehr allgemeiner Ansicht schützt die Vormerkung nicht nur den unmittelbar Berechtigten sondern auch einen Pfandgläubiger, §§ 888, 883 Abs 2 BGB wirken auch für ihn.[37] Durch Löschung der Vormerkung ohne Mitwirkung der Gläubigerin ginge diese Sicherungswirkung zwar

37 *Haegele/Schöner/Stöber* Grundbuchrecht, Rn 1574; nunmehr auch BayObLGZ 1990, 318 = Rpfleger 1991, 194.

nicht verloren,[38] aber es bestünde die Gefahr gutgläubig einrede- oder lastenfreien Erwerbs eines Dritten gegenüber der Vormerkung, da die gelöschte Vormerkung als nicht bestehend gälte (§ 892 Abs 1 S 1 BGB).
Durch die dem Grundbuchamt bekannte Pfändung des Auflassungsanspruchs ist damit die Bewilligungbefugnis der Berechtigten eingeschränkt, die Vormerkung kann nicht ohne Zustimmung der Pfändungsgläubigerin gelöscht werden. Dies gilt erst recht, wenn die Pfändung nicht im Grundbuch eingetragen, dem Grundbuchamt aber bekannt ist.

3. Form

Die Bewilligung wurde in öffentlicher Urkunde erklärt, § 29 GBO.

4. Voreintragung

Die Betroffenen sind als Berechtigte der Vormerkung voreingetragen, § 39 GBO.

5. Entscheidung

Die Löschung der Auflassungsvormerkung kann nicht ohne Bewilligung der Pfändungsgläubigerin erfolgen. Diese ist in öffentlich-beglaubigter Form zu erklären, §§ 19, 29 GBO. Das Grundbuchamt hat Zwischenverfügung nach § 18 Abs 1 GBO zu erlassen.
Zwischen dem Antrag auf Eigentumsumschreibung und dem Antrag auf Löschung der Vormerkung besteht ein innerer Vorbehalt gem § 16 Abs 2 GBO. Beide Anträge sind nur gemeinsam zu vollziehen. Dieser Vorbehalt dient zwar im Regelfall dem Schutz des Vormerkungsberechtigten vor einer Löschung seiner Vormerkung vor Eigentumserwerb, hier aber kann auch der Eigentumswechsel nicht vollzogen werden, soweit die Löschung der Vormerkung noch nicht erfolgen kann. Durch diese Anwendung des § 16 Abs 2 GBO werden letztlich die Rechte der Pfandgläubigerin ausreichend geschützt, sie wird die Löschung der Vormerkung nur bewilligen, wenn gleichzeitig ihre Sicherungshypothek nach § 848 Abs 2 ZPO zur Eintragung in das Grundbuch bewilligt wird.

38 BGHZ 60, 46; *Palandt/Bassenge* BGB, § 883 Rn 20.

Fall 3: Zuschlagsprobleme nach §§ 139 ZPO, 85a, 74a und 114a ZVG

Erhard Alff, Hildesheim

Klausur aus dem Sachgebiet Immobiliarvollstreckung

Aufgaben:

Sie sind der/die für das Zwangsversteigerungsverfahren 71 K 13/96 zuständige Rechtspfleger(in) beim Amtsgericht Hamburg. Den Inhalt des betroffenen Grundbuches entnehmen Sie bitte dem beigefügten Grundbuchauszug.

Bearbeitungszeit: 5 Stunden
Hilfsmittel: Schönfelder, Deutsche Gesetze

Aufgabenteil I

Aufgabe:

1. Nehmen Sie zu den vorliegenden Beitrittsanträgen ausführlich gutachtlich Stellung.
2. Geben Sie an, welche Entscheidungen zu treffen sind. Ein Entscheidungsentwurf ist nicht erforderlich.

Bearbeitungshinweis:
§ 322 Abs 3 AO hat folgenden Wortlaut:

Die für die Vollstreckung in das unbewegliche Vermögen erforderlichen Anträge des Gläubigers stellt die Vollstreckungsbehörde. Sie hat hierbei zu bestätigen, daß die gesetzlichen Voraussetzungen der Vollstreckung vorliegen. Diese Fragen unterliegen nicht der Beurteilung des Vollstreckungsgerichtes oder des Grundbuchamtes. Anträge auf Eintragung einer Sicherungshypothek, einer

Schiffshypothek oder eines Registerpfandrechtes an einem Luftfahrzeug sind Ersuchen im Sinne des § 38 GBO oder des § 45 der Schiffsregisterordnung.

Sachverhalt:

Finanzamt Hamburg-Hansa — Hamburg, den 20.5.97
- Vollstreckungsbehörde -

An das Amtsgericht Hamburg
- Zwangsversteigerungsgericht -

Betr.: Zwangsversteigerungsverfahren 71 K 13/96
Eigentümerin: Fa. H. W. RUNKE KG , Hamburg

1) Die Eigentümerin schuldet der Freien und Hansestadt Hamburg ua 118.457,23 DM Umsatzsteuer. Zur Besicherung dieser rückständigen Steuerforderung hat die Schuldnerin der FHH die zu ihren Gunsten im Grundbuch von St. Pauli Blatt 1234 in Abt III Nr 5 eingetragene Grundschuld nebst 15 % Zinsen seit dem 1.1.1995 abgetreten.

Gem § 322 Abs 3 AO wird ersucht, wegen des dinglichen Anspruchs aus dem Recht Abt III Nr 5 nebst den vorgenannten Zinsen den Beitritt zu dem anhängigen Zwangsversteigerungsverfahren zuzulassen.

Die gesetzlichen Voraussetzungen der Zwangsvollstreckung sind gegeben.

2) Die Eigentümerin schuldet der FHH weiterhin 22.456,00 DM Gewerbesteuer. Wegen dieser Forderung hat die Gläubigerin das Recht Abt III Nr 7 im Grundbuch von St. Pauli Blatt 1234 gepfändet und sich zur Einziehung überwiesen. Insoweit wird auf das Grundbuch Bezug genommen.

Gem § 322 AO wird ersucht, auch wegen des dinglichen Anspruchs aus der Grundschuld Abt III Nr 7 den Beitritt zuzulassen. Auch insoweit liegen die gesetzlichen Voraussetzungen der Zwangsvollstreckung vor.

(Siegel) Daniel, Sachgebietsleiter

Aufgabenteil II

Aufgabe:

1. Erstellen Sie das geringste Gebot.
   Die Auslagen belaufen sich auf folgende Beträge:
   a) Zustellungskosten über 100,00 DM: 250,00 DM; b) Veröffentlichungen: 1.650,00 DM; c) Gutachten: 4.300,00 DM.

Ein Vorschuß wurde nicht geleistet.

2. Nehmen Sie zur Zuschlagsentscheidung und den gestellten Anträgen ausführlich gutachtlich Stellung.

Sachverhalt:

Auszug aus dem Versteigerungsprotokoll

1) Im Versteigerungstermin am 1.12.1997 erschienen nach Aufruf:

- für die Gläubigerin Abt III Nr 2 : Rechtsanwalt Hastig
- für die Gläubigerin Abt III Nr 3 : Rechtsanwalt Kundig

Die übrigen Verfahrensbeteiligten sind im Termin nicht vertreten.

2) Das Verfahren wird betrieben:

- von der Gläubigerin Abt III Nr 2 aufgrund eines Duldungstitels des Landgerichts Hamburg wegen eines Hypothekenteilbetrages von 400.000,00 DM nebst 9 % Zinsen aus 400.000,00 DM seit dem 1.1.1995;

- von der Freien und Hansestadt Hamburg – Finanzamt Hamburg-Hansa – aus dem Recht Abt III Nr 5 wegen 80.000,00 DM Grundschuldkapital nebst 15 % Zinsen seit dem 1. 1. 1995.

3) Der Anordnungsbeschluß wurde am 5. 1. 1996, der Beitrittsbeschluß am 15. 11. 1997 zugestellt. Das Ersuchen um Eintragung des Zwangsversteigerungsvermerkes ist am 3. 1. 1996 beim Grundbuchamt eingegangen. Terminsveröffentlichung und Ladung aller Beteiligten ist ordnungsgemäß erfolgt.

4) Der Verkehrswert des Grundstückes wurde auf 1.000.000,00 DM festgesetzt.

5) Es liegen folgende Anmeldungen vor:

- Das Bankhaus Gorbatschow AG als betreibende Gläubigerin des Zwangsverwaltungsverfahrens 71 L 7/95 meldet einen dort geleisteten Vorschuß für eine notwendige Dachreparatur mit 45.000,00 DM an.
- Das Finanzamt für Verkehrsteuern meldet an: 900,00 DM pro Quartal seit dem 1. 1. 1990 bis zum Verteilungstermin sowie die zu seinen Gunsten eingetragene Sicherungshypothek Abt III Nr 4.
- Die Gläubigerin Abt III Nr 2 meldet die Kosten der Duldungsklage (Rechtsanwalts- und Gerichtskosten) mit 7.723,00 DM an.

Bearbeitungshinweis: Gehen Sie von der Richtigkeit dieses Betrages aus.

Die Gläubigerin Abt III Nr 2 übergibt dem Versteigerungsgericht außerdem eine inhaltlich und formell den Vorschriften der Grundbuchordnung entsprechende löschungsfähige Quittung, aus der sich ergibt, daß die Eigentümerin/Schuldnerin auf das Recht Abt III Nr 2 einen Kapitalbetrag von 180.000,00 DM gezahlt hat. Das Gericht gibt dies im Versteigerungstermin bekannt.

6) Sodann wurden die üblichen Grundstücksnachweisungen im Sinne von § 66 ZVG bekanntgegeben.

7) Das geringste Gebot wurde wie folgt festgesetzt: ....

8) Das einzige Gebot wurde in Höhe des geringsten Bargebotes von Günther G. Rissen abgegeben.

9) Anträge zur Zuschlagsentscheidung:

a) RA Hastig erklärt für die Gläubigerin Abt III Nr 2:
„Im Hinblick auf § 85a ZVG erübrigen sich Anträge zur Zuschlagsentscheidung".

Er bittet um Protokollabschrift und verläßt eilig den Saal, weil er einen weiteren Gerichtstermin wahrzunehmen hat.

b) Danach beantragt der Meistbietende sofortige Zuschlagserteilung. Er legt dem Gericht eine formgerechte Abtretungserklärung zu seinen Gunsten für das Recht Abt III Nr 6 nebst Grundschuldbrief vor.

c) RA Kundig beantragt daraufhin für den Gläubiger Abt III Nr 3 Zuschlagsversagung nach § 74a Abs 1 ZVG. Zur Begründung der Antragsberechtigung verweist er auf die für das Recht Abt III Nr 2 vorliegende löschungsfähige Quittung und auf den für seinen Mandanten vorgemerkten Löschungsanspruch.

Der Meistbietende beantragt daraufhin die Zurückweisung dieses Antrages und beharrt auf sofortiger Zuschlagserteilung mit dem Hinweis, bei wirtschaftlicher Betrachtungsweise liege sein Gebot wegen § 114a ZVG über der 7/10-Grenze.

Aufgabenteil III

Aufgabe:

1. Berechnen Sie die Teilungs- und Schuldenmasse und erläutern Sie Ihre Berechnungen!
2. Nehmen Sie zu den von dem/der Rechtspfleger(in) im Verteilungstermin zur Ausführung des Teilungsplanes anzustellenden Überlegungen gutachtlich Stellung!
3. Geben Sie die zu treffenden Entscheidungen an. Die Entscheidungen selbst sind nicht zu entwerfen.

Sachverhalt:

1) In einem neu anberaumten Versteigerungstermin am 1. April 1998 wird der Gerda Goldig der Zuschlag für ein bares Meistgebot von 830.000,00 DM erteilt. Eine Sicherheitsleistung war nicht beantragt worden.

2) Wegen der betreibenden Gläubiger, der Beschlagnahme, des Verkehrswertes und der Anmeldungen sind keine Veränderungen gegenüber dem Versteigerungstermin vom 1.12.1997 eingetreten (siehe Sachverhalt zu Aufgabenteil II). Lediglich die gerichtlichen Auslagen haben sich um weitere 1.650,00 DM Veröffentlichungskosten und weitere 55,00 DM Zustellungskosten erhöht. Ein Vorschuß wurde nicht angefordert.

3) Der Verteilungstermin wurde auf den 1. Juni 1998 festgesetzt.

4) Zum Verteilungstermin liegen folgende schriftliche Anmeldungen vor:

- Die Gläubigerin Abt III Nr 1 teilt am 5. Mai 1998 schriftlich mit, daß sie bei der Versteigerung des ebenfalls der Schuldnerin gehörenden, mithaftenden Grundstücks Eilenriede Blatt 511 (Amtsgericht Hannover) wegen sämtlicher Zins- und Kapitalansprüche im dortigen Verteilungstermin vom 2. Mai 1998 voll befriedigt worden ist.
- Das Finanzamt Hamburg-Hansa weist durch Vorlage einer formgerechten Abtretungserklärung nebst Grundschuldbrief nach, daß ihr das Recht Abt III Nr 5 nebst Zinsen seit dem 1.1.1995 abgetreten worden ist.
- Günther G. Rissen meldet die ihm abgetretene Grundschuld Abt III Nr 6 in Höhe des Grundschuldkapitals an und verzichtet ausdrücklich auf die Berücksichtigung von laufenden oder rückständigen Zinsen.
- Außerdem meldet er seinen gesetzlichen Löschungsanspruch gem § 1179a BGB aus seinem Recht Abt III Nr 6 gegenüber allen vorgehenden Rechten an.

5) Im Verteilungstermin erscheint nach Aufruf niemand.

Bearbeitungshinweis **zu dem Recht Abt III Nr 4:**

§ 322 Abs 5 AO hat folgenden Wortlaut:

Soweit der zu vollstreckende Anspruch gem § 10 Abs 1 Nr 3 ZVG den Rechten am Grundstück im Rang vorgeht, kann eine Sicherungshypothek unter der aufschiebenden Bedingung in das Grundbuch eingetragen werden, daß das Vorrecht wegfällt.

Anlage: Grundbuch von St. Pauli Band 49 Blatt 1234

Amtsgericht Hamburg Grundbuch von St. Pauli Blatt 1234

Bestandsverzeichnis

lfd. Nr. der Grundstücke	Bisherige lfd. Nr. der Grundstücke	Bezeichnung der Grundstücke und der mit dem Eigentum verbundenen Rechte			Größe m²
		Gemarkung	Karte Flur/Flurstück	Wirtschaftsart und Lage	
1	2	3a	3b	3e	4
1	–	St. Pauli	4711	Gebäude- und Freifläche Herbertstr. 5	450

Amtsgericht Hamburg Grundbuch von St. Pauli Blatt 1234

Erste Abteilung

lfd. Nr. der Eintragungen	Eigentümer	lfd. Nr. der Grundstücke im Bestandsverzeichnis	Grundlage der Eintragung
1	2	3	4
1	H. W. RUNKE KG, HAMBURG	1	Auflassung vom 25.11.1968; eingetragen am 1.12.1968. Görlitz Waage

Amtsgericht Hamburg Grundbuch von St. Pauli Blatt 1234

Zweite Abteilung

lfd. Nr. der Eintragungen	lfd. Nr. der betroffenen Grundstücke im Bestandsverzeichnis	Lasten und Beschränkungen
1	2	3
1	1	Zwangsverwaltung ist angeordnet (71 L 7/95); eingetragen am 2.5.1995. Piese Pampel
2	1	Zwangsversteigerung ist angeordnet (71 K 13/96); eingetragen am 4.1.1996. Piese Pampel

Amtsgericht Hamburg Grundbuch von St. Pauli Blatt 1234

Zweite Abteilung

Veränderungen		Löschungen	
lfd. Nr. der Spalte 1		lfd. Nr. der Spalte 1	
4	5	6	7
		1	Gelöscht am 15.11.1995. Piese Pampel

Amtsgericht Hamburg Grundbuch von St. Pauli Blatt 1234

Dritte Abteilung

lfd. Nr. der Eintragungen	lfd. Nr. der betroffenen Grundstücke im Bestandsverzeichnis	Betrag	Hypotheken, Grundschulden, Rentenschulden
1	2	3	4
1	1	20.000,00 DM	Zwanzigtausend Deutsche Mark jederzeit fällige Gesamtgrundschuld ohne Brief für die HYPO-Bank Aktiengesellschaft, München; 10 % Jahreszinsen ab Eintragung; Zinsfälligkeit jeweils am 1. 6. und am 1. 12. für das laufende Kalenderhalbjahr; Gesamthaft: St. Pauli Blatt 1234 und Eilenriede Blatt 511 (Amtsgericht Hannover); eingetragen am 3. 2. 1975. Kamm Rad
2	1	580.000,00 DM	Fünfhundertachtzigtausend Deutsche Mark Darlehnshypothek ohne Brief für die Freie und Hansestadt Hamburg – Finanzbehörde – ; 9 % Jahreszinsen ab Eintragung; Zinsfälligkeit: am 31.12. jährlich nachträglich am Ende eines Kalenderjahres; gem Bewilligung vom 15. 5. 1975 eingetragen am 14. 6. 1975. Kamm Rad
3	1	50.000,00 DM	Fünfzigtausend Deutsche Mark Grundschuld o h n e Brief für den Steuerberater Hans Kleiner geb. am 13. 9. 1934, Hamburg; 10 % Jahreszinsen; Zinsfälligkeit: am 1. 1. eines jeden Jahres im voraus; gem Bewilligung vom 17. 12. 1975 eingetragen am 4. 1. 1976. Kamm Rad
4	1	10.800,00 DM	Zehntausendachthundert Deutsche Mark gem § 322 Abs. 5 AO aufschiebend bedingte Sicherungshypothek für die Freie und Hansestadt Hamburg – Finanzamt für Verkehrsteuern – wegen Grundsteuern für das 1. Quartal 1990 bis 4. Quartal 1992; im Wege des Verwaltungszwangsverfahrens eingetragen am 10. 12. 1991. Kamm Rad
5	1	80.000,00 DM	Achtzigtausend Deutsche Mark Grundschuld für die Eigentümerin Fa. H. W. Runke KG, Hamburg; 15 % Jahreszinsen seit dem 1. 1. 1992; Zinsfälligkeit: jährlich nachträglich am Ende eines jeden Jahres; vollstreckbar gem § 800 ZPO; gem Bewilligung vom 10. 1. 1992 eingetragen am 15. 1. 1992. Kamm Rad
6	1	680.000,00 DM	Sechshundertachtzigtausend Deutsche Mark Grundschuld für die BP-Best-Profit Vermögensverwaltungs-GmbH, Hamburg; gem Bewilligung vom 20. 12. 1992 eingetragen am 28. 12. 1992. Kamm Rad
7	1	18.000,00 DM	Achtzehntausend Deutsche Mark Sicherungshypothek für die Freie und Hansestadt Hamburg – Finanzamt Hamburg-Hansa; gem Ersuchen vom 15. 10. 1995 im Wege des Verwaltungszwangsverfahrens eingetragen am 20. 10. 1995. Kamm Rad

Amtsgericht Hamburg Grundbuch von St. Pauli Blatt 1234

Dritte Abteilung

Veränderungen		
lfd. Nr. der Spalte 1	Betrag	
5	6	7
1 2	20.000,00 DM 580.000,00 DM	Löschungsvormerkung für den Steuerberater Hans Kleiner als Gläubiger des Rechtes Abt. III Nr. 3; eingetragen am 4.1.1976. Piese Pampel
7	18.000,00 DM	Übergegangen gem §§ 1163 Abs 1 Satz 2, 1177 BGB als Grundschuld auf die Eigentümerin und sodann gepfändet für und zur Einziehung überwiesen an die Freie und Hansestadt Hamburg – Finanzamt Hamburg-Hansa – wegen einer Forderung von 22.456,00 DM aufgrund der Pfändungs- und Überweisungsverfügung vom 15.11.1995; eingetragen am 20.12.1995. Piese Pampel

Gutachten:

A zu Teil I:

I. Beitrittsantrag aus dem Recht Abt III Nr 5

1. Die Gläubigerin beantragt beim Vollstreckungsgericht gem § 322 Abs 3 S 1 AO, den Beitritt zur Zwangsversteigerung wegen des dinglichen Anspruchs aus der Grundschuld Abt III Nr 5 zuzulassen. Das könnte darauf hindeuten, daß es sich um ein Verwaltungszwangsverfahren handelt. In diesem Verfahren können öffentlich-rechtliche Geldforderungen im Verwaltungswege durch Vollstreckungsbehörden des Bundes, einer bundesunmittelbaren juristischen Person des öffentlichen Rechts, eines Landes, einer Gemeinde oder sonstigen Körperschaft des öffentlichen Rechts beigetrieben werden. Die Verwaltungsvollstreckung weist folgende Besonderheiten auf :[1]

- die Zulassung der Verwaltungsvollstreckung bedarf einer besonderen Ermächtigungsvorschrift;

1 Vgl Hornung Rpfleger 1981, 86.

- die Zwangsvollstreckung erfolgt idR durch Vollstreckungsbehörden der Verwaltung, die zugleich Gläubigerin und Vollstreckungsorgan ist; sog Eigenvollstreckung; die Vollstreckungsbehörde stellt das Bestehen eines vollstreckbaren Anspruchs fest; eines vollstreckbaren Titels bedarf es nicht. Sie stellt auch fest, daß die allgemeinen Voraussetzungen der Zwangsvollstreckung vorliegen.

Von der Eigenvollstreckung ausgenommen ist die Immobiliarvollstreckung (vgl zB § 322 Abs 1 S 2 AO), die nach den Vorschriften der gerichtlichen Vollstreckung (§§ 864–871 ZPO) sowie des ZVG durch das Vollstreckungs- bzw. Grundbuchgericht durchgeführt wird. Aber auch hier besteht die Besonderheit, daß die Vollstreckbarkeit des Anspruches und die allgemeinen Zwangsvollstreckungsvoraussetzungen ausschließlich der Beurteilung durch die Vollstreckungsbehörde des jeweiligen Hoheitsträgers unterliegen. Grundlage für das Tätigwerden von Versteigerungs- und Grundbuchgericht ist der entsprechende Antrag der Vollstreckungsbehörde der Gläubigerin verbunden mit der Bestätigung, daß die gesetzlichen Voraussetzungen der Vollstreckung vorliegen. Dieser sog vollstreckbare Antrag der Gläubigerin ersetzt den sonst im gerichtlichen Verfahren erforderlichen Schuldtitel mit Zustellungsnachweis, ggf auch den dinglichen Titel.[2]
Gem § 322 Abs 3 S 2 AO unterliegen diese Fragen nicht der Beurteilung der gerichtlichen (Hilfs-)Organe. Die Verantwortung dafür liegt beim Verwaltungsgläubiger. Versteigerungsgericht und Grundbuchamt haben aber zu prüfen, ob die Vollstreckungsbehörde allgemein ermächtigt ist, im Verwaltungswege zu vollstrecken und ob der geltend gemachte Anspruch seiner Art nach überhaupt dem Verwaltungszwangsverfahren unterliegt.[3]

2. § 322 AO ermächtigt zwar die Finanzämter abstrakt, die Vollstreckungsgerichte um die Durchführung von Grundstücksversteigerungen zu ersuchen. Ob der hier geltend gemachte Anspruch der Verwaltungsvollstreckung unterliegt, erscheint jedoch

2 Vgl Hornung Rpfleger 1981, 87 mwN.
3 Vgl *Stöber* ZVG-Handbuch, 6. Aufl Rn 28 und LG Detmold Rpfleger 1993, 334.

zweifelhaft. Die Gläubigerin hatte sich zur Absicherung einer öffentlich-rechtlichen Steuerforderung eine Eigentümergrundschuld abtreten lassen. Mit ihrem Antrag verfolgt sie die zwangsweise Verwertung dieser privatrechtlichen Rechtsposition. Es geht hier also nicht um die unmittelbare Vollstreckung der Steuerforderung. Mit dem Abschluß des Sicherungsvertrages hat sich die Gläubigerin auf die Privatrechtsebene hinabbegeben. Bei der Verwertung der Sicherheit wird sie nicht hoheitlich tätig, sondern nimmt am normalen Privatrechtsverkehr teil. Sie büßt daher die Privilegien ihrer hoheitlichen Verwaltungsvollstreckung ein; wie jeder Privatgläubiger hat sie die Vollstreckungsvoraussetzungen nach der ZPO zu erfüllen: Titel §§ 704ff ZPO, Klausel §§ 724ff ZPO und Zustellung § 750 ZPO.

Das der Gläubigerin angeblich abgetretene Recht Abt III Nr 5 ist gem § 800 ZPO vollstreckbar; ein dinglicher Titel liegt also vor. Da infolge der Abtretung ein Gläubigerwechsel stattgefunden hat, muß der Titel gem § 727 ZPO auf die antragstellende Gläubigerin umgeschrieben werden. Zuständig für die Erteilung der Rechtsnachfolgeklausel ist gem § 797 Abs 2 ZPO der Notar, der die Unterwerfungserklärung beurkundet hatte. Gem § 727 Abs 1 ZPO ist dem Notar die Rechtsnachfolge durch Vorlage der öffentlich beglaubigten Abtretungserklärung gem §§ 1192, 1154 BGB sowie des Grundschuldbriefes nachzuweisen. Da die Abtretung der Grundschuld noch nicht im Buch vermerkt ist, sind gem §§ 750 Abs 2, 797 ZPO nicht nur die vollstreckbare Unterwerfungserklärung, sondern auch eine beglaubigte Abschrift der Abtretungserklärung und des Grundschuldbriefes[4] als Rechtsnachfolgeurkunden der Schuldnerin zuzustellen. Gem § 798 ZPO darf der Beitritt erst zwei Wochen nach der so erfolgten Zustellung zugelassen werden. Die Vorlage des Grundschuldbriefes an das Vollstreckungsgericht ist für die Beitrittszulassung nicht erforderlich: Grundlage der Vollstreckung ist nicht der Nachweis der materiellen Gläubigerstellung, sondern die vollstreckbare Ausfertigung der Unterwerfungserklärung nach § 800 ZPO.[5]

4 Insoweit genügt mE auch der Hinw des Notars in der Klausel, daß ihm das Original des Briefes vorgelegen hat.

5 Vgl *Zeller/Stöber* ZVG, 15. Aufl, § 16 Rn 4.4 mwN.

3. **Ergebnis**: Da die Gläubigerin eine Verwaltungsvollstreckung begehrt, zu der sie wegen der Art des zu vollstreckenden Anspruchs nicht befugt ist, hat das Vollstreckungsgericht trotz § 322 Abs 3 S 2 AO den Antrag zurückzuweisen. Gem § 139 ZPO hat es jedoch auf die Möglichkeit und die Voraussetzungen einer ZPO-Vollstreckung hinzuweisen.

II. Beitrittsantrag aus dem Recht Abt III Nr 7

1. Auch hier stellt sich die Frage, ob es sich tatsächlich um einen Fall des Verwaltungszwangsverfahrens handeln kann. Das Recht Abt III Nr 7 war ursprünglich eine Zwangshypothek, die nach Erlöschen der Forderung gem §§ 1163 Abs 1 S 2, 1177 BGB als Grundschuld auf die Eigentümerin übergegangen ist. Diese Eigentümergrundschuld wurde dann von der ursprünglichen Gläubigerin – offenbar wegen einer weiteren Steuerforderung – gepfändet und ihr zur Einziehung überwiesen. Die Pfändung erfolgte dabei im Wege der Verwaltungsvollstreckung gem §§ 321 Abs 4, 310 Abs 1 S 3 AO [6] und wurde mit der Eintragung der Pfändung in das Grundbuch wirksam. Die Gläubigerin erlangte ein Pfändungspfandrecht an der Eigentümergrundschuld und aufgrund der Einziehungsverfügung die Berechtigung, anstelle der Schuldnerin die Grundschuld geltend zumachen (vgl §§ 315 Abs 1 AO bzw 836 Abs 1 ZPO). Mit der Pfändung endete jedoch das Verwaltungszwangsverfahren; mit dem Beitrittsantrag verfolgt die Gläubigerin nicht mehr unmittelbar ihre öffentlich-rechtliche Steuerforderung. Sie will vielmehr das gepfändete Eigentümerrecht verwerten und damit nur mittelbar die Steuerforderung befriedigen. Das Finanzamt ist zwar – anders als beim Recht Abt III Nr 5 – nicht die materielle Gläubigerin des Rechtes Abt III Nr 7, nimmt aber auch als Pfändungsgläubigerin am normalen Privatrechtsverkehr teil und benötigt daher wie jeder andere Gläubiger zur Vollstreckung einen dinglichen Titel.[7]

6 Diese Vorschriften entsprechen inhaltlich den §§ 857 Abs 6, 830 Abs 1 ZPO.

7 Vgl *Zeller/Stöber* aaO, § 15 Rn 38.2

2. Da für das Recht Abt III Nr 7 noch kein dinglicher Titel vorliegt, müßte die Pfändungsgläubigerin die Eigentümerin zur Abgabe einer notariellen Unterwerfungserklärung bewegen, notfalls im Klagewege gem §§ 1192, 1147 BGB gegen die Eigentümerin vorgehen.

a) Fraglich ist jedoch, ob im Hinblick auf § 1197 Abs 1 BGB aus dem nur gepfändeten Eigentümerrecht überhaupt die Zwangsvollstreckung betrieben werden kann. Nach dieser Vorschrift kann aus einer Eigentümergrundschuld die Zwangsvollstreckung vom Eigentümer zum Zwecke seiner Befriedigung nicht betrieben werden (= sog Verbot des Selbstbetriebes). Mit dem Argument, daß der Pfändungsgläubiger keine weitergehenden Rechte haben kann als der Rechtsinhaber selbst, könnte man diese Vorschrift auch auf den Pfändungsgläubiger anwenden.[8]

b) Schon der Wortlaut des § 1197 Abs 1 BGB ... „so kann er" (dh der Eigentümer) „nicht die Zwangsvollstreckung zum Zwecke seiner Befriedigung betreiben" (nicht etwa: „so kann die Zwangsversteigerung nicht betrieben werden") spricht dafür, daß es sich nicht um eine inhaltliche Beschränkung des Rechtes an sich, sondern nur um eine den Eigentümer persönlich treffende Einschränkung handelt. Auch der Sinn und Zweck des § 1197 Abs 1 BGB spricht gegen eine Anwendung auf den Pfändungsgläubiger. Mit dem Verbot des Selbstbetriebes soll verhindert werden, daß der Eigentümer sein Grundstück für einen möglichst niedrigen Preis wiederersteigert und die seinem Eigentümerrecht nachfolgenden Rechte zum Erlöschen bringt[9] (quasi seine Gläubiger „abschüttelt"). Bei der Versteigerung aus dem Eigentümerrecht durch einen Pfändungsgläubiger ist die Interessenlage eine ganz andere; der Pfändungsgläubiger vollstreckt mit dem Ziel seiner eigenen Befriedigung, nicht wegen eines – im Hinblick auf Nachranggläubiger ungerechtfertigten – Vorteils des Eigentümers.[10] Das Recht aus § 1147 BGB, die Zwangsversteigerung zu betreiben, ist deshalb nur in der Person des Eigentümers temporär suspen-

8 So etwa: OLG Düsseldorf NJW 1960, 1723 und LG Darmstadt MDR 1958, 853.

9 So BGH Rpfleger 1988, 183 unter Hinw auf die Gesetzesmaterialien.

10 Vgl BGH Rpfleger 1988, 183.

diert,[11] dem Pfändungsgläubiger steht es dagegen uneingeschränkt zu.

B zu Teil II:

Das geringste Gebot

I. Bestehenbleibende Rechte

Gem §§ 44 Abs 1, 49 Abs 1, 52 Abs 1 S 2 ZVG ist das dem bestrangig betreibenden Gläubiger vorgehende Recht Abt III Nr 1 durch Übernahme zu „decken", dh es bleibt bestehen und ist vom Ersteher zu übernehmen.

II. Geringstes Bargebot

Die in § 49 Abs 1 ZVG bezeichneten Ansprüche sind in den Barteil des geringsten Gebotes einzustellen.

1. Verfahrenskosten (Rangklasse „0")

Wert: 1.000.000,00 DM

Verfahrensgebühr	KV Nr 5110	2.952,50 DM
Versteig.-gebühr	KV Nr 5120	2.952,50 DM
Verteilungsgebühr	KV Nr 5140	2.952,50 DM
Auslagen		6.200,00 DM
Insgesamt		15.057,50 DM

2. Ansprüche der Rangklasse 1?

Der Zwangsverwaltungsvorschuß aus dem Verfahren 71 L 7/95 ist in der Zwangsversteigerung nicht zu berücksichtigen, da das Verfahren nicht mehr anhängig ist.

11 So: MünchKomm/*Eickmann* BGB, 2. Aufl, § 1197 Rn 6.

3. Öffentliche Lasten (Rangklasse 3)

Hier ist lediglich die gem § 37 Nr 4 ZVG rechtzeitig angemeldete Grundsteuer zu berücksichtigen; rückständige Grundsteueransprüche genießen das Vorrecht nur für die letzten zwei Jahre vor Beschlagnahme.

Erste Beschlagnahme:	3.1.1996
letzte Fälligkeit:	15.11.95 für das IV. Quartal 1995; daher:
a) Laufende Grundsteuer vom 1.10.95 bis 30.11.97	
(26 Monate à 300,00 DM):	7.800,00 DM
weitere 15 Tage gem § 47 ZVG:	150,00 DM
b) Bevorrechtigte Grundsteuer vom 1.10.93 bis 30.9.95:	7.200,00 DM
	15.150,00 DM

Die Grundsteuer vom 1.1.90 bis 30.9.93 hat das Vorrecht verloren. An welcher Rangstelle dieser Anspruch zu berücksichtigen ist, braucht im Rahmen des geringsten Gebotes nicht weiter erörtert zu werden (vgl dazu unten Lösungsteil III).

4. Ansprüche der Rangklasse 4

Gem §§ 44, 49 Abs 1, 12 Nr 2 ZVG sind die Zinsen des bestehenbleibenden Rechtes Abt III Nr 1 in den Barteil des geringsten Gebotes einzustellen. Zwar ist insoweit keine Anmeldung erfolgt; die laufenden Zinsen sind gem § 45 Abs 2 ZVG jedoch von Amts wegen zu berücksichtigen.
Letzte Fälligkeit vor Beschlagnahme: 1.12.95 für die Zeit vom 1.7. bis 31.12.95; 10 % aus 20.000,00 DM;

a) Laufende Zinsen vom 1.7.95 bis 30.11.97:	4.833,33 DM
b) Weitere 15 Tage gem § 47 ZVG :	83,33 DM
	4.916,66 DM
Gesamtsumme:	35.124,16 DM

Das geringste Gebot beträgt somit:

I. Bestehenbleibendes Recht Abt III Nr 1:	20.000,00 DM
II. Barteil	35.124,16 DM
insgesamt also	55.124,16 DM

Die Zuschlagsentscheidung

I. Zuschlagserteilung nach § 85a Abs 3 ZVG?

1. Das Meistgebot zuzüglich des bestehenbleibenden Rechtes liegt deutlich unter 5/10 des Verkehrswertes, so daß gem § 85a Abs 1 ZVG an sich der Zuschlag zu versagen wäre.
Dies gilt jedoch nicht, wenn (a) das Meistgebot von einem Grundstücksberechtigten abgegeben wurde und (b) die Summe aus Meistgebot plus bestehenbleibendem Recht plus Ausfallbetrag des meistbietenden Grundstücksberechtigten die Hälfte des Grundstückswertes erreicht.

a) Der Meistbietende hat sich erst am Ende der Verhandlung über den Zuschlag als Inhaber eines Grundstücksrechtes zu erkennen gegeben. Gem §§ 1192, 1154 Abs 1, 1117 BGB ist das Recht Abt III Nr 6 außergrundbuchlich auf Günther G. Rissen übergegangen. Seine Voreintragung im Grundbuch ist nicht erforderlich, da er seine Legitimation durch Briefvorlage mit Abtretungserklärung iSv § 1155 BGB nachgewiesen hat. Ebensowenig bedurfte es einer Anmeldung nach § 37 Nr 4 ZVG vor Beginn der Bietstunde; diese Vorschrift gilt nur für das Recht als solches, nicht für die Person des Berechtigten. Das Recht Abt. III Nr 6 selbst war bei Eintragung des Zwangsversteigerungsvermerkes bereits aus dem Grundbuch ersichtlich.[12].

b) Auch die zweite Voraussetzung ist erfüllt, weil die Summe aus Meistgebot, bestehenbleibendem Recht und Ausfallbetrag des Bieters mit insgesamt 735.124,16 DM 5/10 des Grundstückswertes übersteigt.

2. Gleichwohl bestehen Bedenken – vom Antrag nach § 74a Abs 1 ZVG einmal abgesehen – gegen die sofortige Zuschlagserteilung:

12 Vgl RGZ 77, 296.

aus dem Bargebot könnten lediglich die Ansprüche aus den Rangklassen „0" bis 3 sowie der laufende Zinsanspruch aus dem bestehenbleibenden Recht Abt III Nr 1 bedient werden. Wegen § 114a ZVG würde der Meistbietende mit seinem Recht Abt III Nr 6 (teilweise) „als aus dem Grundstück befriedigt" gelten, was wirtschaftlich zwar der Schuldnerin zugute käme. Die übrigen Beteiligten jedoch, insbesondere die bestbetreibende Gläubigerin, würden völlig leer ausgehen, obwohl die Gläubigerin Abt III Nr 2 mit ihrem Recht an sehr guter Rangstelle steht. Hätte der RA Hastig den Termin nicht vorzeitig verlassen und von der Grundpfandrechtsstellung des Meistbietenden und damit von der Zuschlagsmöglichkeit gem § 85a Abs 3 ZVG Kenntnis erlangt, hätte er zB durch einen Einstellungsantrag nach § 30 ZVG nach Schluß der Bietstunde gem § 33 ZVG die Zuschlagserteilung verhindern können. Zwar wird hier das Verfahren noch von einer anderen Gläubigerin betrieben (vom Finanzamt Hamburg-Hansa aus dem Recht Abt III Nr 5); der Beitrittsbeschluß wurde der Schuldnerin jedoch erst am 15.11.1997 und damit nicht mehr in der vier-Wochen-Frist des § 44 Abs 2 ZVG zugestellt, so daß der Versteigerungstermin vom 1.12.1997 für diese Gläubigerin nicht mehr stattfinden konnte. Aber selbst bei einem fristgerechten Beitritt wäre der Zuschlag ausgeschlossen: durch einen Wegfall der bestbetreibenden Gläubigerin nach Schluß der Versteigerung wäre das geringste Gebot nachträglich unrichtig geworden. Ein an der Gläubigerin Abt III Nr 5 ausgerichtetes geringstes Gebot hätte zu grundlegend anderen Versteigerungsbedingungen geführt, so daß der Zuschlag gem § 83 Nr 1 ZVG zu versagen gewesen wäre.[13]

3. Es fragt sich daher, ob der Rechtspfleger vor einer Zuschlagsentscheidung die Gläubigerin Abt III Nr 2 auf die veränderte Sachlage, den drohenden Rechtsverlust und die Verhinderungsmöglichkeiten aufmerksam machen muß. In mehreren grundlegenden Entscheidungen[14] hat das Bundesverfassungsgericht dem Versteigerungsgericht eine gesteigerte Aufklärungspflicht im Sinne einer allgemeinen Belehrungs- und Fürsorgepflicht auf-

13 Vgl *Zeller/Stöber* aaO § 33 Rn 3.5 und § 84 Rn 2.4 d).
14 Erstmals BVerfGE 42, 64 ff.

erlegt.[15]. Der Rechtspfleger darf nicht teilnahmslos zusehen, sondern muß durch Aufklärung handelnd eingreifen, wenn ein Beteiligter Gefahr läuft, infolge eines nach der Verfahrenslage sachlich gebotenen, aber unterlassenen Antrages einen Rechtsverlust zu erleiden.[16] Rechtsstaatliche Verfahrensgestaltung verpflichtet das Vollstreckungsgericht, den Gläubiger über die Tragweite des Zuschlages bei unzulänglichem Meistgebot und die Möglichkeit aufzuklären, Verlust durch Einstellungsbewilligung (§ 30 ZVG) oder Antragsrücknahme (§ 29 ZVG) zu verhindern und ggf. die Entscheidung über den Zuschlag nicht sofort, sondern in einem späteren Verkündungstermin zu treffen.[17] Dies muß um so mehr gelten, wenn - wie hier - der betroffenen Gläubigerin eine wesentliche Veränderung der Sach- und Rechtslage nicht einmal bekannt geworden ist.

4. **Ergebnis:** Der Rechtspfleger hat deshalb einen besonderen Verkündungstermin anzuberaumen (§ 87 ZVG), die Gläubigerin Abt III Nr 2 durch Übersendung einer Protokollabschrift zu unterrichten sowie über drohende Rechtsverluste und die Abwendungsmöglichkeiten aufzuklären.

II. Zuschlagsversagung nach § 74a ZVG?

Der oben unter I. in Betracht gezogene Verkündungstermin könnte unterbleiben, wenn der Zuschlag bereits auf Antrag des Hans Kleiner nach § 74a Abs 1 ZVG zu versagen wäre.

1. Erste Voraussetzung dafür ist, daß das Meistgebot einschließlich des bestehenbleibenden Rechts unter 7/10 des Grundstückswertes bleibt. Das scheint hier offenbar der Fall zu sein: Bargebot und bestehenbleibendes Recht betragen zusammen 55.124,16 DM und liegen damit unterhalb der 7/10-Grenze. Da das Meistgebot aber von einem zur Befriedigung aus dem Grundstück Berechtigten abgegeben wurde, könnte man in Erwägung ziehen, im Rah-

15 Vgl *Vollkommer* Rpfleger 1976, 393.

16 Vgl BVerfG Rpfleger 1993, 32.

17 So *Zeller/Stöber* aaO § 85 a Rn 4.6.

men des § 74a Abs 1 ZVG den Betrag, mit dem bei Erteilung des Zuschlages nach § 114a ZVG eine (fiktive) Befriedigung des Bieters eintreten würde, der Summe aus Meistgebot und bestehenbleibendem Recht hinzuzurechnen.[18] Darauf deutet auch der Hinweis des Meistbietenden hin, mit dem er sein Begehren um Zurückweisung des 7/10-Antrages des Hans Kleiner begründet.
Bei einer Zuschlagserteilung an Günther G. Rissen wäre die gem § 114a ZVG erweiterte Befriedigung wie folgt zu berechnen: bei einem bestehenbleibenden Recht von 20.000,00 DM müßte das fiktive Bargebot 680.000,00 DM betragen, um im vorliegenden Fall mit einem Verkehrswert von 1.000.000,00 DM auf ein 7/10-Gebot zu kommen. Aus dem Bargebot wären die in den Barteil des geringsten Gebotes eingestellten Beträge zu bedienen, also 680.000,00 DM minus geringstes Bargebot von 35.124,16 DM = 644.875,84 DM. Da gem § 114a S 2 ZVG die zwischen den bar zu berichtigenden Ansprüchen und dem Anspruch des Erstehers liegenden und nach § 52 Abs 1 S 2 ZVG erlöschenden Ansprüche der Zwischenberechtigten unberücksichtigt bleiben, würde der Betrag von 644.875,84 DM die fiktive Befriedigung des Günther G. Rissen ausmachen. Tatsächliches Bargebot von 35.124,16 DM plus bestehenbleibendes Recht (20.000,00 DM) plus fiktiver Befriedigungsbetrag (644.875,84 DM) würden zusammen 7/10 des Grundstückswertes erreichen, so daß nach dieser Berechnungsmethode schon die erste Voraussetzung des § 74a Abs 1 ZVG („Gebot unter 7/10") nicht vorliegen würde.

2. Dabei würde allerdings übersehen, daß die erweiterte Befriedigung nach § 114a ZVG erst **nach** der Zuschlagserteilung zum Tragen kommt. Hier geht es aber um die Frage, ob der Zuschlag überhaupt erteilt werden kann. Im übrigen rechtfertigt § 114a ZVG nur die Ausschaltung der **Schuldner**schutzvorschrift des § 85a Abs 1 ZVG durch § 85a Abs 3 ZVG, betrifft also nur das Rechtsverhältnis zwischen dem am Grundstück berechtigten Ersteher und dem Schuldner. § 74a Abs 1 ZVG hat dagegen eine

18 Vgl *Zeller/Stöber* aaO § 85a Rn 2.10 b) sowie LG Darmstadt Rpfleger 1986, 314, das bereits bei der Gebotsabgabe und der Ermittlung eines „Übergebotes" den erweiterten/fiktiven Befriedigungsbetrag nach § 114a ZVG mit berücksichtigen will.

andere Zielrichtung: sie bezweckt allein den **Gläubiger**schutz vor unzulänglichen Meistgeboten. Deshalb ist es nicht gerechtfertigt, bereits im Rahmen eines § 74a ZVG-Antrages den erst bei Zuschlagserteilung wirksam werdenden erweiterten Befriedigungsbetrag nach § 114a ZVG zu berücksichtigen.[19]

3. Der § 74a ZVG-Antrag wurde rechtzeitig noch während der Verhandlung über den Zuschlag gestellt. Nach Bestimmung des Verkündungstermins und erst recht im Verkündungstermin wäre der Antrag als unzulässig zurückzuweisen.[20]

4. Der Antrag ist allerdings nur dann begründet, wenn der Anspruch des Hans Kleiner, der bei dem vorliegenden Gebot voll ausfallen würde, bei einem 7/10-Gebot wenigstens teilweise gedeckt sein würde. Bei dieser Berechnung ist auf den voraussichtlichen Verteilungstermin abzustellen,[21] so daß die Zins- und Kostenansprüche der dem Antragsteller vorgehenden Gläubiger, deren Rechte nach § 52 Abs 1 S 2 ZVG erlöschen, bis zu diesem fiktiven Termin fortzurechnen sind. Die in den Barteil eingestellten Ansprüche sind dabei bis zu dem gem § 74a Abs 3 ZVG von Amts wegen neu anzuberaumenden zweiten Versteigerungstermin zu berücksichtigen. Der Zeitraum zwischen beiden Terminen soll mindestens drei Monate und darf höchstens sechs Monate betragen (§ 74a Abs 3 S 2 ZVG). Der neue Termin kann dabei erst nach Rechtskraft der Zuschlagsversagung bestimmt werden, so daß der Versteigerungstermin hier nicht vor dem 1.4.1998, der Verteilungstermin nicht vor dem 1.6.1998 stattfinden kann. Dies würde sich auf den Barteil des geringsten Gebotes wie folgt auswirken:

I. Rangklasse „0“

Die Verfahrenskosten würden sich um 1.650,00 DM erneute Veröffentlichungskosten und weitere geschätzte Zustellungskosten iH von 55,00 DM auf insgesamt: 16.762,50 DM erhöhen.

19 So auch *Zeller/Stöber* aaO § 85a Rn 2.10 b).
20 Vgl *Zeller/Stöber* aaO § 74a Rn 4.1.
21 Vgl *Zeller/Stöber* aaO § 74a Rn 3.3.

II. Rangklasse 3

Weitere vier Monate Grundsteuer à 300,00 DM
Erhöhung auf insgesamt 16.350,00 DM

III. Rangklasse 4

Weitere vier Monate Zinsen aus dem Recht
Abt III Nr 1 = 666,66 DM

Erhöhung auf insgesamt	5.583,32 DM
Gesamtsumme aus I. bis III. =	38.695,82 DM

Die Ansprüche aus dem erlöschenden Recht Abt III Nr 2 sind bis zum voraussichtlichen Verteilungstermin (1.6.1998) fortzurechnen.
Die Gläubigerin betreibt das Verfahren wegen eines Hypothekenteilbetrages von 400.000,00 DM nebst 9 % Zinsen seit dem 1.1. 1995; an Kosten wurden 7.723,00 DM angemeldet; gem § 10 Abs 2 ZVG sind diese Kosten im Range des Hauptanspruches (Rangklasse 4) zu berücksichtigen. Bei erstmaliger Beschlagnahme am 3.1.1996 errechnet sich der Anspruch der Gläubigerin Abt III Nr 2 wie folgt:

a) Kosten	7.723,00 DM	
b) Zinsen letzte Fälligkeit: 31.12.95 für das Jahr 1995; daher: laufende Zinsen vom 1.1.95 bis 31.5.98 =	123.000,00 DM	
c) Hypothekenkapital	400.000,00 DM	530.723,00 DM

Nach der im ersten Versteigerungstermin vorgelegten löschungsfähigen Quittung ist iH von 180.000,00 DM gem §§ 1163 Abs 1 S 2, 1177 BGB eine Eigentümergrundschuld entstanden. Dem Antragsteller, Hans Kleiner, würden im Verteilungstermin am 1.6. 1998 also insgesamt folgende Ansprüche vorgehen:

a) Barteil des geringsten Gebotes	38.695,82 DM
b) Ansprüche aus Abt III Nr 2	
• Gesamtanspruch Finanzbehörde	530.723,00 DM
• Eigentümergrundschuld[22]	180.000,00 DM
	749.418,82 DM

Bei einem bestehenbleibenden Recht iH von 20.000,00 DM würde ein 7/10-Gebot ein Bargebot von 680.000,00 DM voraussetzen. Aus diesem Bargebot würde der Gläubiger Hans Kleiner keine Zuteilung erhalten, so daß an sich die Voraussetzungen des § 74a Abs 1 ZVG – bezogen auf den voraussichtlichen Verteilungstermin (1.6.1998) – nicht vorliegen.

5. Der Antragsteller verweist zur Begründung seines Antrages aber auf seinen vertraglichen, durch Vormerkung gesicherten Löschungsanspruch bezüglich des Rechtes Abt III Nr 2. Aufgrund dieses Anspruchs ist die Eigentümerin **verpflichtet,** die Eigentümergrundschuld löschen zu lassen bzw. nach zuschlagsbedingtem Erlöschen den entsprechenden, darauf entfallenden Erlösanteil dem Löschungsberechtigten zu überlassen. Erst durch die Erfüllung dieses Anspruches würde der Antragsteller in den Kreis derjenigen aufrücken, die durch das Bargebot gedeckt sind. Die bloße Existenz eines durch Vormerkung gesicherten Anspruchs auf Löschung eines innerhalb der 7/10-Grenze stehenden Grundpfandrechtes hat dagegen noch keinen Einfluß auf die dingliche Rechtslage. Die Antragsberechtigung nach § 74a Abs.1 ZVG muß bereits im Zeitpunkt der Antragstellung, also bei der Verhandlung über den Zuschlag gegeben sein; spätere materiell-rechtliche Veränderungen etwa infolge der Durchsetzung oder Anerkennung von Löschungsansprüchen im Verteilungstermin sind unbeachtlich.[23] Derzeit ist der von Hans Kleiner gestellte Antrag nicht

22 Ob aus der Eigentümergrundschuld trotz § 1197 Abs 2 BGB auch Zinsen zu berücksichtigen sind, wird später im Aufgabenteil 3 untersucht.

23 Vgl *Zeller/Stöber* aaO § 74a Rn 3.5 und 3.8 sowie *Steiner/Storz* Zwangsversteigerung und Zwangsverwaltung, 1984, § 74a Rn 23 jeweils mwN sowie LG Frankenthal Rpfleger 1981, 201, das einem Pfändungsgläubiger, der Rückgewähransprüche gepfändet hatte, das Antragsrecht nach § 74a Abs 1 ZVG versagt hat.

begründet und müßte daher zurückgewiesen werden. Antragsberechtigt ist zZ nur die Schuldnerin in ihrer Eigenschaft als Gläubigerin der Eigentümergrundschuld.

Anmerkung:

Verfahrensrechtlich empfiehlt es sich, auch die Entscheidung über den § 74a-Antrag auf den Verkündungstermin zu vertagen. Sollte nämlich die bestbetreibende Gläubigerin das Verfahren nach § 30 ZVG einstellen, hätte die Zuschlagsversagung nach §§ 30, 33 ZVG Vorrang vor einem Antrag nach § 74a ZVG. Lägen nämlich die Voraussetzungen dieser Vorschrift vor, hätte eine Versagung nach § 74a Abs 1 ZVG den Wegfall der 5/10- bzw. 7/10-Grenze zur Folge (vgl § 74a Abs 4 ZVG), würde also stärker in die Rechtsstellung der Schuldnerin eingreifen, als eine Zuschlagsversagung nach §§ 30, 33 ZVG.

C zu Teil III:

Feststellung der Teilungsmasse

I. Die Teilungsmasse setzt sich zusammen aus dem Bargebot

in Höhe von	830.000,00 DM
zuzüglich 4% Meistgebotszinsen gem §§ 49 Abs 2 ZVG, 246 BGB für die Zeit vom 1.4.1998 bis 31.5.1998	5.533,33 DM
	835.533,33 DM

II. Zuzahlungsbetrag gem § 50 Abs 2 ZVG?

1. Bei der Gebotsabgabe mußte die Ersteherin davon ausgehen, das Recht Abt III Nr 1 zuzüglich Zinsen ab Zuschlag zu übernehmen.

Nach Mitteilung der Gläubigerin vom 5. Mai 1998 wurde diese aus dem mithaftenden Grundstück voll befriedigt. Gem § 1181 Abs 2 BGB hat die Befriedigung der Gläubigerin in Hannover zur Folge, daß das nach den Versteigerungsbedingungen bestehenbleibende Recht Abt III Nr 1 am Hamburger Grundstück nach

Zuschlag erlosch. Da beide Grundstücke der Schuldnerin gehörten, kann ein Fall des § 1182 BGB (= Ausgleichungspflicht bei **verschiedenen** Eigentümern) hier nicht vorliegen.

2. Die Ersteherin ist also – ohne etwas leisten zu müssen – von der Belastung befreit worden. Wirtschaftlich ist sie genauso gestellt, als wenn das im geringsten Gebot berücksichtigte Recht von Anfang an – also bereits vor Zuschlag – nicht bestanden hätte. In diesem Falle hätte die Ersteherin den Kapitalbetrag nach § 50 Abs 1 ZVG zuzahlen müssen. Gem § 50 Abs 2 Nr 2 ZVG gilt das gleiche bei Wegfall des bestehenbleibenden Rechts *nach* Zuschlag aufgrund der besonderen Vorschriften über Gesamtrechte. Dies würde nach § 50 Abs 3 ZVG nur dann nicht gelten, wenn die Ersteherin zugleich persönlich haften würde und der Wegfall der dinglichen Haftung auf die persönliche Verbindlichkeit keinen Einfluß hätte, die Ersteherin also durch den Pfandrechtswegfall nicht bereichert wäre. Diese Ausnahme liegt hier schon deshalb nicht vor, weil die Ersteherin für die der Grundschuld möglicherweise zugrundeliegende Forderung nicht haften kann. Eine solche persönliche Haftung hätte über § 53 Abs 2 ZVG nur dadurch begründet werden können, daß die Schuldnerin spätestens im Versteigerungstermin vor der Aufforderung zur Gebotsabgabe die durch die Grundschuld gesicherte Forderung angemeldet hätte.

3. Die Zahlungsmodalitäten bestimmen sich im Zuzahlungsfall gem § 50 Abs 1 S 2 ZVG nach den Bedingungen des erloschenen Rechts. § 49 Abs 1 ZVG über die Barzahlung im Verteilungstermin und die Verpflichtung zur gesetzlichen Verzinsung nach § 49 Abs 2 ZVG gilt somit nicht. Der Zuzahlungsfall soll den Ersteher nicht stärker belasten, als es das im geringsten Gebot berücksichtigte Recht bei seinem Bestehenbleiben getan hätte; er soll ihn aber auch nicht begünstigen, etwa mit dem Vorteil, anstelle der eingetragenen Zinsen nur den gesetzlichen Zinssatz zahlen zu müssen.[24] Laut Grundbucheintrag war die Grundschuld „jederzeit fällig" (zulässig gem § 1193 Abs 2 BGB), die Zinsen halbjährlich am 1. Juni und am 1. Dezember für das jeweilige Kalenderhalbjahr. Die Ersteherin hat daher folgenden zusätzlichen Betrag im Verteilungstermin am 1. 6. 1998 zu leisten:

24 Vgl *Zeller/Stöber* aaO § 50 Rn 5.2.

a) Grundschuldkapital Abt III Nr 1	20.000,00 DM
b) 10 % Zinsen aus 20.000,00 DM vom 1.4. bis 31.5.98	333,33 DM
	20.333,33 DM

§ 125 Abs 1 S 2 ZVG, der für den Regelfall für die Zuteilung des Zuzahlungsbetrages lediglich die Übertragung der Forderung gegen den Ersteher vorsieht, steht der sofortigen Barzahlungsverpflichtung im vorliegenden Fall nicht entgegen: die Barzahlungsverpflichtung im Termin ergibt sich hier gerade aus dem Inhalt des übernommenen, zwischenzeitlich erloschenen Rechtes.

Die Gesamtteilungsmasse beträgt somit: 855.866,66 DM.

Feststellung der Schuldenmasse

I. Rangklasse „0"

Die Verfahrenskosten gem § 109 ZVG betragen: 16.467,50 DM.

II. Rangklasse 3

Grundsteuerforderung; erste Beschlagnahme:
3.1.1996; letzte Fälligkeit: 15.11.95 für das IV. Quartal 1995;

a) laufende Grundsteuer vom 1.10.95 bis 31.3.98 (30 Monate zu je 300,00 DM)	9.000,00 DM
b) bevorrechtigte Rückstände vom 1.10.93 bis 30.9.95	7.200,00 DM

Die Grundsteuern vom 1.1.90 bis 30.9.93 haben das Vorrecht der Rangklasse 3 infolge Veraltung verloren.

III. Rangklasse 4

1. Das Recht Abt III Nr 1 ist erloschen.

2. Hypothek Abt III Nr 2 ZVG

a) Kosten gem § 10 Abs 2 ZVG 7.723,00 DM

Die gem § 37 Nr 4 ZVG rechtzeitig angemeldeten Titelbeschaffungskosten sind als notwendige Kosten der dinglichen Rechtsverfolgung im Range des Rechtes zu berücksichtigen.

b) Zinsen 9 % aus 400.000,00 DM
letzte Fälligkeit: 31.12.95 für das Jahr 1995
laufende Zinsen vom 1.1.95 bis 31.5.98
(41 Monate zu je 3.000,00 DM) 123.000,00 DM
Bevorrechtigte Zinsrückstände wurden nicht angemeldet und bleiben daher nach §§ 45 Abs 2, 114 ZVG unberücksichtigt.

c) Hypothekenkapitalteilbetrag 400.000,00 DM

d) Kapitalteilbetrag in Höhe von 180.000,00 DM
Dieser Betrag ist gem §§ 1163 Abs 1 S 2, 1177 BGB als Grundschuld im Range nach dem Rest (§ 1176 BGB) auf die Eigentümerin übergegangen. Darauf entfallende Zinsen für die Zeit **vor** dem Zuschlag bleiben gem § 1197 Abs 2 BGB unberücksichtigt.
Der Verzinsungsausschluß für die Zeit **ab** Zuschlag wird nach verbreiteter Ansicht für nicht mehr gerechtfertigt gehalten, da ab Erteilung des Zuschlages nicht mehr der alte Eigentümer, sondern der Ersteher die Nutzungen beanspruchen könne (§ 56 ZVG). Damit entfalle der dem § 1197 Abs 2 ZVG zugrundeliegende Rechtfertigungsgrund für die Unverzinslichkeit.[25]
Diese Ansicht verkennt jedoch den das Zwangsversteigerungsverfahren beherrschenden Surrogationsgrundsatz. Für die Frage, ob der Eigentümer für sein an Stelle der erloschenen Eigentümergrundschuld getretenes Erlösvorzugsrecht Zinsen verlangen kann, kommt es nicht auf das Eigentum am Grundstück an, sondern nur mehr auf das Eigentum an dem an die Stelle des Grundstücks getretenen Erlöses, an dem sich die Grundstücksbelastung fortsetzt. So gesehen besteht über den Zuschlag hinaus eine Vereinigung von Belastung und Eigentum in einer Person fort, so daß auch für die Zeit vom Zuschlag bis zum Verteilungstermin dem Eigentümer Zinsen nicht zugebilligt werden können.[26]

25 Vgl Staudinger/*Wolfsteiner* BGB, 13. Aufl 1996, § 1197 Rn 11 mwN.
26 So zutr *Stöber* Rpfleger 1958, 342 unter Berufung auf RG (dort angegebene RGZ-Fundstelle aber unzutr).

3. Grundschuld Abt III Nr 3
a) Zinsen 10 % aus 50.000,00 DM
letzte Fälligkeit: 1.1. 96 für das Jahr 1996
laufende Zinsen vom 1.1.96 bis 31.5.98
(29 Monate zu je 416,66 DM) 12.083,33 DM
b) Grundschuldkapital 50.000,00 DM

4. Hypothek Abt III Nr 4
Hypothekenkapital 10.800,00 DM

Die Grundsteuern für die Jahre 1990 bis 1992 sind gesichert durch das Recht Abt III Nr 4.
Grundsätzlich sind öffentliche Lasten gem § 54 GBO zwar von der Eintragung ausgeschlossen, da bereits kraft Gesetzes eine dingliche Haftung besteht. Hier greift jedoch die Ausnahmevorschrift des § 322 Abs 5 AO: danach können Grundsteuern durch eine durch den Vorrechtswegfall aufschiebend bedingte Sicherungshypothek zumindest in der Rangklasse 4 gesichert werden. Diese Bedingung ist im vorliegenden Fall eingetreten. Der grundbuchinterne Rang bestimmt sich auch bei aufschiebend bedingten Rechten nach § 879 Abs 1 S 1 BGB, also nach der räumlichen Reihenfolge der Eintragung und nicht etwa nach dem Zeitpunkt des Bedingungseintritts. Das ergibt sich aus einer Rechtsanalogie zu § 879 Abs 2 BGB, weil der gesetzgeberische Grund, daß für den Rang eines Rechtes allein die Eintragung im Buch und nicht der Zeitpunkt der materiellen Rechtsentstehung maßgeblich ist, auch hier zutrifft.[27]

5. Grundschuld Abt III Nr 5
a) Kosten: keine Anmeldung
b) Zinsen 15 % aus 80.000,00 DM
letzte Fälligkeit: 31.12.95 für das Jahr 1995
laufende Zinsen vom 1.1.95 bis 31.5.98
(41 Monate zu je 1.000,00 DM) 41.000,00 DM
Bevorrechtigte Zinsrückstände wurden auch unter Berücksichtigung des Versteigerungsantrages (vgl § 114 Abs 1 S 2 ZVG) nicht angemeldet.
c) Grundschuldkapital 80.000,00 DM

27 So MünchKomm/*Eickmann* aaO § 1113 Rn 53.

6. Grundschuld Abt III Nr 6

a) Die an sich gem § 114 Abs 2 ZVG von Amts wegen aufzunehmenden laufenden Zinsen bleiben nach §§ 869, 308 Abs 1 ZPO unberücksichtigt, weil die Anmeldung des Gläubigers als sog „Minderanmeldung" das Gericht bindet.

b) Grundschuldkapital 680.000,00 DM

7. Grundschuld Abt III Nr 7

Das als Eigentümergrundschuld gepfändete und zur Einziehung überwiesene Recht ist mit dem Grundschuldkapital in Höhe von 18.000,00 DM zugunsten der Pfändungsgläubigerin in die Schuldenmasse aufzunehmen.

IV. Ansprüche aus den Rangklassen 5 und 6 sind nicht vorhanden.

V. Rangklasse 7

Die durch das Recht Abt III Nr 4 nicht gesicherte, aber rechtzeitig angemeldete Grundsteuerforderung für die Zeit vom 1. 1. bis 30. 9. 93 in Höhe von 2.700,00 DM ist in der Rangklasse 7 zu berücksichtigen.

Ausführung des Teilungsplanes

I. Der Schuldenmasse in Höhe von 1.637.973,83 DM steht eine Teilungsmasse von 855.866,66 DM gegenüber. Dadurch sind folgende Berechtigte in folgender Reihenfolge gedeckt:

1. Justizkasse 16.467,50 DM
(vgl oben B I)

2. Finanzamt für Verkehrsteuern 16.200,00 DM
(vgl oben B II)

3. FHH Finanzbehörde Abt III Nr 2 (vgl oben B III 2a bis c)	530.723,00 DM
4. Schuldnerin H.W. Runke KG (vgl oben B III 2d)	180.000,00 DM
5. Hans Kleiner Abt III Nr 3 (vgl oben B III 3)	62.083,33 DM
6. Finanzamt für Verkehrsteuern Abt III Nr 4 (vgl oben B III 4)	10.800,00 DM
7. Finanzamt Hamburg-Hansa Abt III Nr 5 (vgl oben B III 5b)	39.592,83 DM
damit ist die Teilungsmasse ausgeschöpft	855.866,66 DM

Es fallen damit aus:

8. Finanzamt Hamburg-Hansa Abt III Nr 5 (vgl oben B III 5b Teilbetrag und 5c)	81.407,17 DM
9. Günther G. Rissen Abt III Nr 6 (vgl oben B III 6)	680.000,00 DM
10. Finanzamt Hamburg-Hansa als Pfändungsgläubiger Abt III Nr 7 (vgl oben B III 7)	18.000,00 DM
11. Finanzamt für Verkehrsteuern (vgl oben B V)	2.700,00 DM

II. Bedenken ergeben sich gegen eine Zuteilung auf das teilweise zum Eigentümerrecht gewordene Recht Abt III Nr 2 in Höhe von 180.000,00 DM, weil der Gläubiger Abt III Nr 6 sich auf seinen gesetzlichen Löschungsanspruch gem § 1179a BGB beruft.

1. Die materielle Rechtslage

a) Beide Rechte sind durch Zuschlag erloschen unter gleichzeitiger Umwandlung in Rechte auf Befriedigung aus dem Versteigerungserlös. Das Erlöschen beider Rechte hat nicht etwa auch den

Wegfall des gesetzlichen Löschungsanspruches zur Folge: der Anspruch hat sich lediglich inhaltlich verändert. Er geht nicht mehr auf Zustimmung der Eigentümerin zur Aufhebung des Rechtes Abt III Nr 2, sondern dahin, daß die zur Löschung Verpflichtete den auf die Eigentümergrundschuld entfallenden Erlösanteil dem Löschungsberechtigten insoweit überläßt, als er diesem zustehen würde, wenn die Löschung der Eigentümergrundschuld schon vor dem Zuschlag erfolgt wäre.[28]

b) Bei Löschung vor Zuschlag hätten die auf das Recht Abt III Nr 2 entfallenden, nunmehr der früheren Eigentümerin zustehenden 180.000,00 DM zur vollen Befriedigung des jetzt mit 81.407,17 DM ausgefallenen Rechtes Abt III Nr 5 sowie mit einem restlichen Teilbetrag iH von 98.592,83 DM zur teilweisen Befriedigung des Rechtes Abt III Nr 6 zur Verfügung gestanden. Die übrigen, zwischen dem zur Löschung verpflichteten Recht Abt III Nr 2 und dem löschungsberechtigten Recht Abt III Nr 6 stehenden Rechte Abt III Nr 3 und Nr 4 wären dagegen durch die Löschung vor Zuschlag nicht berührt, weil sie auch ohne diese voll befriedigt worden sind. Die Besonderheit des vorliegenden Falles besteht darin, daß das zwischen dem Recht Abt III Nr 2 und Nr 6 stehende Zwischenrecht Nr 5 teilweise ausfällt, ohne selbst seinen gesetzlichen Löschungsanspruch zu verfolgen.

c) Es fragt sich daher, ob dem Zwischenrecht die Geltendmachung des fremden Löschungsanspruches zugute kommt oder ob der rechnerisch auf das Zwischenrecht entfallende Betrag der Eigentümerin verbleibt.
Der gesetzliche Löschungsanspruch nach § 1179a BGB soll dem Berechtigten die Möglichkeit einräumen, die Aufhebung eines Grundpfandrechtes durch den Eigentümer zu erreichen. Die Löschung ist aber nicht Selbstzweck; damit soll lediglich die Stellung des Berechtigten in der Zwangsversteigerung verbessert und die Gefahr eines Forderungsausfalles möglichst gebannt werden. Solange das Eigentümerrecht noch besteht, ist der eigentliche Zweck des Anspruches aus § 1179a BGB nur durch Löschung zu erreichen. Wie jede Grundbucheintragung hat diese Löschung absolute Wirkung, also auch gegenüber Zwischenrechten, die

28 Vgl *Zeller/Stöber* aaO § 114 Rn 9.16.

selbst keinen Löschungsanspruch haben oder ihn nicht durchsetzen. Eine bloß „relative“ Löschung, die nur zugunsten desjenigen wirkt, der die Aufhebung durchsetzt, ist unserem Grundbuchsystem fremd. Danach ist bei einer Löschung vor Zuschlag ein allgemeines Aufrücken aller nachrangigen Berechtigten (einschließlich der Zwischenrechte) zwar nicht beabsichtigt aber unvermeidlich.

Nach zuschlagsbedingtem Erlöschen aller beteiligten Grundpfandrechte besteht aber kein Grund, das Zwischenrecht von der Durchsetzung des gesetzlichen Löschungsanspruches des Nachranggläubigers profitieren zu lassen. Der Zweck des § 1179a BGB ist erfüllt, wenn der Löschungsberechtigte so gestellt wird, wie er bei Aufhebung des Eigentümerrechts vor Zuschlag gestanden hätte. Nach Zuschlag läßt sich die Wirkung des Löschungsanspruches auf das Rechtsverhältnis zum früheren Eigentümer und auf seinen eigentlichen Zweck dadurch beschränken, daß der Eigentümer dem Löschungsberechtigten von seinem Erlösanteil (nur) den Betrag überläßt, der diesem bei Löschung des Eigentümerrechts vor Zuschlag zugestanden hätte. Der dabei rechnerisch auf das Zwischenrecht entfallende Erlösanteil verbleibt dem Eigentümer.[29] Von den hier auf das Eigentümerrecht Abt III Nr 2 entfallenden 180.000,00 DM gebührt dem Gläubiger Abt III Nr 6 nur ein Teilbetrag von 98.592,83 DM. Auf diesen Betrag beschränkt sich die Wirkung des Anspruches aus § 1179a BGB des Günther G. Rissen. Dem teilweise ausfallenden Zwischenrecht Abt III Nr 5 kommt die Durchsetzung des Löschungsanspruches nicht zugute, was ja auch der Fall gewesen wäre, wenn Günther G. Rissen seinen Löschungsanspruch ebenfalls nicht geltend gemacht hätte.

2. Die verfahrensrechtliche Rechtslage

a) Die Geltendmachung des schuldrechtlichen Löschungsanspruches bewirkt jedoch noch keine dingliche Rechtsänderung hinsichtlich des auf das Eigentümerrechts entfallenden Erlösanteils.[30] Das Eigentümerrecht ist – soweit der Löschungsanspruch reicht,

29 Vgl BGH Rpfleger 1963, 234 für den durch Vormerkung gesicherten Löschungsanspruch gem § 1179 BGB aF.

30 Vgl *Zeller/Stöber* aaO § 114 Rn 9.16.

also hinsichtlich eines Teilbetrages von 98.592,83 DM – auflösend bedingt durch das Bestehen **und** die Durchsetzung des schuldrechtlichen Anspruchs. Dies geschieht dadurch, daß die Eigentümerin den Anspruch anerkennt oder dadurch, daß die entsprechende Erklärung durch rechtskräftiges Urteil ersetzt wird.

b) Solange der Löschungsanspruch noch nicht erfüllt ist, erfolgt die Zuteilung des teilweise auflösend bedingten Erlösanspruches an die Eigentümerin. Gem § 119 ZVG hat jedoch eine Hilfszuteilung an denjenigen zu erfolgen, dem der Erlös bei Wegfall des Eigentümererlösanteils zustehen würde, hier also an Günther G. Rissen als Gläubiger des Rechtes Abt III Nr 6 in Höhe von 98.592,83 DM. Um die sofortige Auskehrung an die Eigentümerin zu verhindern und die vorläufige Hinterlegung zu erwirken, muß der Hilfsberechtigte sich mit einem Widerspruch gem § 115 ZVG iVm §§ 876 ff ZPO zur Wehr setzen. Zwar ist im Verteilungstermin niemand erschienen; die vorherige schriftliche Anmeldung des Anspruches aus § 1179a BGB gegenüber dem Versteigerungsgericht beinhaltet jedoch einen Widerspruch gegen die Ausführung des Teilungsplanes zugunsten der Schuldnerin.[31] Der streitige Betrag wird hinterlegt. Gem § 878 Abs 1 S 1 ZPO hat der Widersprechende dem Vollstreckungsgericht binnen eines Monats die Einreichung der Widerspruchsklage nachzuweisen. Wird der Widerspruch nicht verfolgt oder für unbegründet erklärt, so verbleibt es bei der Zuteilung gem Teilungsplan. Bei erfolgreicher Widerspruchsklage erfolgt die Ausführung entsprechend der Entscheidung des Prozeßgerichtes.

31 Vgl *Zeller/Stöber* aaO § 114 Rn 9.16.

Fall 4: Pfändung des Herausgabeanspruchs und der Mietzinsforderungen

Brigitte Steder, Berlin

Klausur aus dem Sachgebiet Allgemeine Zwangsvollstreckung

Aufgabe:

Ihnen wird am 15. April 1998 die nachfolgende Akte des örtlich zuständigen Amtsgerichts Tiergarten als geschäftsplanmäßig zuständiger/zuständigen Rechtspflegerin/Rechtspfleger vorgelegt. Äußern Sie sich gutachtlich zur gesamten Rechtslage und formulieren Sie die Ihrer Meinung nach zu treffende Entscheidung und/oder Verfügung.

Bearbeitungszeit: 5 Stunden
Hilfsmittel: Schönfelder, Deutsche Gesetze

Sachverhalt:

Die Akte 31 M 333/98 hat folgenden Inhalt:

Blatt 1:

Dr. Klaus Schiller
– Rechtsanwalt –
Stresemannstr. 15
10963 Berlin

Amtsgericht Tiergarten
Eingegangen am: 20. 03. 98
Anlagen: diverse

An das
Amtsgericht Tiergarten
– Vollstreckungsabteilung –
Lehrter Straße 60
10557 Berlin

Berlin, den 18. 03. 98

In der Zwangsvollstreckungssache
des Autohändlers Manuel Topp, Stresemannstraße 9,
10963 Berlin — Gläubiger -

Prozeßbevollmächtigter: Dr. Klaus Schiller, Stresemannstraße 15
10963 Berlin

gegen

die Wilma Wildinski OHG „Hutmanufaktur", Bochumer Str. 12,
10555 Berlin, vertreten durch die Gesellschafter Wilma Wildinski und Ricardo Hut, ebenda

- Schuldnerin -

beantrage ich namens des Gläubigers den Erlaß des anliegenden Pfändungs- und Überweisungsbeschlusses. Die Schuldnerin hat ausweislich des beigefügten Handelsregisterauszuges ihren Sitz im Bezirk des Amtsgerichts Tiergarten.
Eine vollstreckbare Ausfertigung des Urteils des Amtsgerichts Tiergarten vom 20. 02. 98 (3 C 567/97) nebst Zustellungsurkunde sowie der Nachweis der erbrachten Sicherheitsleistung sind als Anlagen diesem Schreiben beigefügt. Die geltend gemachten Vollstreckungskosten ergeben sich aus dem als Anlage beigefügten Protokoll des Gerichtsvollziehers Müller.

Ergänzend möchte ich folgendes zur Pfändung der jeweiligen Ansprüche vortragen:
In den Geschäftsräumen der Schuldnerin werden derzeit umfangreiche Renovierungsarbeiten durchgeführt, so daß Materialien und Arbeitsgeräte bei Dritten eingelagert wurden. Meinem Mandanten ist bekannt, daß der im Pfändungs- und Überweisungsbeschluß bezeichnete Nähautomat zur Zeit von Herrn Hugo Bosch verwahrt wird, ein Pfändungsversuch scheiterte jedoch, da Herr Bosch zur Herausgabe nicht bereit war. Es besteht daher die Notwendigkeit der Pfändung des Herausgabeanspruchs der Schuldnerin gegenüber Herrn Bosch, die Verwertung des dem Herausgabeanspruchs zugrundeliegenden Gegenstandes erfolgt sodann durch den Gerichtsvollzieher.
Hinsichtlich der Pfändung der Mietzinsforderung wird mitgeteilt, daß die Schuldnerin als Eigentümerin des Grundstücks, auf wel-

chem das vermietete Haus belegen ist, im Grundbuch eingetragen ist, ein entsprechender Nachweis in Form eines aktuellen Grundbuchauszuges liegt bei.

Dr. Klaus Schiller
- Rechtsanwalt -

Blatt 2–3:

An das Amtsgericht Tiergarten

Ich beantrage namens des Gläubigers, den nachstehend entworfenen Beschluß zu erlassen sowie die Zustellung zu vermitteln und zwar an die Drittschuldner mit Aufforderung nach § 840 ZPO. Durchschläge anbei.

Dr. Klaus Schiller, Berlin, 18. 03. 98

Geschäftsnummer: 31 M 333/98 Datum: 24. 03. 98

Pfändungs- und Überweisungsbeschluß

In der Zwangsvollstreckungssache

des Autohändlers Manuel Topp, Stresemannstraße 9,
10963 Berlin - Gläubiger -

Prozeßbevollmächtigter: Dr. Klaus Schiller, Stresemannstraße 15
10963 Berlin

gegen

die Wilma Wildinski OHG „Hutmanufaktur“, Bochumer Str. 12, 10555 Berlin, vertreten durch die Gesellschafter Wilma Wildinski und Ricardo Hut, ebenda

- Schuldnerin -

kann der Gläubiger nach dem vollstreckbaren Urteil des Amtsgerichts Tiergarten vom 20. 02. 98, Az. 3 C 567/97 von der Schuldnerin beanspruchen:

7.800,00 DM Hauptforderung

87,00 DM bisherige Vollstreckungskosten

Wegen dieses Anspruchs sowie der Kosten dieses Beschlusses und seiner Zustellung (vergl. umseitige Kostenrechnung I bis II) werden

1. der angeblich Anspruch der Schuldnerin
an
Herrn Hugo Bosch
Bergstraße 4, 12169 Berlin

– Drittschuldner zu 1 –

auf Herausgabe des für die Schuldnerin verwahrten Nähautomatens Marke „Schnell", Modell Nr 77768, Gerätenummer 007 4711

gepfändet und zur Einziehung überwiesen.
Es wird angeordnet, daß der Nähautomat an einen vom Gläubiger zu beauftragenden Gerichtsvollzieher herauszugeben ist.

Dem Drittschuldner wird verboten, die Sache an die Schuldnerin herauszugeben. Die Schuldnerin darf über den Anspruch nicht mehr verfügen, insbesondere die Herausgabe der Sache an sich nicht mehr verlangen.

2. die angebliche Forderung der Schuldnerin
an
Frau Elena Schneider, Süderquerweg 566, 21037 Hamburg

– Drittschuldnerin zu 2 –

auf Zahlung der fälligen und künftig fällig werdenden Mietzinsen aus der Vermietung des Einfamilienhauses Süderquerweg 566, 21037 Hamburg
gepfändet und in Höhe des gepfändeten Betrages zur Einziehung überwiesen.

Die Drittschuldnerin darf, soweit die Forderung gepfändet ist, an die Schuldnerin nicht mehr zahlen. Die Schuldnerin darf insoweit nicht über die Forderung verfügen, insbesondere sie nicht einziehen.

I. Gerichtskosten
Gebühr (§ 11 Nr 1640 GKG) 20,00 DM

II. Zustellungskosten (§§ 16, 35–37 GVKostG)
1. Zustellung an Drittschuldner ______________ DM
2. Zustellung an Schuldner ______________ DM
3. Beglaubigung/Schreibgebühren (______ Seiten) ______ DM
4. Vordruchpauschsatz ______________ DM
5. Postgebühr für Zustellung ______________ DM
6. Postgeb. für Nachnahmesendung ______________ DM
7. Reisekostenpauschbetrag ______________ DM
Wegegeld (______ km)
Gesamtbetrag: ______________ DM

Wisterfeldt
Rechtspflegerin

Blatt 4:

Expeditionsverfügung bezüglich des Pfändungs- und Überweisungsbeschlusses vom 24. 03. 98 (Vermittlung der Zustellung gem §§ 166, 168, 840 ZPO an beide Drittschuldner, den zuständigen Gerichtsvollziehern zugegangen am 26. 03. 98), sowie Veranlassung der Rücksendung der Vollstreckungsunterlagen an den Gläubigervertreter.

Blatt 5–6:

Wilma Wildinski OHG „Hutmanufaktur“
vertreten durch die Gesellschafter
Wilma Wildinski und Ricardo Hut
Bochumer Str. 12
10555 Berlin,

Amtsgericht Tiergarten
Eingegangen am: 02. 04. 98
Anlagen: diverse

An das
Amtsgericht Tiergarten
– Vollstreckungsabteilung (Az: 31 M 333/98) –
Lehrter Straße 60
10557 Berlin

Berlin, den 1. April 1998

Sehr geehrte Damen und Herren,

in der Zwangsvollstreckungssache Manuel Topp gegen Wilma Wildinski OHG „Hutmanufaktur“ legen wir – namens der Schuldnerin – gegen den Pfändungs- und Überweisungsbeschluß vom 24. 03. 98, Az: 31 M 333/98

ERINNERUNG

ein.

Der oben genannte Pfändungs- und Überweisungsbeschluß, welcher der Schuldnerin zu unseren Händen heute morgen durch den Gerichtsvollzieher zugestellt worden ist, hätte aus mehreren Gründen nicht ergehen dürfen.

Bis heute haben wir keine Kenntnis von den Entscheidungsgründen. Uns wurde lediglich eine Abschrift des Urteils, aus dem sich zwar die Verurteilung als solche nicht aber der dem Urteil zugrundegelegte Sachverhalt und die Begründung ergeben, durch einen Gerichtsvollzieher zugestellt. Auch die Form dieser Zustellung des Urteils ist zu beanstanden! Diese erfolgte durch den Gerichtsvollzieher an Frau Wilma Wildinski am 3. März 1998 im

Restaurant „Nola" als sie ihr wohlverdientes Abendessen (um 18.30) zu sich nahm. Zum einen hätte die Zustellung wohl zur „geschäftsüblichen" Zeit im Geschäftslokal vorgenommen werden müssen, und zum anderen hätte sie an beide Gesellschafter erfolgen müssen.

Weiterhin ist der fehlende Nachweis hinsichtlich der dem Gläubiger durch das Urteil auferlegten Sicherheitsleistung zu rügen. Bisher wurde Frau Wildinski – bei dem oben erwähnten Abendessen – lediglich eine Abschrift der Hinterlegungsquittung hinsichtlich der Hinterlegung der Bankbürgschaftsurkunde durch den Gerichtsvollzieher zugestellt, die Bürgschaftsurkunde selbst ist uns bis heute nicht zugegangen. Unseres Erachtens ist daher ein Bürgschaftsvertrag bisher nicht wirksam zustandegekommen.

Aus dem Urteil ergibt sich, daß der Gläubiger seinerseits zur Herausgabe des PKW „Ford Transit" verurteilt wurde, dieser wurde uns durch den Gerichtsvollzieher am 4. März 1998 angeboten. Wir haben dem Gerichtsvollzieher jedoch erklärt, daß wir zwar zur Übernahme des PKWs durchaus bereit seien, der Betrag in Höhe von 7.800,00 DM zur Zeit jedoch noch nicht gezahlt werden könne. Da uns der PKW daraufhin tatsächlich nicht überlassen wurde, ist es nicht gerechtfertigt, die Zwangsvollstreckung gegen uns zu betreiben.

Insgesamt waren – wie aufgezeigt – die Voraussetzungen für den Vollstreckungsbeginn nicht gegeben, so daß der Pfändungs- und Überweisungsbeschluß nicht hätte ergehen dürfen und nunmehr aufzuheben ist.

Sollte das Gericht zu einem anderen Ergebnis hinsichtlich der Vollstreckungsvoraussetzungen gelangen, so ist der Pfändungs- und Überweisungsbeschluß aber auch aus anderen Gründen aufzuheben.

Die Vollstreckung in den Herausgabeanspruch gegen Herrn Hugo Bosch halten wir für nicht zulässig. Dieser Anspruch wird gepfändet mit dem Ziel einer Verwertung des Gegenstandes zugunsten des Gläubigers durch den Gerichtsvollzieher. Es handelt sich bei dem Nähautomaten um eine Spezialmaschine, die es uns ermöglicht, eine Reihe von ausgefallenen Modellhüten zu fertigen. Obwohl die Fertigung nahezu vollständig in Handarbeit erfolgt, wird diese Maschine für Spezialnähte (die in dieser exakten Weise nicht per Hand genäht werden könnten) eingesetzt. Wir verfügen über keine Angestellten, sämtliche Tätigkeiten (Entwürfe, Zuschnitt, Fertigung und Verkauf) werden von uns allein vorgenommen. Es erscheint daher nicht gerechtfertigt, daß der Zugriff auf einen zur Fortsetzung der Erwerbstätigkeit erforderlichen Gegenstand - wenn auch hier nicht „direkt" - zugelassen wird. Wir halten den gepfändeten Anspruch daher für unpfändbar.

Weiterhin ist die Pfändung der Mietzinsforderungen für diesen Gläubiger nicht zulässig! Ausweislich des beigefügten Grundbuchauszuges ist bereits die Zwangsversteigerung des Grundstücks angeordnet, eine Beschlagnahme des Mietzinsanspruches im Rahmen der Mobiliarvollstreckung scheidet daher aus.

Abschließend möchten wir noch daraufhinweisen, daß gegen das Urteil in Höhe von 5.000,00 DM am 4. März 1998 fristgerecht Berufung eingelegt wurde, der darüber hinausgehende Betrag in Höhe von insgesamt 2.887,00 DM („Rest" der Hauptforderung 2.800,00 DM nebst Kosten in Höhe von 87,00 DM) wurde in Teilbeträgen bereits an den Gläubiger überwiesen (die Überweisungsbelege vom 18.02.98 (1.000,00 DM) und vom 20.03.1998 (1.887,00 DM) liegen diesem Schreiben bei). Da somit eine Teilforderung bereits beglichen ist und hinsichtlich des übrigen Betrages zunächst die Entscheidung des Rechtsmittelgerichts abgewartet werden muß, ist die Vollstreckung aus dem angegriffenen Titel nicht mehr zulässig.

Aus den genannten Gründen wird die Aufhebung des Pfändungs- und Überweisungsbeschlusses vom 24.03.98 beantragt.

Hochachtungsvoll

Wilma Wildinski OHG „Hutmanufaktur"
Wilma Wildinski, *Ricardo Hut*

Dem Schreiben sind folgende Anlagen beigefügt:
Anlage 1:
Aktueller Grundbuchauszug des Grundbuchgerichts Hamburg-Bergedorf, aus dem sich zum einen ergibt, daß die Schuldnerin als Eigentümerin des im Pfändungs- und Überweisungsbeschluß vom 24. 03. 98, Az: 31 M 333/98 bezeichneten Grundstücks eingetragen ist und zum anderen, daß die Zwangsversteigerung des Grundstücks angeordnet wurde (die Eintragung erfolgte am 6. Februar 1998, Abteilung 2 enthält keine weiteren Eintragungen)

Anlage 2:
Posteinzahlungsscheine, aus denen sich ergibt, daß am 18. 02. 98 ein Betrag in Höhe von 1.000,00 DM und am 20. 03. 98 ein weiterer Betrag in Höhe von 1.887,00 DM zugunsten des Gläubigers eingezahlt wurden.

Blatt 7:
Einstellungsbeschluß der Rechtspflegerin vom 03. 04. 98 gem § 766 Abs 1 S. 2 iVm 732 Abs 2 ZPO bis zur endgültigen Entscheidung längstens bis zum 17. 04. 98.
Beschlußausfertigung nebst Antragsabschrift an Gläubigervertreter zur Stellungnahme binnen 1 Woche; je eine Beschlußausfertigung an Schuldnerin und Drittschuldner.

Blatt 8–9:
Dr. Klaus Schiller
– Rechtsanwalt –
Stresemannstraße 15
10963 Berlin

Amtsgericht Tiergarten
Eingegangen am: 15. 04. 98
Anlagen: diverse

An das
Amtsgericht Tiergarten
– Vollstreckungsabteilung –
Lehrter Straße 60
10557 Berlin

Berlin, den 14. 04. 98

In der Zwangsvollstreckungssache

Manuel Topp g e g e n Wilma Wildinski OHG „Hutmanufaktur"

nehme ich zu der Erinnerung der Schuldnerin wie folgt Stellung:

Ausweislich der als Anlage erneut beigefügten Vollstreckungsunterlagen sind sämtliche Vollstreckungsvoraussetzungen erfüllt.
Daß die vollständige Fassung des Urteils der Schuldnerin bisher noch nicht zugestellt wurde, hat keinen Einfluß auf den Beginn der Zwangsvollstreckung. Im Rahmen der Parteizustellung ist die Zustellung der abgekürzten Fassung ausreichend. Auch liegen hinsichtlich der Zustellung keine Mängel vor. Die Zustellung an nur einen der Vertreter der OHG ist ausreichend und kann an jedem Ort – also auch außerhalb der Geschäftsräume – erfolgen.
Laut Urteil konnte die Sicherheitsleistung durch eine Bankbürgschaft erbracht werden. Das Original der Bürgschaftsurkunde wurde ausweislich des beigefügten Hinterlegungsscheins beim AG Tiergarten – Hinterlegungsstelle – hinterlegt, eine Abschrift des Hinterlegungsscheins wurde der Schuldnerin vom Gerichtsvollzieher zugestellt. Da es sich um einen „Zwangsvertrag" handelt, bedarf dieser als Wirksamkeitsvoraussetzung nicht des Zuganges bei der Schuldnerin.

Hinsichtlich des Angebots der Leistung des Gläubigers (Herausgabe des PKW „Ford Transit“) durch den Gerichtsvollzieher am 4. März 1998 ist festzustellen, daß die Schuldnerin durch Verweigerung der eigenen Leistung in Annahmeverzug gesetzt wurde, so daß die Vollstreckung nunmehr betrieben werden kann.

Weiterhin ist der Einwand der Schuldnerin, die Pfändung des Herausgabeanspruchs sei nicht zulässig, unzutreffend! Für die Forderungspfändung ist es nicht relevant, ob der dem Herausgabeanspruch zugrundeliegende Gegenstand eventuell unpfändbar sein könnte. Sollte das Gericht hier anderer Meinung sein, so gebe ich weiterhin zu bedenken, daß im vorliegenden Fall die Schutzregelung bezüglich der zur Fortführung der Erwerbstätigkeit notwendigen Gegenstände aufgrund der Tatsache, daß es sich bei der Schuldnerin um eine Personenhandelsgesellschaft und nicht um eine natürliche Person handelt, keine Anwendung finden kann!

Hinsichtlich der Pfändung der Mietzinsforderungen ist darauf hinzuweisen, daß eine Beschlagnahme im Wege der Mobiliarvollstreckung sehr wohl zulässig ist.

Die angeblichen Überweisungen in Höhe von insgesamt 2.887,00 DM sind auf dem Konto meines Mandanten bisher nicht eingegangen, die Vollstreckung auch wegen dieses Betrages ist daher fortzuführen. Abschließend sei noch angemerkt, daß es zwar richtig ist, daß gegen das Urteil Berufung eingelegt wurde, dies allein hindert die Vollstreckung jedoch nicht.

Aus den genannten Gründen beantrage ich, die Erinnerung zurückzuweisen und den Pfändungs- und Überweisungsbeschluß unverändert aufrechtzuerhalten.

Dr. Klaus Schiller
(Rechtsanwalt)

Dem Schreiben sind folgende Anlagen beigefügt:

Anlage 1:

Vollstreckbare Ausfertigung

Amtsgericht Tiergarten
3 C 567/97

Verkündet am: 20.02.1998
Klick, JOS als UdG

IM NAMEN DES VOLKES

Urteil

In dem Rechtsstreit

des Autohändlers Manuel Topp, Stresemannstraße 9,
10963 Berlin, Klägers,

Prozeßbevollmächtigter:
Dr. Klaus Schiller, Stresemannstraße 15
10963 Berlin

gegen

die Wilma Wildinski OHG „Hutmanufaktur", Bochumer Str. 12, 10555 Berlin, vertreten durch die Gesellschafter Wilma Wildinski und Ricardo Hut, ebenda,

Beklagte,

hat das Amtsgericht Tiergarten auf die mündliche Verhandlung vom 12.02.1996 durch den Richter am Amtsgericht Wollert für Recht erkannt:

1. Die Beklagte wird verurteilt, an den Kläger 7.800,00 DM zu zahlen, Zug um Zug gegen Herausgabe des PKW „Ford Transit", Baujahr 1986, Typ D 100, Fahrgestellnummer 777 G 789 0988.
2. Die Beklagte hat die Kosten des Rechtsstreits zu tragen.

3. Das Urteil ist gegen Sicherheitsleistung in Höhe von 9.500,00 DM vorläufig vollstreckbar. Die Sicherheitsleistung kann auch durch eine selbstschuldnerische, unbedingte, unbefristete und unwiderrufliche Bürgschaft einer deutschen Großbank oder eines deutschen öffentlichen Kreditinstituts erbracht werden.

Wollert

Ausgefertigt **Gerichtssiegel**
Klick, JOS als UdG

Vorstehende Ausfertigung wird dem Kläger zu Händen seines Prozeßbevollmächtigten zum Zwecke der Zwangsvollstreckung erteilt.

Berlin, den 26. 02. 98 **Gerichtssiegel**
Sommer, JS als UdG

Anlage 2:

Öffentlich beglaubigte Abschrift der Bürgschaftserklärung der Deutsche Bank AG, Filiale Berlin-Charlottenburg, vom 27. 02. 98, aus der hervorgeht, das die Deutsche Bank AG, vertreten durch ihren Vorstand, für Herrn Manuel Topp die selbstschuldnerische Bürgschaft gegenüber der Wilma Wildinski OHG „Hutmanufaktur" mit dem im Urteil des Amtsgericht Tiergarten vom 20. 02. 98 geforderten Inhalt übernimmt. Weiterhin enthält sie die Regelung, daß die Bürgschaft mit der Rückgabe der Urkunde erlischt.

Anlage 3:

Hinterlegungsschein des Amtsgerichts Tiergarten – Hinterlegungsstelle – vom 02. 03. 98 (Az.: 1 HL 333/98) aus dem hervorgeht, daß Herr Manuel Topp vertreten durch seinen Prozeßbevollmächtigten Dr. Klaus Schiller am 02. 03. 98 das Original der Bürgschaftserklärung der Deutschen Bank AG vom 27. 02. 98 über die

Übernahme der Bürgschaft entsprechend dem Urteil des Amtsgerichts Tiergarten vom 20. 02. 98, Az: 3 C 567/97, bei der Hinterlegungsstelle hinterlegt hat.

Anlage 4:

Zustellungsurkunde ausgestellt durch den Gerichtsvollzieher Neumann, aus der sich ergibt, daß zum Zwecke der Zustellung an die Wilma Wildinski OHG „Hutmanufaktur" der Frau Wilma Wildinski als gesetzlicher Vertreterin am 03. 03. 98 um 18.30 Uhr im Restaurant „Nola", Dortmunder Str. 9, 10555 Berlin folgende Urkunden übergeben wurden:
- beglaubigte Abschrift der vollstreckbaren Ausfertigung des Urteils des Amtsgerichts Tiergarten vom 20. 02. 98, Az: 3 C 567/97,
- beglaubigte Abschrift des Hinterlegungsscheins des Amtsgerichts Tiergarten - Hinterlegungsstelle - vom 02. 03. 98, Az: 1 HL 333/98.

Anlage 5:

Protokoll des Gerichtsvollziehers Neumann vom 04. 03. 98, aus dem sich ergibt, daß der Gerichtsvollzieher Frau Wilma Wildinski und Herrn Ricardo Hut als gesetzliche Vertreter der Wilma Wildinski OHG „Hutmanufaktur" im Geschäftslokal Bochumer Str. 12, 10555 Berlin angetroffen, und den PKW „Ford Transit", Baujahr 1986, Typ D 100, Fahrgestellnummer 777 G 789 0988 tatsächlich angeboten hat. Die Bereitschaft zur Übernahme des PKWs wurde erklärt, nicht jedoch die Erfüllung der der Schuldnerin obliegende Zahlungsverpflichtung in Höhe von 7.800,00 DM. Der sodann vorgenommene Pfändungsversuch im Geschäftslokal verlief fruchtlos, da sämtliche Materialien und Maschinen aufgrund umfangreicher Renovierungsarbeiten in Räumen Dritter (Angabe der Namen und Anschriften folgt) untergebracht wurden, und die Geschäftsräume daher nahezu leer waren.

Gutachten:

A. Antragsqualifikation

Die Schuldnerin erhebt formellrechtliche Einwendungen (Mängel in den Vollstreckungsvoraussetzungen, unpfändbare Forderungen) gegen den Erlaß des Pfändungs- und Überweisungsbeschlusses im Rahmen der Erinnerung gem § 766 ZPO.
Bei dem Einwand der teilweisen Tilgung der der Vollstreckung zugrundeliegenden Forderung handelt es sich um einen materiellrechtlichen Einwand, der grundsätzlich im Vollstreckungsverfahren nicht zu berücksichtigen ist. Zu prüfen ist jedoch, ob die Vorlage der Posteinzahlungsbelege ein Vollstreckungshindernis gem § 775 Nr 5 iVm § 776 ZPO darstellt.

B. Erinnerung gem § 766 ZPO

I. Zulässigkeit der Erinnerung

1. Statthaftigkeit

Mit der Erinnerung gem § 766 ZPO können formellrechtliche Einwendungen gegen eine Vollstreckungsmaßnahme geltend gemacht werden. Im vorliegenden Fall handelt es sich somit um den statthaften Rechtsbehelf.

2. Form und Frist

Die Erinnerung kann schriftlich mit eigenhändiger Unterschrift oder zu Protokoll der Geschäftsstelle eingelegt werden. Eine Frist für die Einlegung der Erinnerung sieht § 766 ZPO nicht vor, die Vollstreckung muß allerdings begonnen haben und darf noch nicht beendet sein.
Hinsichtlich Form und Frist der Erinnerung ergeben sich aus dem Sachverhalt keine Mängel.

3. Allgemeine Verfahrensvoraussetzungen

a) Zuständigkeiten

Sachlich und örtlich ist im vorliegenden Fall die Vollstreckungsabteilung des Amtsgerichts Tiergarten für die Entscheidung über die Einwendungen der Schuldnerin gem §§ 828 Abs 2, 766 Abs 1, 764 ZPO zuständig.

Die Entscheidung über die Erinnerung ist dem Richter gem § 20 Nr 17 a RPflG[1] vorbehalten. Dem Rechtspfleger wird jedoch – soweit eine Maßnahme, die von ihm getroffen wurde, mit der Erinnerung gem § 766 ZPO angegriffen wird – in entsprechender Anwendung des § 571 ZPO ein Abhilferecht eingeräumt.

b) Parteifähigkeit

An der Parteifähigkeit des Gläubigers bestehen keine Zweifel, § 50 ZPO.
Die Schuldnerin ist als OHG eine Personenhandelsgesellschaft, welche gem § 124 Abs 1 HGB iVm § 50 ZPO parteifähig ist.

c) Prozeßfähigkeit

Für Mängel hinsichtlich der Prozeßfähigkeit des Gläubigers ergeben sich keine Anhaltspunkte. Der Gläubiger läßt sich von seinem Prozeßbevollmächtigten Rechtsanwalt Dr. Schiller auch im Rahmen des Zwangsvollstreckungsverfahrens vertreten. Die aus dem Urteil des Amtsgerichts Tiergarten ersichtliche Vollmacht erstreckt sich auch auf das Zwangsvollstreckungsverfahrens, § 81 ZPO. Ein etwaiger Mangel in der Vollmacht ist nicht von Amts wegen zu berücksichtigen, da als Bevollmächtigter ein Rechtsanwalt auftritt, § 88 Abs 2 ZPO. Die Schuldnerin – OHG – ist nicht prozeßfähig, und muß durch ihre gesetzlichen Vertreter vertreten werden, § 125 Abs 1 HGB, §§ 51, 52 ZPO. Gesetzliche Vertreter der OHG sind die Gesellschafter, welche hier gemeinschaftlich für die Schuldnerin auftreten.

II. Begründetheit der Erinnerung

Im folgenden ist zu prüfen, ob die Voraussetzungen für den Erlaß des Pfändungs- und Überweisungsbeschlusses – unter Berücksichtigung der neu vorgebrachten Tatsachen – wirksam vorliegen.

1. Antrag auf Pfändungs- und Überweisungsbeschluß

Hinsichtlich Form und Inhalt des Antrages auf Erlaß des Pfändungs- und Überweisungsbeschlusses ergeben sich aus dem Sachverhalt keine Mängel.

1 Seit dem 1.1.1999 § 20 Nr 17 S 2 RPflG.

2. Allgemeine Verfahrensvoraussetzungen

Der Pfändungs- und Überweisungsbeschluß wurde von dem sachlich und örtlich zuständigen Gericht erlassen, die Schuldnerin hat ihren Sitz im Bezirk des Amtsgerichts Tiergarten, so daß die dortige Vollstreckungsabteilung für den Erlaß des Beschlusses zuständig war, §§ 828 iVm 17 ZPO. Der Erlaß erfolgte gem § 20 Nr 17 RPflG wirksam durch den Rechtspfleger.
Hinsichtlich der übrigen Verfahrensvoraussetzungen gilt das unter B. I. 3. Gesagte, es ergeben sich insoweit keine Mängel.

3. Allgemeine und besondere Zwangsvollstreckungsvoraussetzungen

a) Titel

Es liegt ein Endurteil des Amtsgerichts Tiergarten vor, das gem § 704 Abs 1 ZPO einen zur Zwangsvollstreckung geeigneten Titel darstellt. Gem § 709 ZPO wurde das Urteil gegen Sicherheitsleistung für vorläufig vollstreckbar erklärt.
Dieses Urteil ist gem § 124 Abs 2 HGB zur Vollstreckung in das Gesellschaftsvermögen der Schuldnerin geeignet.
Die bloße Tatsache, daß die Schuldnerin gegen dieses Urteil Berufung eingelegt hat, hindert die Vollstreckung nicht.

b) Klausel

Gem §§ 724, 725 ZPO kann die Vollstreckung nur aus einer mit einer Vollstreckungsklausel versehenen Ausfertigung des Urteils erfolgen. Im vorliegenden Fall wurde die Klausel wirksam durch den Urkundsbeamten der Geschäftsstelle des Prozeßgerichts gem § 724 Abs 2 ZPO erteilt.

c) Zustellung

Vor Beginn der Vollstreckung ist der Titel gem § 750 Abs 1 ZPO der Schuldnerin zuzustellen. Ort und Zeitpunkt der Zustellung (Restaurant „Nola“, 18.30 Uhr) sowie Zustellungsempfänger (Zustellung lediglich an einen der Gesellschafter) werden von der Schuldnerin gerügt. Ebenso die Tatsache, daß nur die abgekürzte Fassung des Urteils bisher zugestellt wurde.
Zu prüfen ist, ob die Zustellung wirksam vorgenommen wurde.
Gem § 750 Abs 1 ZPO reicht die Zustellung der kurzen Fassung des Urteils im Parteibetrieb für den Beginn der Zwangsvoll-

streckung aus. Die Zustellung konnte somit durch den Gerichtsvollzieher vorgenommen werden. Die Zustellung erfolgt – soweit es sich um einen Zustellungsadressaten handelt, der nicht prozeßfähig ist – an dessen gesetzlichen Vertreter, § 171 Abs 1 ZPO. Bei mehreren gesetzlichen Vertretern genügt gem Absatz 3 der genannten Regelung die Zustellung an einen von ihnen. Aus dem Sachverhalt ergibt sich, daß Zustellungsempfänger lediglich einer der Gesellschafter war, dieses ist nach der vorgenannten Norm zulässig. Auch konnte im vorliegenden Fall gem § 180 ZPO die Zustellung an jedem Ort – also auch im Restaurant „Nola" – und in den Abendstunden – um 18.30 Uhr – gem § 188 Abs 1 ZPO wirksam erfolgen.
Mängel in der Zustellung liegen folglich nicht vor, der Erinnerung kann insoweit nicht abgeholfen werden.

d) Sicherheitsleistung

Der der Vollstreckung zugrundeliegende Titel wurde gegen Sicherheitsleistung für vorläufig vollstreckbar erklärt, § 709 ZPO. Grundsätzlich ist gem § 751 Abs 2 ZPO vom Gläubiger die Sicherheitsleistung durch öffentliche oder öffentlich beglaubigte Urkunde nachzuweisen und eine Abschrift dieser Urkunde dem Schuldner zuzustellen.
Aus dem Sachverhalt ergibt sich, daß laut Urteilsausspruch dem Gläubiger gestattet wurde, die Sicherheitsleistung durch Bankbürgschaft zu erbringen. Den Nachweis der Sicherheitsleistung (durch eine öffentliche oder öffentlich beglaubigte Urkunde) hat der Gläubiger gegenüber dem Vollstreckungsgericht erbracht durch Vorlage einer den Anforderungen des Urteils entsprechenden Bürgschaftserklärung. Die Vollstreckung darf jedoch erst beginnen, wenn das Zustandekommen des Bürgschaftsvertrages nachgewiesen ist.[2] Der Bürgschaftsvertrag kommt durch den Zugang der Bürgschaftserklärung an die Sicherungsberechtigte (hier: Schuldnerin) und die Annahme der Bürgschaft durch diese zustande. Im Rahmen der Zwangsvollstreckung ist die Schuldnerin jedoch durch die gerichtliche Anordnung zur Annahme der Bürgschaftserklärung verpflichtet;[3] die Annahmeerklärung wird

2 *Zöller/Stöber* ZPO, 20. Aufl, § 751 Rn 6.
3 „Zwangsvertrag", vgl hierzu *Kotzur* DGVZ 1990, 65 mwN.

durch die gerichtliche Zulassung der Sicherheitsleistung durch Bürgschaft nach allgemeiner Ansicht ersetzt.[4] Zur Entstehung des Bürgschaftsvertrages bedarf es somit (lediglich) des Zuganges der Bürgschaftserklärung bei der Schuldnerin. Die Bürgschaftserklärung gilt auch dann als zugegangen, wenn sie durch den Gerichtsvollzieher an die Schuldnerin zugestellt wurde,[5] § 132 Abs 1 BGB. Ein Nachweis über den Zugang wurde im vorliegenden Fall nicht erbracht. Die Hinterlegung der Bürgschaftserklärung kann diesen Zugang nicht ersetzen.[6] Ein wirksamer Bürgschaftsvertrag ist folglich nach dem Sachverhalt bisher nicht zustandegekommen.

Die Voraussetzung des § 751 Abs 2 ZPO für den Beginn der Zwangsvollstreckung ist nicht erfüllt.

Der Mangel hinsichtlich der Sicherheitsleistung ist unschädlich, wenn das Urteil bereits rechtskräftig wäre. Aus dem Sachverhalt ergibt sich, daß die Amtszustellung, welche gem § 516 ZPO die Rechtsmittelfrist in Lauf setzt, bisher nicht erfolgt ist. Auch sind noch keine 6 Monate seit der Urteilsverkündung vergangen, vgl § 516 ZPO. Das Urteil ist bisher noch nicht rechtskräftig.

Zu prüfen ist, ob der Gläubiger ohne Leistung der Sicherheit die Vollstreckung im Rahmen der Sicherungsvollstreckung gem § 720a ZPO betreiben kann.

Gem § 720a ZPO darf der Gläubiger die Zwangsvollstreckung aus einem gegen Sicherheitsleistung vorläufig vollstreckbar erklärten Zahlungsurteil in das bewegliche Vermögen des Schuldners auch ohne Erbringung der Sicherheitsleistung insoweit betreiben, als lediglich gepfändet, nicht aber verwertet wird. Jedoch müssen die Voraussetzungen des § 750 Abs 3 ZPO erfüllt sein, d. h. die vollstreckbare Ausfertigung des Titels muß der Schuldnerin 2 Wochen vor Beginn der Zwangsvollstreckung zugestellt worden sein. Im vorliegenden Fall wurde die vollstreckbare Ausfertigung der Schuldnerin durch Übergabe an die Gesellschafterin Frau Wilma Wildinski am 03. 03. 98 wirksam zugestellt, die Frist des § 750 Abs 3 ZPO war bei Beginn der Vollstreckung bereits abgelaufen. Allerdings hätte im Rahmen der Sicherungsvollstreckung hin-

4 BayObLG Rpfleger 1976, 67; OLG Koblenz NJW-RR 1992, 107.
5 *Behr* JurBüro 1995, 568, 569.
6 AA HansOLG, MDR 1982, 588.

sichtlich der Mietzinsforderung lediglich der Pfändungsbeschluß ergehen dürfen. Der Überweisungsbeschluß ist daher insoweit im Wege der Abhilfe durch den Rechtspfleger aufzuheben.
Bezüglich des Herausgabeanspruchs führt der Pfändungs- und Überweisungsbeschluß allein noch nicht zur Befriedigung des Gläubigers. Dieser wird vielmehr erst aus dem Erlös der Verwertung des herauszugebenden Gegenstandes befriedigt. Der Überweisungsbeschluß kann daher trotz Sicherungsvollstreckung gem § 720a ZPO aufrechterhalten bleiben, muß jedoch dahingehend ergänzt werden, daß die Verwertung des herauszugebenden Gegenstandes derzeit zu unterbleiben hat.

e) Zug-um-Zug Leistung

Die Schuldnerin rügt desweiteren die Nichterbringung der Gegenleistung des Gläubigers hinsichtlich der sich aus dem Urteil ergebenden Verpflichtung zur Zug-um-Zug Leistung. Gem § 765 ZPO ist vor Beginn der Zwangsvollstreckung durch das Vollstreckungsorgan zu prüfen, ob die Schuldnerin bereits befriedigt oder im Verzug der Annahme ist. Aus dem Protokoll des Gerichtsvollziehers vom 04. 03. 98 ergibt sich, daß der vom Gläubiger beauftragte Gerichtsvollzieher der Schuldnerin – vertreten durch ihre gesetzlichen Vertreter – die Leistung tatsächlich angeboten hat. Die Schuldnerin war zwar zur Annahme der ihr angebotenen Leistung bereit, nicht jedoch zur Erbringung der eigenen Leistung. Ist der Schuldner zur Annahme bereit, bietet die verlangte Gegenleistung aber nicht an, so kommt er in Verzug der Annahme, § 298 BGB. Durch das Protokoll des Gerichtsvollziehers wurde der Nachweis des Annahmeverzuges (§ 298 BGB) der Schuldnerin in der in § 765 S 1 ZPO geforderten Form geführt. Einer Zustellung bedarf es gem § 765 S 2 ZPO im vorliegenden Fall nicht.
Der Erinnerung kann insoweit nicht abgeholfen werden, sie ist dem Richter vorzulegen.

4. Pfändbarkeit der einzelnen Ansprüche

a) Anspruch der Schuldnerin auf Herausgabe des Nähautomatens

Aus dem Sachverhalt ergibt sich, daß die Pfändung des im Gewahrsam des Herrn Hugo Bosch befindlichen Nähautomatens durch den Gerichtsvollzieher bereits versucht wurde. Da dieser jedoch zur Herausgabe nicht bereit war, konnte die Pfändung dieses Gegenstandes nicht erfolgen, § 809 ZPO. Als Eigentümerin des Nähautomatens hat die Schuldnerin gegen den Besitzer und Verwahrer (= Drittschuldner), §§ 985, 695 BGB, einen Herausgabeanspruch. Dieser Anspruch unterliegt grundsätzlich der Pfändung; die Vollstreckung erfolgt gem §§ 846, 847 ZPO nach den für Pfändung von Geldforderungen maßgeblichen Vorschriften, §§ 828ff ZPO.

Der herauszugebende Gegenstand wurde identifizierbar durch den Gläubiger im Antrag auf Erlaß des Pfändungs- und Überweisungsbeschlusses angegeben.

Fraglich ist, ob im vorliegenden Fall der Herausgabeanspruch tatsächlich der Pfändung unterliegt. Die Schuldnerin trägt vor, daß der dem Herausgabeanspruch zugrundeliegende Gegenstand zur Fortführung der Erwerbstätigkeit benötigt wird und daher unpfändbar sei. Die Schuldnerin bezieht sich hier auf die Regelung des § 811 Nr 5 ZPO[7], wonach „bei Personen, die aus ihrer körperlichen oder geistigen Arbeit oder sonstigen persönlichen Leistung ihren Erwerb ziehen, die zur Fortführung dieser Erwerbstätigkeit erforderlichen Gegenstände nicht der Pfändung unterworfen sind". Unzweifelhaft kann die Regelung des § 811 ZPO, welche sich auf die Sachpfändung bezieht, nicht direkt auf die hier vorliegende Forderungspfändung hinsichtlich des Herausgabeanspruchs angewendet werden. Zu prüfen ist, ob eine entsprechende Anwendung der Schutznorm des § 811 ZPO in Betracht kommt.

Die Anspruchspfändung führt zu einer weiteren Zwangsvollstreckung in die herauszugebende Sache und erfolgt mit dem Ziel ihrer Verwertung. Mit der Herausgabe an den Gerichtsvollzieher entstehen an der Sache ohne weiteres Verstrickung und Pfändungspfandrecht (dingliche Surrogation analog § 848 Abs 2 S 2 ZPO, § 1287 BGB).[8] Erst die Verwertung des Gegenstandes durch den Gerichtsvollzieher ermöglicht die Befriedigung des Gläubiger aus dem erzielten Erlös. Die Pfändung des Herausgabeanspruches setzt voraus, daß der herauszugebende Gegenstand der weiteren Zwangsvollstreckung unterliegt, als solcher also pfändbar wäre.

7 Seit dem 1.1.1999: § 811 Abs. 1 Nr. 5 ZPO.

8 Vgl *Thomas/Putzo* ZPO, 21. Aufl, § 847 Rn 3 mwN.

Die Vollstreckung in einen Anspruch auf Herausgabe eines Gegenstandes, der gem § 811 ZPO unpfändbar ist, wird daher als unzulässig angesehen.[9]

Im folgenden ist zu prüfen, ob der Nähautomat gem § 811 Nr 5 ZPO unpfändbar ist.

Problematisch ist bereits die Beantwortung der Frage, ob die Schuldnerin als OHG unter den Anwendungsbereich dieser Vorschrift fällt, da hiernach „Personen, ...", nicht aber auch Personenhandelsgesellschaften ausdrücklich geschützt sind. Juristische Personen und Personenhandelsgesellschaften gehören grundsätzlich nicht zu dem geschützten Personenkreis. Anders wird dies jedoch insbesondere bei Personenhandelsgesellschaften dann beurteilt, wenn bei allen Gesellschaftern die persönliche Tätigkeit, nicht dagegen die kapitalistische (Einsatz von Maschinen und Arbeitskraft) Arbeitsweise im Vordergrund steht.[10] Im vorliegenden Fall steht die persönliche Tätigkeit beider Gesellschafter im Vordergrund, da nach dem unbestrittenen Vortrag der Schuldnerin die Hüte in Handarbeit durch die beiden alleinigen Gesellschafter hergestellt wird. Die Schuldnerin fällt daher nach hier vertretener Ansicht unter den Anwendungsbereich der Regelung des § 811 Nr 5 ZPO.[11]
Fraglich ist, ob die Nähmaschine zur Fortsetzung der Erwerbstätigkeit gem § 811 Nr 5 ZPO erforderlich ist. Aus dem Vortrag der Schuldnerin ergibt sich, daß diese Nähmaschine zur Herstellung bestimmter Hüte dringend benötigt wird. Wie bereits erörtert, steht zwar die persönliche Leistung im Vordergrund, die Maschine wird jedoch als Hilfsmittel zur Perfektionierung der Ware eingesetzt. Meines Erachtens ist die Erforderlichkeit der Nähmaschine zur Fortsetzung der Erbwerbstätigkeit daher zu bejahen.
Insgesamt ist festzustellen, daß der herauszugebende Gegenstand gem § 811 Nr 5 nicht der Pfändung unterliegt, so daß auch der

9 *Stöber* Forderungspfändung, 12. Aufl, Rn 2015 mwN.

10 Hierzu *Brox/Walker* Zwangsvollstreckungsrecht, 6. Aufl, Rn 284 mwN auch für die Gegenmeinung.

11 Wird die Anwendbarkeit des § 811 Nr 5 ZPO verneint, so erübrigt sich eine weitere Prüfung. Der Erinnerung könnte nicht abgeholfen werden und wäre dem Richter insoweit zur Entscheidung vorzulegen.

Anspruch auf Herausgabe nicht selbständig pfändbar ist. Die Erinnerung ist insoweit begründet und der Pfändungs- und Überweisungsbeschluß im Rahmen der Abhilfe durch den Rechtspfleger aufzuheben.

b) Anspruch der Schuldnerin auf Zahlung des Mietzinses

Der Anspruch der Schuldnerin aus Vermietung des Einfamilienhauses gegen die Mieterin auf Zahlung des vereinbarten Mietzinses (§ 535 BGB) unterliegt als Geldforderung (grundsätzlich) der Pfändung. Die hier vorgenommene Dauerpfändung gem § 832 ZPO ist nach herrschender Meinung[12] in Mietzinsforderungen zulässig. Zu beachten ist jedoch, daß Forderungen aus der Vermietung eines Grundstücks der hypothekarischen Haftung (§ 1123 BGB) und somit auch der Immobiliarvollstreckung (§ 865 Abs 1 ZPO) unterliegen. Gem § 865 Abs 2 ZPO unterliegen diese Forderungen jedoch solange der Zwangsvollstreckung in das bewegliche Vermögen, als nicht ihre Beschlagnahme im Wege der Immobiliarvollstreckung erfolgt ist. Aus dem Sachverhalt ergibt sich, daß bereits die Zwangsversteigerung angeordnet wurde. Zu prüfen ist, ob die Beschlagnahme im Rahmen der Zwangsversteigerung auch die Mietzinsforderungen miterfaßt und somit die Beschlagnahme im Rahmen der Mobiliarvollstreckung ausschließen würde. Gem § 21 Abs 2 ZVG umfaßt die Zwangsversteigerungsbeschlagnahme Miet- und Pachtzinsforderungen nicht, so daß trotz der Anordnung der Zwangsversteigerung die Beschlagnahme dieser Forderung im Wege der Mobiliarvollstreckung zulässig ist. Die bloße Zwangsversteigerungsanordnung hindert den Erlaß des Pfändungs- und Überweisungsbeschlusses in die Mietzinsforderung nicht.
Der Erinnerung kann hinsichtlich dieses Punktes nicht abgeholfen werden, die Sache ist dem Richter zur Entscheidung vorzulegen.

C. Vorliegen etwaiger Vollstreckungshindernisse

Die Schuldnerin trägt weiterhin vor, daß ein Teilbetrag der Vollstreckungsforderung bereits getilgt sei. Es handelt sich hierbei um

12 *Thomas/Putzo* ZPO, 21. Aufl, § 832 Rn 1 mwN.

einen materiell-rechtlichen Einwand, der grundsätzlich im Rahmen der Vollstreckung nicht zu berücksichtigen ist. Die Vorlage von Posteinzahlungsbelegen ist jedoch vom Vollstreckungsorgan als Vollstreckungshindernis von Amts wegen zu beachten, wenn sich aus ihnen ergibt, daß nach Erlaß des Urteils (zur Rechtslage ab 1. 1. 1999 siehe nachstehend) die zur Befriedigung des Gläubigers erforderliche Summe eingezahlt wurde, § 775 Nr 5 ZPO.
Der Einzahlungsbeleg vom 20. 03. 98 in Höhe von 1.887,00 DM ist daher von dem Vollstreckungsgericht insoweit zu berücksichtigen als gem § 776 S 2 ZPO die Zwangsvollstreckung hinsichtlich dieses Betrages einstweilen einzustellen wäre. Da jedoch der Gläubiger bereits die Fortsetzung des Verfahrens verlangt, hat die Einstellung zu unterbleiben. Der weitere Einzahlungsbeleg datiert vor Erlaß des Urteils, so daß die Regelung der §§ 775 Nr 5 iVm 776 ZPO keine Anwendung findet.
Die Schuldnerin ist hinsichtlich der materiellrechtlichen Einwendung auf den Prozeßweg zu verweisen.

Anmerkung zur Rechtslage seit dem 1. 1. 1999:
Die Neuformulierung des § 775 Nr 5 ZPO ändert nichts an der vor dargestellten Rechtslage. Die Streichung der Worte „der Post“ und „nach Erlaß des Urteils“ wird vom Gesetzgeber als „redaktionelle Bereinigung“ angesehen.[13]

D. Entscheidung

I. Beschluß

In der Zwangsvollstreckungssache

des Autohändlers Manuel Topp, Stresemannstraße 9,
10963 Berlin – Gläubiger –
Prozeßbevollmächtigter: Dr. Klaus Schiller, Stresemannstraße 15
10963 Berlin

13 BT-Drucks 13/9088, 5, 23; vgl. Steder, RpflStud 1998, 73, 83.

gegen

die Wilma Wildinski OHG „Hutmanufaktur“, Bochumer Str. 12, 10555 Berlin, vertreten durch die Gesellschafter Wilma Wildinski und Ricardo Hut, ebenda

– Schuldnerin –

Drittschuldner zu 1.: Hugo Bosch, Bergstraße 4, 12169 Berlin
Drittschuldnerin zu 2.: Elena Schneider, Süderquerweg 566, 21037 Hamburg

ergeht folgender

Beschluß

1. Der Pfändungs- und Überweisungsbeschluß vom 24.03.1998 wird hinsichtlich des Herausgabeanspruchs zu Ziffer 1 aufgehoben.

2. Der Überweisungsbeschluß vom 24.03.1998 wird hinsichtlich der Mietzinsforderungen zu Ziffer 2 aufgehoben.

3. Hinsichtlich der Anordnung zu Ziffer 1 erlangt dieser Beschluß erst mit seiner Rechtskraft Wirksamkeit. Bis zur Rechtskraft wird die Zwangsvollstreckung aus dem Pfändungs- und Überweisungsbeschluß in dem aufgehobenen Umfang mit der Maßgabe einstweilen eingestellt, daß der Drittschuldner den Gegenstand weiterhin einzubehalten hat und weder an einen vom Gläubiger zu beauftragenden Gerichtsvollzieher noch an die Schuldner/in herauszugeben hat.

4. Hinsichtlich der weitergehenden Einwendungen wird der Erinnerung nicht abgeholfen und dem Richter zur Entscheidung vorgelegt.

5. Die Kostenentscheidung wird der Richterentscheidung vorbehalten.

Gründe

I.

Der Gläubiger betreibt die Zwangsvollstreckung aus einem gegen Sicherheitsleistung in Höhe von 9.500,00 DM vorläufig vollstreckbar erklärten Urteil des Amtsgerichts Tiergarten (Az: 3 C 567/97) vom 20. 2. 1998. Antragsgemäß wurde am 24. 3. 1998 ein Pfändungs- und Überweisungsbeschluß erlassen, durch den zum einen der Anspruch der Schuldnerin auf Herausgabe des für die Schuldnerin verwahrten Nähautomatens, Marke „Schnell", Modell Nr 77768, Gerätenummer 007 4711, gegen Herrn Hugo Bosch – Drittschuldner zu 1 – und zum anderen die Forderung der Schuldnerin auf Zahlung der fälligen und künftig fällig werdenden Mietzinsen aus der Vermietung eines Einfamilienhauses gegen Frau Elena Schneider gepfändet und dem Gläubiger zur Einziehung überwiesen wird.

Mit der Erinnerung vom 1. 4. 1998 wendet sich die Schuldnerin – vertreten durch ihre beiden Gesellschafter Wilma Wildinski und Ricardo Hut – gegen den Erlaß des Pfändungs- und Überweisungsbeschlusses und beantragt dessen Aufhebung.
Zur Begründung trägt die Schuldnerin vor, daß die Voraussetzungen für den Beginn der Zwangsvollstreckung nicht vorlägen. So sei zu bemängeln, daß bisher lediglich eine abgekürzte Fassung des Urteils durch den Gerichtsvollzieher zugestellt worden ist. Die am 3. 3. 1998 erfolgte Zustellung an nur eine Gesellschafterin (Wilma Wildinski) im Restaurant „Nola" um 18.30 Uhr sei nicht wirksam erfolgt, da zum einen an beide Gesellschafter zuzustellen sei und zum anderen eine wirksame Zustellung nur im Geschäftslokal zu den „geschäftsüblichen" Zeiten erfolgen könne.
Weiterhin beanstandet die Schuldnerin, daß die dem Gläubiger durch das Urteil auferlegte Sicherheitsleistung bisher noch nicht wirksam erbracht sei. Ein wirksamer Bürgschaftsvertrag sei nicht zustandegekommen, weil die Bürgschaftserklärung der Schuldnerin bisher nicht zugegangen sei.
Die Schuldnerin wendet ferner ein, daß der Gläubiger, aufgrund der fehlenden Überlassung seiner Zug-um-Zug zu erbringenden Leistung (Herausgabe eines PKWs) trotz Übernahmebereitschaft

der Schuldnerin, zum Beginn der Zwangsvollstreckung nicht berechtigt sei.

Ungeachtet der Mängeln hinsichtlich der Vollstreckungsvoraussetzungen sei der Pfändungs- und Überweisungsbeschluß nach Ansicht der Schuldnerin aber auch aus anderen Gründen aufzuheben. So sei die Pfändung des Herausgabeanspruchs (Ziffer 1 des Pfändungs- und Überweisungsbeschlusses) nicht zulässig, da der dem Herausgabeanspruch zugrundeliegende Nähautomat zur Fortsetzung der Erwerbstätigkeit der Schuldnerin dringend erforderlich sei und folglich auch der Anspruch auf Herausgabe dieses Gegenstandes nicht der Pfändung unterliegen könne.
Weiterhin sei die Pfändung der Mietzinsforderung unzulässig, da bereits die Zwangsversteigerung des betreffenden Grundstücks angeordnet ist.

Der Gläubiger – vertreten durch seinen Prozeßbevollmächtigten Rechtsanwalt Schiller –, dem Gelegenheit zur Stellungnahme gegeben wurde, beantragt mit Schriftsatz vom 14.4.1998 die Erinnerung zurückzuweisen und den Pfändungs- und Überweisungsbeschluß unverändert aufrechtzuerhalten. Seines Erachtens seien sämtliche Vollstreckungsvoraussetzungen erfüllt. So reiche für den Beginn der Zwangsvollstreckung die Zustellung lediglich der kurzen Fassung des Urteils im Parteibetrieb. Eine Zustellung an nur einen gesetzlichen Vertreter sei zulässig, sie könne entsprechend auch außerhalb der Geschäftsräume und in den Abendstunden wirksam erfolgen.
Weiterhin sei die Sicherheitsleistung durch Beibringung einer Bankbürgschaftserklärung der Deutschen Bank AG, Hinterlegung der Originalurkunde bei der Hinterlegungsstelle des AG Tiergarten und Zustellung einer Abschrift der Hinterlegungsquittung wirksam erbracht. Es handele sich um einen „Zwangsvertrag", so daß es des Zu-ganges der Bürgschaftserklärung bei der Schuldnerin nicht bedürfe.
Hinsichtlich der Zug-um-Zug Leistung sei die Schuldnerin durch das Angebot des Gerichtsvollziehers und die Verweigerung der eigenen Leistung in Annahmeverzug gesetzt worden, so daß nunmehr die Vollstreckung betrieben werden könne.

Auch wendet sich der Gläubiger gegen die Behauptung der Schuldnerin die Pfändung des Herausgabeanspruchs sei nicht zulässig. Seines Erachtens sei es für die Forderungspfändung nicht relevant, ob der dem Herausgabeanspruch zugrundeliegende Gegenstand eventuell unpfändbar sein könnte. Selbst wenn aber dieser Aspekt zu berücksichtigen sei, so sei im konkreten Fall die Schutzregelung bezüglich der zur Fortführung der Erwerbstätigkeit notwendigen Gegenstände nicht anwendbar, da es sich bei der Schuldnerin um eine Personenhandelsgesellschaft handelt, für welche die auf natürliche Personen ausgerichtete Schutznorm keine Anwendung finden könne.

Die Beschlagnahme der Mietzinsforderungen hält der Gläubiger trotz der Anordnung der Zwangsversteigerung für zulässig.

II.

Der zulässigen Erinnerung wird teilweise abgeholfen. Hinsichtlich der Nichtabhilfe wird die Sache dem Richter zur Entscheidung vorgelegt.

Zutreffend ist die Ansicht der Schuldnerin, daß die Sicherheitsleistung nicht wirksam erbracht sei. Diese ist grundsätzlich zu erbringen, da – wie sich aus dem Sachverhalt ergibt – das Urteil bisher noch nicht rechtskräftig ist.
Gem. § 751 Abs 2 ZPO hat der Gläubiger, wenn die Vollstreckung von einer diesem obliegenden Sicherheitsleistung abhängt, die Sicherheitsleistung durch öffentliche oder öffentlich beglaubigte Urkunde nachzuweisen und eine Abschrift dieser Urkunde der Schuldnerin zuzustellen.
Laut Ziffer 3 des Tenors des der Vollstreckung zugrundeliegenden Urteils des AG Tiergarten ist der Gläubiger berechtigt, Sicherheitsleistung durch eine Bankbürgschaft zu erbringen. Den gem § 751 Abs 2 ZPO erforderten Nachweis der Sicherheitsleistung hat der Gläubiger gegenüber dem Vollstreckungsgericht erbracht durch Vorlage einer den Anforderungen des Urteils entsprechenden Bürgschaftserklärung der Deutschen Bank AG. Beginnen darf die Vollstreckung jedoch erst, wenn das Zustandekommen des Bürgschaftsvertrages nachgewiesen ist. Der Bürgschaftsvertrag kommt grundsätzlich durch den Zugang der Bürgschafts-

erklärung an den Sicherungsberechtigten und deren Annahme durch diesen zustande. Im Rahmen der Zwangsvollstreckung ist die Schuldnerin durch die gerichtliche Anordnung zur Annahme der Bürgschaftserklärung verpflichtet, nach allgemeiner Ansicht wird die Annahmeerklärung durch die gerichtliche Zulassung der Sicherheitsleistung durch Bürgschaft ersetzt. Zur Entstehung des Bürgschaftsvertrages bedarf es aber zumindest des Zugangs der Bürgschaftserklärung bei der Schuldnerin. Dieser Nachweis über den Zugang wurde von dem Gläubiger bisher nicht geführt. Auch kann die Hinterlegung der Bürgschaftserklärung bei der Hinterlegungsstelle den Zugang nicht ersetzen. Die Voraussetzung des § 751 Abs 2 ZPO ist somit nicht erfüllt.
Der Gläubiger hat jedoch die Voraussetzungen der Sicherungsvollstreckung gem § 720a ZPO durch die Zustellung der vollstreckbaren Ausfertigung des Urteils gem § 750 Abs 3 ZPO erfüllt, so daß hinsichtlich der Mietzinsforderung lediglich der Überweisungsbeschluß aufzuheben ist. Der Überweisungsbeschluß bezüglich des Herausgabesanspruchs ist im Rahmen der Sicherungsvollstreckung nicht aufzuheben, da eine Verwertung insoweit nicht stattfindet, eine Verwertung des herauszugebenden Gegenstandes hätte jedoch untersagt werden müssen.

Der Pfändungs- und Überweisungsbeschluß hinsichtlich des Herausgabeanspruchs ist aber aus anderen Gründen aufzuheben. Zutreffend geht die Schuldnerin davon aus, daß die Pfändung des Herausgabeanspruchs voraussetzt, daß der herauszugebende Gegenstand der weiteren Zwangsvollstreckung unterliegt, also als solcher pfändbar ist. Die Vollstreckung in einen Anspruch auf Herausgabe eines Gegenstandes, der gem § 811 ZPO unpfändbar ist, ist unzulässig. Bei dem herauszugebenden Nähautomaten handelt es sich um einen unpfändbaren Gegenstand im Sinne des § 811 Nr 5 ZPO. Ausnahmsweise fällt die Schuldnerin – entgegen der Ansicht des Gläubigers – als Personenhandelsgesellschaft unter den Anwendungsbereich dieser Vorschrift, da nach unbestrittenem Vortrag der Schuldnerin bei allen Gesellschaftern die persönliche Tätigkeit und nicht die kapitalistische Arbeitsweise im Vordergrund steht. Entsprechend der Voraussetzung des § 811 Nr 5 ZPO bejaht das Gericht die Erforderlichkeit der Nähmaschine zur Fortsetzung der Erwerbstätigkeit der Schuldnerin.

Ohne dieses Gerät könnte die Schuldnerin die Ware nicht in der üblichen Qualität und Perfektion herstellen, was den Absatz der Ware und die Reputation der Schuldnerin als „Hutmanufaktur" erheblich beeinträchtigen würde. Die herauszugebende Nähmaschine unterliegt daher nicht der Pfändung gem § 811 Nr 5 ZPO. Hieraus folgt, daß auch der Anspruch auf Herausgabe der Nähmaschine nicht selbständig pfändbar ist, so daß der Pfändungs- und Überweisungsbeschluß insoweit aufzuheben ist.

Hinsichtlich der weitergehenden Einwendungen der Schuldnerin wird der Erinnerung nicht abgeholfen und die Sache dem Richter zur Entscheidung vorgelegt.

Die Kostenentscheidung wird der Schlußentscheidung des Richters vorbehalten, da erst nach vollständiger Entscheidung über die Erinnerung über die Kostentragungspflicht abschließend zu entscheiden ist.

Berlin, 15. April 1998 ...., Rechtspfleger(in)
AG Tiergarten, Abt 31

III. Schreiben an die Schuldnerin

Sehr geehrte Frau Wildinski, sehr geehrter Herr Hut,

bezugnehmend auf den von Ihnen im Schreiben vom 1. April 1998 vorgebrachten Tilgungseinwand möchte ich Ihnen mitteilen, daß dieser im vorliegenden Fall nicht zu einer Einstellung des Vollstreckungsverfahrens führen kann.
Wie sich aus dem in Kopie beigefügten Schriftsatz des Gläubigervertreters vom 15. 04. 1998 ergibt, hat der Gläubiger bisher keine Zahlungen Ihrerseits verbuchen können und begehrt daher die Fortsetzung der Zwangsvollstreckung.
Materiellrechtliche Einwendungen können im Rahmen des Zwangsvollstreckungsverfahrens grundsätzlich nicht berücksichtigt werden, so daß der Gläubiger die Zwangsvollstreckung weiter betreiben kann.

Sie haben die Möglichkeit, die Tilgung des Teilbetrages im Wege der Vollstreckungsabwehrklage gem § 767 ZPO geltend zu machen, über welche das Prozeßgericht des ersten Rechtszuges – in Ihrem Fall das Amtsgericht Tiergarten – zu entscheiden hat.

Mit freundlichem Gruß

Berlin, 15. 04. 1998 ...., Rechtspfleger(in)

IV. Vermerk

Der Erinnerung wird in den übrigen Punkten aus folgenden Gründen nicht abgeholfen:

1. Zustellung
Entgegen der Ansicht der Schuldnerin ist für den Beginn der Zwangsvollstreckung die Zustellung im Parteibetrieb ausreichend, im diesem Fall wird nur ein kurze Fassung des Urteils zugestellt, § 750 Abs 1 S 2 ZPO.
Die Zustellung an nur einen gesetzlichen Vertreter der Schuldnerin ist gem § 171 Abs 1 und Abs 3 ZPO ist zulässig. Zeit und Ort der Zustellung sind ebenfalls gem § 188 Abs 1 ZPO und § 180 ZPO nicht zu beanstanden.
Insgesamt liegt mE daher eine wirksame Zustellung gem § 750 Abs 1 ZPO vor.

2. Zug-um-Zug Leistung
Aus dem Protokoll des Gerichtsvollziehers ergibt sich, daß die Schuldnerin wirksam in Annahmeverzug gem § 298 BGB gesetzt wurde. Der Nachweis wurde in der nach § 765 S 1 ZPO erforderten Form von dem Gläubiger erbracht, einer Zustellung des Protokolls bedarf es im vorliegenden Fall nicht gem § 765 S 2 ZPO.

3. Pfändbarkeit der Mietzinsforderung
Mietzinsforderungen unterliegen als Geldforderung grundsätzlich der Pfändung. Sie gehören zum hypothekarischen Haftungsverbund (§ 1123 BGB) und unterliegen somit auch der Immobiliarvollstreckung (§ 865 ZPO). Gem § 865 Abs 2 ZPO unterliegen diese Forderungen jedoch solange der Zwangsvollstreckung in

das bewegliche Vermögen als nicht ihre Beschlagnahme im Wege der Immobiliarvollstreckung erfolgt ist. Die im vorliegenden Fall angeordnete Zwangsversteigerung hindert den Erlaß des Pfändungs- und Überweisungsbeschlusses bezüglich der Mietzinsforderung jedoch nicht, da gem § 21 Abs 2 ZVG die Zwangsversteigerungsbeschlagnahme die Miet- und Pachtzinsforderungen nicht miterfaßt.

Berlin, 15. 04. 1998 ...., Rechtspfleger(in)

V. Verfügung

1. Je eine Beschlußausfertigung an

a) Schuldner mit ZU, nebst Abschrift des Schreibens zu 2) und Kopien von Blatt 8–9

b) Gläubigervertreter mit EB unter Beifügung der Vollstreckungsunterlagen

c) Drittschuldner zu 1. und zu 2. des Pfübs, jeweils mit ZU.

2. Frau Richterin/Herrn Richter mit der Bitte um Entscheidung über die übrigen Punkte der Erinnerung wg. Nichtabhilfe insoweit (vgl obigen Vermerk).

2. Nach Rückkehr ZU/EB wieder vorlegen, spätestens 1 Monat.

Berlin, 15. 04. 1998 ...., Rechtspfleger(in)

Fall 5: Pfändung in Forderungen und andere Vermögensrechte

Günther Helwich, Hildesheim

Klausur aus dem Sachgebiet
Allgemeines Zwangsvollstreckungsrecht

Aufgabe:

I. Überprüfen Sie bitte gutachtlich den anliegenden Zwangsvollsteckungstitel bezüglich der Voraussetzungen zur Vollstreckung. Falls Mängel vorhanden sind, erläutern Sie kurz das Verfahren ihrer Behebung.

II. Anschließend erläutern Sie bitte gutachtlich zu jedem einzelnen Sachverhalt, welche Vollstreckungsart jeweils gegeben ist.

III. Entscheidungen oder Verfügungen sind nicht zu entwerfen.

Hinweise:

a) Gehen Sie davon aus, daß alle Angaben zutreffend sind und der Gläubigervertreter Dr. Siegel alle erforderlichen Anträge für eine erfolgreiche Vollstreckung gestellt hat.

b) Zum Sachverhalt 1. berechnen Sie bitte die Höhe des pfändbaren Betrages und erläutern Sie, wie der Drittschuldner im Falle der Verwertung die Zahlung vorzunehmen hat. Gehen Sie davon aus, daß nur der Gläubigervertreter Dr. Siegel Anträge zum Kindergeld und Eigenverdienst der Ehefrau des Schuldners gestellt hat.

c) Zum Sachverhalt 2. gehen Sie bitte von Alternativlösungen aus.

Bearbeitungszeit: 5 Stunden
Hilfsmittel: Schönfelder, Deutsche Gesetze

Sachverhalt:

Der zuständigen Rechtspflegerin des Amtsgerichts Hildesheim – Vollstreckungsgericht – werden im September/Oktober 1997 kurz nacheinander mehrere Anträge auf Erlaß je eines Pfändungs- und Überweisungsbeschlusses vorgelegt. Antragsteller ist jeweils der Rechtsanwalt Dr. Bernd Siegel, der namens der Walter Berg OHG „Landhandel" in folgende Vermögenswerte des Industriekaufmanns Ernst Steglitz die Zwangsvollstreckung betreiben will.
Die anliegende vollstreckbare Ausfertigung des Urteils des Landgerichts Hildesheim vom 22. August 1997 – 11 O 13/97 – ist dem jeweiligen Antrag beigefügt.

1. Der Schuldner Ernst Steglitz ist bei der Firma Erich Graumann in Groß Himstedt beschäftigt und hat ein monatliches Nettoeinkommen in Höhe von 3.105,00 DM, das jedoch bereits durch Beschluß des Amtsgerichts Hildesheim vom 11. Juni 1997 von einem weiteren Gläubiger für eine Kaufpreisforderung in Höhe von 20.000,00 DM gepfändet ist. Dem Arbeitgeber ist der Pfändungsbeschluß am 19. Juni 1997 zugestellt worden. Zusätzlich ist der pfändbare Teil des Arbeitseinkommens durch Vertrag vom 05. Januar 1996 an die Kreissparkasse Hildesheim in Hildesheim für eine Darlehnsforderung in Höhe von 18.000,00 DM abgetreten worden. Eine Abtretungsanzeige gem § 409 BGB liegt dem Drittschuldner seit dem 01. Juli 1997 vor. Ernst Steglitz ist verheiratet und hat zwei Kinder im Alter von neun und dreizehn Jahren. Der Antragsteller Rechtsanwalt Dr. Siegel weist in seinem Pfändungsantrag zusätzlich darauf hin, daß der Schuldner vom Arbeitsamt in Hildesheim 440,00 DM Kindergeld erhält und daß die Ehefrau des Schuldners berufstätig ist und über ein monatliches Einkommen in Höhe von ca. 2.000,00 DM verfügt.

2. Der PKW des Schuldners, ein Opel Astra Baujahr 1995, befindet sich zur Reparatur in der Autowerkstatt „Alfred Schünemann GmbH". Rechtsanwalt Dr. Bernd Siegel weist darauf hin, daß
   a) die Werkstatt „Alfred Schünemann GmbH" nicht zur Herausgabe bereit ist;

b) der Geschäftsführer der „Alfred Schünemann GmbH" grundsätzlich zur Herausgabe des Opel Astra bereit sei. Er möchte jedoch sichergestellt wissen, daß die Reparaturkosten in Höhe von ca. 900,00 DM gezahlt werden.

3. Der Schuldner Ernst Steglitz hat bei der Firma „Gebrüder Hans und Peter Bamm GbR" gemeinsam mit seinem Nachbarn, dem Posthauptsekretär Oskar Leiter, einen Rasenmähertraktor der Marke „Rasant 2000" zum Preis von 8.800,00 DM gekauft. Jeder Miteigentümer hat den hälftigen Kaufpreis in Höhe von 4.400,00 DM bar gezahlt. Beide, Steglitz und Leiter, haben die Benutzung, Lasten- und Kostentragung schriftlich geregelt und dabei zusätzlich vereinbart, daß die Aufhebung der Gemeinschaft auf Dauer ausgeschlossen ist.

4. Der Schuldner Ernst Steglitz hat vor ca. 6 Monaten bei der Firma „Compurent" einen hochwertigen Computer mit Farbdrucker für zusammen 7.650,00 DM gekauft. Ernst Steglitz hat 4.000,00 DM angezahlt. Für den Rest des Kaufpreises wurde eine Ratenzahlung in Höhe von monatlich 500,00 DM, beginnend ab 1. Mai 1997, vereinbart. Die Firma „Compurent" hat sich bis zur vollen Bezahlung des Kaufpreises das Eigentum an den gelieferten Geräten vorbehalten und für den Fall der Vollstreckung „Widerspruch" angekündigt.

5. Der Schuldner Ernst Steglitz hat vor 2 Jahren seinem Schwager, dem Busfahrer Gerd Boßmann, für den Erwerb eines Segelbootes 20.000,00 DM geliehen. Zur Sicherung ist für den Schuldner Ernst Steglitz auf dem Grundstück des Gerd Boßmann eine am 1. Januar 2000 zur Rückzahlung fällige Sicherungshypothek in Höhe von 20.000,00 DM nebst 10 % Jahreszinsen seit dem 1. Oktober 1995 eingetragen worden.
Der Grundstückseigentümer Gerd Boßmann schuldet Ernst Steglitz aus dieser Sicherungshypothek die gesamten Zinsen für das Kalenderjahr 1996 in Höhe von 2.000,00 DM, die am 31. Dezember 1996 fällig geworden sind. In diese Forderung auf rückständige Zinsen soll gepfändet werden.

6. Der Schuldner ist Eigentümer eines Grundstücks, eingetragen im Grundbuch von Itzum Blatt 4711, das mit einem älteren

Einfamilienhaus bebaut ist. In Abteilung III Nr. 1 ist im Jahre 1975 eine Briefgrundschuld für die Deutsche Bank, Filiale Hildesheim, in Höhe von 100.000,00 DM nebst 15 % Jahreszinsen eingetragen. Die Darlehensforderung ist von Ernst Steglitz vor einigen Jahren bereits zurückgezahlt worden. Eine Berichtigung des Grundbuchs ist jedoch bisher nicht erfolgt.
Eine besondere Vereinbarung bezüglich der Abwicklungsmodalitäten nach Erlöschen der Darlehensforderung ist zwischen den Vertragsparteien nicht getroffen worden.

Anlage:
Landgericht Hildesheim - 11 O 13/97 -
Verkündet: 22. 08. 1997
Heim, JHS als UdG

IM NAMEN DES VOLKES
URTEIL

In dem Rechtsstreit

der Walter Berg OHG „Landhandel", Hagentorwall 14, 31135 Hildesheim

\- Klägerin -

Prozeßbevollmächtigter:
Dr. Bernd Siegel, Kaiserstraße 19, 31134 Hildesheim

gegen

den Industriekaufmann Ernst Steglitz, Hansastraße 5, 31137 Hildesheim

\- Beklagter -

Prozeßbevollmächtigter:
Karl Langerhans, Triftweg 15, 31133 Hildesheim

hat die 11. Kammer des Landgerichts Hildesheim unter Mitwirkung der Richter am Landgericht Schuldt, Riediger und Böttcher in der mündlichen Verhandlung vom 4. August 1997 für Recht erkannt.

1. Der Beklagte wird verurteilt, an die Klägerin Zug um Zug gegen Herausgabe des LKW „Mercedes 609“, Baujahr 1992, Fahrgestellnummer 123 H 456 0789 KK, 20.000,00 DM zu zahlen.

2. Der Beklagte hat die Kosten des Rechtsstreits zu tragen.

3. Das Urteil ist vorläufig vollstreckbar gegen Zahlung einer Sicherheitsleistung in Höhe von 25.000,00 DM.

Schuldt, Riediger, Böttcher
Richter am Landgericht
Ausgefertigt: Lemke JA als UdG (L. S.)

Vorstehende Ausfertigung wird der Klägerin zu Händen ihres Prozeßbevollmächtigten Dr. Bernd Siegel zum Zwecke der Zwangsvollstreckung gegen den Beklagten erteilt.
Hildesheim, den 22. 08. 1997
Fischer, JOS als UdG (L. S.)

<u>Bescheinigung:</u>
Eine Ausfertigung des Urteils vom 22. August 1997 wurde am 1. September 1997 an den Beklagten durch Übergabe an ihn persönlich zugestellt.
Hildesheim, den 15. 09. 1997
Fischer, JOS als UdG (L. S.)

Gutachten:

A. Die Prüfung der Vollstreckungsvoraussetzungen

I. Vollstreckungsantrag

Die Gläubigerin hat beantragt, unterschiedliche Vermögenswerte des Schuldners (Arbeitseinkommen, Kindergeld, Herausgabeanspruch, Miteigentumsanteil, Anwartschaft, Hypothekenforderung, Rückgewährsanspruch) zu pfänden und zur Einziehung zu

überweisen. Zuständig für den Erlaß des Pfändungs- und Überweisungsbeschlusses ist die Rechtspflegerin des Vollstreckungsgerichts gem §§ 828ff ZPO, § 20 Nr. 17 RpflG.
Der Antrag ist durch den Prozeßbevollmächtigten der Gläubigerin entsprechend § 496 ZPO schriftlich gestellt.
Die Gläubigerin selbst ist als OHG eine Personengesellschaft, die gem § 124 HGB iVm. § 50 ZPO parteifähig ist. Sie ist jedoch nicht prozeßfähig und muß sich durch ihre gesetzlichen Vertreter vertreten lassen (§ 125 HGB, §§ 51, 52 ZPO). Für die OHG tritt als Bevollmächtigter Rechtsanwalt Dr. Siegel auf, dessen Prozeßvollmacht sich auch auf das Vollstreckungsverfahren erstreckt (§ 81 ZPO). Da der Prozeßbevollmächtigte im Vollstreckungstitel aufgeführt ist, erübrigt sich eine erneute Prüfung der Vollmacht mangels entgegenstehender Umstände. Der Mangel der Vollmacht wäre im übrigen auch nur auf Rüge des Prozeßgegners zu berücksichtigen (§ 88 ZPO).
Ein Vollmachtsnachweis ist deshalb in diesem Zwangsvollstreckungsverfahren nicht erforderlich.

II. Der Vollstreckungstitel

Bei dem Urteil des Landgerichts Hildesheim handelt es sich um ein gegen Zahlung einer Sicherheitsleistung vorläufig vollstreckbar erklärtes Urteil, das gem §§ 704 Abs 1, 709, 300, 317 Abs 1 ZPO ein zur Zwangsvollstreckung geeigneten Titel darstellt.
Mangels ordnungsgemäßer Amtszustellung an den Prozeßbevollmächtigten des Beklagten konnte allerdings die Berufungsfrist noch nicht in Lauf gesetzt und das Urteil noch nicht rechtskräftig werden (§§ 516, 176 ZPO).

III. Vollstreckungsklausel

Gem §§ 724, 725 ZPO kann die Vollstreckung nur aus einem mit einer Vollstreckungsklausel versehenen Ausfertigung des Urteils erfolgen. Diese wurde wirksam durch den Urkundsbeamten des Prozeßgerichts erstellt. Gem § 726 Abs 1 ZPO ist die Anordnung der Sicherheitsleistung kein Hindernis für die sofortige Erteilung der Vollstreckungsklausel. Auch die Zug-um-Zug-Leistung ist keine Bedingung im Sinne von § 726 Abs 2 ZPO, weil die Leistung des Schuldners nicht in der Abgabe einer Willenserklärung besteht. Diese Voraussetzungen sind vor Beginn der Vollstreckung durch das jeweilige Vollstreckungsorgan zu beachten (§§ 751 Abs 2, 765 ZPO).

IV. Die Zustellung

Die Zwangsvollstreckung wegen einer Geldforderung in Forderungen und Rechte darf gem § 750 ZPO grundsätzlich erst beginnen, wenn der Rechtspflegerin der Nachweis erbracht wird, daß das Urteil bereits zugestellt ist. Dieser Nachweis ist durch den Vermerk des Urkundsbeamten der Geschäftsstelle über die gem § 317 ZPO erfolgte Amtszustellung (§§ 208 ff ZPO) erbracht. Die Zustellung wurde jedoch an den Beklagten persönlich vorgenommen. Da dieser durch einen Rechtsanwalt vertreten ist, hätte gem § 176 ZPO die Zustellung an diesen erfolgen müssen. Die Zustellung an die Partei ist somit unwirksam.
Ein Hinweis, daß der Zustellungsmangel gem § 187 ZPO geheilt sein könnte, ergibt sich aus dem Sachverhalt nicht. § 187 Abs 2 ZPO läßt im übrigen eine Heilung auch nur für die Voraussetzung der Zwangsvollstreckung zu. Der Lauf der Berufungsfrist nach § 516 ZPO wäre insoweit noch nicht in Gang gesetzt worden.
Im Rahmen einer Aufklärungsverfügung gem § 139 ZPO ist deshalb darauf hinzuweisen, daß die ordnungsgemäße Urteilszustellung an den Prozeßbevollmächtigten des Beklagten noch nachzuweisen ist.

V. Sicherheitsleistung

Der der Vollstreckung zugrundeliegende Titel wurde gegen Sicherheitsleistung für vollstreckbar erklärt, § 709 ZPO. Grundsätzlich ist gem § 751 Abs 2 ZPO vor Erlaß der Vollstreckungsmaßnahme die Hinterlegung der Sicherheitsleistung durch eine öffentliche oder öffentlich beglaubigte Urkunde nachzuweisen. Zusätzlich muß eine Abschrift dieser Urkunde dem Beklagten zugestellt sein. Da weder die Sicherheitsleistung nebst Zustellung des Hinterlegungsscheins noch der Nachweis der Rechtskraft erbracht ist,

darf die Rechtspflegerin den beantragten Überweisungsbeschluß in keinem Fall erlassen.
Gem § 720a ZPO darf der Gläubiger jedoch auch ohne Nachweis der Sicherheitsleistung pfänden; eine Verwertung verbietet sich. Allerdings muß der Titel und die Klausel 2 Wochen vor Beginn der Vollstreckung dem Schuldner (hier: dem Prozeßbevollmächtigten) zugestellt sein, § 750 Abs 3 ZPO. Nach dem Sachverhalt fehlt es bisher auch an der Zustellung der vollstreckbaren Ausfertigung. Ob die Wartefrist nur für die qualifizierten Klauseln des § 750 Abs 2 ZPO oder auch bei den einfachen Vollstreckungsklauseln der §§ 724, 725 einzuhalten ist, wird in der Rechtsprechung[1] streitig behandelt. Die hM geht davon aus, daß die Wartefrist für die Zustellung aller Klauseln gilt, da die Vorschrift dem Schuldnerschutz dient.
Durch Aufklärungsverfügung gem § 139 ZPO ist die Antragstellerin darauf hinzuweisen, daß auch die Zustellung der Vollstreckungsklausel noch nachgeholt werden muß und der Erlaß des Pfändungsbeschlusses erst 2 Wochen nach erfolgter Zustellung ergehen kann.

VI. Zug-um-Zug-Leistung

Die gem §§ 756, 765 ZPO zum Schutz des Schuldners notwendige Prüfung, ob die Leistung des Gläubigers vor Beginn der Zwangsvollstreckung bereits erbracht ist, oder sich der Schuldner um Verzug der Annahme dieser Leistung befindet, muß die Rechtspflegerin als zuständiges Vollstreckungsorgan eigenständig vornehmen. Sie darf daher den Pfändungsbeschluß nur erlassen, wenn der Beweis, daß der Schuldner den LKW erhalten hat oder im Verzug der Annahme ist, durch öffentliche oder öffentlich beglaubigte Urkunden geführt wird und eine Abschrift dieser Urkunden zugestellt ist. Da der Schuldner durch Rechtsanwalt Langerhans vertreten ist, müssen die Nachweisurkunden an diesen zugestellt sein (§§ 176, 178 ZPO).
Mittels Aufklärungsverfügung nach § 139 ZPO ist der Antragsteller auf die Vorlage dieser Urkunden hinzuweisen.

1 OLG Karlsruhe, Rpfleger 1991, 51 mwN.

B. Die einzelnen Vollstreckungsanträge

I. Arbeitseinkommen, Sozialleistung

1. Der Gläubigervertreter hat die Pfändung des Arbeitseinkommens beantragt. Gepfändet und überwiesen wird eine titulierte Geldforderung durch Erlaß eines Pfändungs- und Überweisungsbeschlusses gem §§ 828, 829, 835 ZPO. Mit der Zustellung des Pfändungsbeschlusses an den Arbeitgeber als Drittschuldner im Parteibetrieb durch den Gerichtsvollzieher wird die Pfändung wirksam, § 829 Abs 3 ZPO. Da der Schuldner von der Pfändung überrascht werden soll, ist eine vorherige Anhörung gem § 834 ZPO gesetzlich verboten. Aus sozialpolitischen Gründen (Art 20 GG) muß die Pfändbarkeit des Arbeitseinkommens begrenzt sein. Daher hat der Gesetzgeber nach §§ 850 ff ZPO Pfändungsschutzbestimmungen entwickelt, die eine Kahlpfändung verhindern. Der Schuldner ist verheiratet und hat 2 minderjährige Kinder, so daß unter Beachtung der Tabelle zu § 850 c Abs 3 ZPO = **216,30 DM** pfändbar sind. Den pfändbaren Betrag muß der Drittschuldner selbständig errechnen. Das Vollstreckungsgericht erläßt insoweit lediglich einen Blankettbeschluß.
Da vorab bereits ein weiterer Gläubiger das Arbeitseinkommen des Schuldners nach § 850 c ZPO gepfändet hat und die Antragstellerin als Gläubigerin nicht privilegiert ist, wäre eine Vollstreckung auf lange Sicht aussichtslos (§ 804 Abs 3 ZPO). Zusätzlich ist das pfändbare Arbeitseinkommen gem §§ 398, 400 BGB zeitlich vor den Pfändungen an die Kreissparkasse Hildesheim abgetreten worden. Der Schuldner kann somit über den abgetretenen Teil seines Arbeitseinkommens nicht mehr verfügen und alle nachfolgenden Pfändungsbeschlüsse sind unwirksam und gehen ins Leere. Ob die Gläubigerin während der Einkommensabtretung bereits einen pfändbaren Anspruch auf **Rückgewähr** nach Erfüllung des Sicherungszweckes hat, ist äußerst streitig.[2]
Nach jüngster Rechtsprechung[3] erstreckt sich das durch die Lohnpfändung erlangte Pfandrecht auf die nach der Pfändung fällig werdenden Beträge **gem § 832 ZPO** auch dann, wenn das

2 Stöber, Forderungspfändung, 11. Aufl Rn 1258m.
3 BAG; NJW 1993, 2699.

künftige Arbeitseinkommen bereits abgetreten war, die Zession aber später erloschen ist. Demzufolge gehen die nach der Abtretung erlassenen Pfändungsbeschlüsse nicht ins Leere, sondern sind mit ihrem Rang nach der Beendigung der Abtretung zu berücksichtigen. Dieser Ansicht ist zuzustimmen.

2. Gem § 850 e Nr. 2 a ZPO kann die Gläubigerin grundsätzlich mit Arbeitseinkommen gleichzeitig auch Ansprüche auf laufende Sozialgeldleistungen pfänden. Da das Kindergeld lediglich 440,00 DM beträgt, wäre wegen § 850c Abs 3 ZPO die Pfändung der Sozialgeldleistung allein sinnlos. Ansprüche auf Kindergeld unterliegen der Zusammenrechnung mit Arbeitseinkommen jedoch gem § 54 Abs 5 SGB nur dann, soweit wegen gesetzlicher Unterhaltsansprüche eines Kindes die Pfändung bewirkt wird, das bei der Festsetzung des Kindergeldes berücksichtigt wird. Die Pfändung des **Kindergeldes** ist insoweit für die Antragstellerin als Normalgläubigerin nicht möglich und ein Antrag auf Zusammenrechnung zurückzuweisen.

3. Auf Antrag des Gläubigervertreters kann das Vollstreckungsgericht bestimmen, daß unterhaltsberechtigte Personen ganz oder teilweise bei der Berechnung des unpfändbaren Betrages des Arbeitseinkommens unberücksichtigt bleiben, **§ 850 Abs 4 ZPO**. Insoweit sind Angaben zur Höhe des Einkommens der unterhaltsberechtigten Person zu machen. Der Schuldner ist gem § 834 ZPO vor Erlaß des Pfändungsbeschlusses nicht zu hören. Das mit monatlich 2.000,00 DM bezifferte Einkommen der Ehefrau liegt deutlich über den Pfändungsfreibeträgen des § 850c Abs 1 S 1 ZPO, so daß die Rechtspflegerin dem Antrag des Gläubigervertreters entsprechen muß. Der Beschluß über die Nichtberücksichtigung der Ehefrau als Unterhaltsberechtigte wirkt nur für die Antragstellerin. Die Gläubigerin erreicht somit eine Privilegierung gegenüber dem weiteren Pfändungsgläubiger, der laut Sachverhalt einen solchen Antrag nicht gestellt hat und der Kreissparkasse Hildesheim, die als Abtretungsgläubigerin hierzu nicht antragsberechtigt ist. Ein Pfändungsvorrang gem § 804 Abs 3 ZPO wird hierdurch nicht begründet, sondern nur eine Erweiterung des entstehenden Pfandrechts.

4. Berechnung der vom Drittschuldner abzuführenden Beträge:

1. Kreissparkasse Hildesheim	216,30 DM
2. Walter Berg OHG	212,50 DM
	428,80 DM

Da das Urteil nur gegen Zahlung einer Sicherheitsleistung vorläufig vollstreckbar ist, diese aber bisher nicht erbracht ist, kann die Rechtspflegerin gem **§ 720a ZPO** nur einen Pfändungsbeschluß erlassen (sofern inzwischen das Urteil nebst Klausel zugestellt sind und die Wartefrist des § 750 Abs 3 ZPO erfüllt ist). Der Überweisungsbeschluß kann erst nach Rechtskraft oder Nachweis der Zahlung der Sicherheitsleistung und Zustellung des Hinterlegungsscheins an den Beklagtenvertreter erfolgen. Der Arbeitgeber muß den für die Walter Berg OHG gepfändeten Betrag in Höhe von 212,50 DM beim Amtsgericht hinterlegen, §§ 720a Abs 2, 930 Abs 2 ZPO. Insoweit sollte der Pfändungsbeschluß einen entsprechenden Hinweis enthalten.

II. Herausgabeanspruch

1. Ist der Gerichtsvollzieher durch die Gläubigerin beauftragt, den dem Schuldner gehörenden PKW in der Autowerkstatt „Alfred Schünemann GmbH" zu pfänden, muß gem § 809 ZPO der Dritte zur Herausgabe bereit sein. Ist der Inhaber der Autowerkstatt nicht zur Herausgabe bereit, muß die Gläubigerin den Herausgabeanspruch des Schuldners gem § 985 BGB gegen die Autowerkstatt nach den Vorschriften §§ 846, 847 ZPO pfänden. Die Pfändung selbst erfolgt nach den Vorschriften §§ 846, 829 ZPO und wird durch Zustellung an den nicht zur Herausgabe bereiten Dritten wirksam. Der Gläubiger hat aufgrund der Pfändung keinen Anspruch auf Übertragung des PKW, sondern es ist im Pfändungsbeschluß anzuordnen, daß der PKW an einem vom Gläubiger zu beauftragenden Gerichtsvollzieher herauszugeben ist, § 847 ZPO, der den PKW durch öffentliche Versteigerung verwertet, §§ 847 Abs 2, 814 ZPO. Die Verwertung darf jedoch erst nach Rechtskraft des Urteils oder Hinterlegung der Sicherheitsleistung erfolgen.

2. Ist der Geschäftsführer des Autohauses zur Herausgabe des Opel Astra bereit, kann die Gläubigerin die Pfändung durch den GV gem § 809 ZPO vornehmen lassen. Um den Schutz seines Unternehmerpfandrechts gem § 647 BGB nicht zu verlieren und die Zahlung der Reparaturkosten in Höhe von 900,00 DM sicherzustellen, muß der Inhaber der Autowerkstatt seine Rechte aus §§ 771, 805 ZPO geltend machen. Da das Autohaus nicht an der Verhinderung der Zwangsvollstreckung an sich interessiert ist, sondern vorrangig darauf bedacht ist, aus dem Versteigerungserlös vorzugsweise befriedigt zu werden, wird der Geschäftsführer seinen Anspruch auf Zahlung der Reparaturkosten vorrangig gem Klage nach § 805 ZPO zu erlangen versuchen.
Auch hier ist darauf zu achten, daß aus dem vorläufig vollstreckbaren Urteil gegen Sicherheitsleistung die Verwertung durch den Gerichtsvollzieher noch nicht erfolgen darf.

III. Miteigentumsanteil

Durch den gemeinschaftlichen Kauf des Rasenmähertraktors ist der Schuldner gemeinsam mit seinem Nachbarn Miteigentümer zu $^{1}/_{2}$ Bruchteil gem §§ 741 ff BGB geworden und hat die Befugnis, über seinen Miteigentumsanteil selbständig zu verfügen, § 747 BGB. Insoweit kann er grundsätzlich auch jederzeit die Aufhebung der Gemeinschaft sowie die Versteigerung des Traktors verlangen und die Zustimmung zu einer den Miteigentumsanteilen entsprechenden Teilung des Erlöses fordern (§§ 749, 753 BGB). Da es sich bei dem Miteigentumsanteil um ein selbständiges Vermögensrecht handelt, unterliegt dieser gem §§ 857 Abs 1, 829 ZPO der Pfändung und erfaßt den Anspruch auf Teilung und Auszahlung des anteiligen Erlöses. Drittschuldner ist der weitere Miteigentümer der Bruchteilsgemeinschaft. Lediglich die ausdrückliche Vereinbarung über den Ausschluß des Aufhebungsanspruchs steht der Pfändung gem § 751 S. 2 BGB zZ jedoch noch im Wege, da der Schuldtitel nur vorläufig vollstreckbar ist.

IV. Anwartschaftsrecht

Der Schuldner hat den Computer unter Eigentumsvorbehalt gem § 455 BGB gekauft und ist insoweit unmittelbarer Besitzer einer beweglichen Sache, die eigentlich im Wege der Sachpfändung

durch den Gerichtsvollzieher vollstreckt werden müßte, § 808 ZPO. Da die Vorbehaltseigentümerin, die Firma „Compurent", Widerspruch angekündigt hat, ist mit erfolgreicher Drittwiderspruchsklage gem § 771 ZPO zu rechnen. Mit der gem §§ 929, 158 BGB aufschiebend bedingten Eigentumsübertragung erlangt der Schuldner aber ein **Anwartschaftsrecht**, das als anderes Vermögensrecht gem §§ 857 Abs 1, 829 ZPO gepfändet werden kann. Zweifelhaft ist jedoch, ob der Vorbehaltsverkäufer, die Firma „Compurent", als Drittschuldner anzusehen ist; denn es wird auch die Auffassung vertreten, daß ein Drittschuldner nicht vorhanden ist und die Pfändung gem § 857 Abs 2 ZPO allein mit der Zustellung des Pfändungsbeschlusses an den Vorbehaltskäufer (den Schuldner) wirksam werden kann.[4]
Die Gläubigerin erwirbt mit wirksamer Pfändung des Anwartschaftsrechts jedoch keinerlei Rechte an der unter Eigentumsvorbehalt stehenden Sache selbst, sondern erhält lediglich die Möglichkeit, den Restkaufpreis an die Drittschuldnerin selbst zu zahlen, ohne daß der Schuldner dies verhindern kann, § 267 Abs 2 BGB. Gem § 788 ZPO sind für den Gläubiger die Begleichung der letzten Raten notwendige Kosten der Zwangsvollstreckung, da der Schuldner gem Sachverhalt bereits den weitaus größten Teil des Kaufpreises gezahlt hat. Mit der Zahlung der letzten Rate wird der Schuldner Eigentümer des Computers mit der Rechtsfolge, daß das Pfandrecht an dem Anwartschaftsrecht gegenstandslos wird und sich nicht an dem Eigentum an der Sache selbst fortsetzt. Deshalb muß die Gläubigerin die Sachpfändung durch den Gerichtsvollzieher gem § 808 ZPO und Pfandverwertung gem § 814 ff ZPO zusätzlich noch vollziehen **(Doppelpfändung)**.

V. Hypothekenpfändung

Bei der für den Schuldner eingetragenen Sicherungshypothek handelt es sich gem §§ 1184, 1185 BGB um ein briefloses Recht, zu dessen erfolgreicher Zwangsvollstreckung der Gläubiger wegen der Akzessorietät der Hypothek zur zugrundeliegenden Forderung (§§ 1113, 1153 BGB) grundsätzlich neben dem wirksamen

4 Stöber, Forderungspfändung, aaO, Rn 1489.

Pfändungsbeschluß zusätzlich noch die Eintragung der Pfändung im Grundbuch benötigt, § 830 Abs 1 ZPO. Da hier jedoch lediglich der **rückständige Zinsanspruch** fällig ist, ist eine Pfändung in diese Forderung nur im Rahmen von § 829 ZPO möglich; eine Hypothekenpfändung gem § 830 ZPO scheidet gem § 830 Abs 3 ZPO aus, der ausdrücklich auf § 1159 BGB verweist. Zur Wirksamkeit der Pfändung reicht die Zustellung des Pfändungsbeschlusses an den Grundstückseigentümer Gerd Boßmann als Drittschuldner, § 829 Abs 3 ZPO.

VI. Rückgewährsanspruch

Die im Grundbuch des Schuldners eingetragene Briefgrundschuld für die Deutsche Bank sichert eine Forderung, die aufgrund der Sicherungsabrede zwischen Gläubiger und Schuldner vereinbart worden ist. Durch Rückzahlung der durch die Grundschuld gesicherten Forderung entsteht für den Schuldner jedoch keine Eigentümergrundschuld (§ 1192 BGB), sondern lediglich ein Anspruch auf Rückgewähr der Sicherungsgrundschuld der durch **Aufhebung, Verzicht oder Übertragung** erfüllt werden kann. Dieser schuldrechtliche Anspruch ist als Vermögensrecht gem §§ 857 Abs 1, 829 ZPO pfändbar. Drittschuldnerin ist die Deutsche Bank als Grundschuldgläubigerin, deren Rechte durch die Pfändung des Rückgewährsanspruchs jedoch nicht tangiert werden. Da eine Vereinbarung darüber, wie die Grundschuld freizugeben ist, nicht getroffen wurde, kann die Gläubigerin im Pfändungsantrag den Anspruch auf Erfüllung auch frei wählen.

1. Bei **Rückgewähr durch Übertragung** (§§ 398, 1154, 1192 BGB) wandelt sich in entsprechender Anwendung zu § 1287 BGB das Pfandrecht am Rückgewährsanspruch in ein Pfandrecht an der Eigentümergrundschuld um. Die Deutsche Bank darf deshalb die Rückübertragung nur unter Mitwirkung der Gläubigerin vornehmen und den Grundschuldbrief dem Schuldner nicht mehr aushändigen. So ist sichergestellt, daß die Gläubigerin in den Briefbesitz kommt und nachteilige Verfügungen ausgeschlossen sind. Nach einer Mindermeinung ist § 848 ZPO anwendbar. Die Grundschuld muß nach dieser Ansicht an einen vom Gläubiger zu beauftragenden Sequester abgetreten werden.

Für den Erlaß des Überweisungsbeschlusses gem § 837 ZPO benötigt die Gläubigerin noch einen rechtskräftigen Titel. Bei Überweisung an **Zahlungs Statt** würde die Gläubigerin dann einen direkten Übergang der Sicherungsgrundschuld auf sich als Fremdgrundschuld erreichen und könnte dann unter Vorlage eines entsprechenden Duldungstitels die Zwangsversteigerung des Schuldnergrundstücks beantragen.

2. Bei **Erfüllung des gepfändeten Verzichtsanspruchs** entsteht gem §§ 1168, 1192 BGB für den Schuldner eine Eigentümergrundschuld. Allerdings setzt sich das Pfandrecht nicht an der Eigentümergrundschuld fort, so daß die Gläubigerin nur gem §§ 857 Abs 6, 830 ZPO in dieses Eigentümerrecht vollstrecken kann. Hierbei ist zu beachten, daß die Pfändung des Verzichtsanspruchs keine rangwahrende Wirkung herstellen kann.

3. Durch **Rückgewähr zur Aufhebung** ist gem §§ 875, 1183, 1192 BGB die Grundschuld erloschen und eine Befriedigung des Gläubigers nicht zu erreichen. Die Pfändung würde somit ins Leere gehen, es sei denn, die Walter Berg OHG würde als Nachranggläubigerin durch Löschung der Grundschuld im Grundbuchrang (§ 879 BGB) aufrücken.

Fall 6: Grundstücksschenkung und Vormundsbenennung durch die Eltern

Susanne Sonnenfeld, Berlin

Klausur aus dem Sachgebiet Familienrecht

Aufgabe:

Ihnen werden am 2.10.1998 die mit ihrem wesentlichen Inhalt wiedergegebenen Akten 52 VIII D 39635 und 52 X 398/98 des örtlich zuständigen Amtsgerichts Tempelhof-Kreuzberg als geschäftsplanmäßig zuständige Rechtspflegerin des Vormundschaftsgerichts vorgelegt.

Sämtliche Eingänge sind bisher nicht erledigt.
Nehmen Sie in einem Gutachten zu der Rechtslage Stellung, wie sie sich aus dem Inhalt der Akten aus vormundschafts- und familiengerichtlicher Sicht darstellt, und entwerfen Sie die von der Rechtspflegerin des Vormundschaftsgerichts Ihrer Meinung nach in der jeweiligen Akte zu treffende Verfügung oder Entscheidung.

Bearbeitungszeit: 5 Stunden
Hilfsmittel: Schönfelder, Deutsche Gesetze

Sachverhalt:

Wesentlicher Akteninhalt der Akte 52 VIII D 39635

Blatt 1:

Dr. Peter Schenk
Rechtsanwalt und Notar

10707 Berlin, den 24. 9. 1998
Kurfürstendamm 27

Amtsgericht Tempelhof-Kreuzberg
Eingegangen am 26. 9. 1998

An das
Amtsgericht Tempelhof-Kreuzberg
- Vormundschaftsgericht -
Möckernstr 128–130

10958 Berlin

Betr. Grundstücksschenkungsvertrag vom 22. 9. 1998

Sehr geehrte Damen und Herren,

anliegend überreiche ich eine Ausfertigung des obigen Vertrages nebst der von mir beurkundeten Vollmacht. Namens aller Beteiligten bitte ich um Prüfung, ob die Bestellung eines Ergänzungspflegers für die Minderjährigen erforderlich ist und um Erteilung der vormundschaftsgerichtlichen Genehmigung zu meinen Händen oder um Mitteilung, daß eine solche nicht erforderlich ist.

Mit freundlichen Grüßen

Dr. Schenk
Notar

Blatt 2–4:

Zweite Ausfertigung UR.-Nr. 442/98

Verhandelt

zu Berlin am 22. September 1998

vor dem unterzeichneten Notar
Dr. Peter Schenk
Kurfürstendamm 27, 10707 Berlin

erschienen:

1. der Schriftsteller Lupo Dugano geborener Valdow, geb am 7. Juni 1952, wohnhaft Leonhardyweg 3, 12101 Berlin.

2. seine Ehefrau, die Bildhauerin Katharina Vallverdue, geb am 6.6.1954, wohnhaft Leonhardyweg 3, 12101 Berlin.

Die Erschienenen sind dem Notar von Person bekannt.

Der Erschienene zu 1) erklärt vorab:
Ich gebe meine Erklärungen nicht nur im eigenen Namen, sondern auch als gesetzlicher Vertreter meiner Tochter, der minderjährigen Juliane Dugano, geb am 8.4.1993, wohnhaft bei mir und als Bevollmächtigter der Vanessa Dugano – meiner geschiedenen Ehefrau –, diese als alleinige gesetzliche Vertreterin unserer gemeinsamen Tochter Tatjana Dugano, geb am 7.9.1986, wohnhaft Rumeyplan 4, 12101 Berlin, ab.

Die Erschienene zu 2) erklärt vorab:
Ich gebe meine Erklärungen sowohl im eigenen Namen, als auch zugleich als gesetzliche Vertreterin meiner Tochter, der minderjährigen Juliane Dugano, ab.

Die Erschienenen sind je zu 1/2 Eigentümer des im Grundbuch von Kablow des Amtsgerichts Königs Wusterhausen, Band 47 Blatt 471 eingetragenen Grundstücks mit einer Größe von 1500 qm, bebaut mit einem Wochenendhaus. Das Grundstück ist unbelastet; es ist zur Zeit verpachtet.

Nunmehr bitten die Erschienenen um Beurkundung folgenden Schenkungs- und Übertragungsvertrages:

I. Schenkungsvertrag

Die Erschienenen zu 1) und 2) schenken das vorbezeichnete Grundstück den minderjährigen Juliane und Tatjana Dugano zu je 1/2 mit der Maßgabe, daß diese sich gegenseitig ein dinglich zu sicherndes Vorkaufsrecht einräumen. Die Erschienenen zu 1) und 2) nehmen die Schenkung im Namen der Beschenkten an.

II. Ausgleichszahlung

Sollte die Erschienene zu 2) vor der Volljährigkeit der beschenkten Tatjana Dugano versterben, verpflichtet sich diese, ein Viertel des Verkehrswertes des Grundstücks zum Zeitpunkt des Erbfalls dem volljährigen Sohn der Erschienenen zu 2) Miquel Vallverdue zu zahlen. Miquel wird zur Zeit durch entsprechende Leistungen für sein Studium durch die Erschienene zu 2) unterhalten.

III. Auflassung

Die Erschienenen sind darüber einig, daß das Eigentum an dem Grundstück auf die Beschenkten zu je 1/2 übergeht, und die Beschenkten Eigentümer des Grundstücks werden. Sie bewilligen und beantragen die Eigentumsumschreibung im Grundbuch.

IV. Vorkaufsrecht

Die beschenkten Tatjana und Juliane Dugano räumen sich gegenseitig als Erwerber an dem jeweiligen Bruchteilseigentum des anderen ein dinglich zu sicherndes Vorkaufsrecht ein. Die Erschienenen zu 1) und 2) bewilligen und beantragen die Eintragung im Grundbuch.

V. Verwaltungsanordnung

Die Erschienenen zu 1) und 2) ordnen an, daß der 1/2 Anteil der Tatjana Dugano an dem Grundstück bis zu deren Volljährigkeit unter Ausschluß der gesetzlichen Vertreterin durch die Erschienenen zu 1) und 2) verwaltet wird.

VI. Belehrungen

Der Notar wies die Erschienenen darauf hin, daß die vorstehende Vereinbarung der Schenkungssteuer unterliegt. Er wies ferner darauf hin, daß diese Vereinbarung wegen eventueller Vertretungsausschlüsse der Genehmigung des zu bestellenden Ergänzungspflegers und der vormundschaftsgerichtlichen Genehmigung bedarf und der Vertrag vor Erteilung der Genehmigung durch den Pfleger und der vormundschaftsgerichtlichen Genehmigung schwebend unwirksam ist. Der Notar wies weiter darauf hin, daß das Eigentum erst umgeschrieben werden kann, wenn eine steuerliche Unbedenklichkeitsbescheinigung wegen der Grunderwerbssteuer sowie die Genehmigungen nach der Grundstücksverkehrsordnung und dem Grundstücksverkehrsgesetz vorliegen.
Der Notar ist ermächtigt, Anträge und Erklärungen dieser Urkunde zu stellen. Er wird beauftragt, den Vertrag durchzuführen.

VII. Kosten

Die Kosten des Vertrages und seiner Durchführung einschließlich der zu zahlenden Grunderwerbs-und Schenkungssteuer übernehmen die Erschienenen zu 1) und 2). Das Protokoll wurde den Erschienenen von dem Notar vorgelesen, von ihnen genehmigt und eigenhändig wie folgt unterschrieben:

Lupo Dugano

Katharina Vallverdue

Dr. Peter Schenk
Notar

Siegel des Notars

Blatt 5 und 6

Zweite Ausfertigung UR.-Nr. 410/98

Verhandelt

zu Berlin am 3. September 1998

vor dem unterzeichneten Notar
Dr. Peter Schenk
Kurfürstendamm 27, 10707 Berlin

erschien heute:

Die Malerin Vanessa Dugano geb am 17.10.1951,
wohnhaft Rumeyplan 4, 12101 Berlin.

– von Person bekannt –

Die Erschienene erklärte vorab:
Ich bin alleinige Inhaberin der elterlichen Sorge für meine Tochter Tatjana Dugano geb am 7.9.1986. Die elterliche Sorge wurde mir mit Entscheidung des Familiengerichts des Amtsgerichts Charlottenburg Aktenzeichen 175 F 268/90 übertragen.

Nunmehr bittet die Erschienene um Beurkundung folgender Vollmacht:

Ich erteile hiermit meinem geschiedenen Ehemann Lupo Dugano geb am 7.6.1952, wohnhaft Leonhardyweg 3, 12101 Berlin Vollmacht unter Befreiung von den Beschränkungen des § 181 BGB, mich als gesetzliche Vertreterin meiner minderjährigen Tochter Tatjana bei Abschluß und Durchführung des Grundstücksübertragungsvertrages betreffend das in Kablow gelegene Grundstück, eingetragen im Grundbuch von Kablow des Amtsgerichts Königs Wusterhausen Band 47 Blatt 471 zu vertreten.

Von der Vollmacht darf nur vor dem beurkundenden Notar Gebrauch gemacht werden.

Das Protokoll, welches mit der Erschienenen erörtert wurde, wurde dieser von dem Notar vorgelesen, von der Erschienenen genehmigt und eigenhändig wie folgt unterschrieben:

Vanessa Dugano

Dr. Schenk
Notar

Siegel des Notars

Wesentlicher Inhalt
der Akte 52 X 398/98

Blatt 1:

Sterbeurkunde

der Vanessa Dugano geboren am 17. 10. 1951, verstorben am 26. 9. 1998.
Die Verstorbene war verwitwet. Sie hinterläßt ein minderjähriges Kind, nämlich die am 7. 9. 1986 geborene Tatjana Dugano,

übersandt durch den Standesbeamten gem § 48 FGG.

Blatt 2, 3:

Dem Vormundschaftsgericht werden vom Nachlaßgericht gem § 74a FGG folgende eröffnete Testamentsabschriften übersandt:

Eröffnet nach dem Ehemann am 29. 8. 1997 – Rechtspflegerin Grünberg –	Eröffnet nach der Ehefrau am 29. 9. 1998 – Rechtspflegerin Grünberg –

Unser letzter Wille

Wir, die Eheleute Vanessa Dugano und Julius Buchmann setzen uns gegenseitig zu Alleinerben ein. Nach dem Tod des zuletzt Versterbenden soll der beiderseitige Nachlaß an die Tochter der Ehefrau, nämlich Tatjana Dugano fallen.
Ich, Vanessa Dugano bestimme darüber hinaus, daß im Falle meines Todes meine Mutter Theresa Dugano das Sorgerecht für meine Tochter Tatjana erhält.

Berlin, den 3. 7. 1992

Julius Buchmann Vanessa Dugano

Hinweis für den Bearbeiter:
Das Testament wurde von der Ehefrau eigenhändig geschrieben und von beiden Eheleuten unterschrieben.

Eröffnet am 29. 9. 1998
Grünberg
– Rechtspflegerin –

Mein Testament

Abweichend von dem mit meinem verstorbenen Ehemann errichteten Testament bestimme ich, daß im Falle meines Todes meine Freundin Nayantara Sahgal zur Vormünderin bestellt wird. Allerdings soll die Verwaltung des Nachlasses auf jeden Fall durch Jonathan Mende, wohnhaft in 10202 Berlin, Ringstr. 7 erfolgen.

Berlin, den 2.1.1998

Vanessa Dugano

Hinweis für den Bearbeiter:
Das Testament wurde eigenhändig geschrieben und unterschrieben.

Blatt 4:
Gleichzeitig geht beim Vormundschaftsgericht folgendes Schreiben ein:

Jonathan Mende

10202 Berlin, den 1.10.1998
Ringstr 7

An das
Amtsgericht Tempelhof-Kreuzberg
- Vormundschaftsgericht -
Möckernstr. 128–130
10958 Berlin

Betr: Vormundschaft für Tatjana Dugano geboren am 7.9.1986

Sehr geehrte Damen und Herren,

soweit mir bekannt ist, hat die Verstorbene Vanessa Dugano ein Testament hinterlassen, in dem sie mich zum Vermögensverwalter für das ererbte Vermögen ihres Kindes bestimmt hat. Nach meinen bisherigen Kenntnissen dürfte der Nachlaß überschuldet sein. Ich bitte deshalb um kurzfristige Übersendung der Bestallungsurkunde, damit ich die Erbschaft ggf im Namen von Tatjana ausschlagen kann. Tatjana hält sich seit dem Tod ihrer Mutter bei ihrem Vater auf.

Mit freundlichen Grüßen

Jonathan Mende

A. Gutachten:

I. Grundstücksschenkungs- und -übertragungsvertrag, Akte 52 VIII D 39635

1. Vorbemerkung

Der Notar hat die Einleitung einer Ergänzungspflegschaft gem § 1909 Abs 2 BGB angeregt und sogleich um die Erteilung vormundschaftsgerichtlicher Genehmigungen nachgesucht.

2. Zuständigkeiten

a) Sachliche Zuständigkeit

Die Anordnung einer Ergänzungspflegschaft (§ 1909 BGB), Auswahl, Bestellung und Überwachung des Pflegers obliegen dem Vormundschaftsgericht, §§ 1909, 1915, 1774, 1779, 1789 BGB, § 35 FGG. Ist Ergänzungspflegerbestellung erforderlich, ist auch das VormG für die Entscheidung über die Erteilung der (vormundschafts)gerichtlichen Genehmigung zuständig.
Unterlagen die Eltern keinem gesetzlichen Vertretungsausschluß, unterlägen ihre Vertretungshandlungen ggf der familiengerichtlichen Genehmigung, §§ 1643, 1821 BGB. Es wäre folglich auch Aufgabe des FamG über die Genehmigungsbedürftigkeit zu entscheiden.
Es ist daher für jedes Kind gesondert zu prüfen, ob die Bestellung eines Pflegers erforderlich und damit die Zuständigkeit des VormG gegeben ist.

b) Örtliche Zuständigkeit

Sie richtete sich nach dem Wohnsitz der Kinder (§§ 37, 36 FGG) und ist laut Aufgabenstellung gegeben.

c) Funktionelle Zuständigkeit

Die Anordnung der Ergänzungspflegschaft, die Auswahl und Bestellung des Pflegers einschließlich erforderlicher vormundschafts- oder familiengerichtlicher Genehmigungen obliegen dem Rechtspfleger, § 3 Nr 2a iVm § 14 RPflG.

3. Vertretung der Minderjährigen

a) Vertretung von Tatjana

Lupo Dugano handelte bei Vertragsabschluß als Bevollmächtigter seiner geschiedenen Ehefrau, diese als gesetzliche Vertreterin ihres gemeinsamen Kindes Tatjana. Er handelte somit als rechtsgeschäftlicher, nicht als gesetzlicher Vertreter. Zu prüfen ist, ob Lupo Dugano wirksam bevollmächtigt wurde. Die zwölfjährige und damit gem § 106 BGB beschränkt geschäftsfähige Tatjana steht nach der Sorgerechtsübertragung durch das Familiengericht gem § 1671 BGB unter elterlicher Sorge ihrer Mutter, der somit auch die alleinige gesetzliche Vertretungsmacht zusteht, § 1629 Abs 1 S 3 BGB. Die Vollmacht ist wirksam erteilt, darin liegt auch keine unzulässige Übertragung von Teilbereichen elterlicher Sorge. Die Vollmachtserteilung bedarf auch keiner gerichtlichen Genehmigung, vielmehr ist erst ggf das vom Bevollmächtigten vorgenommene Rechtsgeschäft selbst genehmigungsbedürftig (vgl hierzu 4b).
Er könnte aber von der Vertretung seiner Tochter gesetzlich ausgeschlossen sein. Ein Vertretungsausschluß könnte sich aus § 181 BGB ergeben. Bezüglich des Schenkungsvertrages liegt Selbstkontrahieren vor; soweit sich die Minderjährigen wechselseitig ein Vorkaufsrecht einräumen auch Mehrvertretung, da Lupo Dugano zugleich auch als gesetzlicher Vertreter seiner Tochter Juliane handelt. Der Vertretungsausschluß greift dann nicht, wenn der Bevollmächtigte von den Beschränkungen des § 181 BGB befreit ist. Dies ist hier der Fall. Die Befreiung ist auch wirksam erteilt, da die Mutter ihrerseits keinem Vertretungsausschluß unterliegt, der Vertragspartner des Kindes ist ihr geschiedener Ehemann und Juliane, mit der sie nicht verwandt ist.
Ein Vertretungsausschluß gem § 1795 BGB liegt auch für den Vater nicht vor, da diese Vorschrift nur für gesetzliche, nicht aber für rechtsgeschäftliche Vertreter anzuwenden ist.

Ergebnis: Tatjana wurde damit ordnungsgemäß vertreten. Dies gilt sowohl für das Verpflichtungs- als auch für das Erfüllungsgeschäft. Die Anordnung einer Ergänzungspflegschaft kommt nicht in Betracht.

b) Vertretung von Juliane

Die minderjährige Juliane steht unter elterlicher Sorge ihrer Eltern, § 1626 BGB, denen auch die gemeinschaftliche Vertretung obliegt, § 1629 Abs 1 S 1 BGB. Sowohl der Vater als auch die Mutter könnten von der Vertretung ihres Kindes ausgeschlossen sein, da sie gesetzlicher Vertreter ihrer Kinder und zugleich Vertragspartner sind, §§ 181, 1795 Abs 2, 1629 Abs 2 S 1 BGB; der Ausschluß könnte sich darüber hinaus auch aus §§ 1795 Abs 1 Nr 1, 1629 Abs 2 S 1 BGB ergeben, soweit der jeweils andere Ehegatte Vertragspartner des Kindes ist.

Nach allgemeiner Auffassung greift der Vertretungsausschluß dann nicht, wenn das Rechtsgeschäft für den Minderjährigen lediglich rechtlich vorteilhaft ist.[1]

Verpflichtungsgeschäft: Das könnte hier der Fall sein, weil es sich bei dem Verpflichtungsgeschäft bezüglich Juliane um eine Schenkung handelt, da die Ausgleichszahlung nur Tatjana betrifft. Der schenkungsweise Erwerb eines wie hier unbelasteten Grundstücks ist grundsätzlich lediglich rechtlich vorteilhaft. Zu prüfen ist aber, ob die Auflage dem Schenkungsversprechen den lediglich rechtlich Vorteil nimmt. Das Vorkaufsrecht stellt nur eine dingliche Belastung dar (§§ 1094, 1095 BGB), begründet aber keine persönlichen Verpflichtungen. Die Bestellung des dinglichen Vorkaufsrechts gem § 1095 BGB soll hier nicht zugunsten des jeweiligen Miteigentümers, sondern als subjektiv-persönliches Recht erfolgen. Wegen der zwischen den Erwerbern erforderlichen Einigung (§ 873 BGB) wäre der Vater von Juliane gem § 181 BGB (Mehrvertretung) und gem § 1795 Abs 1 Nr 1, 1629 Abs 2 S 1 BGB von der Vertretung ausgeschlossen. Sein Vertretungsausschluß würde sich wegen des Grundsatzes der Gesamtvertretung (§ 1629 Abs 1 S 1 BGB) auch auf die Mutter erstrecken. Die isolierte Einräumung eines Vorkaufsrechts ist für den jeweiligen Eigentümer für sich kein rechtlicher Vorteil. Die Eltern verschenken aber das

1 BGH NJW 1975, 1885 (zu beachten ist aber, daß der BGH in dieser Entscheidung noch von der isolierten Betrachtung des Verpflichtungs- und Erfüllungsgeschäfts ausgegangen ist; diese Auffassung hat er später aufgegeben, vgl Fn 5); Einzelheiten hierzu bei *Klüsener* Grundstücksschenkung durch die Eltern, Rpfleger 1981, 258.

Grundstück mit der Auflage, ein solches Vorkaufsrecht jeweils einzuräumen. Die Rechtslage ist daher mit derjenigen vergleichbar, daß die Minderjährige ein bereits mit einem Vorkaufsrecht belastetes Grundstücks erwirbt. Die Willenserklärungen in der Schenkung sind insgesamt zu betrachten, ein für sich nachteiliges Teilrechtsgeschäft wie die Belastung mit einem Vorkaufsrecht muß außer Acht bleiben, wenn das Gesamtergebnis der Schenkung rechtlich vorteilig ist. Da die Minderjährigen die mit der Schenkung verbundene Auflage sogleich erfüllen und dadurch keine Verpflichtung zur persönlichen Leistung begründet wird, kann auch unter Berücksichtigung des Vorkaufsrechts von dem rechtlichen Vorteil des Verpflichtungsgeschäfts ausgegangen werden.[2]

Erfüllungsgeschäft: Fraglich ist, ob auch das Erfüllungsgeschäft (Auflassung) lediglich rechtlich vorteilhaft ist. Die mit dem Erwerb verbundenen öffentlichen Lasten sind nach überwiegender Auffassung in diesem Zusammenhang unbeachtlich; ein rechtlicher Nachteil ist nur gegeben, wenn den Minderjährigen privatrechtliche Pflichten treffen.[3]

Der rechtliche Vorteil wird auch nicht dadurch beseitigt, daß mit der Auflassung der Erfüllungsanspruch erlischt.

Zu prüfen bleibt, ob der rechtliche Vorteil deshalb zu verneinen ist, weil das Grundstück verpachtet ist. Mit Eigentumserwerb treten die Minderjährigen gem §§ 571, 581 Abs 2 BGB in das bestehende Pachtverhältnis und damit in die Pflichten des Verpächters ein. Die Übertragung verpachteten Eigentums ist folglich nicht lediglich rechtlich vorteilhaft.[4]

Die Auflassung könnte aber deshalb wirksam sein, weil sie in Erfüllung einer Verbindlichkeit erfolgte, §§ 516, 518 BGB.

Damit wäre die gesetzlich geregelte Ausnahme vom Vertretungsausschluß erfüllt, §§ 181, 1795 Abs 1 Nr 1 BGB.

2 BayObLG Rpfleger 1998, 425; aA *Lange* Schenkungen an beschränkt Geschäftsfähige und § 107 BGB, NJW 1955, 1339.

3 Das ist eine verbreitete, wenn auch durchaus zweifelhaften Behauptung; vgl hierzu MünchKomm/*Gitter* 3. Aufl, § 107 Rn 7 ff.

4 Für die Vermietung: OLG Oldenburg NJW-RR 1988, 539.

Gesamtbetrachtung: Dadurch würde aber der durch die Vertretungsausschlüsse angestrebte Schutz der Minderjährigen ausgeschaltet.

Die Frage, ob die Schenkung der Minderjährigen einen lediglich rechtlichen Vorteil bringt, ist aus einer Gesamtbetrachtung des schuldrechtlichen und des dinglichen Vertrages heraus zu beantworten. Soweit wie hier mit der Übertragung des dinglichen Rechts rechtliche Nachteile verbunden sind, greift die Ausnahme vom Vertretungsausschluß nicht. Andernfalls bliebe der Schutzzweck der Vertretungsausschlüsse unberücksichtigt.[5]

Ergebnis: Der rechtliche Vorteil des vorliegenden Rechtsgeschäfts ist folglich zu verneinen. Die von der Rechtsprechung entwickelte Ausnahme vom Vertretungsausschluß liegt nicht vor, es bleibt bei dem Vertretungsausschluß der Eltern. Die Eltern haben damit als Vertreter ohne Vertretungsmacht gehandelt, der Vertrag ist schwebend unwirksam, § 177 BGB. Das VormG hat Ergänzungspflegschaft anzuordnen, §§ 1909, 1915, 1774 BGB und eine geeignete Person zum Pfleger zu bestellen, §§ 1915, 1779, 1789 BGB. Der Pfleger kann den Vertrag genehmigen, §§ 177, 184 BGB.

4. Vormundschaftsgerichtliche Genehmigung

a) Juliane

Fraglich ist, ob der zu bestellende Pfleger zum Abschluß des Vertrages und also auch zu dessen Genehmigung der vormundschaftsgerichtlichen Genehmigung bedarf. Der schenkungsweise Erwerb ist genehmigungsfrei, §§ 1821 Abs 1 Nr 5, 1915 BGB. Zu prüfen ist, ob die Entgegennahme der Auflassung genehmigungsbedürftig ist. Eine Genehmigungsbedürftigkeit könnte sich aus § 1821 Abs 1 Nr 2 BGB ergeben, da durch die Entgegennahme der Auflassung der Auflassungsanspruch aus dem Verpflichtungsgeschäft erlischt, § 362 Abs 1 BGB. Sinn und Zweck des § 1821 BGB liegt aber darin, den Minderjährigen vor riskanten, möglicherweise mit Vermögensverlusten verbundenen Rechtsgeschäften zu schützen.

Da ein zu verhindernder Rechtsverlust durch die Entgegennahme der Auflassung nicht eintritt und die Genehmigungstatbestände

5 BGH Rpfleger 1980, 463 = NJW 1981, 109.

nicht dazu dienen, den unentgeltlichen Erwerb (§ 1821 Abs 1 Nr 5 BGB) zu verhindern, kommt eine Anwendung des § 1821 Abs 1 Nr 2 BGB (im Sinne einer teleologischen Reduktion) nicht in Betracht, ebensowenig der zu § 1821 BGB subsidiäre § 1812 BGB, dessen Anwendung auch wegen der in § 1813 Abs 1 Nr 1 BGB geregelten Ausnahme zu verneinen ist.
Eine Genehmigungsbedürftigkeit könnte sich aber daraus ergeben, daß das Grundstück verpachtet ist und die minderjährige Erwerberin in den bestehenden Pachtvertrag eintritt. Fraglich ist, ob eine Genehmigungspflicht gem §§ 1822 Nr 5, 1915 BGB auch für den Eintritt in bestehende Pachtverhältnisse gilt.
Da § 1822 Nr 5 BGB eine Genehmigung nur zu einem „Miet- oder Pacht**vertrag**" verlangt, fallen hierunter nur die rechtsgeschäftlich begründeten Miet- oder Pachtverhältnisse, nicht auch der als gesetzliche Folge des Eigentumserwerbs einhergehende Eintritt in schon bestehenden Verträge.[6] Auf die Dauer des Pachtverhältnisses kommt es folglich nicht an.
Die gegenseitige Bestellung des Vorkaufsrechts könnte als Verfügung über das Grundstück der Genehmigung nach §§ 1915, 1821 Abs 1 Nr 1 1. Alt BGB bedürfen. Es dürfte sich aber insoweit im weitesten Sinne um eine genehmigungsfreie Auflage handeln; die Genehmigungsbedürftigkeit ist auch konsequenterweise deshalb zu verneinen, weil insoweit bereits der rechtliche Vorteil bejaht wurde; denn die Genehmigungsbedürftigkeit ist stets dann zu verneinen, wenn das Rechtsgeschäft insgesamt als rechtlich vorteilhaft anzusehen ist.

Ergebnis: Für Juliane sind daher Verpflichtungs- und Erfüllungsgeschäft genehmigungsfrei.

b) Tatjana

Die Rechtslage bezüglich Tatjana unterscheidet sich von der bezüglich Juliane dadurch, daß sie durch den Vertrag zu einer, wenn auch bedingten Zahlung verpflichtet wird. Um eine den rechtlichen Vorteil unberührt lassende und damit genehmigungsfreie Ausgleichsanordnung im Sinne des § 2050 Abs 3 BGB handelt es sich dabei nicht, da Tatjana kein Abkömmling der Ehefrau ihres

6 BGH FamRZ 1983, 341 = NJW 1983, 1780.

Vaters ist. Zu prüfen ist, ob es sich um eine genehmigungsfreie Schenkungsauflage handelt. Dies setzt voraus, daß die Auflage nicht den Charakter eines Entgelts hat.
Es handelt sich hier um eine selbständige Zahlungsverpflichtung aus dem Vertrag bei Bedingungseintritt.
Fraglich ist, ob auch bedingte Entgeltlichkeit zur Anwendung des § 1821 Abs 1 Nr 5 BGB iVm § 1643 Abs 1 BGB (da der Vater als Bevollmächtigter der Inhaberin elterlicher Sorge handelt) führt. Nach dem Schutzzweckes der Genehmigungstatbestände ist dies im vorliegenden Fall zu bejahen; die Genehmigungsbedürftigkeit ist danach zu beurteilen, ob das Rechtsgeschäft bei Eintritt dieser Bedingung (oder eben ohne diese) der Genehmigung bedürfte. Fraglich ist weiter, ob auch eine Teilentgeltlichkeit von § 1821 Abs 1 Nr 5 BGB erfaßt wird. Auch dies ist hier zu bejahen, da die Minderjährige zu einer persönlichen Leistung verpflichtet wird, der sie sich auch nicht durch Verweis auf das „geschenkte" Grundstück entziehen könnte.[7] Die Verpflichtung zur Zahlung der Hälfte des Erworbenen kann daher nicht mehr als unentgeltlich im Sinne des § 1821 Abs 1 Nr 5 BGB betrachtet werden.

Ergebnis: Das Verpflichtungsgeschäft ist daher schwebend unwirksam, §§ 1643 Abs 3, 1829 BGB. Die Wirksamkeit des Rechtsgeschäfts hängt von der Erteilung der familiengerichtlichen Genehmigung und deren Mitteilung durch den Bevollmächtigten an die Vertragspartner ab (zu den Auswirkungen des Todes der Mutter vgl II).
Für die Beurteilung der Genehmigungsfähigkeit ist eine wirtschaftliche Betrachtung anzustellen. Zu klären wäre folglich, mit welchen Mitteln Tatjana ggf die ihr obliegende Ausgleichszahlung erfüllen soll. Die Genehmigung wäre gem § 1828 BGB dem gesetzlichen Vertreter oder dessen Bevollmächtigten gegenüber zu erklären, die Beauftragung des Notars, das Rechtsgeschäft durchzuführen, kann nicht als ausreichende Empfangsvollmacht angesehen werden.
Für die Entgegennahme der Auflassung ist eine familiengerichtliche Genehmigung nicht erforderlich, diese ist folglich bereits

7 Vgl hierzu *Klüsener* Vormundschaftsgerichtliche Genehmigungen im Liegenschaftsrecht, Rpfleger 1981, 461.

wirksam (zur Begründung vgl I4a, da das Verpflichtungsgeschäft wegen des Erfordernisses der familiengerichtlichen Genehmigung noch schwebend unwirksam ist, wird auch nicht über einen Auflassungsanspruch verfügt).

Da die Anordnung einer Ergänzungspflegschaft nach dem bisherigen Ergebnis nicht erforderlich ist, wäre für die Entscheidung über die Erteilung der Genehmigung das Familiengericht zuständig. Es ist jedoch insoweit zu prüfen, ob sich an diesem Ergebnis durch den Tod der Mutter etwas ändert.

5. Verwaltungsausschluß

In der in V des Vertrages enthaltenen Bestimmung könnte eine Anordnung nach § 1638 BGB liegen. Voraussetzung ist, daß Tatjana etwas unentgeltlich zugewendet wird und der Zuwender die Eltern bei der Zuwendung von der Verwaltung ausschließt. Die letzte genannte Voraussetzung ist erfüllt; die erstgenannte dagegen nicht. Die Anordnung ist unwirksam, da der Begriff der „Unentgeltlichkeit“ des § 1638 BGB keinen anderen Inhalt haben dürfte, als der des § 1821 Abs 1 Nr 5 BGB (vgl hierzu I4b).[8]

8 Würde man die Wirksamkeit der Anordnung bejahen, etwa weil man als Voraussetzung des § 1638 BGB bedingte Teil(un)entgeltlichkeit als ausreichend ansieht, hätte sich folgende Prüfung anzuschließen: Ausgeschlossen wurde insoweit deren Mutter als alleinige Inhaberin der Vermögenssorge. Da der Vater nicht sorgeberechtigt ist, liegen die Voraussetzungen der Ergänzungspflegschaft gem § 1909 Abs 1 S 2 BGB vor. Die Zuwender haben hier von dem ihnen gem § 1917 Abs 1 BGB zustehenden Benennungsrecht Gebrauch gemacht. Es ist allgemein anerkannt, daß sich der Zuwender auch selbst benennen kann. Hier wären folglich der Vater und dessen Ehefrau zu Mitpflegern zu bestellen, §§ 1915, 1775, 1797 BGB, obgleich zweifelhaft ist, ob auch die Anordnung der Mitpflegschaft bindend ist (für die Anordnung der Mitvormundschaft wird dies zT abgelehnt). Soweit erkennbar, bestünden aber laut Sachverhalt keine Bedenken, der Anordnung zu folgen.

II. Tod der Vanessa Dugano, Akte 52 X 398/98

1. Benachrichtigung durch das Standesamt und das Nachlaßgericht

Die Sterbemitteilung des Standesbeamten erfolgte gem § 48 FGG, da die Verstorbene ein minderjähriges Kind hinterlassen hat. Die Übersendung der Testamentsabschrift durch das Nachlaßgericht folgte aus §§ 74a, 35a FGG. Beide Benachrichtigungen sollen die Erfüllung der in § 1640 BGB aufgegebenen Verpflichtungen sichern. Zuständig hierfür ist seit Inkrafttreten des Kindschaftsrechtsreformgesetzes das Familiengericht, eine gleichzeitige Änderung der Benachrichtigungsvorschriften des FGG wurde offensichtlich übersehen. Es ist aber auch zu prüfen, ob im Hinblick auf die elterliche Sorge Maßnahmen erforderlich sind. Auch hier hängt die sachliche Zuständigkeit von der in Betracht kommenden Maßnahme ab. Während die Bestellung eines Vormunds oder Pflegers in die Zuständigkeit des Vormundschaftsgerichts fällt, obliegt die Entscheidung nach § 1680 BGB dem Familiengericht. Bevor das Vormundschaftsgericht das Familiengericht benachrichtigt, ist deshalb zu prüfen, ob Maßnahmen des Vormundschaftsgericht erforderlich sind.

2. Elterliche Sorge

Durch den Tod der Mutter steht Tatjana nicht mehr unter elterlicher Sorge. Das Familiengericht hat gem § 1680 Abs 1 S 2 BGB das Sorgerecht dem Vater zu übertragen, wenn dies dem Wohl des Kindes nicht widerspricht. Das Familiengericht ist deshalb von dem Tod der Mutter zu unterrichten.

3. Vormundsbenennung

Die Bestellung eines Vormundes kommt erst in Betracht, wenn das Familiengericht die elterlichen Sorge nicht auf den Vater überträgt, denn nur dann lägen die Voraussetzungen der Vormundschaft gem § 1773 BGB endgültig vor. Die Vormundsbenennung der Eltern schränkt nur das dem VormG zustehende Ermessen bei der Vormundsauswahl ein; ist kein Vormund zu bestellen, geht die Benennung – mag sie auch wirksam sein – ins Leere; es gibt keine „Konkurrenz zwischen § 1680 BGB und §§ 1776, 1777

BGB. Sollte Vormundschaft anzuordnen sein, hätte die Rechtspflegerin die Wirksamkeit der Benennung zu prüfen. Voraussetzung dafür ist das Innehaben elterlicher Sorge zum Zeitpunkt des Todes (§ 1777 Abs 1 BGB) und die Benennung in Form einer letztwilligen Verfügung (§ 1777 Abs 3 BGB). Beide Voraussetzungen sind erfüllt. Die diesbezügliche Anordnung in dem gemeinschaftlichen Testament war auch frei widerruflich, da insoweit keine Wechselbezüglichkeit vorlag, die Benennung ist immer einseitig, auch wenn sie in einem gemeinschaftlichen Testament erfolgt ist, § 2270 Abs 3 BGB. Sie konnte folglich auch einseitig widerrufen werden.

Ergebnis: Wirksam benannt wurde daher Nayantara Sahgal, die aber nur dann zur Vormünderin zu bestellen ist, wenn von der Übertragung der elterlichen Sorge auf den Vater abgesehen würde. Anlaß, bis zur Entscheidung des Familiengericht Maßnahmen nach §§ 1773, 1774, 1909 Abs 3 BGB zu ergreifen, gibt der Sachverhalt nicht.

4. Verwaltungsausschluß

Die Mutter hat neben der Benennung eines Vormundes auch angeordnet, wer den Nachlaß zu verwalten hat. Fraglich ist, ob hierin eine Testamentsvollstreckeranordnung oder eine solche gem § 1638 BGB zu sehen ist. Hier soll nicht wie durch die Testamentsvollstreckung der Erbe, sondern der gesetzliche Vertreter ausgeschlossen werden. Zwar ist § 1638 BGB nach seinem Wortlaut und der Gesetzessystematik nur auf Eltern anzuwenden, jedoch stellt § 1909 Abs 1 S 2 letzter Halbsatz BGB klar, daß auch ein Vormund von der Verwaltung des unentgeltlich zugewandten Vermögens ausgeschlossen werden kann. Auslegungsbedürftig ist, ob diese Anordnung auch für den Fall gelten soll, daß dem Vater das Sorgerecht zurückübertragen wird. Der Wortlaut des Testamentes legt die Vermutung nahe, daß die Mutter auch den Vater ausschließen wollte. Folglich hätte das Vormundschaftsgericht unabhängig von der Entscheidung des Familiengericht nach § 1680 Abs 2 S 1 BGB gem §§ 1909, 1915 BGB Ergänzungspflegschaft anzuordnen und den hier wirksam Benannten zum Pfleger zu bestellen, §§ 1917, 1789 BGB, wenn nicht einer der in § 1778,

1917 Abs 1 BGB genannten Übergehungstatbestände greift, worauf der Sachverhalt jedoch keine Hinweise gibt. Die Übersendung der gem §§ 1915, 1791 Abs 1 BGB zu erteilenden Bestallungsurkunde ist möglich, dies ersetzt aber nicht die zwingend erforderliche, konstitutiv wirkende persönliche Verpflichtung, §§ 1915, 1789 BGB. Vor der Pflegerbestellung ist jedoch zu prüfen, ob die Erbschaft für Tatjana auszuschlagen ist, da in diesem Fall für die Anordnung einer Pflegschaft zum Zwecke der Verwaltung des Nachlasses kein Raum ist.

5. Erbausschlagung

Tatjana ist nach dem gemeinschaftlichen Testament Alleinerbin ihrer Mutter, nachdem der Ehemann bereits vorverstorben ist. Sollte der Nachlaß – wie behauptet – überschuldet sein, wäre im Namen der Minderjährigen die Erbschaft auszuschlagen. Dies wäre aber nicht Aufgabe des einzusetzende Pfleger zur Verwaltung des Nachlaßvermögens. Sowohl die Annahme der Erbschaft als auch deren Ausschlagung stellen nicht Akte der Verwaltung dar.[9] Es wäre daher entweder Aufgabe der zu bestellenden Vormünderin oder des nach Übertragung des Sorgerechts gem § 1680 Abs 2 S 1 BGB sorgeberechtigten Vaters. Die Vormünderin bedürfte zur Ausschlagung der vormundschaftsgerichtlichen Genehmigung gem § 1822 Nr 2 BGB, der Vater der familiengerichtlichen gem § 1643 Abs 2 Satz 1 BGB. Bei der Erbausschlagung handelt es sich um ein einseitiges Rechtsgeschäft, weshalb die Genehmigung grundsätzlich vorab erteilt werden muß, § 1831 BGB ggf iVm § 1643 Abs 3 BGB. Da es sich aber um eine einseitige, amtsempfangsbedürftige Willenserklärung handelt, reicht es nach allgemeiner Meinung aber aus, wenn die Genehmigung dem Nachlaßgericht innerhalb der Ausschlagungsfrist nachgereicht wird, wobei der Ablauf der Frist nach „Beantragung" der Genehmigung bis zu deren Erteilung gem § 206 BGB gehemmt ist.

9 Ganz hM, für viele MünchKomm/*Hinz* 3. Aufl, § 1638 Rn 6.

III. Auswirkungen des Todes der Mutter auf den Grundstücksvertrag

Es stellt sich die Frage, wie sich die Kenntnis vom Tod der Mutter auf die unter I. dargestellte Rechtslage und also auf die Bearbeitung der Vorganges 52 VIII D 39635 auswirkt.
Ihr Tod wirkt sich zunächst nicht auf den bereits abgeschlossenen Grundstücksvertrag aus. Fraglich ist allerdings, wem gegenüber die bezüglich Tatjana erforderliche familiengerichtliche Genehmigung zu erklären wäre. Würde dem Vater das Sorgerecht übertragen, unterläge er einem gesetzlichen Vertretungsausschluß, denn er könnte nicht die Genehmigung als gesetzlicher Vertreter seiner Tochter entgegennehmen und diese zugleich sich und seiner Frau als Vertragspartner(in) bekannt geben, §§ 1828, 1829 BGB. Etwas anderes würde dann gelten, wenn er die Genehmigung noch als von den Beschränkungen des § 181 BGB befreiter Bevollmächtigter entgegennehmen könnte. Voraussetzung dafür wäre, daß die Vollmacht auch über den Tod der Vollmachtgeberin hinaus fortbesteht. Dies wäre zu bejahen, wenn die Wirksamkeit der Vollmacht nicht an den Fortbestand der gesetzlichen Vertretungsmacht der Vollmachtgeberin gebunden wäre. Die hier vorliegende Vollmacht, Erklärungen im Namen der gesetzlichen Vertreterin abzugeben, die dann auch auf die Minderjährigen wirken, ist aber an das Innehaben der Vertretungsmacht geknüpft.[10] Es kann deshalb nicht von einer über den Tod hinaus dauernden Vollmacht einschließlich Befreiung von § 181 BGB ausgegangen werden. Das Innehaben elterlicher Sorge dürfte vielmehr die Vollmacht „überlagern", die gesetzliche Vertretung also der rechtsgeschäftlichen vorgehen. Sollte das Sorgerecht dem Vater übertragen werden, müßte deshalb insoweit Ergänzungspflegschaft angeordnet werden; ist ein Vormund zu bestellen, wäre die Genehmigung ihm gegenüber zu erklären.
Solange das Kind nicht gesetzlich vertreten ist, könnte die familiengerichtliche Genehmigung keine Wirksamkeit erlangen.

10 Mit dem Ende der elterlicher Sorge und der damit verbundenen Vertretungsmacht fällt auch die Vollmacht in sich zusammen, MünchKomm/*Schwab* § 1793 Rn 39.

B. Verfügung:

I. In der Akte 52 VIII D 39635

1. Schreiben an den Notar Blatt 1 der Akte:

Sehr geehrter Herr Notar,

in Sachen der Minderjährigen Juliane und Tatjana Dugano teile ich Ihnen auf Ihr Schreiben vom 24.09.1998 folgendes mit:
Die Eltern der minderjährigen Juliane unterliegen bei Abschluß des Grundstücksvertrages einem Vertretungsausschluß gem §§ 181 BGB, 1795 Abs 2, 1629 Abs 2 S 1 BGB, da sie nicht nur als Vertreter ihrer Tochter, sondern zugleich auch im eigenen Namen handeln. Daran ändert auch die bezüglich Tatjana in der Vollmacht erteilte Befreiung von den Beschränkungen des § 181 BGB nichts. Ein Vertretungsausschluß ergibt sich auch aus §§ 1795 Abs 1 Nr 1, 1629 Abs 2 S 1 BGB, da Vertragspartner des Kindes auch der jeweils andere Elternteil ist. Das Rechtsgeschäft ist für die Minderjährige auch nicht lediglich rechtlich vorteilhaft, da das Objekt verpachtet ist. Die minderjährige Erwerberin tritt damit kraft Gesetzes in das bestehende Pachtverhältnis ein, §§ 571, 581 Abs 2 BGB. Die Eltern haben als Vertreter ohne Vertretungsmacht gehandelt, der Vertrag ist gem § 177 BGB schwebend unwirksam. Das Vormundschaftsgericht hat deshalb für Juliane einen Ergänzungspfleger zu bestellen. Es ist beabsichtigt, hier die gerichtsbekannte Pflegerin Frau ... zu bestellen. Sie erhalten hiermit Gelegenheit zur Stellungnahme.
Einer vormundschaftsgerichtlichen Genehmigung bezüglich Juliane bedarf es indes nicht, da der Erwerb schenkungsweise erfolgt, §§ 1821 Abs 1 Nr 5, 1915 BGB und nur der Abschluß von Pachtverträgen, nicht aber der Eintritt in ein bestehendes Pachtverhältnis der Genehmigung nach §§ 1821 Nr 5, 1915 BGB unterliegt.
Etwa anderes gilt bezüglich Tatjana, da sie durch den Vertrag verpflichtet wird, bei Eintritt der unter II. des Vertrages geregelten Bedingung eine Zahlung zu leisten. Dies stellt eine bedingte Entgeltlichkeit dar, die zur Genehmigungsbedürftigkeit gem. §§ 1821 Abs 1 Nr 5, 1643 Abs 1 BGB führt. Da hier elterliches Handeln zu genehmigen ist, ist für die Entscheidung darüber das Familien-

gericht zuständig, dem - Ihr Einverständnis vorausgesetzt - eine Ablichtung Ihres Schreibens und der beigefügten Urkunden vorgelegt wird. Vorsorglich wird bereits jetzt darauf hingewiesen, daß Sie zur Empfangnahme der familiengerichtlichen Genehmigung nicht hinreichend bevollmächtigt sind.
Dem Vormundschaftsgericht ist bekannt geworden, daß die Mutter von Tatjana verstorben ist. Dies ändert zwar nach Ansicht des Vormundschaftsgerichts nichts an der ordnungsgemäßen rechtsgeschäftlichen Vertretung von Tatjana bei Vertragsabschluß. Eine über den Tod hinausgehende Vollmacht im Bereich elterlicher Sorge scheidet aber aus, da die Wirksamkeit der Vollmacht an den Fortbestand der gesetzlichen Vertretungsmacht gebunden ist. Die familiengerichtliche Genehmigung kann daher mE nicht mehr dem bevollmächtigten Vater gegenüber gem § 1828 BGB erklärt werden. Eine abschließende Entscheidung darüber obliegt dem Familiengericht. Ggf hat das Vormundschaftsgericht zu gegebener Zeit einen Ergänzungspfleger einzusetzen, da der Vater die Genehmigung nicht als dann gesetzlicher Vertreter von Tatjana gem. § 1828 BGB entgegennehmen und zugleich sich und seiner Frau als Vertragspartner bekanntgeben könnte, § 1829 Abs 2 BGB. Die Anordnung einer Pflegschaft wird deshalb auch erforderlich, wenn nicht bis zur Entscheidung über das Sorgerecht gewartet werden soll. Auch insoweit bitte ich um Ihre Stellungnahme.

Schließlich weise ich darauf hin, daß der in der Urkunde unter V enthaltene Verwaltungsausschluß nebst Pflegerbenennung unwirksam ist, weil die Zuwendung an Tatjana nicht unentgeltlich erfolgt, § 1638 BGB.

Herr Dugano erhält eine Abschrift dieses Schreibens zur Kenntnisnahme.

Mit freundlichen Grüßen

2. Abschrift von 1)

a) als Leseabschrift zur Akte nehmen
b) nachrichtlich zu 52 X 398/98 nehmen
c) zu 3) beifügen

3. Schreiben an Lupo Dugano
– Abschrift von 1) beifügen –

Sehr geehrter Herr Dugano,

anliegend erhalten Sie mein unter heutigem Datum an den beurkundenden Notar gerichtetes Schreiben zur Kenntnis- und ggf. Stellungnahme.

Mit freundlichem Gruß

4. 1 Monat

II. In der Akte 52 X 398/98

Verfügung

1. Schreiben an Jonathan Mende Blatt 5

Sehr geehrter Herr Mende,

zunächst danke ich für Ihr Schreiben vom 1.10.1998 und teile Ihnen mit, daß die Ausschlagung der Erbschaft nicht zu Ihren Aufgaben als möglicher Pfleger für die Verwaltung des Nachlaßvermögens gehört. Zuständig dafür wäre der Inhaber des Sorgerechts. Da die Ehe der Eltern geschieden war, steht dem Vater von Tatjana die elterliche Sorge nicht kraft Gesetzes zu; sie könnte ihm aber vom Familiengericht übertragen werden, das von hier aus benachrichtigt wurde.
Die Ausschlagungsfrist läuft auch nicht ab, solange das Kind nicht gesetzlich vertreten ist. Sollte die Ausschlagung erfolgen, ist für die Anordnung einer Pflegschaft zum Zwecke der Vermögensverwaltung kein Raum. Es sollten daher zunächst die Sorgerechtsentscheidung und die Entscheidung über die Ausschlagung abgewartet werden.
Sie erhalten zu gegebener Zeit weitere Nachricht.

Mit freundlichem Gruß

2. Abschrift von 2)

a) als Leseabschrift zur Akte nehmen
b) zu 3) beifügen

3. Schreiben an Lupo Dugano Blatt 2 der Akte
– Abschrift von 1) beifügen –

Sehr geehrter Herr Dugano,

das VormG hat Kenntnis vom Tode Ihrer geschiedenen Frau erhalten.
Sofern Ihnen das Sorgerecht durch das hierfür zuständige Familiengericht übertragen werden sollte, wäre es Ihre Aufgabe, sich über den Bestand des Nachlasses Gewißheit zu verschaffen und bei Überschuldung im Namen Ihrer Tochter Tatjana die Erbschaft auszuschlagen. Hierzu wäre eine familiengerichtliche Genehmigung erforderlich, die Sie bitte ggf innerhalb der sechswöchigen Ausschlagungsfrist beim hiesigen Familiengericht beantragen müßten. Die Frist beginnt mit der Übertragung der elterlichen Sorge.

Mit freundlichem Gruß

4. Leseabschrift von 3) zur Akte nehmen.

5. Ablichtung von Blatt 1–5 der Akte und Durchschrift von Ziff 1 und 3 der zuständigen Ableitung des Familiengerichts im Hause übersandt mit der Bitte um Entscheidung gem § 1680 Abs. 2 S 1 BGB und Nachricht hierüber zur obigen Akte und zu 52 VIII D 39635; dort liegen Anträge auf vormundschaftsgerichtliche Genehmigungen vor.

6. 1 Monat (Entscheidung gem § 1680 BGB?)

Fall 7: Teilwiderruf eines gemeinschaftlichen Testaments und Teilauseinandersetzung mit minderjährigem Miterben

Hans Rausch, Bad Münstereifel

Klausur aus dem Sachgebiet Erb- und Familienrecht

Aufgabe:

Der Fall ist zu begutachten.
Soweit die Beantragung des Erbscheins zu prüfen ist, sind die nach §§ 2354, 2355, 2357 BGB erforderlichen Angaben, der konkrete Inhalt des Erbscheinsantrags sowie die erforderlichen Urkunden nicht zu erörtern. Eine eventuelle Erbscheinsverhandlung ist nicht zu entwerfen.
Soweit vormundschaftsgerichtliche Fragen zu prüfen sind, ist in jedem Falle auch anzugeben, welche Maßnahmen die Rechtspflegerin aufgrund der bekannt gewordenen Tatsachen veranlaßt; dahingehende Entwürfe sind allerdings nicht zu fertigen.

Bearbeitungszeit: 5 Stunden
Hilfsmittel: Schönfelder, Deutsche Gesetze

Sachverhalt:

Beim Amtsgericht Waldbröl erscheint im Juli 1998 bei der dort tätigen und nach dem Geschäftsverteilungsplan für Vormundschafts-, Betreuungs-, Familien- und Nachlaßsachen zuständigen Diplom-Rechtspflegerin Karscheid der Zivildienstleistende Markus Rolle, geboren am 19. 5. 1978, wohnhaft Herwarthstr. 19 in Bonn, und erklärt:

„Am 20. 6. 1998 ist meine Mutter Brigitte Rolle geb. Badorf, geboren am 31. 1. 1943, hier in Waldbröl in ihrer Wohnung Siegburger Str. 88 gestorben. Mein Vater Georg Rolle, den sie am 23. 12. 1973 geheiratet hatte, ist bereits am 9. 11. 1985 verstorben.

Aus der Ehe meiner Eltern stammen außer mir noch mein älterer Bruder Ralf, geboren am 22. 2. 1975, und mein jüngerer Bruder Tobias, geboren am 14. 7. 1981; Tobias hatte bei der Mutter gelebt und wohnt jetzt noch alleine in der Wohnung Siegburger Str. 88 hier in Waldbröl. Er besucht das Gymnasium und versorgt sich ansonsten selbst. Wir hatten noch einen älteren Halbbruder, den am 17. 7. 1959 von unserer Mutter, die damals noch unverheiratet war, geborenen Michael Badorf. Michael war kurz nach seiner Geburt ins Heim gekommen und hat dort bis zu seinem 19. Lebensjahr gelebt. Zuletzt wohnte er in Krefeld und ist dort am 11. 2. 1998 gestorben. Er hat eine am 3. 10. 1990 nichtehelich geborene Tochter Nicole Weber hinterlassen, die bei ihrer Mutter in Bielefeld lebt. Dies weiß ich alles von meiner Mutter; Kontakt zu Michael und seiner Tochter Nicole haben wir allerdings nie gehabt.
In den Unterlagen unserer Mutter haben wir ein gemeinschaftliches Testament von August 1983 und ein weiteres Testament vom 17. 7. 1996 gefunden. Ich habe diese Urkunden mitgebracht.
Ich bin mit meinen Brüdern Ralf und Tobias völlig einig über die Abwicklung der Erbsache. Wir haben vor, vorab und möglichst bald entsprechend dem Wunsch unserer Eltern in ihrem gemeinschaftlichen Testament das Hausgrundstück auf Tobias als alleinigen Eigentümer zu übertragen unter gleichzeitiger Bestellung des Nießbrauchs für Ralf; den dafür notwendigen Notarvertrag kann unserer Meinung nach Tobias, da er inzwischen 17 Jahre alt ist, selbst mit uns abschließen. Die restliche Auseinandersetzung wollen wir durchführen, wenn Tobias volljährig geworden ist.
Ich bitte um Ihre Hilfestellung bei der Beantragung des notwendigen Erbscheins nach meiner Mutter <u>und</u> – im Auftrag meines Bruders Tobias – um Auskunft, ob wir die Übertragung des Grundstücks an ihn wie geplant vornehmen können.“

Auf Nachfrage der Rechtspflegerin:

„Der Nachlaß meiner Mutter besteht neben dem Hausgrundstück in Waldbröl, Siegburger Str. 88, aus Spar- und Giroguthaben i. H. von ca. 107.000,00 DM, Wertpapieren im Wert von ca. 120.000,00 DM, Einrichtungs- und persönlichen Gegenständen von insgesamt ca. 90.000,00 DM sowie einem PKW im Wert von ca. 20.000,00 DM.

Es kann sein, daß unser Halbbruder Michael die Vaterschaft über Nicole Weber anerkannt hat; genau weiß ich das aber nicht."

Die von Markus Rolle mitgebrachten Urkunden haben folgenden Inhalt:

1.
Abschrift eines Testaments – mit Eröffnungsvermerk des Amtsgerichts Waldbröl vom 13.1.1986 (nach dem Tode des Ehemannes) – mit folgendem Text:

„Unser Testament

Nach dem Tod des Erstversterbenden von uns ist der andere alleiniger Erbe. Nach dem Tod des Zweitversterbenden von uns sind unsere gemeinsamen Kinder Erben zu je 1/3. Dabei soll Tobias das Hausgrundstück Siegburger Str. 88 in Waldbröl zum alleinigen Eigentum erhalten, Ralf jedoch den lebenslangen unentgeltlichen Nießbrauch daran bekommen.

Waldbröl, im August 1983
Georg Rolle

Ich bestätige mit meiner gleichzeitigen Unterschrift, daß das auch mein Wille ist.
Brigitte Rolle"

Der Text dieses Testaments ist bis einschließlich der Unterschrift „Georg Rolle" vom Ehemann eigenhändig geschrieben worden. Der nachfolgende Text einschließlich der Unterschrift „Brigitte Rolle" ist von der Ehefrau eigenhändig geschrieben worden.

2.
Original eines von Frau Brigitte Rolle eigenhändig geschriebenen und unterschriebenen Testaments mit folgendem Text:

„Testament

Mein am 17.7.1959 geborener Sohn Michael soll gleichberechtigt mit meinen Söhnen Tobias, Markus und Ralf erben.
Mein Bruder Peter Badorf soll als Testamentsvollstrecker dafür sorgen, daß kein Streit aufkommt und alles gerecht verteilt wird.

Waldbröl, den 17.7.1996
Brigitte Rolle"

Gutachten:

A. Ausdeutung

I. Begehrt wird zum einen die Durchführung der Erbscheinsverhandlung nach der Erblasserin Brigitte Rolle.
II. Begehrt wird zum anderen Auskunftserteilung (vgl § 1837 Abs 1 BGB, aus welchem sich auch die Pflicht zur Beratung des Mündels ergibt) bzgl der beabsichtigten Grundstücksübertragung unter Beteiligung des minderjährigen Tobias.

B. Zuständigkeiten

I. Zu A. I.

1. Protokollierung des Antrags:

Sachlich und örtlich gem § 11 FGG jedes Amtsgericht, funktionell der Rechtspfleger gem §§ 3 Nr 3 e, 24 Abs 2 Nr 3 RPflG.

2. Abnahme der eidesstattlichen Versicherung:

Sachlich und örtlich gem §§ 2356 Abs 2 BGB, 38, 56 Abs 3 BeurkG jedes Amtsgericht, funktionell gem § 3 Nr 1 f RPflG der Rechtspfleger.

II. Zu A. II.

Sachlich gem § 35 FGG das Amtsgericht, örtlich gem §§ 36 Abs 1 S 1 FGG, 7, 11 BGB Waldbröl und funktionell gem § 3 Nr 2 a RPflG der Rechtspfleger, kein Richtervorbehalt nach § 14 RPflG.

C. Inhaltliche Prüfung der gewünschten Verrichtungen

I. Zu A. I.

Gem § 17 Abs 1 BeurkG und aus dem Rechtsgedanken des § 24 Abs 2 Nr 3 RPflG hat der Rechtspfleger die Erfolgsaussichten hinsichtlich des zu stellenden Erbscheinsantrags zu überprüfen.

1. Materielle Prüfung der Erbfolge

a) Testament vom August 1983
Es könnte sich um ein gemeinschaftliches Testament nach § 2265 BGB handeln. Die Testatoren waren Eheleute. Der gemeinschaftliche Errichtungswille ist durch die einheitliche Urkunde, die gleichzeitige Errichtung und die Formulierungen („unser, uns, unsere") aus der Testamentsurkunde ersichtlich.
Beide Testatoren haben das Testament persönlich errichtet (§ 2064 BGB) und waren testierfähig (§ 2229 BGB).
Gem §§ 2247 Abs 1, 2267 S 1 BGB ist das Testament vom Ehemann eigenhändig geschrieben und von ihm sowie der Ehefrau jeweils eigenhändig unterschrieben. Das Fehlen der genauen Zeitangabe nach § 2247 Abs 2 BGB bei der Unterschrift des Ehemannes sowie der Angabe von Ort und Zeit bei der Unterzeichnung durch die Ehefrau nach § 2267 S 2 BGB ist unschädlich nach § 2247 Abs 5 BGB: im August 1978 wurde kein weiteres Testament errichtet, die Ehefrau bezieht sich durch die Formulierung „mit meiner gleichzeitigen Unterschrift" eindeutig auf die Orts- und Zeitangabe des Ehemannes, so daß Zweifel hieraus nicht verbleiben.
Die Erbeinsetzung des Ehemannes Georg ist durch dessen Vorversterben (§ 1923 Abs 1 BGB) gegenstandslos geworden. Die somit relevante Erbeinsetzung der „gemeinsamen Kinder" ist gem § 133 BGB im Hinblick auf den Zusatz „unsere" sowie die Quotenbestimmung von je 1/3 dahingehend auszulegen, daß Ralf, Markus und Tobias eingesetzt sind.
Die Bedenkung von Tobias mit dem Hausgrundstück sowie die Bedenkung von Ralf mit dem Nießbrauch sind Teilungsanordnungen (§ 2048 S 1 BGB), im Hinblick auf den Gesamtwert des Nachlasses sicher keine Vorausvermächtnisse iSv § 2150 BGB.

b) Testament vom 17.7.1996
Persönliche Errichtung (§ 2064 BGB), Testierfähigkeit (§§ 2229 BGB) sowie die Form nach § 2247 BGB sind gegeben.
Inhaltlich enthält das Testament zum einen die Einsetzung der vier Söhne Michael, Tobias, Markus und Ralf. Gem § 2091 BGB ist von Quoten von je $^1/_4$ auszugehen. Im übrigen enthält das Testament die nach §§ 2197, 2203, 2204 BGB mögliche Anordnung einer Testamentsvollstreckung zur Abwicklung des Nachlasses.

Zu prüfen ist jedoch Unwirksamkeit nach § 2271 Abs 2 S 1 BGB. Der Ehemann war vor Errichtung des Testaments vom 17. 7. 1996 verstorben. Die Erblasserin hat nach ihm nicht ausgeschlagen. Die Einsetzung von Michael zum Miterben stellt gegenüber dem gemeinschaftlichen Testament einen Teilwiderruf bzgl der Einsetzung von Tobias, Markus und Ralf zum Miterben dar: deren Quote von 1/3 wird auf $^1/_4$ verringert. Die unbeschränkte Einsetzung von Tobias, Markus und Ralf zu je 1/3 im gemeinschaftlichen Testament durch die Erblasserin für den Fall, daß sie zuletzt verstirbt, ist eine wechselbezügliche Verfügung, da ihr Ehemann sie zur alleinigen Erbin für den Fall seines Erstversterbens eingesetzt hat und Tobias, Markus und Ralf mit ihm verwandt sind (§ 2270 Abs 1, 2 BGB). Der Teilwiderruf ist somit nach § 2271 Abs 2 S 1 BGB unzulässig, so daß die Erbeinsetzung Michaels unwirksam ist.
Gleiches gilt für die Anordnung der Testamentsvollstreckung, mit der die im gemeinschaftlichen Testament unbeschränkt eingesetzten Erben nachträglich belastet würden. Erben sind daher Tobias, Markus und Ralf zu je 1/3 – ohne Testamentsvollstreckung.

2. Verfahrensvoraussetzungen

Zur Erteilung des Erbscheins ist sachlich zuständig das Amtsgericht nach §§ 72 FGG, 2353 BGB, örtlich nach §§ 73 Abs 1 FGG, 7 BGB Waldbröl und funktionell nach §§ 3 Nr 2 c, 16 Abs 1 Nr 6 RpflG der Richter, da Verfügungen von Todes wegen vorliegen.
Markus hat als Miterbe ein Antragsrecht in bezug auf einen gemeinschaftlichen Erbschein nach § 2357 Abs 1 S 2 BGB.

II. Zu A. II.

Zur sachgerechten Auskunftserteilung ist die Wirksamkeit des beabsichtigen Übertragungsvertrages zu überprüfen:
Im Hinblick auf die in dem Vertrag beabsichtigte Übertragung von Grundstückseigentum ist materiell-rechtlich die Form des § 925 BGB und verfahrensrechtlich diejenige nach § 29 Abs 1 GBO erforderlich, also letztlich notarielle Beurkundung.
Die Übertragung des Alleineigentums auf den Miterben Tobias durch alle drei Miterben gemeinsam ist an sich möglich nach

§§ 873, 925, 2032, 2040 BGB, die Bestellung des Nießbrauchs an dem Nachlaßgrundstück zugunsten des Miterben Ralf durch die drei Miterben gemeinsam möglich nach §§ 873, 1030, 2032, 2040 BGB.

Der dahingehende beabsichtigte Vertrag könnte jedoch schwebend unwirksam sein nach §§ 107, 108 BGB im Hinblick auf die Minderjährigkeit des Miterben Tobias. Dies wäre nur dann nicht anzunehmen, wenn das beabsichtigte Rechtsgeschäft für ihn lediglich rechtlich vorteilhaft ist. Da der beabsichtigte Vertrag der Erfüllung der Teilungsanordnung dient und damit lediglich Verfügungsgeschäfte enthält, liegt ein rechtlicher Nachteil durch Eingehen einer Verpflichtung nicht vor. Auch die mit dem Erwerb des Alleineigentums verbundene Übernahme von auf dem Grundstück ruhenden oder entstehenden öffentlichen Lasten stellt nach ganz herrschender Meinung keinen rechtlichen Nachteil dar.

Da Tobias als Miterbe vor der beabsichtigten Verfügung bereits Inhaber eines gesamthänderischen Anteils am Nachlaßgrundstück ist, wäre allerdings an einen Rechtsverlust insoweit zu denken. Der Erwerb von Alleineigentum stellt aber keinen Verlust dieses Anteils dar, sondern nur den Hinzuerwerb der weiteren Anteile, so daß auch insoweit kein rechtlicher Nachteil vorliegt.[1]

An einen Rechtsverlust ist des weiteren jedoch zu denken im Hinblick auf die Nießbrauchsbestellung zugunsten des weiteren Miterben Ralf. Hinsichtlich des Hinzuerwerbs der weiteren Anteile am Gesamthandseigentum durch Tobias könnte zwar die Belastung mit dem Nießbrauch lediglich als „Erwerbsmodalität" angesehen werden. Bzgl des bereits seit dem Erbfall Tobias gehörenden, bisher nicht belasteten Anteils am Gesamthandseigentum stellt die Bestellung des Nießbrauchs jedoch eine zusätzliche Belastung dar. Dies bedeutet einen rechtlichen Nachteil. Hierfür spielt es keine Rolle, ob bei der geplanten Vertragsgestaltung zunächst der Nießbrauch am Nachlaßgrundstück bestellt und sodann das Alleineigentum auf Tobias übertragen oder ob in umgekehrter Reihenfolge verfahren wird. Damit ist der beabsichtigte Vertrag nicht lediglich rechtlich vorteilhaft.

Daß die für Tobias rechtlich nachteilhafte Bestellung des Nießbrauchs die Erfüllung der dahingehenden Teilungsanordnung aus

1 Vgl BayObLG NJW 68, 941 = Rpfleger 68, 151.

dem gemeinschaftlichen Testament darstellt, führt zu keinem anderen Ergebnis: § 107 BGB – im Gegensatz zu der hier nicht anwendbaren Vorschrift des § 181 BGB – kennt die weitere Ausnahme „Erfüllung einer Verbindlichkeit" nicht.
Der Abschluß des beabsichtigten Vertrages durch den Minderjährigen selbst ist daher nicht möglich.

D. Maßnahmen

I. Anordnung einer Vormundschaft (§§ 1773 Abs 1, 1774 S 1 BGB) sowie Auswahl und Bestellung eines Vormundes nach §§ 1779ff BGB für Tobias.

II. Bestellung eines Pflegers anstelle des Vormundes nach § 1909 Abs 3 BGB bzgl des beabsichtigten Übertragungsvertrages, falls Vormundbestellung sich hinauszögert.

III. Bedarf der Pfleger (bzw. der Vormund) zu dem Übertragungsvertrag der vormundschaftsgerichtlichen Genehmigung?

1. Genehmigungsbedürftigkeit nach § 1821 Abs 1 Nr 1 BGB ist gegeben im Hinblick auf die Bestellung des Nießbrauchs für Ralf, da insoweit über den gesamthänderischen Anteil des Minderjährigen am Nachlaßgrundstück durch Belastung verfügt wird.

2. Genehmigungsbedürftigkeit nach § 1821 Abs 1 Nr 2 BGB im Hinblick auf die mit dem Erwerb von Alleineigentum verbundene Verfügung über den Anspruch aus der Teilungsanordnung auf dahingehende Auflassung ist zwar dem Normtext nach, nicht aber dem Normzweck nach anzunehmen[2].

3. Genehmigungsbedürftigkeit nach § 1822 Nr 2 BGB ist gegeben im Hinblick auf die mit dem beabsichtigten Vertrag verbundene Teilauseinandersetzung der Erbengemeinschaft.

2 Vgl RGZ 108, 356.

IV. Testamentseröffnung bzgl des mitgebrachten Originaltestaments und des gemeinschaftlichen Testaments nach der Ehefrau (§§ 2259 Abs 2 S 2, 2260 BGB).

V. Mitteilung an das Amtsgericht Bielefeld gem § 35a FGG im Hinblick auf das Pflichtteilsrecht (§ 2303 Abs 1 BGB) von Nicole Weber, da nicht auszuschließen ist, daß deren Vaterschaft anerkannt oder festgestellt ist (§ 1592 Nr 2, 3 BGB).

Fall 8: Fehlerhafte Rückgabe eines gemeinschaftlichen Testaments

Jutta Müller-Lukoschek, Berlin

Klausur aus dem Sachgebiet Erbrecht

Aufgabe:

1. Erstellen Sie ein Gutachten zur Erbfolge. Gehen Sie dabei auch auf die Frage ein, wie sich die Rückgabe des Testaments vom 19. August 1986 auswirkt. Erörtern Sie ggf auch schuldrechtliche Ansprüche.
2. Was hat das AG Fischbach von Amts wegen zu tun?
3. Phillip, Claudia und Fabian erscheinen beim AG Fischbach zur Durchführung der Erbscheinsverhandlung.
   - Welche Erbscheine können beantragt werden?
   - Welche Angaben sind erforderlich?
   - Welche Urkunden werden (noch) benötigt?
   - Wer erteilt den Erbschein?

Bearbeitungszeit: 5 Stunden
Hilfsmittel: Schönfelder, Deutsche Gesetze

Sachverhalt:

A. Auszug aus der Testatmentsakte des AG Fischbach, Geschäftszeichen 62 IV 115/86

Bl. 1

Dr. Stefan Reuter 19. August 1986
Rechtsanwalt und Notar
Sibersteinstraße 6
3146 Tanndorf (Niedersachsen)

An das
AG Fischbach
Gerichtsplatz 1

3147 Fischbach
– Nachlaßgericht –

Hiermit überreiche ich das Testament der Eheleute Bettina und Alexander Wegener, Iltissteig 5, 3147 Fischbach vom 19. August 1986. Ich bitte darum, das Testament gem § 34 BeurkG, §§ 2258a, 2258b BGB in die besondere amtliche Verwahrung zu nehmen. Den Hinterlegungsschein erbitte ich zu meinen Händen, Kosten sind von mir zu erfordern.

Reuter, Notar

Bl. 2

Amtsgericht Fischbach 23. August 1986
Geschäftsnummer: 62 IV 115/86

Verfügung

1. Karteikarte f. Zentralkartei fertigen und absenden
2. Das Testament UR-Nr. 61/86 (Notar Dr. Reuter) ist in die besondere amtliche Verwahrung zu nehmen.
3. eintragen in Verwahrungsbuch
4. Hinterlegungsschein an Notar durch die Post übersenden

5. Verwahrungsnachricht an Standesamt Fischbach
6. Herrn UdG

Meyer, Rechtspfleger

Das vorstehend bezeichnete Testament ist heute in die besondere amtliche Verwahrung genommen worden (Nr. 2345 des Verwahrungsbuches für Verfügungen von Todes wegen).

Fischbach, den 23. August 1986
Die Verwahrungsbeamten

Meyer, Rechtspfleger

Ulrich, Urkundsbeamter
der Geschäftsstelle

Verfügung
1. Kosten
2. weglegen (dauernd)

Meyer, Rechtspfleger

Bl. 3

Amtsgericht Fischbach
Geschäftsnummer: 62 IV 115/86

4. September 1993

gegenwärtig: Fehlsam, Rechtspfleger

Vor dem Rechtspfleger Fehlsam erscheint der Elektrikermeister Alexander Wegener aus Fischbach, sich ausweisend durch Personalausweis-Nr. 9678756.
Der Rechtspfleger überzeugte sich durch die Unterredung von der Geschäfts- und Testierfähigkeit des Erschienen. Unter Überreichung des anliegenden Hinterlegungsscheines beantragt der Erschienene die Rückgabe des am 23. Aug. 1986 in besondere amtliche Verwahrung genommenen, im Verwahrungsbuch für Verfügungen von Todes wegen unter Nummer 2345 eingetragenen Testaments vom 19. Aug. 1986. Er legte außerdem eine Vollmacht

seiner Frau Bettina Wegener vor, die zZ wegen eines Beinbruchs bettlägerig ist. Das Testament wurde dem Erschienenen vorgelegt; der Verschluß des Umschlags ist unversehrt. Der Erschienene erkannte an, daß der Verschluß unversehrt sei, und daß es sich um das Testament handle, dessen Rückgabe er beantragt habe.

Der Erblasser ist darüber belehrt worden, daß das vor dem Notar Dr. Reuter errichtete Testament durch die Rückgabe als widerrufen gilt. Ein entsprechender Vermerk ist auf dem Testament gemacht worden.

vorgelesen, genehmigt u unterschrieben
Alexander Wegener
geschlossen: Fehlsam, Rechtspfleger

Bl. 4

Amtsgericht Fischbach
Gesch. Nr. 62 IV 115/86 23. August 1986

Herrn
Notar Dr. Stefan Reuter
Silbersteinstr. 6

3146 Tanndorf

Hinterlegungsschein

– sorgfältig aufbewahren,
bei Eröffnung oder Rückgabe zurückgeben –

Die umstehend näherbezeichnete Verfügung von Todes wegen ist am 23. Aug. 1986 unter Verwahrungsbuch Nr. 2345 in die besondere amtliche Verwahrung genommen worden.

Meyer, Rechtspfleger Ulrich, Urkundsbeamter
der Geschäftsstelle

Bl. 5

Vollmacht

Hiermit bevollmächtige ich, Bettina Wegener, meinen Ehemann Alexander Wegener, unser gemeinschaftliches Ehegattentestament, errichtet vor dem Notar Dr. Reuter in Tanndorf, vom Amtsgericht Fischbach zurückzuholen. Ich kann leider nicht persönlich vorsprechen, weil ich mir das rechte Bein gebrochen habe und mich noch nicht bewegen kann. Ich füge ein Attest des Klinikums Hildesheim bei; dort bin ich operiert worden.

B. Wegener, 3. September 1993

Bl. 6

Klinikum Hildesheim
Waldhüterpfad 24–30
Abteilung 7 – Chirurgie

25. August 1993

Zur Vorlage an den weiterbehandelnden Arzt

Die Patientin Bettina Wegener ist hier am 18. August 1993 wegen einer Schenkelhals-Fraktur rechts operativ (endoprothetisch) versorgt worden. Der Heilungsprozeß ist so weit fortgeschritten, daß vorsichtige krankengymnastische Maßnahmen zur Mobilisierung erfolgen können. Die Belastungsstabilität ist jedoch noch nicht zufriedenstellend.

Dr. S. Kalpell, Oberarzt Abteilung 7

B. Auszug aus der Testamentsakte des AG Fischbach, Geschäftszeichen 62 IV 131/98

Bl. 1

Amtsgericht Fischbach
Geschäfts-Nr. 62 IV 131/98

Fischbach, den 02. 10. 1998

gegenwärtig: Blume, Rechtspflegerin

Es erschien, ausgewiesen durch seinen amtl. Personalausweis Herr Fabian Wegener, Katharinenstraße 20a, 31135 Hildesheim. Der Erschienene erklärte: Am 28. 09. 1998 ist mein Vater, Alexander Wegener, verstorben. Sein letzter Wohnsitz war Fischbach. Ich übergebe das Testament vom 17. Juli 1994 zum Zwecke der Eröffnung der Verfügung von Todes wegen.
Es ist vom Erblasser selbst geschrieben und unterschrieben worden.

Die Sterbeurkunde werde ich nachreichen.

Gesetzliche Erben sind:
Kinder: Phillip Wegener, Wilseder Str. 22, 12169 Berlin; Claudia Winter, geb. Wegener, Lützowstraße 174, 10785 Berlin; Cornelia Wegener, Hotspur Lane 78b, SW9 Nottingham, U. K. und ich, Fabian Wegener, sowie das nichteheliche Kind meines Vaters, Johannes Leysieffer. Johannes ist 6 Jahre alt, er wohnt bei seiner Mutter Linda Leysieffer in Hildesheim, Braunschweiger Str. 105

Mein Vater ist seit 1995 von meiner Mutter geschieden.

Der Wert des Nachlasses wird später angegeben werden.

Zum Nachlaß gehören folgende Grundstücke:
Hausgrundstücke Iltissteig 5 und Baumschulenweg 16 in Fischbach sowie eine Eigentumswohnungs-Anlage in Hildesheim, Ringstraße 4;
folgende im Handelsregister eingetragene Firma: Alexander Wegener Elektroanlagen GmbH.
Ich bitte um beglaubigte Abschrift der Verfügung von Todes wegen und der Eröffnungsniederschrift. Ich verzichte auf Ladung zum Eröffnungstermin. Mir ist bekannt, daß ein Erbschein ggf. gesondert beantragt werden muß.

selbst gelesen, genehmigt u unterschrieben
Fabian Wegener

geschlossen: Blume, Rechtspflegerin

Das abgelieferte Testament bleibt bis zur Eröffnung in den Akten.
Blume, Rechtspflegerin

Bl. 2

(Handschriftliches Testament folgenden Inhalts:)

Mein letzter Wille:
Zu Erben setze ich meine Kinder Claudia und Cornelia, Fabian, Phillip und Johannes ein.
Alexander Wegener
17. Juli 1994

Bl. 3

Amtsgericht Fischbach
Geschäfts-Nr. 62 IV131/98 Fischbach, den 04.10.1995

gegenwärtig: Blume, Rechtspflegerin

Es erscheint Herr Fabian Wegener, Katharinenstraße 20a, 31135 Hildesheim, der Rechtspflegerin von Person bekannt.
Der Erschienene erklärte: Am 02.10.1998 habe ich das Testament meines Vaters, des am 28.09.1998 verstorbenen Alexander Wegener zum Zwecke der Eröffnung der Verfügung von Todes wegen hier überreicht. Ich möchte heute hier mitteilen, daß ich das Testament geschrieben habe, nicht mein Vater. Ich habe seine Schrift nachgemacht.

Zur Erklärung möchte ich anführen, daß mein Vater früher einmal ein Testament gemacht hatte. Dieses wurde ungültig, als er es aus der Verwahrung holte. Er hat sich sehr darüber aufgeregt, und ich wollte nur seinen Willen durchsetzen, denn er wollte ganz klar uns Kinder zur Erbfolge gelangen lassen.
Ich möchte nochmals betonen, daß ich nur das Beste wollte.
Ich bedaure meine Unbesonnenheit zutiefst und bitte von einer Anzeige abzusehen, ich wollte wirklich nur das Beste für unsere Familie. Ich dachte nämlich, ohne Testament wäre die Erbfolge für unsere Familie gefährdet.

selbst gelesen, genehmigt u unterschrieben
Fabian Wegener

geschlossen: Blume, Rechtspflegerin

C. Auszug aus der Nachlaßakte des AG Fischbach, Geschäftszeichen 62 VI 126/98

Bl. 1

Phillip Wegener
Wilseder Str. 22
12169 Berlin

02.10.1998

An das
AG Fischbach
– Abt. Erbschaftswesen –
Amtsgerichtsplatz 1

eingegangen:
4.10.98

Sehr geehrte Damen und Herren,

hiermit zeige ich den Tod meines Vaters Alexander Wegener an. Er verstarb am 28.9.1998 nach einem plötzlichen Schlaganfall. Ich als der älteste Sohn bin von meinen Geschwistern beauftragt worden, alles zu regeln. Mein Anwalt in Berlin hat mir geraten, einen Erbschein nicht über einen Notar, sondern direkt bei Gericht zu beantragen, was ich hiermit tue. Zur Beerdigung meines Vaters nächste Woche komme ich nach Fischbach, ich werde dann die erforderlichen Erklärungen und die eidesstattliche Versicherung abgeben. Zur Vorbereitung der Erbscheinsverhandlung übersende ich schon vorab verschiedene Urkunden in der Anlage und mache folgende Angaben:
Zu unseren Familienverhältnissen:
Meine Eltern Bettina und Alexander Wegener haben 1973 geheiratet, der Ehe entstammen vier Kinder, nämlich meine Zwillingsschwestern Claudia und Cornelia, geb. am 5.3.1975, mein Bruder Fabian, geboren am 1.2.1977, und ich (geboren am 12.11.1973). Die Heiratsurkunde und die Geburtsurkunden muß ich erst noch besorgen, ich überbringe sie dann persönlich.

Mein Vater hatte darüberhinaus noch zwei weitere Kinder, die nicht aus der Ehe mit meiner Mutter stammen, nämlich Herrn Jan Petersen und das Kind Johannes Leysieffer. Ich habe Herrn Peter-

sen und die Mutter von Johannes bereits vom Tode meines Vaters benachrichtigt, beide werden sich selbst an das Gericht wenden.
Meine Eltern haben 1986 ein notarielles Testament errichtet, es ist jedoch ungültig. Mein Vater hat es nämlich holen und ändern wollen, dadurch wurde es ungültig. Der Ordnung halber übersende ich das ungültige Testament.
Soweit ich weiß, hat mein Vater danach kein Testament mehr gemacht, er fand es in Ordnung, aufgrund Gesetzes beerbt zu werden. Ich habe mit meinem Vater den anliegenden Erbverzichtsvertrag geschlossen als ich mich beruflich selbständig gemacht habe. Da ich auch zugunsten meiner Mutter verzichtet habe, ist der Erbverzicht unwirksam: Meine Eltern haben sich im Jahre 1995 scheiden lassen und meine Mutter geht davon aus, daß sie nichts erbt. Sie will auch nichts mehr mit meinem Vater zu tun haben und hat mir schon mitgeteilt, daß sie die Erbschaft nicht antritt. Deshalb kann mein Verzicht nun nicht mehr bindend sein, ihr kommt er ja nicht zugute.
Bitte teilen Sie mir mit, welche Unterlagen Sie noch benötigen, damit ich für meine Geschwister und mich einen Erbschein erhalte. Meine Schwester Cornelia habe ich noch nicht erreichen können, sie studiert in England und befindet sich zZ auf einer Exkursion in Cornwall. Sie wird erst in zwei Wochen zurückerwartet. Kann ich sie vertreten?

Mit freundlichen Grüßen
P. Wegener

Anlagen

Bl. 4

STERBEURKUNDE
ausgestellt vom Standesamt Fischbach

Danach ist der am 31. 07. 1952 in Hannover geborene Alexander Wegener am 28. September 1998 um 16.00 Uhr verstorben. Der Verstorbene war geschieden. Der letzte Wohnsitz des Verstorbenen war Iltissteig 5, 31471 Fischbach.

Bl. 5–7

Dieses Testament gilt durch die am 4. 09. 1993 erfolgte Rückgabe aus der amtlichen Verwahrung als widerrufen (§ 2256 BGB). Der Erblasser ist entsprechend belehrt worden.

UR-Nr. 52/86

Verhandelt zu Tanndorf am 19. August 1986
Vor mir, dem unterzeichnenden Notar Dr. Stefan Reuter, Silbersteinstr. 6, 3164 Tanndorf erschienen heute:
1. der Elektromeister Alexander Wegener, geb. am 31. 07. 1952 und
2. seine Ehefrau Bettina Wegener, geb. am 16. 09. 1953,
beide wohnhaft Iltissteig 5 in 3147 Fischbach.

Die Erschienenen sind dem Notar von Person bekannt. Die Erschienenen erklärten: Wir wollen ein gemeinschaftliches Ehegattentestament errichten und sind durch frühere Verfügungen von Todes wegen nicht daran gehindert. Wir sind Deutsche. Wir wünschen die Zuziehung von Zeugen nicht. Wir leben im gesetzlichen Güterstand. Der Notar überzeugte sich durch die Verhandlung von der Testierfähigkeit der Erschienenen/Erblasser. Nunmehr erklären die Erblasser dem Notar mündlich ihren gemeinsamen letzten Willen wie folgt:

§ 1 Wir setzen uns gegenseitig zu Erben ein, jedoch soll der Überlebende von uns nur Vorerbe sein.

§ 2 Als Nacherben berufen wir unsere vier Kinder Phillip, Claudia, Cornelia und Fabian und zwar zu gleichen Teilen, mithin zu je $^1/_4$.

§ 3 Der Nacherbfall tritt mit dem Tode des überlebenden Ehegatten ein.

§ 4 Für den Fall, daß der Ehemann als erster verstirbt, ordnet er Testamentsvollstreckung an. Diese soll andauern, bis Fabian das 25. Lebensjahr vollendet hat.

§ 5 Zum Testamentsvollstrecker wird benannt: Architekt Günter Sonne, Klosterstraße 30, Hildesheim.

Weitere Verfügungen von Todes wegen wollen wir nicht treffen. Der Wert unseres Vermögens nach Abzug der Verbindlichkeiten beläuft sich auf 1,2 Mio DM.

Diese Niederschrift wurde vom Notar vorgelesen und von den Erschienenen genehmigt und unterschrieben.

Alexander Wegener
Bettina Wegener
Reuter, Notar

Bl. 8–9

Ausfertigung

UR-Nr. 145/93

Verhandelt zu Berlin am 3. Oktober. 1993
Vor dem unterzeichnenden Notar Dr. Michael Gielen, Mommsenstr. 66, 1000 Berlin 12,
erschienen heute:
1. Herr Alexander Wegener, geb. am 31. Juli 1952, wohnhaft Iltissteig 5, 3147 Fischbach
2. Sein Sohn, Phillip Wegener, geb. am 12.11.1973, wohnhaft Wilseder Straße 22, 1000 Berlin 42

Sie schlossen folgenden

Erbverzichtsvertrag

Ich, Phillip Wegener, habe von meinem Vater Alexander Wegener zur Begründung meines Handelsgeschäfts Zuwendungen erhalten, die die Höhe meines gesetzlichen Erbteils übersteigen. Ich verzichte hiermit für mich und meine Abkömmlinge zugunsten meiner Mutter und meiner Geschwister auf mein gesetzliches Erb- und Pflichtteilsrecht nach meinem Vater.

Ich, Alexander Wegener, erkläre mich mit dem vorstehenden Verzicht meines Sohnes einverstanden und nehme ihn an. Den Wert des Verzichts schätzen wir unter Berücksichtigung des gegenwärtigen Vermögens des Vaters, des dem Verzichtenden daran zustehenden Erbanteils und der noch zu erwartenden Erhöhung oder Verminderung des Vermögens auf 300.000,00 DM.

Diese Niederschrift wurde vom Notar vorgelesen und von den Erschienenen genehmigt und unterschrieben.

Alexander Wegener
Phillip Wegener
Gielen, Notar

Bl. 10

Linda Leysieffer 3.10.1998
Braunschweiger Str. 105
31135 Hildesheim eingegangen: 4.10.98

An das Amtsgericht in Fischbach
Nachlaßsachen

betr.: Erbfall Alexander Wegener, verstorben 28. September 1998

Sehr geehrte Damen und Herren,

hiermit melde ich für meinen Sohn Johannes Erbansprüche an. Johannes ist Herrn Wegeners und mein Sohn. Herr Wegener und ich wollten heiraten, dazu ist es ja nun leider nicht mehr gekommen. Ich habe in der Tageszeitung gelesen, daß das Gesetz für uneheliche Kinder jetzt geändert wurde. Ist unser Kind nun weiterhin unehelich oder nicht? Herr Wegener hat die Vaterschaft jedenfalls gleich nach der Geburt von Johannes (geb. 4.7.1996) beim Jugendamt Hildesheim anerkannt. Ich möchte für meinen Sohn wenigstens den Erbersatzanspruch geltend machen und bitte um eine entsprechende Bescheinigung. Bitte teilen Sie mir mit, welche Schritte ich unternehmen muß und welche Dokumente ich vorzuweisen habe.

Hochachtungsvoll
Linda Leysieffer

Bl. 11

Jan Petersen
Böcklinstr. 78
26188 Edewecht

eingegangen am: 5.10.98

Amtsgericht Fischbach
Gerichtsplatz 1

betr. Nachlaßsache Alexander Wegener, verstorben am 28. September 1998

Sehr geehrte Damen und Herren,

Herr Phillip Wegener hat mich vom Tode des Herrn Alexander Wegener in Kenntnis gesetzt. Der Verstorbene war mein Vater. Ich habe mit ihm den vorzeitigen Erbausgleich vereinbart, jedoch noch kein Geld von ihm bekommen. Deshalb mache ich hiermit meinen Erbteil bzw. den Erbersatzanspruch geltend. Mir ist bekannt, daß sich die Rechtslage geändert hat, ich bin aber nicht sicher, ob ich nun Miterbe bin oder nur einen Erbersatzanspruch habe. Ich übersende

- die Urkunde über die Anerkennung der Vaterschaft
- die Urkunde über den vorzeitigen Erbausgleich, zu dem es nicht kam

und beantrage, in den Erbschein nach meinem Vater entweder als Erbe oder Erbersatzanspruchsinhaber aufgenommen zu werden. Bitte lassen Sie mich wissen, was ich noch zu veranlassen habe.

Hochachtungsvoll
Jan Petersen

Bl. 12

Erste vollstreckbare Ausfertigung

UR-Nr 124/97

Verhandelt zu Hildesheim am 5. Juli 1997
Vor mir, dem unterzeichnenden Notar Thilo Stöhr, Messeschnell-weg 145,
31134 Hildesheim, erschienen heute

1. Herr Alexander Wegener, Iltissteig 5, Fischbach
2. sein nichtehelicher Sohn Jan Petersen, Böcklinstr. 78, 26188 Edewecht, geb. am 3. März 1972.

Der Erschienene zu 2 ist dem Notar bekannt, der Erschienene zu 1 wies sich durch Vorlage seines Personalausweises Nr. 9678756 aus.

Die Erschienenen erklärten:

Herr Alexander Wegener hat am 23. Mai 1972 zur Niederschrift des Jugendamtes Oldenburg wirksam anerkannt, der Vater des Erschienenen zu 2., Herrn Jan Petersen zu sein. Der Sohn hat vom Vater den vorzeitigen Erbausgleich gem § 1934 d BGB verlangt. Der Vater zahlt an den Sohn einen Betrag von 150.000,00 DM als vorzeitigen Erbausgleich. Der Sohn erklärt sich damit einverstanden und nimmt den vorzeitigen Erbausgleich an. Wegen der vorgenannten Verpflichtung zur Zahlung des Betrages von 150.000,00 DM unterwirft sich der Vater der sofortigen Zwangsvollstreckung aus dieser Urkunde. Der Sohn erhält eine vollstreckbare Ausfertigung dieser Verhandlung. Über die Rechtswirkungen des vorzeitigen Erbausgleichs sind die Parteien vom Notar belehrt worden, die Rechtswirkungen sind ihnen bekannt.

Vom Notar vorgelesen, von den Erschienenen genehmigt und wie folgt unterschrieben

Alexander Wegener
Jan Petersen
Thilo Stöhr, Notar

Vorstehende Ausfertigung, die mit der Urschrift wörtlich übereinstimmt, wird Jan Petersen, Böcklinstraße 78, 26188 Edewecht, zum Zwecke der Zwangsvollstreckung erteilt.

Hildesheim, den 5. Juli 1997
Thilo Stöhr, Notar

Bl. 13

Ausfertigung einer vom Jugendamt Oldenburg wirksam beurkundeten Vaterschaftsanerkennung vom 23. Mai 1972:
Danach erkennt Alexander Wegener an, der Vater des Kindes Jan Petersen zu sein. Jan Petersen, vertreten durch das Jugendamt Oldenburg als Amtspfleger stimmt der Anerkennung zu.

Gutachten:

A. Aufgabe 1

Wegen des Vorrangs der gewillkürten Erbfolge vor der gesetzlichen Erbfolge ist zunächst zu untersuchen, ob der Erblasser eine wirksame Verfügung von Todes wegen hinterlassen hat.

Das Testament vom 19. August 1986

Das Testament müßte wirksam errichtet worden sein. Bei diesem Testament handelt es sich um ein gemeinschaftliches Ehegattentestament, das die Eheleute Bettina und Alexander Wegener als ordentliches öffentliches Testament gem §§ 2231, 2232 durch mündliche Erklärung zur Niederschrift des Notars Reuter errichtet haben. Bettina und Alexander waren zum Zeitpunkt der Errichtung des Testaments verheiratet und konnten gem § 2265 deshalb auch ein gemeinschaftliches Ehegattentestament errichten. Es besteht kein Anlaß, die Testierfähigkeit oder den Testierwillen des Erblassers zu bezweifeln, die Formvorschriften sowohl des BGB als auch des BeurkG sind eingehalten. Die Anordnungen sind höchstpersönlich getroffen worden, Nichtigkeitsgründe sind nicht ersichtlich. Das Testament ist somit wirksam errichtet worden.

Es könnte jedoch gem § 2256 als widerrufen gelten.

Der Notar hat das öffentliche Testament in die besondere amtliche Verwahrung des Amtsgerichts gegeben; so soll er gem § 34 Abs 1 S 4 BeurkG auch verfahren. Als dem Erblasser vom Rechtspfleger Fehlsam das Testament – fehlerhafterweise – zurückgegeben wurde, ist die Widerrufsfiktion des § 2256 nicht ausgelöst worden:
Es liegt ein gemeinschaftliches Ehegattentestament vor, das gem § 2272 nur von beiden Ehegatten zurückgenommen werden kann. Obwohl § 2272 ausdrücklich keine Rechtsfolge für den Fall bestimmt, daß entgegen der Vorschrift die Rückgabe an nur einen der Eheleute – hier den Erblasser – erfolgt, ergibt diese sich aus folgenden Überlegungen: Wenn die Widerrufsfiktion hier ausgelöst würde, hätte es einer der verfügenden Ehegatten in der Hand, die Verfügungen auch des anderen Ehegatten auf diese Weise einseitig aufzuheben. Eine solche Möglichkeit, Verfügungen eines anderen aufzuheben, sieht das Gesetz durch Widerruf überhaupt nicht vor; eine solche Möglichkeit bietet nur das Anfechtungsrecht (§§ 2078ff). Wenn also selbst einseitige Verfügungen von Todes wegen eines Erblassers nur durch diesen selbst widerrufen werden können, so muß das erst recht bei Verfügungen in einem gemeinschaftlichen Ehegattentestament gelten, bei dem die Eheleute sich selbst sogar jeweils an die eigenen Verfügungen binden können mit der Folge, daß eigene Verfügungen nur erschwert bzw. – nach Tod des Ehepartners – überhaupt nicht widerruflich sind (wechselbezügliche Verfügungen; §§ 2270, 2271).
Es kommt auch nicht in Frage, die Widerrufsfiktion des § 2256 auf diejenigen Verfügungen zu beziehen, die der Erblasser Alexander und nicht die Ehefrau Bettina verfügt hat.
Für die im Verhältnis der Wechselbezüglichkeit miteinander stehenden Verfügungen (§ 2270) ergibt sich das schon daraus, daß die Widerrufsfiktion in bezug auf die Verfügungen von Alexander die Nichtigkeit von Bettinas Verfügungen zur Folge hätte (§ 2270 Abs 1).

Aber auch in bezug auf einseitige Anordnungen des Erblassers kann die Widerrufsfiktion nicht greifen, weil nach Sinn und Zweck der Vorschrift des § 2272 die unstatthafte Rückgabe an nur einen der Ehegatten keinerlei Rechtsfolge auslösen darf.

Die Rückgabe des Testaments hat also auf dessen Wirksamkeit keinen Einfluß.

Das Testament könnte jedoch gem § 2268 Abs 1 unwirksam sein. Dann müßten die Voraussetzungen des § 2077 vorliegen. Die Ehe wurde vor Alexanders Tod durch Scheidung im Jahre 1995 gem § 1564 aufgelöst, so daß das Testament insgesamt unwirksam wäre (die Rechtsfolge des § 2268 Abs 1 ist maßgeblich, nicht die des § 2077, auf den nur hinsichtlich der Voraussetzungen verwiesen wird), sofern nicht gem § 2268 Abs 2 anzunehmen ist, daß Alexander und Bettina die Anordnungen auch für den Fall der Scheidung getroffen hätten.
Ein solcher Wille ist nach der Lebenserfahrung die Ausnahme, so daß für einen solchen Willen zum Zeitpunkt der Errichtung des Testaments mindestens ein Anhaltspunkt vorliegen muß, den der Sachverhalt jedoch vermissen läßt. Im Gegenteil, Bettinas Äußerung gegenüber Phillip (daß sie die Erbschaft nicht „antreten" wolle) deutet darauf hin, daß ein solcher Wille gerade nicht vorhanden war, die Eheleute vielmehr vom Fortbestand der Ehe ausgingen. Die Ausnahmeregelung des § 2268 ist somit nicht erfüllt, es bleibt bei der Rechtsfolge des § 2268 Abs 1, das Testament ist unwirksam.
Die Erbfolge richtet sich nicht nach dem von Fabian erstellten Schriftstück, dieses Schriftstück ist keine Verfügung von Todes wegen des Erblassers, eben weil es Fabian und nicht Alexander erstellt hat.
Da Alexander keine weiteren Verfügungen von Todes wegen errichtet hat, wird er nach der gesetzlichen Erbfolge beerbt.

Gesetzliche Erbfolge

Da Bettina und Alexander geschieden waren, kommt ein Ehegattenerbrecht nicht in Betracht, § 1931 setzt eine bestehende Ehe zZ des Erbfalls voraus.
Ob Alexander Linda heiraten wollte, ist ebenfalls ohne Belang; selbst als nichteheliche Lebenspartnerin (ob sie das ist, geht aus

dem Sachverhalt nicht hervor) käme Linda nicht als gesetzliche, sondern nur als gewillkürte Erbin zur Erbfolge.
Es gelangen daher nur die Verwandten zur Erbfolge.
Der Erblasser hat sechs Kinder hinterlassen, gem § 1924 Abs 1 und 4 sind die Kinder zu gleichen Teilen zur Erbfolge berufen.

Ausschluß von der Erbfolge

Für Claudia und Cornelia ist kein Ausschlußgrund ersichtlich.
Möglicherweise ist Fabian wegen der Testamentsfälschung von der Erbfolge ausgeschlossen. Er könnte gem § 2339 Abs 1 Nr 4 erbunwürdig sein. Fabian hat den Tatbestand des § 267 StGB verwirklicht, weil er eine unechte Urkunde – nämlich eine Urkunde, die nur scheinbar vom Erblasser herrührt – hergestellt hat. Dies geschah zum Zwecke der Täuschung im Rechtsverkehr, denn er wollte erreichen, daß diese Urkunde als Testament des Erblassers angesehen würde. Die Urkundenfälschung gem § 267 StGB ist nicht nur versucht, sondern vollendet, da Fabian die unechte Urkunde durch Vorlage beim Nachlaßgericht in Gebrauch genommen hat.
Zu berücksichtigen ist hier jedoch, daß Fabian den Willen des Erblassers gerade nicht verfälschen, sondern durchsetzen wollte. Ob derjenige erbunwürdig ist, der durch eine Testamentsfälschung den Willen des Erblassers gerade zur Geltung bringen will, ist streitig (m.E. ja, geschützt ist die Testierfreiheit), kann hier jedoch dahinstehen, weil Erbunwürdigkeit nur dann zum Ausschluß von der Erbfolge führt, wenn der Erbe (nach erfolgter Anfechtungsklage) vom Prozeßgericht für erbunwürdig erklärt wird, und dieses Urteil rechtskräftig ist (§ 2342 Abs 2). Bis zur Rechtskraft eines auf eine mögliche Klage ergehenden möglichen Urteils ist Fabian nicht von Erbfolge ausgeschlossen.

Phillip könnte gem § 2346 Abs 1 S 2 von der Erbfolge ausgeschlossen sein. Er hat als Verwandter (Abkömmling) mit dem Erblasser persönlich (wie es § 2347 Abs 2 S 1 verlangt) einen Erbverzichtsvertrag in der Form des § 2348, also mithin wirksam, geschlossen.
Nach dem klaren Wortlaut des Vertrages (und auch nach der m. E. wegen der Klarheit des Vertragstextes hier nicht benötigten Aus-

legungsregel des § 2350 Abs 2) erfolgte der Verzicht zugunsten der Mutter (Ehegatte des Erblassers) und der Geschwister. Phillips Erklärung (Verzicht) ist also dadurch bedingt.
Der Umstand, daß Bettina nicht zur Erbfolge gelangt, hat keinen Einfluß auf die Wirksamkeit des Verzichts gem § 2350 Abs 1, denn Phillip hat nicht nur allein zu ihren Gunsten, sondern auch zugunsten der Geschwister verzichtet. Solange ein Mitglied des Personenkreises, zugunsten dessen verzichtet wurde, zur Erbfolge gelangt, bleibt die Wirksamkeit des Erbverzichts unberührt, sofern nicht ein anderer Wille des Verzichtenden zZ des Abschlusses des Erbverzichtsvertrages erkennbar ist. Das ist hier nicht der Fall.
Es ist auch nicht ersichtlich, weshalb Alexander mit Phillip einen Erbverzichtsvertrag geschlossen haben würde, dessen Wirksamkeit (allein) von der Erbenstellung der Ehefrau (Bettina) abhängig ist. Vielmehr sollte es doch offenbar um eine vorweggenommene Erbfolgeregelung gehen, nämlich um einen Erbverzicht gegen Abfindung, damit alle Kinder im wesentlichen gleichmäßige Zuwendungen erhalten. Phillip ist also gem § 2346 Abs 1 S 2 von der Erbfolge ausgeschlossen.

Jan könnte gem § 1934e (aF) ausgeschlossen sein. Mit Inkrafttreten des Erbrechtsgleichstellungsgesetzes (ErbGleichG) am 1.4.1998 wurden die §§ 1934a bis 1934e, nach denen für nichteheliche Kinder bestimmte Sonderregeln bei der gesetzlichen Erbfolge galten, gestrichen. Gem den Übergangsvorschriften zum ErbGleichG (Art 227 Abs 1 Nr 2 EGBGB) bleiben die außer Kraft getretenen Vorschriften anwendbar, wenn vor dem 1. 4. 1998 eine wirksame Vereinbarung über den vorzeitigen Erbausgleich getroffen worden ist.
Für die Wirksamkeit der Vereinbarung über den vorzeitigen Erbausgleich ist zunächst vorauszusetzen, daß Jan ein nichteheliches Kind des Erblassers ist.
Mit Inkrafttreten des Kindschaftsrechtsreformgesetzes am 1. Juli 1998 haben die Vorschriften der Abstammung teilweise eine Neuregelung erfahren. Gem Art 224 § 1 Abs 1 EGBGB richtet sich jedoch die Vaterschaft eines vor dem 1. Juli 1998 geborenen Kindes (also bei Jan) nach dem vor diesem Zeitpunkt geltenden Recht, mithin nach §§ 1600a ff (aF)

Danach sind Jan und Alexander nicht nur biologisch, sondern auch rechtlich verwandt, da der Erblasser die Vaterschaft gem §§ 1600 a ff (aF) wirksam anerkannt hat: Der Vater hat die Anerkennung gem § 1600 b erklärt, Jan – vertreten durch das Jugendamt als Amtspfleger gem § 1709 – hat gem § 1600 c zugestimmt. Die Form, die § 1600 e verlangt, ist eingehalten, die Urkunde ist von einem zur Beurkundung ermächtigten Angestellten/Beamten des Jugendamtes errichtet worden (§ 59 Abs 1 SGB VIII, 59 BeurkG).
Jan hat innerhalb der von § 1934 d Abs 1 gesetzten Altersgrenze den vorzeitigen Erbausgleich verlangt. Die Vereinbarung ist gem § 1934 Abs 4 S 1 formgerecht getroffen worden, sie wurde von Notar Thilo Stöhr beurkundet.
Damit ist Jan gem § 1934 e von der Erbfolge ausgeschlossen. Es kommt nicht darauf an, daß der Erblasser noch kein Geld gezahlt hat (insbesondere lebt Jans Erbrecht nicht wieder auf), sondern Jan kann nun die Erben in Anspruch nehmen, die gem § 1967 für die Verbindlichkeiten des Erblassers haften (als Gesamtschuldner, § 2058; Jan kann aber auch gem § 2059 Abs 2 vorgehen, der Nachlaß ist ja ganz offensichtlich noch ungeteilt).

Jan ist von der Erbfolge ausgeschlossen.

Johannes wäre dagegen nur ausgeschlossen, wenn § 1934 a (aF) zur Anwedung käme (dann wäre er als nichteheliches Kind neben den ehelichen Kindern auf einen Erbersatzanspruch verwiesen, § 1934 a Abs 1 (aF)). Das ist jedoch nicht der Fall, der Erblasser ist nach Inkrafttreten des ErbGleichG (am 1. 4. 98) gestorben und ein vorzeitiger Erbausgleich ist nicht erfolgt (wegen Johannes' Alter wäre das auch gar nicht möglich gewesen), aus Art 227 EGBGB ergibt sich deshalb keine Weitergeltung der aufgehobenen Vorschriften.
Für die Feststellung der Vaterschaft gelten die gleichen Ausführungen wie oben (zu Jan), die Vaterschaft ist gem §§ 1600 a ff (aF) wirksam anerkannt.
Da für Johannes bezüglich der Erbfolge keine Sonderregeln zum Tragen kommen, ist er Miterbe.

Der Erblasser wird also beerbt von Claudia und Cornelia, Fabian und Johannes zu gleichen Teilen, § 1924 Abs 1 und 4, mithin erben die vier Kinder je $^1/_4$.

B. Aufgabe 2

Das Amtsgericht Fischbach hat das Testament vom 19. August 1986 zu eröffnen und dabei gem §§ 2260, 2262 zu verfahren. Die Unwirksamkeit des Testaments spielt für die Frage, ob eröffnet werden muß keine Rolle, die Eröffnung gibt dem Rechtsverkehr überhaupt erst Gelegenheit, die Frage der Wirksamkeit zu prüfen. Die Testamentsfälschung dagegen muß nicht eröffnet werden; Fabians Erklärung vom 4. 10. 1998 macht hinreichend deutlich, daß hier überhaupt kein vom Erblasser erstelltes Schriftstück vorliegt.

C. Aufgabe 3

Da Phillip von der Erbfolge ausgeschlossen ist, hat er kein Antragsrecht.
Claudia und Fabian können Teilerbscheine (§ 2353), einen gemeinschaftlichen Teilerbschein, aber auch einen gemeinschaftlichen Erbschein beantragen (§ 2357 Abs 1 S 2).
Ein eigenes Antragsrecht haben natürlich auch die anderen beiden Miterben Cornelia und Johannes (vertreten durch seine Mutter, § 1626 a Abs 2). Wird ein gemeinschaftlicher Erbschein gewünscht, muß der Antragsteller (hier also Claudia und Fabian) – neben den gem § 2354 erforderlichen Angaben – auch die Annahme der Erbschaft durch die übrigen Miterben angeben (§ 2367 Abs 3 S 1).
Da Cornelia (sie ist zZ nicht zu erreichen) noch gar nichts von dem Erbfall weiß, ist diese Angabe in bezug auf sie (noch) nicht möglich, sondern muß nachgeholt werden.
Gem § 2356 Abs 1 S 1 benötigte Urkunden, sofern ein gemeinschaftlicher Erbschein begehrt wird:

- Abstammungsurkunden von Claudia, Cornelia, Fabian und Johannes
- Urkunde über die Anerkennung der Vaterschaft zu Johannes durch Alexander (JA Oldenburg)
- Scheidungsurteil (zum Nachweis des Ausschlusses der Ehefrau von der Erbfolge)

Die anderen erforderlichen Urkunden befinden sich schon bei den Akten, nämlich:

- Sterbeurkunde des Erblassers
- Erbverzichtsvertrag
- Vereinbarung über den vorzeitigen Erbausgleich

Zuständig zur Erteilung des Erbscheins/der Erbscheine ist gem §§ 72, 73 FGG das Amtsgericht Fischbach, da Alexander dort seinen letzten Wohnsitz hatte. Funktionell ist der Richter zuständig, § 16 Abs 1 Nr 6 RPflG, weil eine Verfügung von Todes wegen vorliegt. Der Richter kann die Erteilung dem Rechtspfleger gem § 16 Abs 2 RPflG übertragen, da die gesetzliche Erbfolge zum Zuge kommt.

Fall 9: Berliner Testament

Jost Jung, Schwetzingen

Klausur aus dem Sachgebiet Erbrecht

Aufgabe:

In einem Gutachten sind alle materiellrechtlichen und prozessualen Fragen zu erörtern; dazu gehört auch, ob der Stiefvater der Mandantin, falls er nicht Erbe ist, den Ehegattenpflichtteil fordern kann, ob er den Zugewinnausgleich verlangen kann und ob Natalie ihn beerbt. Eventuelle Anträge sind zu entwerfen.

Bearbeitungszeit: 2 $^1/_2$ Stunden
Hilfsmittel: Schönfelder, Deutsche Gesetze

Sachverhalt:

Vor der für die Wahrnehmung der Aufgaben der Rechtsantragsstelle des Amtsgerichts Schwetzingen zuständigen Rechtspflegerin erscheint am 19. 01. 1998 die am 2. 02. 1981 geborene Schülerin Natalie Emmel und erklärt:

„Auf Rat meiner am 20. November 1993 in Schwetzingen verstorbenen Mutter, der Schauspielerin Erna Emmel geb. Reich, bitte ich Sie in folgender Erbschaftsangelegenheit um Hilfe.

Wie Sie wissen, war meine Mutter seit 1984 bis zu ihrem Tod mit dem Künstleragenten Volker Emmel verheiratet. Beide lebten im gesetzlichen Güterstand. Volker Emmel ist nicht mein Vater. Er hat mir aber einige Monate nach seiner Heirat mit meiner Mutter seinen Namen erteilt, damit ich voll zur Familie gehörte. Außerdem wurde er nach dem Tod meiner Mutter zu meinem Vormund bestimmt.

Nach der Beerdigung meiner Mutter zeigte er mir ein von meiner Mutter und ihm am 31. Dezember 1985 gemeinsam errichtetes Testament und sagte dazu, nach dem Willen meiner Mutter beerbe er sie allein; dafür sei ich dann einmal später seine Alleinerbin. Eine Ablichtung dieses Testaments (Anlage 1) füge ich bei.

Mit dieser Regelung war ich zunächst einverstanden. Inzwischen bin ich es nicht mehr. Während ich mich auf einem einjährigen Schüleraustausch in Amerika aufhielt, hat mein Stiefvater am 20. Januar 1995 wieder geheiratet. Dies hat er mir erst nach der Hochzeit mitgeteilt und zu erklären versucht. Da ich aber seine Geheimhaltetaktik als schlimmen Vertrauensbruch empfand, bin ich nach meiner Rückkehr aus Amerika aus meinem Elternhaus ausgezogen. Ich bin bei Nachbarn untergekommen. Mein Vormund duldet diesen Zustand stillschweigend. Bei meinem Auszug erbat ich mir von ihm dreierlei: ein Fotoalbum, das meine Mutter über meine Kindheit angelegt hatte; eine Goldbrosche mit sieben kleinen Rubinen, die ihr als altes Familienerbstück besonders lieb gewesen war; und schließlich ihr Klavier, auf dem sie mich unterrichtet hatte. Ich erhielt nur das Album. Die Rubinbrosche hatte mein Stiefvater seiner jetzigen Frau zur Hochzeit geschenkt. Auf dem Klavier klebte ein Pfandsiegel. Dazu erklärte mein Stiefvater, er habe im Mai 1994 das schadhafte Dach unseres Schwetzinger Hauses ausbessern lassen, aber bis heute die Rechnung nicht bezahlen können. Der Dachdecker habe am 3. Oktober 1994 ein Versäumnisurteil gegen ihn erwirkt und im Februar 1995 das Klavier pfänden lassen. Er übergab mir die ihm zugestellte Urteilsausfertigung (Anlage 2) und sagte: „Ich habe nichts unternommen, weil die Rechnung in Ordnung geht. Wenn Du etwas gegen die Pfändung ausrichtest, soll das Klavier Dir gehören."

Zu meiner großen Überraschung fand ich einige Tage später in dem Fotoalbum einen an mich gerichteten Brief meiner verstorbenen Mutter vom 15. Juli 1993 (Anlage 3). Sie hat mich darin als ihre Alleinerbin eingesetzt. Mein Stiefvater will ihren letzten Willen aber nicht gelten lassen, wie sein Brief an mich vom 17. April 1996 (Anlage 4) zeigt. Er gibt mir den Nachlaß nicht heraus. Ja, er sagt nicht einmal was im einzelnen dazu gehört. Ich weiß nur, daß meine Mutter noch als Alleineigentümerin unseres Schwetzinger

Hauses im Grundbuch eingetragen ist und daß sie u.a. Schmuck und Wertpapiere besaß.

Ich bitte Sie nun:
„Verschaffen Sie mir den Nachlaß meiner Mutter, notfalls mit Hilfe des Gerichts! Sorgen Sie dafür, daß ich schnellstens als Eigentümerin des Hauses im Grundbuch eingetragen werde, bevor mein Stiefvater es unter Berufung auf sein angebliches Erbrecht belastet oder veräußert.

Holen Sie mir die Rubinbrosche zurück! Sie ist mir als Erbin abhanden gekommen. Deshalb kann der beschenkten Ehefrau meines Stiefvaters auch guter Glaube nichts nützen.
Lassen Sie die Pfändung des Klaviers aufheben! Das Urteil lautet gegen meinen Stiefvater und nicht gegen mich. Zwar hat der Dachdecker mein Haus gedeckt, aber er hatte von mir keinen Auftrag."

Anlage 1
(handschriftlicher Text von Volker Emmel, von ihm und von Erna Emmel unterschrieben)

1. Wir, die Eheleute Volker und Erna Emmel geb. Reich, setzen uns gegenseitig zu Alleinerben mit vollem Verfügungsrecht ein.

2. Unsere Tochter Natalie soll den Längstlebenden allein beerben.

3. Heiratet der Überlebende wieder, so soll der Nachlaß des Verstorbenen an Natalie fallen.

Schwetzingen, den 31. Dezember 1985

Volker Emmel
Erna Emmel

Anlage 2

Geschäftsnummer:
2 C 172/94

Amtsgericht Schwetzingen

Im Namen des Volkes

Verkündet
Am 3. 10. 1994
Gez. Schreiber,
als Urkundsbeamter der
Geschäftsstelle

Versäumnisurteil

In dem Rechtsstreit
Heiner Zahn, Dachdeckermeister, Mannheimer Str. 4,
Schwetzingen

– Kläger –

Prozeßbevollmächtigter: Rechtsanwalt Dr. Sauer

gegen

Volker Emmel, Künstleragentur, Schloßplatz 2,
Schwetzingen

– Beklagter –

Prozeßbevollmächtigter: ---

hat Richterin Müller
auf die mündliche Verhandlung vom 3. 10. 1994 für
Recht erkannt:

1. Der Beklagte wird verurteilt, an den Kläger 3120,00 DM (Dreitausendeinhundertzwanzig Deutsche Mark) nebst 4 % Zinsen seit 1. 07. 1994 zu zahlen.
2. Die Kosten des Rechtsstreits werden dem Beklagten auferlegt.
3. Dieses Urteil ist vorläufig vollstreckbar.

gez. Müller

Im Wege der Zustellung
angenommen am
10. 10. 1994

Vollstreckbare Ausfertigung ist der
klagenden Partei erteilt am:
Schwetzingen, den 5. 10. 1994
gez. Schreiber

Anlage 3
(handschriftlicher Brief vom 15. Juli 1993)

Schwetzingen, den 15. Juli 1993

Meine liebe Natalie,

irgendwann nach meinem bevorstehenden Tode wirst Du dieses Album in die Hand nehmen und darin diesen Brief finden.

Du warst mir immer eine liebe Tochter. Da Du erst noch ganz jung bist und unversorgt, will ich, daß Du mich allein beerbst.

Darum widerrufe ich hiermit alles, was diesem letzten Willen entgegenstehen könnte.

Wenn es Schwierigkeiten mit Deinem Stiefvater gibt, so wende Dich vertrauensvoll an Rechtspflegerin Kammer, die mich, wie du weißt, schon oft mit Erfolg beraten hat.

Sei mir herzlich gegrüßt und vergiß mich nicht!

In Liebe
Deine Mutter

Anlage 4

Volker Emmel

Schwetzingen, den 17. April 1996
Schloßplatz 2

Liebe Natalie!

Zu allen Deinen Forderungen sage ich kategorisch nein!

Das heiße ich Dankbarkeit, wenn man nach so viel Erziehung in Liebe dem Vater sein Erbe zu entreißen sucht, und auch noch zu einem Zeitpunkt, da er wegen drückender Geldsorgen besonders darauf angewiesen ist.

Aber Dein Versuch muß scheitern. Ich war mit Deiner Mutter darüber einig, daß Du erst nach unserem Tod etwas erben sollst. So steht es in unserem gemeinsamen Testament. Den überraschend aufgetauchten Brief Deiner Mutter erkenne ich nicht als Testament an, jedenfalls nicht als gültiges. Man kann doch ein gemeinsam vereinbartes Testament nicht später allein und so einfach durch einen Brief außer Kraft setzen.

Solange ich lebe, schulde ich Dir keine Rechenschaft darüber, was ich von Deiner Mutter geerbt habe und was davon noch vorhanden ist. Erst recht muß ich Dir davon jetzt nichts herausgeben oder gar übereignen. Ich kann damit machen, was ich will. Deswegen konnte ich auch die Rubinbrosche verschenken. Meiner Frau habe ich nicht gesagt, daß die Brosche aus dem Nachlaß Deiner Mutter stammt. Ich fände es geschmacklos, wenn Du es ihr sagtest.

Dein enttäuschter Vater

Volker Emmel

Gutachten:

A. Die für alle Aufgaben vorrangig zu beantwortende Frage ist, wie die erbrechtliche Lage nach dem Tod der Erna Emmel (E) und der Wiederverheiratung des Volker Emmel (V) zu beurteilen ist.

I. Das Testament der Eheleute E und V vom 31. Dezember 1985 ist als gemeinschaftliches eigenhändiges Testament gültig. Es genügt, daß V es eigenhändig geschrieben und unterschrieben und E die gemeinschaftliche Erklärung eigenhändig mitunterzeichnet hat (§§ 2267, 2247 BGB).

II. Auch der Brief der E vom 15. Juli 1993 an ihre Tochter Natalie (N) enthält ein formgültiges eigenhändiges Testament. Zwar hat E nicht mit ihrem Vor- und Familiennamen unterschrieben. Die Unterzeichnung mit den Worten „Deine Mutter" läßt aber in Verbindung mit dem Briefinhalt eine ausreichende Feststellung der Urheberschaft der E zu (§ 2247 Abs 3 S 2 BGB).

III. Der durch Auslegung zu ermittelnde Inhalt des gemeinschaftlichen Testaments entscheidet darüber, ob es durch das später errichtete Einzeltestament der E wirksam widerrufen worden ist (§§ 2254, 2258 BGB). E und V haben sich gegenseitig als Alleinerben eingesetzt und bestimmt, daß nach dem Tod des Überlebenden der beiderseitige Nachlaß an einen Dritten (nämlich N) fallen soll. Gem § 2269 Abs 1 BGB ist im Zweifel anzunehmen, daß N für den gesamten Nachlaß als Erbin des zuletzt versterbenden Ehegatten eingesetzt ist (Berliner Testament). Die ausdrückliche Bestimmung, der überlebende Ehegatte solle Alleinerbe „mit vollem Verfügungsrecht" sein, spricht deutlich dagegen, daß er nur Vorerbe und N bei seinem Tod Nacherbe werden sollte.
Nach der Auslegungsregel des § 2270 Abs 2 BGB haben E und V ihre Verfügungen wechselbezüglich getroffen, dh gewollt, daß die Verfügungen des einen in ihrer Wirksamkeit von der Wirksamkeit der Verfügungen des anderen abhängen. N ist zwar mit V nicht verwandt – die Einbenennung (Namenserteilung) begründet gem § 1618 BGB keine Verwandtschaft und demgemäß auch keine Unterhaltspflicht (§ 1601 BGB) –, jedoch ergibt der Sachverhalt, daß N dem V zumindest bei Errichtung des gemeinschaftlichen Testaments nahe gestanden hat.
Wegen der gewollten Abhängigkeit der wechselbezüglichen Verfügungen voneinander wird das Vertrauen der Ehegatten auf die Gültigkeit der gemeinschaftlichen Verfügungen durch folgende Regel geschützt: Zu Lebzeiten beider Ehegatten kann jeder seine wechselbezüglichen Verfügungen einseitig widerrufen. Der Widerruf muß aber nach den Vorschriften erfolgen, die für den Rücktritt vom Erbvertrag gelten (§§ 2271 Abs 1 S 1, 2296 BGB), also durch persönliche, notariell beurkundete Erklärung gegenüber dem anderen Ehegatten. Da der Brief der E vom 15. Juli 1993 diesem Formerfordernis nicht entspricht, bestimmt sich die Erbfolge nach

dem gemeinschaftlichen Testament; dh V ist mit dem Tod der E deren alleiniger Erbe geworden.

IV. Ob V Vollerbe geworden und es auch nach seiner Wiederheirat geblieben ist, richtet sich nach der Auslegung der Wiederverheiratungsklausel des gemeinschaftlichen Testaments.
Wenn nach dem Willen der Ehegatten der Überlebende Vollerbe werden soll , aber mit der Einschränkung, daß er bei seiner Wiederheirat den Nachlaß des Verstorbenen einem Dritten herausgeben muß, so ist damit in der Regel die Anordnung einer bedingten Vor- und Nacherbfolge gewollt. Heiratet er nicht wieder, tritt die Bedingung nicht ein. Er bleibt Vollerbe bis zu seinem Tod. Da aber die Möglichkeit des Bedingungseintritts bis zu seinem Tod besteht, hat er praktisch nur die Rechtsstellung eines Vorerben, obgleich er nach der letztwilligen Verfügung, solange er nicht wieder heiratet, Vollerbe sein soll. Der Nachlaß unterliegt auch bei bedingt angeordneter Nacherbschaft in seiner Gesamtheit den für einen Vorerben bestehenden Verfügungsbeschränkungen der §§ 2113ff BGB.
Mit der Wiederheirat des V am 20. Januar 1995 ist N somit Nacherbin geworden. Kraft Gesetzes (§ 2139 BGB) ist sie damit Rechtsnachfolgerin der E geworden, dh unmittelbar Eigentümerin aller Nachlaßgegenstände, Gläubigerin aller Nachlaßforderungen, Schuldnerin aller Nachlaßverbindlichkeiten.V ist bis dahin nicht Vollerbe, sondern nur Vorerbe gewesen. Allerdings wird man annehmen müssen, daß die Ehegatten den Überlebenden soweit wie möglich (§ 2136 BGB) von den gesetzlichen Beschränkungen der Vorerbschaft befreien wollten. V ist also befreiter Vorerbe gewesen (vgl auch § 2137 Abs 2 BGB).

V. Obwohl V beim Nacherbfall seiner ganzen Erbschaft verlustig ging, hat er weder Pflichtteilsrecht noch Anspruch auf Zugewinnausgleich. E hatte ihn nicht durch Verfügung von Todeswegen von der Erbfolge ausgeschlossen (§§ 2303, 1371 Abs 2 BGB), sondern zu ihrem alleinigen Erben berufen. Die Beschränkung seiner Erbenstellung durch die Anordnung bedingter Vor- und Nacherbschaft gab ihm beim Erbfall die Wahl, ob er die Erbschaft annehmen oder ausschlagen und statt dessen Zahlung des (kleinen)

Pflichtteils und Zugewinnausgleichs fordern wolle (§§ 2306 Abs 1 S 2, 1371 Abs 3 BGB). V hat die Erbschaft angenommen. Eine etwaige Anfechtung dieser Annahme wäre dann an anderer Stelle zu erörtern.
Für die Annahme, dem Überlebenden solle für den Fall der Wiederheirat ein Pflichtteilsvermächtnis (bedingt) zugewendet sein, gibt das gemeinschaftliche Testament keinen Anhalt.

VI. Andererseits ist für V mit seiner Wiederheirat im Zweifel die bis dahin bestehende Bindung an seine in dem gemeinschaftlichen Testament zugunsten von N getroffene Verfügung über seinen Nachlaß entfallen. Er kann also frei widerrufen. Möglich ist auch die Auslegung, daß mit der Wiederheirat die Verfügungen über den Nachlaß ohne weiteres gegenstandslos sein sollten, so daß es keines Widerrufs bedürfte. N kann jedenfalls nicht damit rechnen, später einmal V zu beerben. Angesichts seiner derzeitigen Vermögenslage ist dies aber voraussichtlich auch kein schwerer Verlust, auf den sie bei ihrem Vorgehen gegen ihn Rücksicht nehmen sollte.

B. Welche Ansprüche ergeben sich aufgrund dieser Rechtslage für N?

I. Ansprüche gegen V

1. Unmittelbar mit dem Eintritt des Nacherbfalls hat N das Recht erworben, von V die Herausgabe der Erbschaft zu verlangen (§ 2130 Abs 1 BGB). Herauszugeben ist alles, was zur Erbschaft gehört.
Als Hilfsansprüche dieses Herausgabeanspruchs bestehen Ansprüche auf Vorlage eines Bestandsverzeichnisses und auf Leistung einer eidesstattlichen Versicherung (§ 260 BGB) sowie auf Rechenschaftslegung (§§ 2130 Abs 2, 259 BGB).
Da V den Eintritt des Nacherbfalls bestreitet, kann N auch aus § 2018 BGB gegen ihn vorgehen.[1] Daneben sind Herausgabean-

1 Allerdings streitig; vgl Palandt/Edenhofer, § 218 Rn7

sprüche bzgl einzelner Nachlaßgegenstände (zB gem § 985 BGB) nicht ausgeschlossen.
2. Soweit V über Erbschaftsgegenstände der Regelung des § 2113 Abs 2 BGB zuwider unentgeltlich verfügt hat, ist er N zum Schadensersatz verpflichtet (§ 2138 Abs 2 BGB).

II. Ansprüche gegen die Ehefrau des V

Die Ansprüche beurteilen sich danach, wer Eigentümer der Rubinbrosche ist.
V hat sie seiner Ehefrau „zur Hochzeit" geschenkt. Lag seine Verfügung zeitlich vor der Eheschließung, mithin vor Eintritt des Nacherbfalls, so wurde sie beim Eintritt des Nacherbfalls unwirksam (absolute Unwirksamkeit!), da sie das Recht der N beeinträchtigen würde (§ 2113 Abs 2, 2136 BGB). Die Ehefrau des V ist aber Eigentümerin der Brosche geblieben, wenn sie – wofür der Sachverhalt spricht – beim Erwerb gutgläubig war, dh die Nachlaßzugehörigkeit der Brosche nicht gekannt hat (§ 2113 Abs 3, 932ff BGB).
Erfolgte die Schenkung erst nach Eintritt des Nacherbfalls, so hat V, der den Eintritt kannte oder zumindest kennen mußte, als Nichtberechtigter verfügt (§ 2140 BGB). Auch in diesem Fall kann aber seine Ehefrau gutgläubig Eigentum erworben haben. Die Brosche ist N nicht abhanden gekommen. Nach § 857 BGB geht zwar der Besitz auf den Erben über. Das gilt für den Nacherben, wie sich aus § 2140 BGB ergibt, aber nur insofern, als der Vorerbe den Besitz noch nicht tatsächlich ergriffen hatte, also selbst gem § 857 BGB Besitzer war. Letzteres trifft bei V nicht zu. Geht man von Eigentum der Ehefrau des V aus, so hat N gegen sie jedenfalls gem § 816 Abs 1 S 2 BGB Anspruch auf Rückübereignung, da sie die Brosche unentgeltlich erworben hat.

C. Wie sind die Ansprüche der N durchzusetzen ?

I. N ist noch minderjährig. Ihr gesetzlicher Vertreter ist V als Vormund. Soweit die Ansprüche gegen V geltend zu machen sind, ist ein Ergänzungspfleger (§ 1909 BGB) zu bestellen. Ein Antrag ist nicht erforderlich, Anregung genügt.

1. Gegen V, der zu erkennen gegeben hat, daß er zu freiwilliger Leistung nicht bereit ist, empfiehlt sich die Erhebung einer Stufenklage (§ 254 ZPO) beim Landgericht Mannheim (§§ 13, 37 ZPO, 71, 23 Nr 1 GVG) mit folgendem Antrag:

„Der Beklagte wird verurteilt,

1. der Klägerin Auskunft über den Bestand des Nachlasses der am 20.11.1993 verstorbenen Erna Emmel geb. Reich zu erteilen und über die Verwaltung des Nachlasses Rechnung zu legen;
2. an Eides Statt zu versichern, daß er nach bestem Wissen den Bestand und die Einnahmen so vollständig angegeben habe, wie er dazu imstande sei;
3. der Klägerin die nach der Auskunftserteilung näher zu bezeichnenden Nachlaßgegenstände in dem Zustand herauszugeben, der sich bei einer bis zur Herausgabe fortgesetzten ordnungsgemäßen Verwaltung ergibt."

2. Von der gerichtlichen Geltendmachung des Ersatzanspruchs gegen V wegen seiner unentgeltlichen Verfügung über die Rubinbrosche (§ 2138 Abs 2 BGB) ist einstweilen abzuraten, da sie voraussichtlich von dessen Ehefrau zurückzuerlangen ist.

3. Da N bei Eintritt des Nacherbfalls unmittelbar Eigentümerin des in Schwetzingen gelegenen Hausgrundstücks geworden ist, empfiehlt es sich, beim Grundbuchamt Schwetzingen Grundbuchberichtigung zu beantragen. Der Antrag ist formlos (§§ 13, 29, 30 GBO). Einer Bewilligung des V bedarf es nicht, da N ihr Eigentum durch Vorlage der Ausfertigung eines ihr volles Erbrecht ausweisenden Erbscheins nachweisen kann (§§ 22 Abs 1, 35 GBO).
Ein solcher Erbschein ist deshalb beim Nachlaßgericht (Notariat) Schwetzingen zu beantragen (§§ 2353 BGB, 72, 73, 189 FGG, Art 147 EGBGB, § 1 Abs 2 LFGG).
Antragsinhalt: §§ 2354, 2355 BGB. Für den Antrag ist keine Form vorgeschrieben, nach § 2356 Abs 3 BGB muß der Antragsteller aber eine Versicherung an Eides Statt abgeben. Hierfür schreibt § 38 BeurkG die Errichtung einer notariellen Urkunde vor. Es ist daher zweckmäßig, den gesamten Antrag in einer Urkunde niederzulegen; vor jedem Notar oder unmittelbar zur Niederschrift des Nachlaßgerichts. In dem Antrag muß die konkret zu bezeu-

gende Erbfolge angegeben werden. Es genügt nicht, die Tatsachen zu schildern und dem Nachlaßgericht die Feststellung des Erbrechts zu überlassen.
Dem Nachlaßgericht ist die im Besitz der Mandantin befindliche Ablichtung des gemeinschaftlichen Testaments sowie das Brieftestament der E vorzulegen. Falls V seiner Ablieferungspflicht noch nicht genügt hat, wird das Nachlaßgericht erforderlichenfalls gegen ihn vorgehen (§§ 83ff FGG).
Da V bisher nicht als Eigentümer des Hausgrundstücks eingetragen ist und offenbar auch keinen auf ihn lautenden Erbschein besitzt, sind einstweilige Maßnahmen nicht erforderlich, um N gegen nachteilige Grundstücksverfügungen des V zu sichern. Immerhin könnte man daran denken, den Grundbuchberichtigungsantrag schon jetzt zu stellen, auch wenn N noch keinen Erbschein vorlegen kann. Auch bewußt unvollständige Anträge führen beim Grundbuchamt in der Regel nicht zu sofortiger Zurückweisung, sondern zu einer Zwischenverfügung und erforderlichenfalls zu einem Amtswiderspruch (§ 18 GBO).

Der Grundbuchberichtigungsantrag könnte lauten:
„Als Eigentümerin des Grundstücks in Schwetzingen eingetragen im Grundbuch von Schwetzingen Bd. ..., Bl. ..., ist Frau Erna Emmel geb. Reich eingetragen. Sie ist am 20. 11. 1993 gestorben. Ich bin Nacherbin geworden. Der Nacherbfall ist eingetreten. Mit dem Versprechen, eine Ausfertigung des vom Nachlaßgericht Schwetzingen noch auszustellenden Erbscheins nachzureichen, beantrage ich, mich als Rechtsnachfolgerin anstelle der Erblasserin als neue Eigentümerin einzutragen.
Den Wert des Grundstücks gebe ich mit .... DM an."

II. Vor einer Klage gegen die Ehefrau des V ist es empfehlenswert, sie durch Anwaltsschreiben unter Darlegung der Rechtslage zur Herausgabe der Brosche aufzufordern. (Eventuelle Kostennachteile nach § 93 ZPO).
Wenn sich eine Klage gegen sie als notwendig erweist, sollte sie sogleich auf § 816 Abs 1 S 2 BGB gestützt werden, da N bei der Eigentumsherausgabeklage die Bösgläubigkeit der Beklagten beweisen müßte.

Der Klageantrag lautet:
„Die Beklagte wird verurteilt, die aus dem Nachlaß der am 20. November 1993 verstorbenen Erna Emmel stammende Brosche, bestehend aus (nähere Beschreibung), an die Klägerin zu übereignen und herauszugeben.“

D. Muß N das gegen V erwirkte Versäumnisurteil und die aus diesem Titel in den Nachlaß betriebene Zwangsvollstreckung gegen sich gelten lassen?

I. Das Versäumnisurteil ist zwischen dem Vorerben und einem Dritten ergangen, und zwar „über einen gegen den Vorerben als Erben gerichteten Anspruch“. Der von V geschuldete Werklohn für die notwendige Dachreparatur ist Nachlaßverbindlichkeit (Nachlaßerbenschuld). Der Abschluß des Werkvertrages erfolgte vom Standpunkt eines sorgfältigen Dritten in ordnungsgemäßer Verwaltung des Nachlasses.
Das Urteil ist vor Eintritt des Nacherbfalls rechtskräftig geworden (Zustellung an V: 10.10.1994; Ablauf der zweiwöchigen Einspruchsfrist (§ 339 Abs 1 ZPO): 24.10.1994). Gem § 326 Abs 1 ZPO wirkt dieses Versäumnisurteil nur für, nicht aber gegen den Nacherben. Infolgedessen ist eine Titelumschreibung gegen N nicht zulässig (§ 728 Abs 1 ZPO); gegen sie darf aus diesem Urteil nicht vollstreckt werden.

II. Soweit bereits Vollstreckungsmaßnahmen gegen V stattgefunden haben, bestimmt sich deren Wirksamkeit gegenüber N nicht nach § 2115 S 2 BGB, da sie erst nach Eintritt des Nacherbfalls erfolgt sind. N könnte gegen den Vollstreckungsgläubiger Zahn beim Landgericht Mannheim Drittwiderspruchsklage erheben (§ 771 Abs 1 ZPO) mit dem Ziel, die Zwangsvollstreckung aus dem gegen V ergangenen Versäumnisurteil in das Klavier für unzulässig erklären zu lassen. N ist nicht Vollstreckungsschuldnerin, da sie nicht zur Leistung verurteilt und das Urteil auch gegen sie nicht durch Klauselumschreibung vollstreckbar ist. Mithin ist sie als „Dritte“ im Sinne des § 771 ZPO anzusehen. Ein Rechts-

schutzbedürfnis für die Klage besteht, weil die Erinnerung gem § 766 ZPO als einfacherer und billigerer Rechtsbehelf hier nicht in Betracht kommt.
Die Erfolgsaussicht der Klage dürfte gering sein, da Z einwenden kann, N hafte nach materiellem Recht persönlich.
Will N das Klavier retten, muß sie demgemäß die Werklohnforderung erfüllen, um durch Vorlage einer Quittung oder eines Postscheins die Einstellung der Zwangsvollstreckung zu erreichen (§ 775 Nr 4, 5 ZPO).

Fall 10: Das gemeinschaftliche Testament mit Wiederverheiratungsklausel

Heinrich Hellwig und Peter Müller-Engelmann,
Rotenburg a. d. Fulda

Klausur aus den Sachgebieten Erbrecht, Handels- und Registerrecht

Teil I (Erbrecht)

Aufgabe:

1. Erstellen Sie ein erbrechtliches Gutachten für folgende Ereignisse:
   a) Tod des Stefan Adler
   b) Wiederheirat der Rosi Adler
   c) Tod der Rosi
2. Entwerfen Sie den Erbschein für Rosi Adler nach dem Tod des Stefan Adler 1985!

Sachverhalt:

Die wohlhabenden Eheleute Rosi und Stefan Adler haben am 06.05.1980 folgendes gemeinschaftliche Testament errichtet:

„Wir, die Eheleute Rosi und Stefan Adler setzen uns zu alleinigen Erben ein. Sollte uns etwas zustoßen, dann soll unser gemeinschaftliches Vermögen an unsere Kinder als Nacherben fallen.
Geht der Überlebende eine neue Ehe ein, dann soll er 2/3 des Vermögens des Erstverstorbenen an die Kinder herausgeben.
Auf jeden Fall kann der Überlebende jedoch unser Einfamilienhaus in Rotenburg, Rosenweg 17, behalten.

Verlangt ein Kind den Pflichtteil nach dem Tod des Erstversterbenden, so ist es auch beim Tod des Letztlebenden von der Erbfolge ausgeschlossen.

Rotenburg, den 06.05.1980

Rosi Adler
Stefan Adler"

Vermerk:
Das gemeinschaftliche Testament ist von Rosi Adler handschriftlich und eigenhändig geschrieben und unterschrieben, während Stefan Adler seine Unterschrift eigenhändig und handschriftlich unter das Dokument gesetzt hat.
Von der Formwirksamkeit des gemeinschaftlichen Testaments ist auszugehen.

Im Zeitpunkt der Testamentserrichtung war Stefan Adler von Beruf Schreiner, seine Ehefrau Rosi Sekretärin. Das Vermögen der Eheleute erfaßte an Aktiva ca. 3 Millionen DM bewegliches und unbewegliches Vermögen. Unter anderem sind sie auch Miteigentümer je zur ideellen Hälfte eines Wohnhaus in Rotenburg, Rosenweg 17, eingetragen im Grundbuch von Rotenburg Band 17 Blatt 32.

Am 17.12.1985 ist Stefan Adler gestorben. Er hinterläßt seine Ehefrau Rosi, die beiden ehelichen Kinder Isabell und Thomas Adler sowie das 1975 nichtehelich geborene Kind des Erblassers Walter Gelb.
1990 hat Rosi Adler Herrn Kurt Fuchs geheiratet.
Am 26.03.1997 ist auch Rosi Fuchs, verwitwete Adler, verstorben.

Teil II (Handels- und Registerrecht)

Fall 1: Publizitätswirkung der Handelsregistereintragung bezüglich der Vertretungsbefugnis des Geschäftsführers

Aufgabe:

1. Wird die Klage der Vertragspartnerfirma (Anlagenbau) Erfolg haben, die sich darauf beruft, die „PERFECTA-BAU GmbH" sei bei Vertragsabschluß ordnungsgemäß vertreten gewesen?

2. Wie wäre der Erfolg der Klage zu beurteilen, wenn die Mitgesellschafter schon vor dem Besuch der Hannover-Messe durch B und D an B ein sehr merkwürdiges Verhalten feststellen mußten und gelegentlich – wie sich später zeigte – berechtigte Zweifel an der Geschäftsfähigkeit des B hatten?

Sachverhalt:

Die „PERFECTA-BAU GmbH" ist eine nicht der Mitbestimmung unterliegende GmbH, die auch keinen Aufsichtsrat hat. Gesellschafter der GmbH sind der A, B und C.
Im Gesellschaftsvertrag heißt es ua „Zu Geschäftsführern der „PERFECTA-BAU GmbH" GmbH werden die Gesellschafter A und B bestellt. Die Gesellschaft wird entweder durch die Geschäftsführer oder durch einen Geschäftsführer zusammen mit einem Prokuristen, der nicht alleinvertretungsberechtigt ist, vertreten. Für den Fall, daß nur ein Geschäftsführer vorhanden ist, vertritt dieser die Gesellschaft." Die entsprechenden Eintragungen sind ordnungsgemäß im Handelsregister erfolgt. Prokurist der „PERFECTA-BAU GmbH" ist der D.
Im Jahre 1992 besuchten B und D die Industrie-Messe in Hannover. Dabei nahmen B und D Kontakt zu einem führenden Unternehmen des Anlagenbaues auf und unterschrieben schließlich namens der „PERFECTA-BAU GmbH" einen Kaufvertrag über den Erwerb einer Betonmischanlage. Der Kaufpreis überstieg bei

weitem die finanziellen Möglichkeiten der „PERFECTA-BAU GmbH“, keine Bank war bereit, den Kauf zu finanzieren.
Wenige Wochen später litt B zunehmend unter starken Kopfschmerzen und Gemütsschwankungen. Es gelang ihm immer weniger, zusammenhängende Sätze zu formulieren. Eine Untersuchung des Gehirns führte zum Ergebnis, daß B einen Gehirntumor hatte und schon zum Zeitpunkt des Besuches der Hannover-Messe geschäftsunfähig war.

Fall 2: Der Wechsel der Kommanditisten

Aufgabe:

1. In einem Gutachten ist darzulegen, welche Überlegungen der nach der Geschäftsverteilung zuständige Rechtspfleger beim Registergericht bei der Entscheidung über die Anmeldung anstellen wird.

2. Es ist davon auszugehen, daß alle evtl. bestehenden Eintragungshindernisse ordnungsgemäß beseitigt wurden. Die Eintragungsverfügung ist zu entwerfen.

Bearbeitungszeit: insgesamt 5 Stunden
Hilfsmittel: Schönfelder, Deutsche Gesetze

Sachverhalt:

Im Handelsregister Abt A Nr. 710 des Amtsgerichts Rotenburg sind die aus dem anliegenden Handelsregisterauszug zu entnehmenden Eintragungen vermerkt.

Blatt 1

Amtsgericht Rotenburg/F

HRA 710

Nr. der Eintragung	a) Firma b) Ort der Niederlassung (Sitz der Gesellschaft) c) Gegenstand des Unternehmens (bei juristischen Personen)	Geschäftsinhaber Persönlich haftende Gesellschafter Vorstand Abwickler	Prokura	Rechtsverhältnisse	a) Tag der Eintragung und Unterschrift b) Bemerkungen
1	2	3	4	5	6
1.	a) Karl Doll und Co. b) Rotenburg/F	Karl Doll, Kaufmann Rotenburg/F		Kommanditgesellschaft Die Gesellschaft hat am 15. 8. 1985 begonnen. Kommanditisten sind: Erwin Schneider, Angestellter mit einer Einlage von 90 000,00 DM. Doris Meier, Hausfrau mit einer Einlage von 70 000,00 DM. Otto Baum, Rentner mit einer Einlage von 60 000,00 DM.	a) 15. 8. 1985 gez. Schmidt

Beim Amtsgericht Rotenburg wird nachstehende Anmeldung von der Gesellschaft eingereicht.

Fa. Karl Doll und Co. Rotenburg, den 01.08.1993

An das
Amtsgericht

6442 Rotenburg

Zur Eintragung in das Handelsregister Abt A Nr 710 melden wir zur Eintragung folgendes an:

1. Herr Erwin Schneider hat seine gesamte Beteiligung an der Gesellschaft an seine Tochter Eva Grün, geb. Schneider, Lehrerin, abgetreten. Frau Eva Grün ist an seiner Stelle nunmehr Kommanditistin mit der Einlage von 90.000,00 DM.

2. Herr Otto Baum hat seine Einlage in Höhe von 30.000,00 DM an Frau Doris Meier übertragen.

Vermerk:

Es folgen nun die Unterschriften Karl Doll, Erwin Schneider, Doris Meier, Otto Baum und Eva Grün.
Danach folgt der ordnungsgemäße Beglaubigungsvermerk, der in Gegenwart des Notars geleisteten Unterschriften.

Gutachten:

A. Zu Teil I.

I. Das erbrechtliche Gutachten nach dem Tod des Stefan Adler

1. Das formgerecht errichtete gemeinschaftliche Testament (§§ 2265, 2267 BGB) ist zunächst daraufhin auszulegen, ob das Einheitsprinzip oder das Trennungsprinzip von den Parteien gewollt war. Die in diesem Testament verwendete Formulierung „Sollte uns etwas zustoßen" ist so zu verstehen, daß die testamentarische Regelung auch für den Fall des Nacheinanderversterbens gelten soll. Besondere Anhaltspunkte dafür, daß nur der Fall des zeitgleichen Versterbens gemeint war, fehlen. Für die Auslegung spricht insbesondere auch die Pflichtteilsverwirkungsklausel im letzten Absatz des gemeinschaftlichen Testaments.
Für Trennungsprinzip könnte zunächst die Bezeichnung der Kinder als Nacherben sprechen; jedoch handelt es sich hier um ein privatschriftliches gemeinschaftliches Testament, wobei auch festzustellen ist, daß die Erblasser nicht juristisch vorgebildet sind. Obwohl der Begriff Nacherbe juristisch eindeutig definiert ist, hindert die Verwendung dieses Begriffes nicht, statt dessen von einer Schlußerbeinsetzung auszugehen. Für die Schlußerbeinsetzung der Kinder iS von § 2269 BGB spricht insbesondere die Formulierung „zu alleinigen Erben" und „unser gemeinschaftliches Vermögen". Dadurch wird deutlich, daß die Eheleute Adler davon ausgehen, daß beim Tod des Erstversterbenden der Nachlaß mit dem Vermögen des Überlebenden verschmelzen soll, der gesamte Nachlaß beim Tod des Längstlebenden an die Kinder weitergegeben wird. Es fehlen jedenfalls Anhaltspunkte dafür, daß der Nachlaß des Erstverstorbenen getrennt von dem Vermögen des Überlebenden verwaltet werden soll und auch isoliert auf Nacherben übergehen soll. Es greift deshalb die Auslegungsregel des § 2269 BGB mit dem Einheitsprinzip. Das bedeutet, daß in dem Testament insgesamt vier isolierte Einzelverfügungen feststellbar sind:

1. Erbeinsetzung des Stefan zugunsten der Rosi
2. Erbeinsatzung der Rosi zugunsten des Stefan

3. Stefan zugunsten seiner Kinder als Ersatzerben für Rosi, falls Rosi vor Stefan verstirbt
4. Rosi zugunsten der Kinder als Ersatzerben für Stefan, falls Stefan vor Rosi verstirbt.

Fraglich ist nun, wer als Schlußerben nach § 2269 BGB von den Eheleuten eingesetzt ist. Hierüber gibt ohne Zweifel die Pflichtteilsverwirkungsklausel Auskunft: Die Eheleute gehen in dieser Pflichteilsverwirkungsklausel davon aus, daß nach dem Tod eines jeden von ihnen die dort genannten Kinder Pflichtteilsansprüche geltend machen könnten. Für das nichteheliche Kind Walter Gelb gilt dies jedoch nur für den Fall des Todes des Stefan, nicht jedoch für den Fall des Todes der Rosi. Damit steht fest, daß die Eheleute unter dem Begriff „unsere Kinder" nur die gemeinschaftlichen ehelichen Kinder gemeint haben. Die Vollerbeinsetzung des überlebenden Teils ist aufgrund der Wiederverheiratungsklausel jedoch beschränkt. Die Wiederverheiratungsklausel bedeutet rechtlich zweierlei:

a) die Anordnung einer aufschiebend bedingten Vor- und Nacherbfolge für den Fall der Wiederheirat des Überlebenden und
b) für diesen Fall auch den Eintritt des Nacherbfalles.

Erst mit der Wiederheirat wird eine Vor- und Nacherbschaft wirksam. Gleichzeitig tritt der Nacherbfall ein. Der überlebende Teil, also Rosi Adler, ist zu 1/3 unbedingte Vollerbin und zu 2/3 auflösend bedingte Vollerbin. Auflösende Bedingung ist ihre Wiederheirat. Gleichzeit ist Rosi zu 2/3 aufschiebend bedingte Vorerbin. Für den Fall der Wiederheirat sind die Schlußerben Isabell und Thomas aufschiebend bedingte Nacherben zu jeweils 1/3.
Im Hinblick auf die Fassung des Erbscheins ist die aufschiebend bedingte Beschränkung der Vollerbin in den Erbschein aufzunehmen. Da die beiden Abkömmlinge Thomas und Isabell nur aufschiebend bedingt auf den Zeitpunkt des Todes des Erstversterbenden als Nacherben berufen sind, gilt § 2108 Abs. 2 S. 2 BGB mit der Folge, daß ihre Nacherbanwartschaft nicht vererblich ist. Das bedeutet, daß beim Wegfall der aufschiebend bedingten Nacherben in dem Zeitraum zwischen Erbfall und Eintritt des Nacherbfalles (der Wiederheirat) ihr Anwartschaftsrecht nicht auf

ihre Erben übergehen kann. Da die Erblasser in dem gemeinschaftlichen Testament ihre Abkömmlinge zu Schlußerben berufen haben, gilt die Auslegungsregel des § 2069 BGB. Das hat zur Konsequenz, daß bei Wegfall der aufschiebend bedingt eingesetzten Nacherben deren Abkömmlinge als Ersatznacherben zum Zuge kommen würden.
Schließlich haben die Erblasser in dem gemeinschaftlichen Testament auch noch ein Vorausvermächtnis zugunsten des Überlebenden für den Fall der Wiederheirat des Überlebenden angeordnet. Auch dieses Vorausvermächtnis kann nur Wirksamkeit erlangen, für den Fall, daß die überlebende Witwe sich erneut verheiratet. Dieses Vorausvermächtnis (§§ 2150, 2110 Abs. 2 BGB) ist in den Erbschein aufzunehmen, da es sich hier um eine Ausnahme von den Beschränkungen durch die Anordnung der Nacherbfolge handelt. Das Vorausvermächtnis zugunsten des alleinigen Vorerben wirkt unmittelbar dinglich, da sich die Gläubiger und die Schuldnerposition vereinigen. Der Anteil des verstorbenen Erblassers an dem Wohnhaus fällt nicht in seinen Nachlaß, sondern geht unmittelbar in das Vermögen des Überlebenden über.
Die Pflichtteilsverwirkungsklausel dagegen hat erbscheinsrechtlich keinerlei Konsequenz.

2. Die Wiederheirat der Rosi 1990

Mit Wiederheirat der Rosi 1990 tritt die Bedingung der Wiederverheiratungsklausel ein. Das hat folgende Konsequenzen:

a) Ab Wiederheirat ist nun die Witwe Vollerbin zu 1/3 nach dem Erblasser Stefan. Da der Nacherbfall gleichzeitig mit Wiederheirat eintritt, verliert sie zu 2/3 ihre auflösend bedingte Vollerbenposition, so daß dieser Anteil an Thomas und Isabell zu je 1/3 als Nacherben fällt. Mit Wiederheirat existiert somit eine Miterbengemeinschaft nach dem Erblasser Stefan Adler, bestehend aus seiner Witwe Rosi zu 1/3 und den beiden Abkömmlingen Isabell und Thomas zu jeweils ebenfalls 1/3.

b) Mit Wiederheirat gewinnt Rosi ihre volle Testierfreiheit zurück. Das bedeutet, sie kann abweichend von dem gemeinschaftlichen Testament über ihren Nachlaß nun anderweitig verfügen.

3. Der Tod der Rosi 1997

Da Rosi nicht erneut abweichend vom gemeinschaftlichen Testament testiert hat, obwohl sie die rechtliche Möglichkeit dazu hatte, stellt sich nunmehr die Frage, ob das gemeinschaftliche Testament mit der Schlußerbeinsetzung von Isabell und Thomas weitergilt, oder ob nach ihrem Tod nunmehr im Hinblick auf ihren Nachlaß gesetzliche Erbfolge eingreifen würde.

a) Zu vertreten ist zunächst die Auffassung, daß durch die Wiederverheiratungsklausel das gesamte gemeinschaftliche Testament unter der auflösenden Bedingung der Wiederheirat steht. Das bedeutet, daß mit der Wiederheirat das gemeinschaftliche Testament als aufgehoben gilt. Die Konsequenz der gesetzlichen Erbfolge wäre, daß Ehemann Kurt Fuchs zu 1/2 am Nachlaß der Rosi beteiligt wäre (§§ 1931, 1371 BGB) und die Kinder Isabell und Thomas zu je 1/4 (§ 1924 BGB).

b) Gegen die Annahme der Wiederheirat als auflösende Bedingung für die Existenz des gemeinschaftlichen Testaments spricht jedoch, daß der überlebende Teil nicht wieder neu testiert hat und somit deutlich zum Ausdruck bringt, daß er auch weiterhin an dem gemeinschaftlichen Testament, insbesondere der Schlußerbeinsetzung der gemeinschaftlichen Abkömmlinge, festhalten möchte. Darüberhinaus erscheint es aus der Sicht der testierenden Eheleute kaum verständlich, daß nach der Wiederheirat auch der Anteil des Verstorbenen in Höhe von 1/3 nunmehr zu rechnerisch 1/6 an den neuen Ehepartner des Überlebenden übergehen soll. Den Eheleuten kam es bei Abfassung des gemeinschaftlichen Testamentes wesentlich auf den Schutz der Abkömmlinge an. Es entspricht somit der Lebenserfahrung, daß die Eheleute zum Schutz ihrer Abkömmlinge an dem gemeinschaftlichen Testament auch nach Wiederheirat des Überlebenden festhalten wollen. Die Folgerung hieraus ist, daß Rosi von ihren beiden Kindern Isabell und Thomas zu je 1/2 beerbt worden ist. Der zweite Ehemann der Rosi, Kurt Fuchs, erhält lediglich einen Pflichtteilsanspruch.

(Vermerk: Obwohl vorliegend von der Auffassung b) ausgegangen wird, erscheint auch die Auffassung a) vertretbar.)

II. Der Erbschein für Rosi nach dem Tod des Stefan 1985

1. Der Schreiner Stefan Adler ist von seiner Ehefrau Rosi Adler allein beerbt worden.
2. Bezüglich 2/3 des Nachlasses ist eine durch die Wiederheirat der Erbin aufschiebend bedingte und damit eintretende Nacherbfolge angeordnet.

Oder:

2. a) Aufschiebend bedingte Nacherbfolge für 2/3 des Nachlasses ist angeordnet.

b) Bedingung ist Wiederheirat der Erbin.

c) Der Nacherbfall tritt mit Wiederheirat der Erbin ein.

3. Bedingte Nacherben sind die Abkömmlinge des Erblassers, Isabell und Thomas Adler.

4. Das bedingte Nacherbanwartschaftsrecht der Nacherben ist nicht vererblich.

5. Ersatznacherbfolge ist angeordnet.

6. Ersatznacherben sind die Abkömmlinge der Nacherben.

7. Im Fall der Wiederheirat sind die Nacherben auf dasjenige eingesetzt, was von der Erbschaft bei Eintritt der Nacherbfolge übrig sein wird.

Oder:

Die Vorerbin ist zur freien Verfügung über die Erbschaft berechtigt.

8. Das Recht der bedingten Nacherben erstreckt sich nicht auf den Anteil des Erblassers am Grundstück in Rotenburg, Rosenweg 17, eingetragen im Grundbuch von Rotenburg Band 17 Blatt 32.

Rotenburg, den ...

Das Amtsgericht
Richter am Amtsgericht

B. Zu Teil II

I. Fall 1

1.Bedenken gegen die korrekte Bestellung der Geschäftsführer sind unbegründet. Die Bestellung zu Geschäftsführern erfolgt bei einer der Mitbestimmung **nicht** unterliegenden GmbH, die auch keinen Aufsichtsrat hat, entweder im Gesellschaftsvertrag oder durch den Beschluß der Gesellschafter – sofern der Gesellschaftsvertrag nichts anderes bestimmt (§§ 6 Abs 2, 45 Abs 2 iVm 46 Nr 5 GmbHG).
Hier bestand ua eine sog. unechte Gesamtvertretung: Die Vertretungsbefugnis war in der Weise geregelt, daß einer (von mehreren) Geschäftsführern auch in Gemeinschaft mit einem Prokuristen vertretungsberechtigt sein sollte.
Eine solche gesellschaftsvertraglich festgelegte organschaftliche Vertretungsregelung ergibt sich zwar nicht aus dem GmbHG. Sie ist jedoch in Analogie zu § 78 Abs 3 AktG zulässig. Allerdings darf dem Prokuristen (der keine organschaftliche Stellung innerhalb der GmbH hat) kein Vetorecht gegen das (Mit-)Handeln des Geschäftsführers zustehen. Vertretungsorgan der GmbH sind allein die Geschäftsführer (§§ 6 Abs 1, 35 Abs 1, 36 Abs 1 GmbHG). Die Anordnung einer unechten Gesamtvertretung ist außerdem unzulässig, wenn die GmbH nur einen Geschäftsführer hat oder wenn die unechte Gesamtvertretung bei Vorhandensein mehrerer Geschäftsführer als einzige Form organschaftlicher Vertretung vorgesehen ist. Keiner dieser Ausnahmetatbestände liegt nach dem Sachverhalt vor. Damit bestehen keine Bedenken gegen die im Gesellschaftsvertrag der „Perfecta-Bau-GmbH" vorgesehene Vertretungsregelung.
Die Klage des Anlagebau-Unternehmens gegen die GmbH kann jedoch nur dann Erfolg haben, wenn die „Perfecta-Bau-GmbH" durch den Vertragsschluß des Geschäftsführers B (gemeinsam mit dem Prokuristen D handelnd) wirksam verpflichtet wurde.
Nach den §§ 35 Abs 1, 36 Abs 1 GmbHG, 78 Abs 3 AktG analog (in Verbindung mit der gesellschaftsvertraglichen Regelung) bestehen zwar keine Bedenken gegen eine wirksame organschaftliche Vertretung; hier liegt die Besonderheit aber darin, daß Geschäftsführer B bei dem Abschluß des Kaufvertrages **geschäfts-**

unfähig war (§ 104 Nr 2 BGB). Die Willenserklärung eines Geschäftsunfähigen ist nichtig (§ 105 Abs 1 BGB). Da nach § 165 BGB die Wirksamkeit der von einem Vertreter abgegebenen Willenserklärung nur bei der Beschränkung, nicht aber beim gänzlichen Fortfall der Geschäftsfähigkeit unberührt bleibt, gilt § 105 Abs 1 BGB auch für das Handeln des GmbH-Geschäftsführers B: alle von ihm abgegebenen Willenserklärungen waren nichtig.
Der Zustand des B hatte jedoch nicht nur die in § 105 Abs 1 BGB beschriebenen Folgen, sondern zugleich Konsequenzen für seine Stellung als Geschäftsführer: Nach § 6 Abs 2 S 1 GmbHG kann nur eine unbeschränkt geschäftsfähige Person Geschäftsführer einer GmbH sein. B verlor in dem Augenblick diese Eigenschaft, als seine persönliche Voraussetzung für dieses Amt - die unbeschränkte Geschäftsfähigkeit - endete. Mit dem Verlust seiner Geschäftsführereigenschaft verlor B auch die Vertretungsbefugnis für die „Perfecta-Bau-GmbH".
Nach § 39 Abs 1 GmbHG ist u. a. die Beendigung der Vertretungsbefugnis eines Geschäftsführers zur Eintragung in das Handelsregister anzumelden. Eine solche Eintragung hat aber nur rechtsbekundende Wirkung. Konstitutiv wirkt die Eintragung nur, wenn die Vertretungsverhältnisse Folge einer Satzungsänderung sind (§ 54 Abs 3 GmbHG).
Auf die grundsätzlich deklaratorische Wirkung der Eintragung der Vertretungsverhältnisse könnte sich die GmbH jedoch dann nicht berufen, wenn die unterlassene Eintragung des Wegfalls der Vertretungsbefugnis des B sich nach den Gutglaubensregeln des § 15 HGB und der sie ergänzenden Rechtsscheinsgrundsätze zu Lasten der GmbH auswirkte. Nach § 15 Abs 1 HGB kann eine in das Handelsregister einzutragende, aber nicht eingetragene und bekanntgemachte Tatsache von demjenigen, in dessen Angelegenheiten sie einzutragen war, einem Dritten nicht entgegengehalten werden - es sei denn, daß sie diesem bekannt war. Dies würde bedeuten: Die „Perfecta-Bau-GmbH" müßte sich das Handeln des B zurechnen lassen, wenn die Voraussetzungen des § 15 Abs 1 HGB zu ihren Lasten vorlägen.
Wie sich aus § 39 Abs 1GmbHG ergibt, ist ua die Beendigung des Geschäftsführeramtes eine in das Handelsregister einzutragende Tatsache. Zum Zeitpunkt des Vertragsabschlusses zwischen B/D einerseits und dem Anlagenbau-Unternehmen andererseits war

diese Tatsache weder im Handelsregister eingetragen noch bekanntgemacht worden. Diese Tatsache bezog sich auch auf eine Angelegenheit der „Perfecta-Bau-GmbH", denn wer ihr vertretungsberechtigter Geschäftsführer ist, ist im Sinne des § 15 Abs 1 HGB eine „Angelegenheit der GmbH". Da der Sachverhalt nichts dafür hergibt, daß dem Anlagenbau-Unternehmen das Erlöschen des Geschäftsführeramtes des B bekannt war oder bekannt sein mußte, könnten die Vorausssetzungen des § 15 Abs 1 HGB zu Lasten der GmbH vorliegen. Ein solcher Schluß wäre jedoch voreilig. Die Publizitätswirkung des § 15 Abs 1 HGB bezieht sich nur auf solche Tatsachen, die eintragungspflichtig sind, z. B. auf das Erlöschen der Organstellung. Wird das Erlöschen der Geschäftsführerstellung nicht im Handelsregister eingetragen, so kann sich der redliche Geschäftsverkehr auf das Fortbestehen der Vertretungseigenschaft berufen, auf mehr nicht. Die Publizitätswirkung kann jedoch nicht auf Umstände ausgedehnt werden, die im Handelsregister gar nicht verlautbart werden können, zB die Geschäftsfähigkeit des Geschäftsführers. Der Verlust der Geschäftsfähigkeit ist damit keine in das Handelsregister einzutragende Tatsache. Daraus folgt, daß § 15 Abs 1 HGB zwar die mangelnde Vertretungsmacht des B zugunsten des GmbH-Geschäftspartners überwindet, nicht aber den sich aus der Nichtigkeit des rechtsgeschäftlichen Handelns des B ergebenden Mangel. Im Fall 1 kann sich deshalb das Vertragspartnerunternehmen zu Recht darauf berufen, die „Perfecta-Bau-GmbH" sei ordnungsgemäß vertreten gewesen. Im Hinblick auf § 105 Abs 1 BGB war die GmbH jedoch nicht verpflichtet worden, weil D als Prokurist der GmbH nur Vertretungsberechtigung zusammen mit einem **geschäftsfähigen** Geschäftsführer B hatte.

2. Fraglich ist, ob sich durch die Fallvariante etwas an dem obigen Ergebnis ändert. Grundsätzlich kann eine nach § 105 Abs 1 BGB nichtige Willenserklärung weder den Geschäftsunfähigen noch den von ihm „Vertretenen" – (Im Fall: die GmbH) binden. Merkmal des hier verwendeten Begriffs der „Nichtigkeit" ist das Fehlen jedweder Rechtswirkung. Zu prüfen bleibt, ob bei dem Handeln eines Gesellschaftsorgans im rechtsgeschäftlichen Verkehr nicht doch allgemeine Rechtsscheinsgrundsätze über die Anwendbarkeit des § 15 Abs 1 HGB hinaus zu einer Zurechenbarkeit (nich-

tigen) Organhandelns führen könnten. Die Behandlung dieser Problematik ist umstritten. Einig ist man sich nicht über den Weg, aber über das Ziel: Gerade der besondere Publizitätsschutz im Unternehmensrecht könnte es gebieten, dem handelsrechtlichen Vertrauensschutz den Vorzug vor der strikten Anwendung des § 105 Abs 1 BGB zu geben. Der im Privatrecht generell verteidigte Schutz des Geschäftsunfähigen könnte in den Fällen zurücktreten, in denen die GmbH einen Rechtsschein verursacht hat, der gar nicht zu Lasten des Geschäftsunfähigen, sondern nur zu Lasten der GmbH wirkt. Ein solcher Fall liegt hier vor: Das Handeln eines GmbH-Geschäftsführers ist – weil er Gesellschaftsorgan ist – Handeln der GmbH selbst. Den Geschäftsführer selbst können die Folgen seines organschaftlichen Vertretungshandelns nicht treffen (§ 36 Abs 1 GmbHG). Hier handelte B zudem als Geschäftsunfähiger; zu seinen Gunsten wirkt zusätzlich § 105 Abs 1 BGB. Zum Nachteil der GmbH wirkt sich allerdings aus, daß durch die Eintragung des B als Geschäftsführer zugleich der Rechtsschein erweckt wird, B erfülle alle persönlichen Voraussetzungen, die § 6 GmbHG an einen GmbH-Geschäftsführer stellt; dazu zählt auch seine unbeschränkte Geschäftsfähigkeit.
Fehlt es an dieser Geschäftsfähigkeit, so bezieht sich der Rechtsschein zwar nicht auf eine einzutragende Tatsache im Sinne des § 15 HGB. Es könnte aber die allgemeine Haftung aus schuldhaft verursachtem Rechtsschein eingreifen. Zu bedenken bleibt, daß ein Rechtsscheinstatbestand kein nichtiges Rechtsgeschäft wirksam werden lassen kann. Dies widerspräche dem Begriff der Nichtigkeit i.S. des Allgemeinen Teils des BGB. Eine Rechtsscheinshaftung könnte aber dazu führen, daß es ausgeschlossen wäre, sich auf die Nichtigkeit zu berufen, die sich aus § 105 Abs 1 BGB ergibt. Ein solcher Fall liegt bei der Variante 2 vor: Die Mitgesellschafter des B hatten bereits vor seinem Besuch der Hannover-Messe an ihm gelegentlich Verhaltensweisen beobachtet, die Zweifel an seiner Geschäftsfähigkeit aufkommen lassen mußten. Angesichts dieser Beobachtungen hatten die Gesellschafter bei pflichtgemäßer Würdigung dieser Umstände die Möglichkeit, das geschäftsunfähige Handeln des B vorauszusehen und zu verhindern. Sie hätten unverzüglich den B als Geschäftsführer abberufen und die Abberufung in das Handelsregister eintragen lassen müssen. Dies haben Sie vorwerfbar unterlassen.

Der Geschäftspartner war gutgläubig. Damit sind alle Voraussetzungen für eine Haftung nach den Grundsätzen einer Anscheinsvollmacht gegeben, mit der Folge, daß sich die „Perfecta-Bau-GmbH" nicht auf die Nichtigkeit des Handelns ihres geschäftsunfähigen „Geschäftsführers" B berufen kann. Die Klage hätte bei dieser Fallgestaltung mithin Erfolg.

II. Fall 2

Für die Erledigung des Eintragungsantrags ist sachlich und örtlich das Amtsgericht Rotenburg zuständig (§§ 125 Abs 1 FGG, 161 Abs 2, 143 Abs 2, Abs 1, 175 S1 HGB). Funktionell zuständig ist der Rechtspfleger nach §§ 3 Nr 2 d, 17 RPflG.

Die Anmeldung entspricht der Form des § 12 Abs 1 HGB.

1. Angemeldet wird die Übertragung eines Kommanditistenanteils auf einen damit neu in die Gesellschaft Eintretenden. Der Eintritt der Eva Grün als Kommanditistin ist offensichtlich im Wege der Rechtsnachfolge erfolgt. Erwin Schneider hat seine Gesellschafterstellung rechtsgeschäftlich an Eva Grün übertragen. Das Ausscheiden und der Eintritt stehen demnach in unmittelbarem Zusammenhang. Aus dem Abspaltungsverbot der §§ 717, 719 BGB iVm §§ 161 Abs 2, 105 Abs 2 HGB ergibt sich, daß bei einer Personenhandelsgesellschaft wegen der engen Haftungs- und Arbeitsgemeinschaft der Gesellschafter untereinander eine Übertragung der Gesellschafterstellung grundsätzlich nicht möglich ist. Die Übertragung der Gesellschafterstellung ist allerdings dann zulässig, wenn alle Gesellschafter damit einverstanden sind. Die erforderliche Zustimmung der Gesellschafter kann im Gesellschaftsvertrag aber auch nachträglich erteilt werden. Vorliegend haben alle Gesellschafter die entsprechende Anmeldung zum Handelsregister vorgenommen, darin liegt spätestens eine Genehmigung, so daß eine Einsichtnahme in den Gesellschaftsvertrag entbehrlich ist.
Zu prüfen ist, ob der unmittelbare Zusammenhang zwischen Ausscheiden und Eintritt im Wege der Sonderrechtsnachfolge im Handelsregister zum Ausdruck zu bringen ist. Vorliegend hat nach

der Anmeldung die Vermögensverschiebung nur zwischen Erwin Schneider und Eva Grün stattgefunden. Die Beteiligten wollten, daß Erwin Schneider keinerlei Zuwendung aus dem Gesellschaftsvermögen erhielt. Eva Grün sollte vielmehr unter Übernahme des Kommanditanteils an die Stelle des Erwin Schneider treten. Die Übertragungstatbestand war für das Gesellschaftsvermögen völlig neutral. Eine neue Hafteinlage ist nicht hinzugekommen. Vielmehr ist Eva Grün an die Stelle des Erwin Schneider getreten. Auf diesen sachlichen Zusammenhang muß im Handelsregister hingewiesen werden, weil sonst der – nicht zutreffende – Eindruck entstehen könnte, daß Erwin Schneider aus der Gesellschaft ausgeschieden ist, einen Abfindungsanspruch aus dem Gesellschaftsvermögen erhalten hat und unabhängig davon die Kommanditistin Eva Grün ihre Einlage in das Gesellschaftsvermögen geleistet hat. Damit könnte im Rechtsverkehr der Anschein erweckt werden, als sei zur Haftsumme des Erwin Schneider (§ 172 Abs 4 HGB) eine weitere, die der Eva Grün hinzugekommen. Um dies zu vermeiden hat die Rechtssprechung ein Bedürfnis für die Eintragung eines Vermerks anerkannt, aus dem sich der rechtliche Zusammenhang zwischen Ausscheiden und Eintritt im Wege der Sonderrechtsnachfolge ergibt. Die Eintragung der Sonderrechtsnachfolge ist jedoch davon abhängig zu machen, daß der ausscheidende Kommanditist und die persönlich haftenden Gesellschafter versichern, daß dem Ausscheidenden anläßlich seines Ausscheidens aus dem Gesellschaftsvermögen keine Abfindung gewährt oder versprochen worden ist. Diese Versicherung bedarf nicht der Form des § 12 HGB.
Diese Versicherung fehlt hier und ist durch Zwischenverfügung (§ 26 S 2 HRV) von den Beteiligten anzufordern mit dem Hinweis, daß die Eintragung der Sonderrechtsnachfolge abgelehnt wird, wenn die Versicherung nicht innerhalb einer zu bestimmenden Frist nachgereicht wird.

2. Bei dieser Anmeldung überträgt ein Kommanditist einen Teil seines Anteils auf einen anderen Kommanditisten. Bei diesem Vorgang sind folgende Elemente zu unterscheiden:
Zunächst ist die Einlage des Kommanditisten Baum um 30.000,00 DM herabgesetzt worden. Im Wege der Rechtsnachfolge hat er einen Teilbetrag von 30.000,00 DM auf die Komman-

ditistin Doris Meier übertragen, deren Einlage sich dadurch auf 100.000,00 DM erhöht hat. Wie bei Ziff 1 ist auch dieser Rechtsvorgang für das Gesellschaftsvermögen völlig neutral und hat sich nur zwischen den beiden Kommanditisten abgespielt. Deshalb ist auch hier eine Versicherung wie bei Ziff 1 über die unterlassene Abfindung an den Kommanditisten Baum, dessen Einlage herabgesetzt worden ist, erforderlich um die Rechtsnachfolge im Register zu vermerken.
Diese Versicherung ist von dem Beteiligten wie bei Ziff 1 anzufordern.
Die Rechtsvorgänge zu Ziff 1 und Ziff 2 der Anmeldung sind nach §§ 161 Abs 2, 107, 108 Abs 1, 143 Abs 2 HGB von sämtlichen Gesellschaftern anzumelden - auch den Kommanditisten. Dabei ist zu beachten, daß auch der ausgeschiedene Gesellschafter die ihn betreffende Veränderung durch seine Erklärung mitzutragen hat. Insoweit ergeben sich keine Beanstandungen.

3. Entwurf der Eintragungsverfügung:

1. Eintragen in HRA 710.

Spalte 1: 2.

Spalte 5: Der Kommanditist Erwin Schneider ist aus der Gesellschaft ausgeschieden, in dem er seine Einlage auf Frau Eva Grün, Lehrerin, Rotenburg, übertragen hat, die damit mit einer Einlage von 90.000,00 DM in die Gesellschaft eingetreten ist.
Die Einlage des Kommanditisten Otto Baum ist um 30.000,00 DM auf 30.000,00 DM herabgesetzt worden, in dem er einen Teilbetrag von 30.000,00 DM auf die Kommanditistin Doris Meier übertragen hat, deren Einlage sich dadurch auf 100.000,00 DM erhöht hat.

2. Röten: lfd. Nr. 1 Spalte 5 Erwin Schneider 90.000,00 DM und Beträge Otto Baum u. Doris Meier.

3. Öffentliche Bekanntmachung – wegen § 27 Satz 2 HRV iVm § 162 Abs 3, 2 HGB hinsichtlich der Veränderungen bei dem Kommanditisten: Kommanditistenwechsel im Wege der Sonderrechtsnachfolge.

4. Eintragungsnachricht an:

a) alle Anmelder
b) IHK
c) Notar.

5. Einen Monat (Kosten, Belegblätter) Rotenburg, den ....

Rechtspfleger/in

Fall 11: Besonderheiten bei der Zweigniederlassung

Volker Busch, Bad Münstereifel

Klausur aus dem Sachgebiet Handels- und Registerrecht

Teil I

Aufgabe:

1. Der Sachverhalt ist rechtlich zu beurteilen.
2. Im Anschluß daran sind die Eintragungsverfügungen der beteiligten Registergerichte – incl. der Positionen wie „Öffentliche Bekanntmachung“ etc – zu fertigen, wobei die rechtzeitige und formgerechte Behebung aller Mängel zu unterstellen ist.

Anmerkungen zur Bearbeitung:

a) Die innerhalb des Registerauszugs – vgl Anl 1 – unterstrichenen Eintragungen gelten als „gerötet“ im Sinne von § 16 Abs 1 S 2 und 3 Handelsregisterverfügung.
b) Es ist davon auszugehen, daß der in der Anl 2 genannte Handelsregisterauszug des AG Bonn der Anmeldung beigefügt ist und Herrn Backhaus als einzelvertretungsberechtigten Geschäftsführer der „Carl Schuricht Verwaltungs-GmbH“ ausweist.
c) Nach dem Gesellschaftsvertrag und dem Willen der Beteiligten sind die §§ 131 und 138 HGB in der vor dem 1. 7. 1998 geltenden Fassung nicht anzuwenden.

Sachverhalt:

1. Im Handelsregister des AG Köln, Abteilung A, sind unter dem Registerzeichen HRA 2907 folgende Eintragungen vermerkt – vgl Anl 1 –. Es ist von deren Richtigkeit auszugehen.
2. Beim AG Köln wird die anliegende Anmeldung zur Bearbeitung eingereicht – vgl Anl 2 –.

Anl. 1:

Amtsgericht Köln

HRA 2907

Blatt 1

Nr. der Eintragung	a) Firma b) Ort der Niederlassung (Sitz der Gesellschaft) c) Gegenstand des Unternehmens (bei juristischen Personen)	Geschäftsinhaber Persönlich haftende Gesellschafter Vorstand Abwickler	Prokura	Rechtsverhältnisse	a) Tag der Eintragung und Unterschrift b) Bemerkungen
1	2	3	4	5	6
1.	a) ARGUS – Personen- und Objektschutz – Otto Ackermann b) Köln	Otto Ackermann, Diplom-Ingenieur, Köln	Einzelprokuristin: Hanna Knapperts-Strauch, Köln; sie ist berechtigt, Grundstücke zu belasten und zu veräußern.		a) 29. 7. 1974 Schmauli JS
2.	a) ARGUS – Personen- und Objektschutz – Otto Ackermann oHG	Fritz Lehmann, Kaufmann, Bonn	Die Einzelprokura Knapperts-Strauch ist bestehengeblieben. Gesamtprokuristen: Wilhelm Schüchter, Bonn; Bruno Walter, Brühl; jeder vertritt in Gemeinschaft mit einem anderen Prokuristen.	Offene Handelsgesellschaft Beginn: 1. September 1993 Fritz Lehmann ist in das Geschäft als persönlich haftender Gesellschafter aufgenommen worden. Er ist von der Vertretung der Gesellschaft ausgeschlossen. Die Firma ist geändert.	a) 3. 9. 1993 Löwe JAng

Amtsgericht Köln — Rückseite von Blatt 1 — HRA 2907

Nr. der Eintragung	a) Firma b) Ort der Niederlassung (Sitz der Gesellschaft) c) Gegenstand des Unternehmens (bei juristischen Personen)	Geschäftsinhaber Persönlich haftende Gesellschafter Vorstand Abwickler	Prokura	Rechtsverhältnisse	a) Tag der Eintragung und Unterschrift b) Bemerkungen
1	2	3	4	5	6
3.	b) In Frankfurt/Oder ist unter der Firma „ARGUS – Personen- und Objektschutz – Otto Ackermann oHG Filiale Frankfurt/Oder" eine Zweigniederlassung errichtet worden.				a) 9. 6. 1994 *Löwe* JAng b) vergleiche AG Frankfurt/Oder – HRA 994 –
4.		Otto Ackermann jun., Kaufmann, Düsseldorf; Carl Schuricht Verwaltungs-GmbH, Bonn; Albert Erede Geschäftsführungsgesellschaft m. b. H., Aachen		Otto Ackermann ist aus der Gesellschaft ausgeschieden. Otto Ackermann jun., die „Carl Schuricht Verwaltungs-GmbH" und die „Albert Erede Geschäftsführungsgesellschaft m. b. H., sind als weitere Gesellschafter eingetreten.	a) 12. 7. 1996 *Löwe* JAng b) vergleiche AG Bonn – HRB 496 – AG Aachen – HRB 9840 –

Anl 2:

An die
Registerabteilung des AG Köln
Reichenspergerplatz 1
50670 Köln

Betreff:	ARGUS – Personen- und Objektschutz – Otto Ackermann oHG
Bezug:	41 HRA 2907 sowie HRA 994 – AG Frankfurt/Oder –
Anl:	begl Handelsregisterauszug des AG Bonn – HRB 496 – vom 20. 7. 1999

Sehr geehrte Damen und Herren!

Die Nachgenannten melden zur Eintragung in das Handelsregister an:

a) Leo Blech, geboren am 1. 5. 1955, Frankfurt/Oder, ist als weiterer Gesellschafter eingetreten. Seine Vertretungsmacht ist auf den Bereich der Zweigniederlassung in Frankfurt/Oder beschränkt.

b) Otto Ackermann jun. ist aus der Gesellschaft ausgeschieden.

c) Die Prokuristin Hanna Knapperts-Strauch ist nicht mehr befugt, Grundstücksgeschäfte zu tätigen.
Sie ist jetzt bei Geschäftsabschlüssen bis zu jeweils 10.000.000,00 DM von den Beschränkungen des § 181 BGB befreit.

d) Dem Gesellschafter Fritz Lehmann, geboren am 11. 11. 1960, ist Einzelprokura für den Bereich der Hauptniederlassung erteilt worden.

Die erforderlichen Zeichnungen werden in Kürze nachgereicht.

Wegen der Vertretung der „Carl Schuricht Verwaltungs-GmbH" wird auf den vorgelegten Handelsregisterauszug des AG Bonn – HRB 496 – verwiesen.

Otto Ackermann behält sich vor, der Firmenfortführung zuzustimmen, falls das Unternehmen zum 31.12.1999 eine Umsatzsteigerung von mindestens 10 % erwirtschaftet hat.

Köln, den 23.7.1999

F. Lehmann Blech O. Ackermann jun.
Carl Schuricht Verwaltungs-GmbH
iV Backhaus
[jeweils handschriftlich]

Vermerk:
Es folgt ein ordnungsgemäßer Beglaubigungsvermerk hinsichtlich der vorstehenden Unterschriften durch eine Notarin in Köln.

Aachen, den 27.7.1999

Albert Erede Geschäftsführungsgesellschaft m.b.H
Askenase

[handschriftlich]

Vermerk:

Es folgt ein ordnungsgemäßer Beglaubigungsvermerk hinsichtlich der vorstehenden Unterschrift durch einen Notar in Aachen, welcher zusätzlich folgenden – formal – nicht zu beanstanden Vermerk abgefaßt hat:

„Gleichzeitig bestätige ich, daß Herr Stephan Askenase, Diplom-Kaufmann, Aachen, Deutscher Platz 3, als einzelvertretungsberechtigter Geschäftsführer der „Albert Erede Geschäftsführungsgesellschaft m.b.H." im Handelsregisters des AG Aachen – HRB 9840 – eingetragen ist."

Teil II

Aufgabe:

Prüfen Sie bitte gutachtlich, ob der Anspruch der C-GmbH gegenüber B am 28. 5. 1999 begründet und fällig ist.

Anmerkungen zu Bearbeitung:

1. Die beteiligten Gesellschaften, die Zweigniederlassung, die Prokura X, der Geschäftsführer C sowie die Änderungen bei der oHG und der GmbH sind seinerzeit ordnungsgemäß in den zuständigen Handelsregistern eingetragen worden.
2. Bei der oHG sind darüber hinaus keine Hinweise zur Vertretungsmacht der Gesellschafter vermerkt.
3. Die GmbH verfügt über mehrere Geschäftsführer.

Für Teil I und II:

Bearbeitungszeit:	5 Stunden
Hilfsmittel:	Schönfelder, Deutsche Gesetze Handelsregisterverfügung

Sachverhalt:

In Köln besteht die A-oHG, an der die Gesellschafter A und B beteiligt sind. Das Unternehmen, das auf die chemische Reinigung von Teppichen spezialisiert ist, unterhält in München eine Zweigniederlassung.
Zwischen dieser Zweigniederlassung und der gleichfalls in München ansässigen C-GmbH wird am 17. 3. 1999 ein Kaufvertrag geschlossen, demzufolge die GmbH die ausschließlich für den Bereich der Zweigniederlassung zur Reinigung von Teppichen benötigten maschinellen Anlagen liefern soll. Der Kaufpreis beträgt 20.000,00 DM.
Nach der am 2. 5. 1999 erfolgten Lieferung gelingt es der C-GmbH nicht, diesen Betrag von der Zweigniederlassung zu erhalten. Daher bittet die vorgenannte GmbH den Gesellschafter B der A-oHG am 28. 5. 1999, persönlich diese Verbindlichkeit zu erfüllen.

Dieser lehnt jede Zahlungsverpflichtung ab.
Nach seiner Meinung ist der besagte Vertrag aus folgenden Gründen nicht wirksam zustandegekommen:
Die oHG ist durch den X vertreten worden, welcher am 17. 3. 1999 gegenüber dem Geschäftsführer C der C-GmbH die Bestellung der vorgenannten Maschinen erklärt hat.
X ist seinerzeit ordnungsgemäß Einzelprokura ohne jede Einschränkung erteilt worden. Diese Prokura wurde aber am 14. 2. 1999 durch den Gesellschafter A gegenüber dem X mündlich widerrufen.
Die entsprechende Eintragung im Handelsregister der Hauptniederlassung wurde am 19. 2. 1999 und in dem der Zweigniederlassung am 21. 3. 1999 vorgenommen.
Die öffentlichen Bekanntmachungen für den Hauptniederlassungsbereich erfolgten spätestens am 25. 2. 1999 und für die Zweigniederlassung letztlich am 1. 4. 1999.
Für die GmbH ist – wie bereits erwähnt – der Geschäftsführer C aufgetreten, welcher gegenüber X die pünktliche Lieferung der georderten Maschinen zugesagt hat.
C ist nach Meinung des B zu jenem Zeitpunkt nicht mehr zur Einzelvertretung berechtigt gewesen, da die Gesellschafter der C-GmbH den Gesellschaftsvertrag dahingehend geändert haben, daß zukünftig nur noch jeweils zwei Geschäftsführer befugt sind, für die Gesellschaft tätig zu werden.
Die Eintragung der Vertragsänderung in das zuständige Handelsregister datiert vom 27. 3. 1999. Die Publizierung durch den Bundesanzeiger etc. erfolgte am 7. bzw 10. 4. 1999, während der Beschluß am 12. 3. 1999 gefaßt worden ist.
B ist also der Meinung, daß die Käufer- und die Verkäuferseite nicht ordnungsgemäß vertreten wurden, so daß am 17. 3. 1999 kein wirksamer Vertrag zustande gekommen ist.
Außerdem wendet B ein, daß die angebliche Forderung nach den am 17. 3. 1999 getroffenen schuldrechtlichen Vereinbarungen erst einen Monat nach Lieferung fällig ist.
Die C-GmbH besteht auf der Zahlung durch B; denn X hatte bei Vertragsabschluß einen Registerauszug des AG München vom 14. 3. 1999 vorgelegt, welcher ihn als Prokuristen der A-oHG ausgewiesen hat.

Gutachten:

Teil I

A. Rechtliche Beurteilung

I. Antrag

1. Der zu einer Handelsregistereintragung notwendige Antrag[1] ist in der Formulierung „Die Nachgenannten ... melden ... an: ...“ enthalten.

2. Ziel des Antrags ist die Eintragung
a) des Eintritts eines weiteren Gesellschafters – einschließlich der räumlichen Beschränkung seiner Vertretungsmacht –,
b) des Ausscheidens eines Gesellschafters,
c) des Entzugs der Berechtigung zur Vornahme von Grundstücksgeschäften hinsichtlich einer Einzelprokura,
d) der Befreiung von den Beschränkungen des § 181 BGB bei dieser Einzelprokura sowie
e) der Erteilung einer Einzelprokura an einen Gesellschafter in das Handelsregister.

II. Zuständigkeiten

1. Die funktionelle Zuständigkeit des Rechtspflegers leitet sich aus §§ 3 Nr 2 d), 17 RPflG her.
2. Sachlich zuständig ist gem § 125 Abs 1 FGG (§ 8 HGB) das Amtsgericht.

1 Der Gesetzgeber verwendet in allen handelsrechtlichen Vorschriften stets den Begriff „Anmeldung“. Nach *Ahlbrecht/Bengsohn* „Handelsrecht I“ Rn 52 besteht die Anmeldung aus dem „Antrag“ (= Bitte an das Registergericht, eine Eintragung vorzunehmen) und der Tatsachenerklärung (= Mitteilung der entsprechenden Informationen über die einzutragenden Fakten). Im übrigen ergibt sich aus § 129 FGG, daß für das Tätigwerden des Registergerichts ein Antrag erforderlich ist – vergleiche Formulierung „... gilt als ermächtigt, ... die Eintragung zu beantragen.“ –.

3. Örtlich zuständig ist gem § 106 Abs 1 HGB analog in Verbindung mit § 13c Abs 1 HGB zunächst das AG Köln als das Registergericht der Hauptniederlassung sowie im weiteren Verlauf des Eintragungsverfahrens gem § 13c Abs 2 S 2 HGB auch das AG Frankfurt/Oder als das Registergericht der Zweigniederlassung.

III. Generelle Eintragungsfähigkeit

1. Eintritt eines Gesellschafters

Dieser Vorgang ist gem § 107 – 3. Alt – HGB eintragungsfähig.
Die materielle Zulässigkeit, die Vertretungsmacht eines Gesellschafters auf den Bereich einer Zweigniederlassung zu beschränken, ergibt sich aus § 126 Abs 3 HGB in Verbindung mit § 50 Abs 3 HGB.
Die Eintragungsfähigkeit leitet sich aus § 125 Abs 4 HGB (= „... sowie jede Änderung in der Vertretungsmacht eines Gesellschafters ...", hier also das Abweichen von der Regelvertretungsmacht gem § 125 Abs 1 – 1. Halbs – HGB) her bzw aus § 125 Abs 3 S 1 FGG in Verbindung mit § 40 Ziff 5 (2) d) HRV.

2. Ausscheiden eines Gesellschafters

Die Eintragungsfähigkeit folgt aus § 143 Abs 2 in Verbindung mit Abs 1 HGB.

3. Entzug der Berechtigung zur Vornahme von Grundstücksgeschäften durch einen Prokuristen.

Gem §§ 6 Abs 1, 49 HGB ist der Prokurist zur Vornahme von Grundstücksgeschäften berechtigt.
Im Rückschluß aus §§ 6 Abs 1, 49 Abs 2 HGB steht fest, daß der Prokurist allerdings grundsätzlich zur Veräußerung oder Belastung von Grundbesitz nicht befugt ist.
Im vorliegenden Fall wurde die Prokura Knapperts-Strauch zunächst entsprechend §§ 6 Abs 1, 49 Abs 2 HGB inhaltlich erweitert. Dies ist aus Gründen der Rechtssicherheit und der Trans-

parenz bzw der Publizität des Handelsregisters auch eintragungsfähig und sogar eintragungspflichtig.[2]
Diese sogenannte Immobiliarklausel kann – ohne Widerruf der Prokura – jederzeit durch den Inhaber des Handelsgeschäfts wieder entzogen werden,[3] so daß auch dieser Umstand aufgrund der vorgenannten Überlegungen gleichfalls im Handelsregister vermerkt werden muß.[4]
Im vorliegenden Fall soll aber die allgemeine Befugnis zur Vornahme von Grundstücksgeschäften aufgehoben werden. Dies verstößt, soweit es sich um die Immobilienangelegenheiten handelt, welche durch §§ 6 Abs 1, 49 Abs 1 HGB gedeckt sind, gegen §§ 6 Abs 1, 50 Abs 1 HGB.
Man wird wohl gem § 133 BGB die Anmeldung dahingehend auslegen können, daß die Erklärung der Beteiligten nur auf den Entzug zur Vornahme der in §§ 6 Abs 1, 49 Abs 2 HGB genannten Grundstücksgeschäfte abzielt.

4. Befreiung von den Beschränkungen des § 181 BGB bei einem Prokuristen

Die Eintragungsfähigkeit leitet sich nicht unmittelbar aus einer Norm des HGB her. Grundsätzlich unterliegt jeder Prokurist in seiner Eigenschaft als rechtsgeschäftlicher Vertreter im Sinne von § 164ff BGB den Beschränkungen des § 181 BGB,[5] so daß ihm entsprechend der zitierten Norm durch den Kaufmann oder die Handelsgesellschaft auch erlaubt werden kann, Insichgeschäfte etc vorzunehmen.
Da §§ 6 Abs 1, 53 Abs 1 HGB zur Frage der Eintragungsfähigkeit schweigen, begründet man diese mit dem Sinn und Zweck des Handelsregisters zur Verlautbarung wichtiger Rechtsverhältnisse.[6]
Im vorliegenden Fall ergibt sich eine zusätzliche Besonderheit daraus, daß die Befreiung nicht allgemein, sondern beschränkt auf

2 Für viele: *Keidel/Schmatz/Stöber* Registerrecht 5. Aufl Rn 73.

3 *Hofmann* Der Prokurist 7. Aufl S 79; *Keidel/Schmatz/Stöber* Registerrecht Rn 73.

4 *Keidel/Schmatz/Stöber* Registerrecht Rn 73.

5 Diese Norm ist gem Art 2 Abs 1 EGHGB auch auf den Prokuristen anwendbar, da das HGB insoweit keine abweichenden Bestimmungen enthält.

6 Für viele: *Keidel/Schmatz/Stöber* Registerrecht Rn 73.

Rechtsgeschäfte mit einem genau bezeichneten betragsmäßigen Volumen erteilt worden ist.
Auch dies ist zulässig und eintragungsfähig,[7] denn die registermäßige Erfassung der Befreiung von den Beschränkungen des § 181 BGB dient dem Schutz der Geschäftspartner, welche darüber informiert werden sollen, daß der Betreffende – ausnahmsweise – durch Insichgeschäfte und Drittvertretungen Vermögensgegenstände dem Unternehmen entziehen kann.
Diese Warnfunktion der entsprechenden Handelsregistereintragung besteht auch, wenn die Befreiung im Zusammenhang mit § 181 BGB nur zum Teil vorgenommen wird.
Es ist darauf zu achten, daß sich der Rahmen, in welchem das partielle „Gestatten" im Sinne von § 181 BGB vorliegt, für jeden zweifelsfrei aus dem Eintragungstext ergibt, und daß das Handelsregister nicht übermäßig verbal „belastet" wird.
In dieser Hinsicht ergeben sich im vorliegenden Fall keine Bedenken.

5. Erteilung einer Einzelprokura

Die Erteilung einer Einzelprokura ist gem §§ 6 Abs 1, 53 Abs 1 S 1 HGB eintragungsfähig.
Die Zulässigkeit der räumlichen Eingrenzung ergibt sich aus §§ 6 Abs 1, 50 Abs 3 HGB. Die dort verwendete Formulierung „Eine Beschränkung ... auf den Betrieb einer von mehreren Niederlassungen ..." bedeutet, daß die Prokura auch ausschließlich für den Bereich der Hauptniederlassung bzw für die Niederlassung am Sitz der Gesellschaft erteilt werden kann.[8]
Diese Besonderheit hinsichtlich der Vertretungsmacht ist, da § 53 Abs 1 HGB zur Eintragungsfähigkeit schweigt, aus Gründen der Rechtssicherheit und der Transparenz bzw der Publizität des Handelsregisters auch im Handelsregister zu verlautbaren.[9]

7 OLG Düsseldorf Rpfleger 1995, 115; OLG Köln Rpfleger 1996, 162; *Keidel/Schmatz/Stöber* Rn 734 b); *Kanzleiter* Rpfleger 1984, 4; aA LG Berlin, Rpfleger 1981, 309.

8 *Hüffer* in Großkommentar zum HGB 4. Aufl Rn 18 zu § 50 HGB.

9 *Keidel/Schmatz/Stöber* Registerrecht Rn 73; *Hopt* HGB, 29. Aufl 1994, § 50 Rn 3.

Hinweis: Insgesamt besteht wegen des Wortlauts der Bestimmungen des Handelsgesetzbuchs bzw wegen der Bedeutung der angemeldeten Veränderungen Anmelde- und Eintragungs p f l i c h t.[10]

IV. Materielle Prüfung

Grundsätzlich ist für den Bereich des Handelsregisters, Abteilung A, ein in sich widerspruchsloser Sachvortrag der von den Rechtsvorgängen materiellrechtlich Betroffenen erforderlich und ausreichend; denn der Rechtspfleger hat insoweit jede Anmeldung auf ihre Plausibilität hin zu prüfen, also daraufhin, ob das, was zur Eintragung angemeldet wird, ihm schlüssig dargelegt und nach seiner Lebens- und Berufserfahrung in sich glaubwürdig ist.
Ein urkundlicher Nachweis ist für den Bereich des Handelsregisters, Abteilung A, nicht erforderlich, da grundsätzlich diejenigen im Rahmen des formellen Eintragungsverfahrens die notwendigen Erklärung abgeben, die durch ihre Entscheidung die materiellrechtliche Grundlage für die beantragte Registereintragung schaffen.
Bei den Personenhandelsgesellschaften sind prinzipiell sämtliche Gesellschafter ohne Rücksicht auf die Vertretungsmacht für die Gesellschaft zur Anmeldung verpflichtet, so daß hier – nach den Regeln des sogenannten formellen Konsensprinzips – ein urkundlicher Nachweis, der den Eintritt der vorgetragenen Veränderungen belegt, entbehrlich ist.

1. Eintritt eines weiteren Gesellschafters

Erforderlich ist eine Änderung des Gesellschaftsvertrags, und zwar in der Form des sogenannten Aufnahmevertrags zwischen sämtlichen „Alt"-Gesellschaftern und dem Beitrittswilligen.[11] Auf-

10 Hinsichtlich der Grundstücksklausel wohl einhellig – vgl *Keidel/Schmatz/Stöber* Registerrecht Rn 73; *Hofmann* Der Prokurist S 1; *Hopt* HGB, § 53 Rn 3; *Joost* in Großkommentar zum HGB Rn 22 zu § 53 HGB; im Hinblick auf die § 181 BGB-Befreiung: für Eintragungspflicht: *Hopt* HGB, § 53 Rn 3; *Joost* in Großkommentar zum HGB Rn 22 zu § 53 HGB; für Eintragungsfähigkeit: OLG Hamm Rpfleger 1983, 280 ff; *Hofmann* Der Prokurist S 53; *Keidel/Schmatz/Stöber* Registerrecht Rn 73.

11 *Hopt* HGB, § 105 Rn 67.

grund der gemeinsamen Anmeldung kann man unterstellen, daß die notwendigen materiellrechtlichen Voraussetzungen geschaffen worden sind.
Die von dem Grundsatz gem § 125 Abs 1 – 1. Halbs – HGB abweichende Vertretungsregelung im Sinne von § 126 Abs 3 HGB in Verbindung mit § 50 Abs 3 HGB kann, wie § 125 Abs 1 bis 3 HGB zu entnehmen ist, auch nur durch einen entsprechenden Passus im Gesellschaftsvertrag getroffen werden. Die gemeinsame Anmeldung ist ein Indiz dafür, daß auch insoweit eine übereinstimmende Entscheidung aller Beteiligten vorliegt.
Die räumliche Beschränkung ist im übrigen gem §§ 126 Abs 3, 50 Abs 3 HGB zulässig, da sich hier die Firma der Niederlassung am Sitz der Gesellschaft und jene der Zweigniederlassung durch den nach § 50 Abs 3 S 2 HGB ausreichenden Zusatz „Filiale Frankfurt/Oder" unterscheiden.

2. Ausscheiden eines Gesellschafters

Aus einer fortbestehenden Personenhandelsgesellschaft kann ein Beteiligter gem § 131 Abs 3 S 1 Ziff 3 HGB durch Kündigung ausscheiden.[12]
Aufgrund des gemeinsamen Sachvortrags kann davon ausgegangen werden, daß die Kündigung wirksam und fristgerecht erfolgt ist.
Nach § 24 Abs 1 – 3. Alt – sowie Abs 2 HGB hat der ausscheidende Gesellschafter, sofern sein Name in der Firma enthalten ist, der Weiterverwendung des Handelsnamens ausdrücklich zuzustimmen.
Dies gilt aber nur für diejenige Person, deren Namen eindeutig zur Firmenbildung benutzt worden ist.
Zufällige Namensgleichheit eines später in die Gesellschaft Eingetretenen bedeutet nicht, daß die Fortführung der Firma von seiner Einwilligung abhängt.[13]

12 Nach § 131 Ziff 6 HGB in der bis zum 30.6.1998 geltenden Fassung führte die Kündigung des Gesellschafters grundsätzlich zur Auflösung der oHG, falls der Gesellschaftsvertrag nicht eine sogenannte „Fortsetzungsklausel" iSv § 138 HGB aF enthielt. Diese Regelung könnte entsprechend Art 41 EGHGB unter den dort genannten Voraussetzungen weiterhin gelten, wenn dies der ausdrückliche Wunsch der Beteiligten wäre. Nach den Anm zur Bearb ist dies allerdings nicht der Fall.

13 BGH 100, 78; *Hopt* HGB, § 24 Rn 11.

Nach der aus dem Handelsregisterauszug ersichtlichen Entwicklung des Unternehmens geht ohne Zweifel hervor, daß im vorliegenden Fall nicht der Name des nunmehr ausgeschiedenen Gesellschafters, sondern der seines Vaters Bestandteil der Firma ist. Folglich ist insoweit eine Einwilligung im Sinne von § 24 Abs 2 HGB durch Ackermann jun. nicht erforderlich.

3. Veränderungen hinsichtlich der Prokura Knapperts-Strauch

Die Erteilung und der Widerruf einer Prokura erfolgen gem §§ 6 Abs 1, 48 Abs 1 HGB durch den Inhaber des Handelsgeschäfts, also hier durch die offene Handelsgesellschaft, vertreten durch die Gesellschafter in vertretungsberechtigter Anzahl.[14]
Gleiches gilt entsprechend für die inhaltliche Veränderung bzw Ergänzung einer bestehenden Prokura.
Der Entzug der Berechtigung zur Vornahme der Grundstücksgeschäfte im Sinne von § 49 Abs 2 HGB ist quasi als Teilwiderruf vom Inhaber des Handelsgeschäfts (dh: also von der oHG) gem §§ 168 S 3, 167 Abs 1 – 1. Alt – BGB in Verbindung mit §§ 49 Abs 2, 48 Abs 1 HGB persönlich und ausdrücklich zu erklären.
Das „Gestatten" im Sinne von § 181 BGB ist durch den Vertretenen (dh: also durch die oHG) vorzunehmen.
Auch die – im vorgenannten Zusammenhang – erforderlichen formellrechtlichen Erklärungen sind gem §§ 6 Abs 1, 53 Abs 1 und 3 HGB vom Inhaber des Handelsgeschäfts (dh: also von der oHG) abzugeben.
Somit besteht Identität zwischen demjenigen, welcher die materiellrechtlichen Grundlagen schafft, und der Person, welche die Anmeldung zum Handelsregister zu tätigen hat.
Daher ist von einem schlüssigen Sachvortrag durch die vertretungsberechtigten Gesellschafter über die inhaltlichen Veränderungen der betroffenen Prokura auszugehen.

4. Erteilung Prokura Lehmann

Vorstehende Ausführungen gelten sinngemäß auch für die Erteilung der Prokura Lehmann. Die vom Inhaber des Handelsgeschäfts (dh: also von der oHG) bei der Erteilung erklärte räum-

14 *Joost* in Großkommentar zum HGB Rn 58 zu § 48.

liche Beschränkung ist gem §§ 6 Abs 1, 50 Abs 3 HGB zulässig, da sich die Firmen der Hauptniederlassung und der Zweigniederlassung durch den Zusatz „Filiale Frankfurt/Oder" unterscheiden, und zwar deutlich, wie § 50 Abs 3 S 2 HGB zum Ausdruck bringt. Bedenken könnten sich aus der Person des Prokuristen herleiten, da er bereits Gesellschafter der offenen Handelsgesellschaft ist. Da er jedoch von der gesetzlichen Vertretung im Sinne von § 125 HGB ausgeschlossen ist, kann ihm die rechtsgeschäftliche Vollmacht in der Form der Prokura erteilt werden.[15]

V. Formelle Prüfung

1. Eintritt eines weiteren Gesellschafters

a) Die Tatsache des Eintritts ist gem § 125 Abs 3 S 1 FGG in Verbindung mit § 40 Ziff 5 (2) c) HRV hinsichtlich des neuen Gesellschafters Blech angemeldet worden.

b) Ferner finden sich in der Anmeldung auch die erforderlichen persönlichen Daten des neuen Gesellschafters Blech gem § 125 Abs 3 S 1 FGG iVm § 24 Abs 1 HRV sowie § 40 Ziff 3 HRV, nämlich Name, Familienname, Geburtsdatum und Wohnort.

c) Angaben zur Vertretungsmacht eines neuen Gesellschafters sind nur erforderlich, wenn Abweichungen von dem Grundsatz der Einzelvertretung gem § 125 Abs 1 – 1. Halbs – HGB vorliegen.

d) Die räumlich beschränkte Vertretungsmacht des Gesellschafters Blech ist gem § 125 Abs 3 S 1 FGG iVm § 40 Ziff 5 (2) d) HRV in der Anmeldung zum Ausdruck gebracht worden.

2. Ausscheiden eines Gesellschafters

Gem § 143 Abs 2 HGB bzw § 125 Abs 3 S 1 FGG in Verbindung mit § 40 Ziff 5 (2) c) HRV ist die Tatsache des Ausscheidens eines hinreichend bezeichneten Gesellschafters anzumelden.
Der ausscheidende Gesellschafter Ackermann ist eindeutig benannt worden.

15 *Hopt* HGB, § 48 Rn 2.

3. Veränderungen hinsichtlich der Prokura Knapperts-Strauch

Die Anmeldung läßt – unter Ausdeutung gem § 133 BGB[16] – erkennen, daß hinsichtlich der Prokura die Befugnisse im Sinne von §§ 6 Abs 1, 49 Abs 2 HGB widerrufen worden sind.
Hinsichtlich der Befreiung von den Beschränkungen des § 181 BGB ist wegen des Anmeldungstextes auf die vorgenannte Norm zurückzugreifen.
Es genügt grundsätzlich nicht der Hinweis auf die gesetzliche Bestimmung, sondern der Inhalt der Vorschrift ist auszuformulieren.[17]
Die erforderliche Aus- und Umdeutung des Anmeldungstextes ist ohne Nachfrage bei der Antragstellerin zulässig.

4. Erteilung Prokura Lehmann

a) Personalien des Prokuristen

Die Angabe der Personalien gem § 125 Abs 3 S 1 FGG iVm § 24 Abs 1 HRV sowie § 40 Ziff 4 HRV ist im vorliegenden Fall zT entbehrlich, da Lehmann bereits mit den entsprechenden Informationen als Gesellschafter im Handelsregister vermerkt ist. Die Mitteilung des Geburtsdatums war allerdings noch erforderlich.

b) Art der Prokura

Die Art der Prokura, dh hier also die Erteilung einer Einzelprokura, ist eindeutig in der Anmeldung angegeben worden.

c) Ergänzungen oder Beschränkungen der Vertretungsmacht

Die Anmeldung der räumlichen Beschränkung der Prokura hat –

16 Grundsätzlich gilt, daß die Anmeldung klar und bestimmt zum Ausdruck bringt, welche Fakten in das Handelsregister eingetragen werden sollen. Allerdings bedeutet dies nicht, daß der Anmeldende verpflichtet ist, bestimmte Formulierungen und Termini zu verwenden. Den Wortlaut des Eintragungstextes bestimmt das Registergericht. Dieses hat ggf im Wege der Auslegung zu ergründen, welche registerfähigen Vorgänge von den Beteiligten angesprochen worden sind – vgl *Keidel/Schmatz/Stöber* Registerrecht Rn 18a.

17 Nach *Keidel/Schmatz/Stöber* Registerrecht Rn 73 und 734d und BayObLG 1979, 182 (185) gilt dies vor allen Dingen für die spätere Handelsregistereintragung; aA OLG Köln Rpfleger 1996, 162, danach hat es sich eingebürgert, „daß die Befreiung von der Beschränkung des § 181 BGB ausdrücklich mit diesen Worten bezeichnet wird.“; ebenso verfährt der überwiegende Teil der Praxis.

entsprechend §§ 6 Abs 1, 50 Abs 3 HGB – eindeutig den Bereich, für den sie erteilt worden ist, zu beinhalten.
Hier ist in der Erklärung vom 23. bzw 27.7.1999 als Geltungsraum die Hauptniederlassung angegeben.

VI. Nebenpflichten

1. Nebenpflicht des Gesellschafters Blech

Der Gesellschafter hat gem § 108 Abs 2 HGB seine Unterschrift unter Beifügung der Firma der offenen Handelsgesellschaft zu zeichnen.
Im vorliegenden Fall ist darauf zu achten, daß – da die Vertretungsmacht des Gesellschafters Blech auf den Bereich der Zweigniederlassung beschränkt ist – ua deren Firma beigefügt wird.[18]
Der genannten Verpflichtung ist Blech bislang zwar nicht nachgekommen. Gleichwohl ergeht zunächst keine Aufforderung an ihn, da nach der Anmeldung die baldige Vorlage der Unterschriftsproben in Aussicht gestellt worden ist.
Entsprechend § 13c Abs 4 und Abs 3 S 1 HGB bzw gem § 13c Abs 4 in Verbindung mit Abs 1 – 2. Halbs – HGB sind zwei Zeichnungen einzureichen, dh ein Exemplar für die Haupt- und ein solches für die Zweigniederlassung.

2. Nebenpflicht der Prokuristin Knapperts-Strauch

Die vorgenannte Prokuristin ist nicht verpflichtet, erneut gem §§ 6 Abs 1, 53 Abs 2 HGB zu zeichnen, denn es liegt eine inhaltliche Umgestaltung und nicht die Neuerteilung einer Prokura vor.[19]

3. Nebenpflicht des Prokuristen Lehmann

Dieser ist verpflichtet, gem §§ 6 Abs 1, 53 Abs 2 HGB seine Unterschrift unter Beifügung der Firma der offenen Handels-

18 *Hüffer* in Großkommentar zum HGB Rn 30 zu § 53 hinsichtlich der Zeichnung durch einen Niederlassungsprokuristen gem § 50 Abs 3.

19 Die Tatsache, daß gem § 53 Abs 2 HGB in der ab 1.7.1998 geltenden Fassung die Zeichnung auch einen „die Prokura andeutenden" Zusatz zu enthalten hat, dürfte wohl kaum Anlaß für das Registergericht sein, auf einer erneuten Zeichnung zu bestehen. Das gilt auch entsprechend für die beiden eingetragenen Prokuristen Schüchter und Walter.

gesellschaft sowie eines die Prokura andeutenden Zusatzes zu zeichnen.
Hier ist zu berücksichtigen, daß – da die Vertretungsmacht des Prokuristen Lehmann auf den Bereich der Hauptniederlassung beschränkt ist – ua deren Firma beigefügt wird.[20]
Auch er ist noch nicht der erwähnten Verpflichtung nachgekommen. Dennoch ergeht zunächst ebenfalls keine Aufforderung an ihn, da nach der Anmeldung die baldige Vorlage der Unterschriftsprobe in Aussicht gestellt worden ist.
Entsprechend dem Rechtsgedanken von § 13 c Abs 4 und Abs 3 S 1 HGB[21] ist nur e i n e Zeichnung einzureichen.

4. Nebenpflicht aller Anmeldenden

Gem § 13c Abs 1 – 2. Halbs – HGB ist ein weiteres Exemplar der Anmeldung vorzulegen.

Hinweis: In allen Fällen gilt, daß fehlende Zeichnungen und – zusätzliche – Anmeldungsexemplare die Erledigung einer ansonsten ordnungsgemäßen Anmeldung nicht hindern, da diese nur die Erfüllung einer Nebenpflicht darstellen.[22]

VII. Erklärungsberechtigung

1. Veränderungen hinsichtlich der Gesellschafter

Die Veränderungen entsprechend Buchstabe a) und b) der Anmeldung sind gem §§ 107 – 3. Alt –, 108 Abs 1, 143 Abs 2 und 1 HGB von sämtlichen Gesellschaftern anzumelden, und zwar unabhängig, ob sie zur Vertretung der Gesellschaft berechtigt sind oder nicht.[23]

20 *Hüffer* in Großkommentar zum HGB Rn 30 zu § 5.
21 Unter dem in § 13c Abs 3 HGB erwähnten Begriff der „Zweigniederlassung" ist die „Niederlassung" iSv § 50 Abs 3 HGB – also Haupt- oder Zweigniederlassung – zu verstehen.
22 *Hopt* HGB, § 108 Rn 7.
23 Die Anmeldepflicht trifft sie persönlich in ihrer Funktion als Gesellschafter (= Mitinhaber) und nicht in ihrer Stellung als gesetzliche Vertreter der oHG – vgl *Keidel/Schmatz/Stöber* Registerrecht Rn 238.

In diesem Zusammenhang ist hinsichtlich eines neuen Gesellschafters zu berücksichtigen, daß dieser seine Stellung bereits mit Abschluß des Ergänzungsvertrags und nicht erst mit der Eintragung im Handelsregister erlangt.[24]
Außerdem hat ein Beteiligter, der die Gesellschaft verläßt, aus Gründen der Rechtssicherheit und im Rückschluß aus § 143 Abs 3 HGB zumindest bei der Anmeldung seines Ausscheidens noch mitzuwirken.[25]
Die persönlichen Erklärungen der Gesellschafter/Beteiligten Lehmann, Blech und Ackermann liegen vor.
Die Gesellschafterinnen, die „Carl Schuricht Verwaltungs-GmbH" sowie die „Albert Erede Geschäftsführungsgesellschaft mbH", sind selbst nicht in der Lage, eine Anmeldung zu erklären.
Sie sind jeweils von einzelvertretungsberechtigten Geschäftsführern vertreten worden. Diese sind dazu gem § 35 Abs 1 GmbHG befugt.
Allerdings ist deren Vertretungsberechtigung gem §§ 12, 13 S 3 FGG[26] dem Registergericht gegenüber nachzuweisen.
Dies ist im Fall der „Carl Schuricht Verwaltungs-GmbH" durch einen Handelsregisterauszug des zuständigen Registergerichts geschehen.
Hinsichtlich der „Albert Erede Geschäftsführungsgesellschaft mbH" wird der Nachweis durch eine Notarbescheinigung gem § 21 BNotO geführt.

2. Prokurenvorgänge

Die Erteilung und folglich auch die inhaltliche Änderung von Prokuren ist gem §§ 6 Abs 1, 53 Abs 3 und Abs 1 S 1, 125 Abs 1 – 1. Halbs – HGB von der offenen Handelsgesellschaft in ihrer Funktion als „Inhaber des Handelsgeschäfts" im Sinne von § 53 Abs 1 HGB, vertreten durch die Gesellschafter in vertretungsberechtigter Anzahl, anzumelden.[27]

24 *Würdinger* in RGR Komm z HGB 2. Aufl Anm 2 zu § 107.

25 *Hopt* HGB, § 108 Rn 1.

26 Wobei zu beachten ist, daß § 13 S 3 FGG in sinngemäßer Anwendung gilt, da dort Regelungen zum Bevollmächtigten und nicht ausdrücklich zum gesetzlichen Vertreter getroffen sind.

27 *Keidel/Schmatz/Stöber* Registerrecht Rn 74.

Insoweit ist zB die Erklärung durch den gesetzlichen Vertreter der „Carl Schuricht Verwaltungs-GmbH" ausreichend.

VIII. Form

Die Anmeldungen zum Handelsregister sind gem § 12 Abs 1 – 1. Halbs – HGB in öffentlich beglaubigter Form einzureichen.
Nach den entsprechenden Hinweisen im Sachverhalt ist diese Form eingehalten worden.
Hinsichtlich des weiteren Anmeldungsexemplars genügt eine öffentlich beglaubigte Abschrift.[28]
Die eingangs genannte Norm gilt gem § 12 Abs 1 – 2. Halbs – HGB auch für die noch nachzureichenden Zeichnungen.
Die zusätzliche Zeichnung durch den Gesellschafter Blech kann in Form einer öffentlich beglaubigten Fotokopie vorgelegt werden.[29]
Der bezüglich der „Carl Schuricht Verwaltungs-GmbH" vorgelegte Handelsregisterauszug ist ordnungsgemäß, da er beglaubigt und neuesten Datums ist.
Die Notarbescheinigung hinsichtlich der „Albert Erede Geschäftsführungsgesellschaft m. b. H." ist insoweit zu beanstanden, als sie nicht den gem § 21 Abs 2 S 2 BNotO erforderlichen Hinweis enthält, ob und ggf wann der Notar das betreffende Handelsregister oder einen beglaubigten Handelsregisterauszug – hinsichtlich HRB 9840 des AG Aachen – eingesehen hat.

IX. Ergänzende Nachprüfungen durch das Registergericht

Trotz der Veränderungen im Gesellschafterbestand kann die bisherige Firma unverändert weitergeführt werden, wie § 24 Abs 1 2. und 3. Alt HGB zu entnehmen ist.

28 *Hopt* HGB, § 13 c Rn 1.

29 Nach *Hopt* § 13 c Rn 1 ist insoweit eine „weitere" Urschrift einzureichen; dieser Ansicht kann nicht gefolgt werden; denn die Zeichnung dient dem Schriftenvergleich; dieser ist problemlos möglich, wenn dem Registergericht – zusätzlich – eine beglaubigte Fotokopie der „Ur"-Zeichnung vorgelegt wird.

Wegen des Umstandes, daß der ausscheidende Gesellschafter Ackermann nicht seine Zustimmung gem § 24 Abs 2 HGB zu geben hat, sei auf die entsprechenden Ausführung innerhalb des Abschnitts „Materielle Prüfung" verwiesen.

X. Kostenvorwegleistungspflicht

Da die Eintragungen größtenteils nur auf Antrag erfolgen, ergibt sich grundsätzlich gem § 8 Abs 1 S 1 und Abs 2 S 1 KostO für das Registergericht die Verpflichtung, die formelle Umsetzung der Erklärung davon abhängig zu machen, daß die Verfahrensbeteiligten zunächst einen sogenannten „hinreichenden" Vorschuß auf die voraussichtlich entstehenden Gebühren und Auslagen zahlen.
Allerdings besteht diese Kostenvorwegleistungspflicht nicht in den Fällen, in denen die Anmeldung zu den Registern – wie im vorliegenden Fall – obligatorisch ist, dh immer dann, wenn die fehlende Anmeldung im Wege des sogenannten Zwangsgeldverfahrens angefordert werden kann, gilt die in § 8 Abs 2 S 2 – 2. Halbs – 2. Alt KostO enthaltene Ausnahmeregelung [„... oder wenn aus einem anderen Grund das Verlangen nach vorheriger Zahlung oder Sicherstellung der Kosten nicht angebracht erscheint, ... "].
Dieser „andere Grund" ist das Zusammentreffen der Auswirkungen der Kostenvorwegleistungspflicht mit denen der Anmeldeverpflichtung, dh: die Verfahrensbeteiligten könnten den Eintritt der Folgen dieser Anmeldepflicht, also die Registereintragung, dadurch verhindern, daß sie den eingeforderten Kostenvorschuß nicht zahlen, so daß zB eine im Rahmen des Zwangsgeldverfahrens erlangte Anmeldung nicht erledigt werden kann.[30]
Folglich wird in den Fällen der sogenannten Anmeldepflicht die Erledigung der Eintragung im Handelsregister nicht von der vorherigen Einzahlung eines hinreichenden Kostenvorschusses abhängig gemacht.

30 *Keidel/Schmatz/Stöber* Registerrecht Rn 115; *Korintenberg/Lappe* 14. Aufl Rn 19 zu § 8 KostO.

B. Eintragungsverfügungen

Vfg.: AG Köln

1. Eintragen in HRA 2907:

Spalte 1: 5

Spalte 3: Leo Blech, geboren 1.5.1955, Frankfurt/Oder

Spalte 4: Einzelprokurist unter Beschränkung auf die Hauptniederlassung:
Fritz Lehmann, geboren 11.11.1960, Bonn.
Die Prokuristin Hanna Knapperts-Strauch[31] ist nicht mehr berechtigt, Grundstücke zu veräußern und zu belasten.
Sie ist jetzt bei Geschäftsabschlüssen bis zu jeweils 10.000.000,00 DM berechtigt, die offene Handelsgesellschaft bei der Vornahme von Rechtsgeschäften mit sich selbst im eigenen Namen oder auch als Vertreterin eines Dritten uneingeschränkt zu vertreten[32].

Spalte 5: Leo Blech ist als weiterer Gesellschafter eingetreten. Seine Vertretungsmacht ist auf den Bereich der Zweigniederlassung in Frankfurt/Oder beschränkt.
Otto Ackermann jun. ist aus der Gesellschaft ausgeschieden.

31 Gem § 24 Abs 1 HRV in der ab 1.1.1999 geltenden Fassung ist ua das Geburtsdatum des Prokuristen anzumelden; allerdings ist nicht vorgesehen, daß hinsichtlich der bereits eingetragenen Prokuristen entsprechende „Nachmeldungen" bzw ergänzende Eintragungen vorzunehmen sind. Dies ergibt sich daraus, daß Art 40 Abs 1 EGHGB in der innerhalb des Entwurfs zum Handelsrechtsreformgesetz vorgesehenen Fassung nicht Gesetz geworden ist. Die vorstehend zitierte Norm enthielt eine Nachmeldungspflicht hinsichtlich des Geburtsdatums für den Einzelkaufmann und die persönlich haftenden Gesellschafter.
Es bestehen allerdings wohl keine Bedenken, das Geburtsdatum bei einem bereits eingetragenen Prokuristen nachträglich zu vermerken, sofern die entsprechenden Informationen vorliegen.

32 Formulierung basiert auf dem Vorschlag von *Keidel/Schmatz/Stöber* Registerrecht Rn 734 d).

2. Röten:
a) lfd Nr 1: Spalte 4: Zeilen 4–7
b) lfd Nr 4: Spalte 3 und 5 – jeweils – bzgl Otto Ackermann jun
c) lfd Nr 5: Spalte 4 und Spalte 5 wie oben ______

3. Öffentliche Bekanntmachung

4. begl Fotokopie der Anmeldung fertigen[33]

5. Eintragungsnachricht an: a) sämtliche Antragsteller[34]
b) IHK[35]
c) AG Frankfurt/Oder zu HRA 994

Nachricht zu c) begl Fotokopie der Anmeldung beifügen!

Zusatz auf Eintragungsnachricht:
„Die Gebühren werden gem § 5 Abs 8 Kostenverfügung hier berechnet.
Die Zeichnung durch Leo Blech wird nachgereicht, sobald sie hier vorliegt.
Auf Eintragungsnachricht wird verzichtet."

6. Herrn Kostenbeamten[36]

7. Nach 1 Monat (Zeichnungen)

Köln, den 6.8.1999

Jäger-Meister, Rechtspflegerin

33 Es erscheint praxisorientiert zu sein, das notwendige Anmeldungsdoppel durch das Registergericht anfertigen zu lassen und nicht zu warten, bis die Beteiligten es nachgereicht haben.
34 Vgl § 130 Abs 2 FGG.
35 Gem § 37 HRV ist eine Benachrichtigung der IHK von Prokurenvorgängen nicht vorgesehen; in der Praxis erfolgt aber – wegen der Art der Herstellung der Eintragungsnachrichten [= § 37 Abs 2 HRV] prinzipiell keine „Teilnachricht" über die übrigen Eintragungen.
36 Die Kostenberechnung in Handelsregistersachen ist durch Änderung der sogenannten „Geschäftsstellenordnung" vielfach – grundsätzlich – auf die Beamten/Beamtinnen des mittleren Justizdienstes übertragen worden, so zB in NRW durch AV d JM v 16.10.1997, JMBl NW S 255, mit Wirkung ab 1.12.1997.

Vfg.: AG Frankfurt/Oder

1. Eintragen in HRA 994:

Spalte 1: 3

Spalte 3: Leo Blech, geboren 1.5.1955, Frankfurt/Oder

Spalte 4: Die Prokuristin Hanna Knapperts-Strauch ist nicht mehr berechtigt, Grundstücke zu veräußern und zu belasten.
Sie ist jetzt bei Geschäftsabschlüssen bis zu jeweils 10.000.000,00 DM berechtigt, die offene Handelsgesellschaft bei der Vornahme von Rechtsgeschäften mit sich selbst im eigenen Namen oder auch als Vertreterin eines Dritten uneingeschränkt zu vertreten.

Spalte 5: Leo Blech ist als weiterer Gesellschafter eingetreten[37].
Otto Ackermann jun. ist aus der Gesellschaft ausgeschieden.

2. Röten:

a) lfd Nr 1: Spalte 4 bzgl. Grundstücksklausel bei Knapperts-Strauch

b) lfd Nr 2: Spalte 3 und 5 – jeweils – bzgl Otto Ackermann jun

c) lfd Nr 3: Spalte 4 und Spalte 5 wie oben ______

3. Öffentliche Bekanntmachung ohne Bundesanzeiger[38]

Zusatz in den Lokalblättern! „Als nicht eingetragen wird bekanntgemacht: Gleiche Eintragung ist im Handelsregister des Gerichts des Sitzes (AG Köln) erfolgt."

37 Die Beschränkung der Vertretungsmacht auf den Bereich der Zweigniederlassung wird nach BGH, Rpfleger 1988, 315 nicht im Handelsregister der Zweigniederlassung eingetragen.
38 Vgl § 13 c Abs 2 S 4 HGB.

4. Eintragungsnachricht an:[39] a) Zweigniederlassung
b) IHK

5. Frau Kostenbeamtin

6. Wv. nach 1 Monat (Zeichnung Blech?)

Frankfurt/Oder, den 17. 8. 1999

Müller, Rechtspfleger

Teil II

Als Anspruchsgrundlage für die fällige Forderung der C-GmbH gegenüber B kommt § 433 Abs 2 BGB iVm §§ 124 Abs 1, 128 S 1 HGB in Betracht.
Das setzt voraus:

1. Abschluß eines wirksamen Kaufvertrags zwischen der C-GmbH und der A-oHG mit der Folge, daß zulasten der zuletzt genannten Gesellschaft eine Verbindlichkeit iSv § 124 Abs 1 HGB besteht,
2. Gesellschafterstellung des B innerhalb der A-oHG, so daß er in dieser Funktion für die Gesellschaftsverbindlichkeiten gem § 128 S 1 HGB einzustehen hat,
3. Fälligkeit der Kaufpreisschuld gem § 271 BGB am 28. 5. 1999.

zu 1.:

Erforderlich sind zwei übereinstimmende Willenserklärungen, nämlich Angebot und Annahme, welche auf die Erzielung eines einheitlichen Rechtserfolgs (= Abschluß eines Kaufvertrags) gerichtet sind.

39 Es fehlen ausdrückliche Bestimmungen darüber, wer von den Eintragungen im Handelsregister der Zweigniederlassung zu benachrichtigen ist; nach § 130 Abs 2 FGG analog erscheint es sinnvoll, die Zweigniederlassung als solche zu informieren; zudem ist es angebracht, der örtlichen IHK – entsprechend § 37 HRV – eine Mitteilung zukommen zu lassen.

Hinsichtlich dieser Erklärungen gem §§ 145, 151 BGB ergeben sich nach dem Sachverhalt keine grundsätzlichen Bedenken.
Die durch den oHG-Vertreter ausgesprochene „Bestellung" stellt das Angebot dar, während in der vom GmbH-Vertreter abgegebenen Zusage der pünktlichen Lieferung die Annahme zu sehen ist.
Da die Beteiligten aber nicht persönlich gehandelt haben, ist zu klären, ob auf beiden Seiten eine wirksame Stellvertretung im Sinne von § 164 BGB vorliegt.
Für die A-oHG ist X tätig geworden.
Grundsätzlich wird eine Personenhandelsgesellschaft gem § 125 Abs 1 – 1. Halbs – HGB durch die Gesellschafter vertreten.
Dies schließt aber ein Handeln durch einen Prokuristen nicht aus.

Die Voraussetzungen gem § 164 Abs 1 und 3 BGB sind:

a) Zulässigkeit der Stellvertretung

Insoweit ergeben sich keine Probleme, da der Abschluß eines Kaufvertrags kein höchstpersönliches Rechtsgeschäft ist, welches nur durch die gesetzlichen Vertreter hätte vorgenommen werden können.

b) Abgabe einer eigenen Willenserklärung durch X

X gab offensichtlich eine eigene Willenserklärung ab, dh er machte seine Äußerungen unter Ausschöpfung seiner eigenen Entscheidungsfreiheit.

c) im Namen der A-oHG und unter Offenlegung des Vertretungsverhältnisses

X handelte in fremdem Namen. Dies verdeutlichte er dadurch, daß er dem Vertragspartner einen Handelsregisterauszug vorlegte, welcher ihn als Prokuristen der A-oHG auswies.

d) bei und im Rahmen einer entsprechenden Vertretungsmacht.

Zu prüfen ist nun, ob X auch im Besitz einer entsprechenden Vertretungsmacht war. Diese könnte sich aus seiner Stellung als Prokurist ergeben. Nach den „Anmerkungen zur Bearbeitung" ist davon auszugehen, daß die Prokura X wirksam erteilt worden ist.
X könnte seine Vertretungsmacht jedoch vor den Verhandlungen mit der C-GmbH verloren haben.
Bereits am 14. 2. 1999 wurde die Prokura widerrufen. Die insoweit erforderliche einseitige und empfangsbedürftige Erklärung gem

§§ 168 S 3, 167 Abs 1 – 1. Alt – BGB iVm §§ 48 Abs 1, 6 Abs 1 HGB konnte nach §§ 125 Abs 1 – 1. Halbs –, 126 Abs 1 – letzte Alt – HGB von dem Gesellschafter A wirksam abgegeben werden.
Der Zugang iSv § 130 Abs 1 S 1 BGB bei X liegt vor, da der Widerruf ihm gegenüber mündlich erfolgte.
Daher ist die Prokura X mit Wirkung vom 14. 2. 1999 erloschen.
Folglich war X am 17. 3. 1999 nicht mehr berechtigt, Erklärungen für die A-oHG abzugeben, so daß der Vertrag gem § 177 Abs 1 BGB schwebend unwirksam sein könnte.
Es ist aber vorweg zu klären, ob nicht die Anwendung von § 15 HGB zu einer anderen Beurteilung der Rechtslage führt.
Das Erlöschen der Prokura ist gem § 53 Abs 3 HGB eine eintragungspflichtige Tatsache iSv § 15 Abs 1 HGB, auf welche sich die A-oHG gegenüber dem gutgläubigen Geschäftspartner nicht berufen darf, falls dieses Faktum zum Zeitpunkt des Vertragsabschlusses weder im Handelsregister eingetragen noch iSv § 10 HGB publiziert war.
Bezüglich des Hauptniederlassungsbereichs wurde das Erlöschen der Prokura X bereits am 19. 2. 1999 eingetragen und – spätestens im Sinne von § 10 Abs 2 HGB – am 25. 2. 1999 veröffentlicht, so daß die C-GmbH gem § 15 Abs 2 S 1 HGB so zu behandeln ist, als sei ihr diese Tatsache, dh der Fortfall der Vertretungsmacht des X, bekannt.
Die Anwendung der Ausnahmebestimmung des § 15 Abs 2 S 2 HGB entfällt, da die 15-Tage-Frist überschritten ist.

Allerdings ist vorliegend § 15 Abs 4 HGB zu beachten.
Diese Norm ergänzt die Bestimmungen des § 15 Abs 1 und 2 HGB für den Fall, daß eine Zweigniederlassung besteht. Die zitierte Vorschrift legt fest, daß als Daten für die Handelsregistereintragung und für die Veröffentlichungen ausschließlich die Abläufe bei dem Gericht der Zweigniederlassung bzw bei den Lokalblättern der Zweigniederlassung entscheidend sind.

Die Voraussetzungen des § 15 Abs 4 HGB sind:
a) Die Eintragung der Zweigniederlassung im Handelsregister ist bereits erfolgt.
b) Die Frage der rechtzeitigen Eintragung und Publizierung von Tatsachen iSv § 15 Abs 1 oder 2 HGB stellt sich hinsichtlich des Geschäftsverkehrs mit der Zweigniederlassung.

zu a):
Laut „Anmerkungen zur Bearbeitung" ist die Zweigniederlassung ordnungsgemäß im Handelsregister eingetragen.

zu b):
Die Entscheidung, ob die fragliche - einzutragende - Tatsache, hier also das Erlöschen der Prokura X, rechtzeitig durch Handelsregistereintragung und Publizierung gem § 10 HGB offengelegt worden ist, orientiert sich nur an den zeitlichen Abläufen bei der Zweigniederlassung, wenn es um den Geschäftsverkehr mit eben diesem Teilbereich des Unternehmens geht.
Der Kaufvertrag vom 17.3.1999 beinhaltet die Lieferung von maschinellen Anlagen, deren Einsatz ausschließlich für die Zweigniederlassung bestimmt ist, so daß dieses Rechtsgeschäft exklusiv die Verhältnisse der Zweigniederlassung München betrifft.
Folglich sind hier die Daten der Zweigniederlassung maßgeblich.
Die Handelsregistereintragung erfolgte am 21.3.1999 und die öffentliche Bekanntmachung - spätestens - am 1.4.1999.
Daher wird gem § 15 Abs 1 und 4 HGB zugunsten der C-GmbH unterstellt, daß X zum Zeitpunkt des Vertragsabschlusses, also am 17.3.1999, noch Prokura besessen hat.
Diese Fiktion gilt aber nur, wenn der Dritte die fragliche Tatsache, dh also im vorliegenden Fall: das Erlöschen der Prokura X, nicht gekannt hat.
Gem § 166 Abs 1 BGB entscheidet hier der „Wissensstand" des Geschäftsführers der C-GmbH. Er, der Vertreter des Vertragspartners, hatte von der besagten Veränderung keine positive Kenntnis.
Zu klären ist nun, ob X im Rahmen seiner - fiktiven - Vertretungsmacht gehandelt hat.
Als Prokurist stand ihm gem § 49 Abs 1 HGB die Befugnis zu, für seine Gesellschaft alle Geschäfte zu tätigen, die der Betrieb irgendeines[40] Handelsgewerbes mit sich bringt.
Dazu zählt zweifellos der Abschluß des Kaufvertrags vom 17.3.1999, welcher die Anschaffung von betrieblichen Maschinen zum Gegenstand hat.

40 *Würdinger* in RGR Komm z HGB Anm 1 zu § 49; *Hofmann* Der Prokurist, 67.

Ergebnis: Zugunsten der C-GmbH wird also letztlich davon ausgegangen, daß X die A-oHG wirksam vertreten hat.
Nun bleibt noch zu prüfen, ob auch von seiten der C-GmbH eine entsprechende Willenserklärung abgegeben worden ist.
Die C-GmbH wurde am 17. 3. 1999 durch ihren Geschäftsführer C repräsentiert. Dieser ist grundsätzlich gem § 35 Abs 1 GmbHG in Verbindung mit § 164 BGB berechtigt, für seine Gesellschaft Erklärungen abzugeben.

Die Voraussetzungen gem § 164 Abs 1 und 3 BGB sind:

a) Zulässigkeit der Stellvertretung

Insoweit ergeben sich keine Probleme, da der Abschluß eines Kaufvertrags kein höchstpersönliches Rechtsgeschäft ist.

b) Abgabe einer eigenen Willenserklärung durch C

C gab offensichtlich eine eigene Willenserklärung ab, dh er machte seine Äußerungen unter Ausschöpfung seiner eigenen Entscheidungsfreiheit.

c) im Namen der C-GmbH und unter Offenlegung des Vertretungsverhältnisses

C handelte zweifellos in fremdem Namen.

d) bei und im Rahmen einer entsprechenden Vertretungsmacht.

Zu klären ist nun, ob C auch im Besitz einer entsprechenden Vertretungsmacht gewesen ist.
Eine konkrete Norm, welche – etwa vergleichbar mit § 49 HGB – den Umfang der Vertretungsmacht des Geschäftsführers definiert, fehlt.
In § 35 Abs 1 GmbHG wird die Funktion des Geschäftsführers festgelegt. Zu den Aufgaben des gesetzlichen Vertreters gehört ua die gesamte gerichtliche und außergerichtliche Vertretung[41] der Gesellschaft.
Der Abschluß des unternehmensbezogenen Kaufvertrags vom 17. 3. 1999 wird von der vorgenannten Vertretungsmacht gedeckt.
Zusätzlich ist zu beachten, daß der Geschäftsführer nach dem Sachverhalt ursprünglich Einzelvertretungsmacht besaß.

41 *Baumbach/Hueck* GmbHG 15. Aufl Rn 37 zu § 35.

Am 12.3.1999 wurde von den Gesellschaftern eine Modifikation des Gesellschaftsvertrags dahingehend beschlossen, daß zukünftig nur noch jeweils zwei Geschäftsführer gemeinsam zur Vertretung berechtigt sind.
Diese Änderung ist gem § 54 Abs 3 GmbHG erst mit der Handelsregistereintragung vom 27.3.1999 wirksam geworden, so daß C am 17.3.1999 noch über Einzelvertretungsmacht verfügte.
Die Erklärungen des C sind für die C-GmbH gem § 36 GmbHG bindend.

Ergebnis: Die C-GmbH ist durch C ordnungsgemäß vertreten worden.
Folglich kann der Vertrag vom 17.3.1999 letztendlich rechtlich nicht beanstandet werden.

Daher besteht gem § 124 Abs 1 HGB zulasten der A-oHG aus dieser schuldrechtlichen Vereinbarung die Verpflichtung, den Kaufpreis iHv 20.000,00 DM zu zahlen.

zu 2.:

Nun ist zu prüfen, inwieweit B gem § 128 S 1 HGB für diese Gesellschaftsschuld persönlich einzustehen hat.
Die Voraussetzungen dieser Norm sind:

a) es besteht eine Verbindlichkeit der oHG

Bei der fraglichen Forderung der C-GmbH handelt es sich um eine Verbindlichkeit der A-oHG, wie vorstehend ermittelt worden ist.

b) B ist Gesellschafter der oHG

B ist nach dem Sachverhalt Gesellschafter dieser offenen Handelsgesellschaft.
Folge: B hat für die erwähnte Kaufpreisschuld mit seinem privaten Vermögen zu haften.

zu 3.:

Abschließend muß noch geklärt werden, ob der Anspruch der C-GmbH im Zeitpunkt der Inanspruchnahme des B bereits fällig ist.

Dies richtet sich hier nach § 271 Abs 2 BGB, da für die Leistung eine Zeit bestimmt worden ist.
Nach dem Vertrag vom 17. 3. 1999 war der Kaufpreis einen Monat nach Lieferung der Ware zu entrichten.
Da die C-GmbH ihre Verpflichtung am 2. 5. 1999 erfüllt hat, beginnt die einmonatige Frist gem § 187 Abs 1 BGB am 3. 5. 1999 und endet gem § 188 Abs 2 BGB am 2. 6. 1999, so daß die Fälligkeit der besagten Kaufpreisschuld am 3. 6. 1999 eintritt.
Im Hinblick darauf, daß die A-oHG am 28. 5. 1999 den Einwand der mangelnden Fälligkeit erheben könnte, steht auch B gem § 129 Abs 1 HGB das Recht zu, vor dem 3. 6. 1999 die Leistung zu verweigern.

Endergebnis: Der Gesellschafter B ist am 28. 5. 1999 – noch – nicht verpflichtet, den Anspruch der C-GmbH aus dem Kaufvertrag vom 17. 3. 1999 zu erfüllen.

Fall 12: Kostenausgleichung bei Zahlungsklage mit Eventualaufrechnung über 2 Instanzen

Renate Baronin von König, Berlin

Klausur im Sachgebiet Zivilprozeß- und Kostenrecht

Aufgabe:

Ihnen liegt die nachstehend auszugsweise wiedergegebene Akte zur Bearbeitung vor:
Äußern Sie sich gutachtlich zu dem Antrag des Kläger-Vertreters vom 29. September 1997 und entwerfen Sie die zu treffende Entscheidung.

Bearbeitungszeit:	5 Stunden
Hilfsmittel:	Schönfelder, Deutsche Gesetze Taschenrechner

Sachverhalt:

Am 17. Januar 1997 geht beim Landgericht Berlin nachfolgende Klage ein:

Rechtsanwalt Dr. Rolf Kluge Berlin, den 15. Januar 1997

Landgericht Berlin

In dem Rechtsstreit
der Architekten und Baubetreuer Kleiber, Kiehne und Partner, Kantstraße 23, Berlin-Charlottenburg – vertreten durch den Architekten Walter Krüger, ebenda,

– Klägerin –

ProzBev: Rechtsanwalt Dr. Rolf Kluge, Uhlandstraße 122, Berlin-Wilmersdorf

gegen

die ARGE Torstraße 35, bestehend aus
1. der Fa. Wohnbau Boden GmbH, Goethestraße 4, Berlin-Lichterfelde, vertreten durch den Geschäftsführer Reinhard Boden, ebenda,
2. den Dachdeckermeister Marius Müller, Schillerstraße 103, Berlin-Charlottenburg,
3. den Installateurmeister Dieter Ende, Zangengasse 7, Berlin-Wittenau,

– alle in Gesellschaft bürgerlichen Rechts –

– Beklagte –

erhebe ich namens meiner Mandantin Klage
mit dem Antrag,

die Beklagten gesamtschuldnerisch zu verurteilen,
an die Klägerin 100.000,00 DM nebst 4 % seit dem 2. Januar 1997 zu zahlen.

Aus den Gründen:
Die Beklagten haben gemeinschaftlich den Dachausbau des Hauses Torstraße 35 übernommen. Wegen mangelhafter Ausführung dieses Bauvorhabens kam es im vergangenen Winter mehrfach zu Wassereinbrüchen, bei denen sowohl die neuausgebauten Wohnungen als auch die darunterliegenden Wohnungen schwer beschädigt wurden.

Beweis: anliegendes Sachverständigengutachten der Diplom-Ingenieurin Doris Scheinert nebst Kostenberechnung der Sachverständigen in Höhe von 500,00 DM

Die Klägerin verlangt Schadensersatz in Höhe der Klageforderung.

Dr. Kluge, Rechtsanwalt

Hinweis: Der Klage beigefügt sind das erwähnte Gutachten und ein Verrechnungsscheck über die richtig berechneten Gerichtskosten.

Nach Eingang der Zahlungsanzeige verfügt die zuständige Richterin:

Landgericht Berlin
– 6 O 2/97 –

Vfg

1. Früher erster Verhandlungstermin wird bestimmt auf den 26. März 1997, 10.00 Uhr.
2. Den Beklagten wird aufgegeben, auf die Klageschrift bis zum 1. März 1997 zu erwidern und etwa vorzubringende Verteidigungsmittel unverzüglich durch einen zu bestellenden Rechtsanwalt dem Gericht mitzuteilen.

Berlin, den 22. Januar 1997
Graf, Vorsitzende

Kl-Vertr und Beklagte werden ordnungsgemäß zum Termin geladen; die Beklagten unter gleichzeitiger Zustellung der Klageschrift und der Anordnung zu 2.

Am 28. Februar 1997 geht beim Landgericht Berlin folgender Schriftsatz ein:

Rechtsanwältin Elvi Blosche 27. Februar 1997

Landgericht Berlin

In dem Rechtsstreit
Kleiber, Kiehne und Partner / ARGE Torstraße 35 – 6 O 2/97 –

zeige ich an, daß ich die Beklagten vertrete und beantrage, die Klage abzuweisen.

Aus den Gründen:
Nicht die mangelhafte Bauausführung durch die Beklagten ist ursächlich für den Wasserschaden, sondern der nicht fristgerecht erfolgte Einbau der Fenster und Türen.
Beweis: ein noch einzuholendes Sachverständigengutachten

Hilfsweise wird mit einem Zahlungsanspruch in Höhe von 147.500,00 DM aus dem Auftragsverhältnis vom 12. März 1994 – Projekt Wohnpark Alt-Friedrichsfelde 60 – aufgerechnet.

Die Beklagten haben bisher die mit Datum vom 23. September 1996 in Rechnung gestellte und fällige Forderung nicht gezahlt.

Anlage: Rechnung vom 23. September 1997

Ich stelle selbst zu.
Elvi Blosche, Rechtsanwältin

Hinweis: Ordnungsgemäße Prozeßvollmachten der Beklagten sind beigefügt.

Am 7. März 1997 geht beim Landgericht Berlin folgender Schriftsatz ein:

Rechtsanwalt Dr. Rolf Kluge 6. März 1997

Landgericht Berlin

In dem Rechtsstreit
Kleiber, Kiehne und Partner / ARGE Torstraße 35 – 6 O 2/97 –

wird auf den Schriftsatz der Beklagten folgendes erwidert:

Es ist nicht richtig, daß der nicht fristgerechte Einbau der Fenster und Türen ursächlich für den Wasserschaden war, denn das Wasser kam über das nicht sachgerecht abgesicherte Dach in den Bau – siehe hierzu Seiten 7 bis 12 des Gutachtens der Sachverständigen Scheinert –.
Hinsichtlich der hilfsweise in Aufrechnung gestellten Forderung ist die Klägerin der Auffassung, daß die Forderung nicht besteht. Mit Rechnung vom 23. September 1996 wurden Leistungen abgerechnet, die nicht Bestandteil des Auftrages waren, so daß insofern das Bestehen eines Vertragsverhältnisses und somit der Forderung bestritten wird.

Ich stelle selbst zu.
Dr. Kluge, Rechtsanwalt

Im Termin zur mündlichen Verhandlung vor dem Landgericht am 26. März 1997 erscheinen für die Kläger RA Dr. Kluge und für die Beklagten die RA'in Blosche.

Aus dem Protokoll:

Die Sach- und Rechtslage wurde unter Einbeziehung des Gutachtens der Sachverständigen Scheinert erörtert, mit dessen Verwertung die Beklagten-Vertreterin sich ausdrücklich einverstanden erklärt.
Kl-Vertr stellt den Antrag aus der Klageschrift vom 15. Jan 1997.
Bekl-Vertr stellt den Antrag aus dem Schriftsatz vom 27. Februar 1997.

Am Schluß der Sitzung verkündet das Gericht folgendes **Urteil:**

1. Die Beklagten werden als Gesamtschuldner verurteilt, an die Klägerin 100.000,00 DM nebst 4 % Zinsen seit dem 2. Januar 1997 zu zahlen.
2. Das Urteil ist gegen Sicherheitsleistung in Höhe von 108.000,00 DM vorläufig vollstreckbar.
3. Die Beklagten tragen die Kosten des Rechtsstreits.

Graf Rexilius

Das Urteil wird ordnungsgemäß von Amts wegen zugestellt und zwar sowohl an den Kl-Vertr als auch an die Bekl-Vertr jeweils am 28. April 1997.
Aus den Urteilsgründen ist ersichtlich, daß das Gericht den Klaganspruch als begründet ansieht, hierbei bezieht sich das Gericht ausdrücklich auf die Stellungnahme der Sachverständigen Scheinert im vorgelegten Gutachten. Den Anspruch aus der Gegenforderung sieht das Gericht aus den von der Klägerin vorgetragenen Gründen als nicht bestehend an.

Am 16. Mai 1997 geht beim Kammergericht folgender Schriftsatz ein:

Rechtsanwältin Elvi Blosche Berlin, den 15. Mai 1997

An das
Kammergericht

In dem Rechtsstreit

ARGE Torstraße 35, bestehend aus

1. der Fa. Wohnbau Boden GmbH, Goethestraße 4, Berlin-Lichterfelde, vertreten durch den Geschäftsführer Reinhard Boden, ebenda,
2. den Dachdeckermeister Marius Müller, Schillerstraße 103, Berlin-Charlottenburg,
3. den Installateurmeister Dieter Ende, Zangengasse 7, Berlin-Wittenau,

– Berufungskläger und Beklagte –

ProzBev: Rechtsanwältin Elvi Blosche, Markstraße 3, Berlin-Reinickendorf

gegen

die Architekten und Bauzeichner Kleiber, Kiehne und Partner, Kantstraße 23, Berlin-Charlottenburg – vertreten durch den Architekten Walter Krüger, ebenda,

– Berufungsbeklagte und Klägerin –

ProzBev: Rechtsanwalt Dr. Rolf Kluge, Uhlandstraße 122, Berlin-Wilmersdorf

namens meiner Mandanten lege ich gegen das
Urteil des Landgerichts Berlin vom 26. März 1997 – 6 O 2/97 –

Berufung ein und beantrage,

unter Aufhebung des Urteils des Landgerichts Berlin vom 26. März 1997 die Klage abzuweisen

Elvi Blosche, Rechtsanwältin

Hinweis für Bearbeiter:
Die Berufungsbegründung entspricht inhaltlich der Klageerwiderung; es wird erneut hilfsweise mit der Forderung in Höhe von 147.500,00 DM aufgerechnet.

Das Rechtsmittelgericht fordert daraufhin die Akten der Vorinstanz an; der Kostenbeamte berechnet ordnungsgemäß die Kosten und legt die Akte dem zuständigen Zivilsenat vor.

Kammergericht
– 7 U 127/97 – (6 O 2/97 LG Berlin)

1. Termin zur mündlichen Verhandlung über die Berufung wird bestimmt auf den 16. September 1997, 10.00 Uhr
2. Der Berufungsbeklagten wird aufgegeben, auf die Berufung bis zum 15. Juli 1997 zu erwidern.

Berlin, den 11. Juni 1997
Meyer-Barner, VorsRiKG

Die ProzBev werden ordnungsgemäß zum Termin geladen; die Berufungsbeklagte unter gleichzeitiger Zustellung der Berufungsschrift und der Anordnung zu 2.

Am 19. Juni 1997 geht folgender Schriftsatz ein:

Rechtsanwalt Dr. Kluge 17. Juni 1997

An das
Kammergericht

In dem Rechtsstreit
ARGE Torstraße 35 / Kleiber, Kiehne und Partner – 7 U 127/97 – (6 O 2/97 LG Berlin)

zeige ich an, daß ich die Klägerin weiterhin vertrete und beantrage, die Berufung zurückzuweisen.

Dr. Kluge, Rechtsanwalt

Hinweis für Bearbeiter:
Es folgt ordnungsgemäße Berufungserwiderung, in der wiederum das Bestehen der hilfsweise zur Aufrechnung gestellten Forderung bestritten wird.

Im Termin zur mündlichen Verhandlung über die Berufung vor dem Kammergericht am 16. September 1997 erscheinen
für die Berufungskläger/Beklagten die RA'in Blosche sowie der Geschäftsführer der Wohnbau Boden GmbH Herr Reinhard Boden
und für die Berufungsbeklagten/Kläger RA Dr. Kluge

Aus dem Protokoll:

Berufungskläger-Vertr stellt den Antrag aus der Berufungsschrift vom 15. Mai 1997.
Berufungsbeklagten-Vertr stellt den Antrag aus dem Schriftsatz vom 17. Juni 1997.
Das Gericht hört den zufällig anwesenden Geschäftsführer Reinhard Boden zur Frage des Inhalts des Vertrages vom 12. März 1994 – Projekt Wohnpark Alt-Friedrichsfelde 60.

Die Sach- und Rechtslage wird erörtert. Der Senat weist darauf hin, daß die Klageforderung unter Berücksichtigung eines bislang nicht hinreichend gewürdigten Mitverschuldens der Klägerin wohl nur in Höhe von 75.000,00 DM begründet sein dürfte, und daß der Berücksichtigung der zur Aufrechnung gestellten Gegenforderung neben bislang unzureichender Substantiierung insbesondere auch Beweisschwierigkeiten entgegen stehen dürften.
Daraufhin erklärt die Bekl-Vertr: Die Beklagte nimmt mit Rücksicht auf die vorstehenden Hinweise und den nachstehend protokollierten Vergleich von der Hilfsaufrechnung Abstand.

Nunmehr schließen die Parteien folgenden **Vergleich**:

1. Die Beklagten und Berufungskläger zahlen als Gesamtschuldner an die Klägerin und Berufungsbeklagte 75.000,00 DM nebst 4 % Zinsen seit dem 2.1.1997.
2. Die Parteien sind sich darüber einig, daß damit sämtliche Ansprüche aus der Klageforderung erledigt sind.

3. Von den Kosten des Rechtsstreits und des Vergleichs übernehmen die Beklagten/Berufungskläger $^{3}/_{4}$ und die Klägerin/Berufungsbeklagte $^{1}/_{4}$.
4. Die Parteien behalten sich den Widerruf des Vergleichs durch schriftliche Anzeige zu den Gerichtsakten bis zum 23. September 1997 vor.

Meyer-Barner Schröder

Der Kostenbeamte erstellt die Schlußkostenrechnung und veranlaßt die Rücksendung der Akte an das Landgericht.

Am 1. Oktober 1997 geht dort der nachfolgende Antrag ein:

Rechtsanwalt Dr. Kluge 29. September 1997

Landgericht Berlin Kostenfestsetzungsgesuch

In Sachen

Kleiber, Kiehne und Partner / ARGE Torstraße 35 – 6 O 2/97 – wird beantragt,

die Kosten der I. Instanz und II. Instanz gem § 106 ZPO auszugleichen – Berechnung siehe nachstehend – und dem Antragsteller eine vollstreckbare Ausfertigung des Kostenfestsetzungsbeschlusses zu erteilen sowie auszusprechen, daß der festgesetzte Betrag gem § 104 Abs 1 ZPO mit 4 % ab 29. September 1997 verzinst wird.

I. Instanz

Gebühr nach der BRAGO	Gegenstandswert bis DM	Betrag in DM
Prozeßgebühr §§ 11 Abs 1 S 1, 31 Abs 1 Nr 1	250.000,00	2.925,00
Erhöhung bei mehreren Auftraggebern § 6 BRAGO	250.000,00	5.850,00
Verhandlungsgebühr §§ 11 Abs 1 S 1, 31 Abs 1 Nr 2	250.000,00	2.925,00
Auslagenpauschale § 26		40,00
Zusammen		11.740,00
Kosten für vorprozessuales Gutachten der Sachverständigen		500,00
Insgesamt		12.240,00

II. Instanz

Gebühr nach der BRAGO	Gegenstandswert bis DM	Betrag in DM
Prozeßgebühr §§ 11 Abs 1 S 1u 4, 31 Abs 1 Nr 1	250.000,00	3.802,50
Erhöhung bei mehreren Auftraggebern § 6 BRAGO	250.000,00	7.605,00
Verhandlungsgebühr §§ 11 Abs 1 S 1u 4, 31 Abs 1 Nr 2	250.000,00	3.802,50
Beweisgebühr §§ 11 Abs 1 S 1u 4, 31 Abs 1 Nr 3	150.000,00	3.178,50
Vergleichsgebühr §§ 11 Abs 1 S 1 u 4, 23	250.000,00	3.802,50
Auslagenpauschale § 26		40,00
Insgesamt		22.231,00

Dr. Kluge, Rechtsanwalt

Landgericht Berlin
6 O 2/97

Vfg

1. Durchschrift des Antrages vom 29. September 1997 an Bekl-Vertr senden mit der Aufforderung, binnen 1 Woche zum Zwecke der Ausgleichung eine Berechnung einzureichen.
2. 3 Wochen

Berlin, den 2. Oktober 1997
Rehagel, Rechtspflegerin

Am 9. Oktober 1997 geht folgender Schriftsatz der Rechtsanwältin Blosche ein:

Rechtsanwältin Elvi Blosche 8. Oktober 1997

Landgericht Berlin

In Sachen
Kleiber, Kiehne und Partner / ARGE Torstraße 35 – 6 O 2/97 –

reiche ich zum Zwecke der Ausgleichung eine Berechnung meiner Gebühren und Auslagen ein. Hinsichtlich der geltendgemachten Umsatzsteuer teile ich mit, daß meine Mandanten die Beträge nicht als Vorsteuer abziehen können.

I. Instanz

Gebühr nach der BRAGO	Gegenstandswert bis DM	Betrag in DM
Prozeßgebühr §§ 11 Abs 1 S 1, 31 Abs 1 Nr 1, 6	200.000,00	4.424,00
Verhandlungsgebühr §§ 11 Abs 1 S 1, 31 Abs 1 Nr 2	200.000,00	2.765,00
Erörterungsgebühr §§ 11 Abs 1 S 1, 31 Abs 1 Nr 4	200.000,00	2.765,00
Beweisgebühr §§ 11 Abs 1 S 1, 31 Abs 1 Nr 3	200.000,00	2.765,00
Auslagenpauschale § 26		40,00
Zusammen		12.759,00
Umsatzsteuer § 25 Abs 2		1.913,85
Insgesamt		14.672,85

II. Instanz

Gebühr nach der BRAGO	Gegenstandswert bis DM	Betrag in DM
Prozeßgebühr §§ 11 Abs 1 S 1 u 4, 31 Abs 1 Nr 1, 6	100.000,00	4.420,00
Erörterungsgebühr §§ 11 Abs 1 S 1 u 4, 31 Abs 1 Nr 4	250.000,00	3.802,50
Verhandlungsgebühr §§ 11 Abs 1 S 1 u 4, 31 Abs 1 Nr 2	100.000,00	2.762,50
Beweisgebühr §§ 11 Abs 1 S 1 u 4, 31 Abs 1 Nr 3	150.000,00	3.178,50
Vergleichsgebühr §§ 11 Abs 1 S 1 u 4, 23	100.000,00	2.762,50
Auslagenpauschale § 26		40,00
Zusammen		16.966,00
Umsatzsteuer § 25 Abs 2		2.544,90
Insgesamt		19.510,90

Elvi Blosche, Rechtsanwältin

Gutachten:

A. Antrag vom 29. September 1997

Bei dem Antrag des Kl-Vertr Dr. Kluge vom 29. September 1997 handelt es sich um einen Antrag auf Ausgleichung der Kosten des Rechtsstreits gem §§ 106, 104 ZPO. Für die Durchführung der Kostenausgleichung müssen die Kosten gem § 106 Abs 1 S 1 ZPO nach Quoten verteilt worden sein. Das ist der Fall, denn die

Klägerin hat $1/4$ und die Beklagten haben $3/4$ der Kosten des Verfahrens und des Vergleichs übernommen.
Bei der Ausgleichung bedarf es der Mitwirkung des Gegners, der seine notwendigen Kosten mitteilt, andernfalls ergeht die Entscheidung ohne Rücksicht auf dessen Kosten (§ 106 Abs 2 S 1 ZPO).
Auf die Aufforderung gem § 106 Abs 1 S 1 ZPO hat die ProzBev der Beklagten die außergerichtlichen Kosten der beklagten Partei mitgeteilt.
Für die Durchführung des Verfahrens bedarf es eines Antrages, der sich auf Festsetzung bzw Ausgleichung von Prozeßkosten gem § 91 ZPO bezieht (§ 103 Abs 2 S 1 ZPO), welcher hier schriftlich vorliegt.
Die Klägerin ist antragsberechtigt, da ihr nach der geringeren Quote der Kostenübernahme aus dem Vergleich vom 16. September 1997 vermutlich ein Erstattungsanspruch zusteht.

I. Prozeßvoraussetzungen

Der Antrag ist zulässig, wenn die allgemeinen Prozeßvoraussetzungen sowie die besonderen Voraussetzungen des Kostenfestsetzungsverfahrens vorliegen.

1. Zuständigkeit

Für die Kostenfestsetzung ist sachlich und örtlich das Gericht des I. Rechtszuges zuständig, also hier das Landgericht Berlin (§ 103 Abs 2 S 1 ZPO). Dieses war ohne Zweifel für die Entscheidung über die Klage sowohl sachlich als auch örtlich zuständig, da der Prozeßstreitwert 100.000,00 DM beträgt (§§ 1 ZPO, 71 GVG) und alle Beklagten ihren Gerichtsstand in Berlin haben (§§ 12 ff ZPO). Funktionell ist für die Kostenfestsetzung der Rechtspfleger zuständig (§ 104 Abs 1 S 1 ZPO, § 21 Nr 1 RPflG).

2. Parteifähigkeit

Parteien des Kostenfestsetzungsverfahrens sind die Parteien der Hauptsache.
Bei der **Klägerin** handelt es sich offenbar um eine Partnerschaftsgesellschaft. Die Partnerschaft ist eine Personengesellschaft, in

der sich Angehörige Freier Berufe zur Ausübung ihres Berufes zusammenschließen (§§ 1 Abs 2, 2 PartGG). Der Name der Partnerschaft verlangt mindestens den Namen eines Partners, den Zusatz „und Partner" oder „Partnerschaft" und die Berufsbezeichnung aller in der Partnerschaft vertretenen Berufe. Die Partnerschaft kann unter ihrem Namen Rechte erwerben und Verbindlichkeiten eingehen (§ 7 PartGG verweist auf § 124 HGB) und auch klagen oder verklagt werden, sie ist demnach parteifähig (§ 50 Abs 1 ZPO).[1]
Bei den **Beklagten** handelt es sich um eine Gesellschaft bürgerlichen Rechts (§§ 705ff BGB), die weder aktiv noch passiv parteifähig ist. Es sind alle drei Gesellschafter als Streitgenossen (§§ 59ff ZPO) Beklagte. Die Beklagten zu 2 und 3 sind **natürliche Personen** und ab Vollendung der Geburt rechtsfähig (§ 1 BGB) und somit parteifähig (§ 50 Abs 1 ZPO).
Die beklagte GmbH ist als **juristische Person** (§ 13 GmbHG) rechtsfähig und somit ebenfalls parteifähig.

3. Prozeßfähigkeit

Nach § 52 ZPO ist prozeßfähig, wer sich durch Verträge verpflichten kann. Dieses trifft nur auf voll geschäftsfähige natürliche Personen zu.
Die **Klägerin** selbst ist prozeßunfähig und muß durch denjenigen vertreten werden, der nach bürgerlichem Recht ihr Vertreter ist. Grundsätzlich ist jeder Partner allein vertretungsberechtigt (§ 7 Abs 2 PartGG, § 125 Abs 1, 2 HGB). Im Prozeß wurde die Gesell-

1 Seit dem Inkrafttreten des PartGG am 1. 7. 1995 dürfen bei der Neugründung anderer Gesellschaften die Zusätze „Partnerschaft" und „und Partner" nicht mehr in den Namen oder die Firma aufgenommen werden. Freiberufliche BGB-Gesellschaften, die bereits den Zusatz „und Partner" führten, können ihn nach Umwandlung in eine Partnerschaft fortführen. Gesellschaften, die nicht umgewandelt werden, konnten den Zusatz bis zum 30. 6. 1997 weiterverwenden, danach ist eine Weiterführung nur gestattet, wenn ein Hinw auf die andere Rechtsform (zB GbR oder Gesellschaft bürgerlichen Rechts) hinzugefügt wird (§ 11 PartGG).
Sollte jemand davon ausgehen, daß es sich nicht um eine Partnerschaft handelt, obwohl im Laufe des Verfahrens die Parteibezeichnung der Klägerin nicht geändert wurde, müßte hierauf allerdings näher eingegangen werden, dann auch mit der Folge, daß der Kl-Vertr die Erhöhung nach § 6 BRAGO verlangen könnte.

schaft durch den Architekten Walter Krüger vertreten. Da im Laufe des Rechtsstreits die Vertretung durch ihn nicht gerügt wurde, kann davon ausgegangen werden, daß es sich um eine ordnungsgemäße Vertretung handelt.
Die **Beklagten zu 2 und 3** sind prozeßfähig, da der Sachverhalt nichts anderes hergibt.
Die **beklagte GmbH** ist prozeßunfähig und muß durch denjenigen vertreten werden, der nach bürgerlichem Recht ihr Vertreter ist. Das ist gem § 35 GmbHG der Geschäftsführer.

4. Postulationsfähigkeit

Beide Parteien lassen sich im Kostenfestsetzungsverfahren ebenfalls durch ihren bisherigen ProzBev vertreten. Dieses ist zwar üblich, aber durchaus nicht nötig.
Grundsätzlich ist die Verhandlungsfähigkeit eines Prozeßfähigen gem § 78 ZPO beschränkt, dh vor den Landgerichten müssen sich die Parteien durch einen bei diesem zugelassen RA als ProzBev vertreten lassen.
Dies gilt allerdings nicht für die Kostenfestsetzung, denn § 78 Abs 1 (und auch 2) ZPO ist auf Verfahren vor dem Rechtspfleger gem § 13 RPflG nicht anzuwenden.

II. Besondere Verfahrensvoraussetzungen

Der Anspruch kann nur aufgrund eines zur Zwangsvollstreckung geeigneten Titels geltend gemacht werden (§ 103 Abs 1 ZPO). Im vorliegenden Fall ist der Rechtsstreit durch einen wirksamen, nicht widerrufenen Prozeßvergleich beendet worden, der als Vollstreckungstitel gem § 794 Abs 1 Nr 1 ZPO in Betracht kommt. Beide Parteien haben in der Hauptsache und bei den Kosten gegenüber ihren Anträgen nachgegeben, somit liegt ein materiellrechtlicher Vergleich vor (§ 779 BGB). Der Vergleich ist ordnungsgemäß protokolliert und unterschrieben (§§ 160, 163 ZPO). Der Vergleich enthält unter Punkt 4 eine Widerrufsklausel, die eine auflösende Bedingung darstellt (§ 158 Abs 2 BGB), allerdings ist diese Bedingung nicht eingetreten, da der Vergleich nicht widerrufen wurde. Somit liegt ein ordnungsgemäßer Prozeßvergleich als Titel vor.

An die Stelle der Kostenentscheidung tritt beim Vergleich die Kostenübernahme (§ 98 ZPO).
Wie schon erörtert, müssen für die Durchführung der Kostenausgleichung die Kosten gem § 106 Abs 1 S 1 ZPO nach Quoten verteilt worden sein. Das ist der Fall, denn die Klägerin hat ¼ und die Beklagten haben ¾ der Kosten des Verfahrens und des Vergleichs übernommen. Fraglich ist jedoch, ob die Beklagten für den Erstattungsbetrag gesamtschuldnerisch haften. Wären sie gesamtschuldnerisch verurteilt worden, würden sie gem § 100 Abs 4 ZPO auch hinsichtlich der Kosten gesamtschuldnerisch haften. Haben sich die Beklagten jedoch in einem Vergleich hinsichtlich der Klageforderung gesamtschuldnerisch verpflichtet, ist es strittig, ob dieses auch gilt, wenn die Kostenregelung im Vergleich keine ausdrückliche gesamtschuldnerische Kostenübernahme der Beklagten vorsieht oder ob sie nach Kopfteilen haften. Ich schließe mich der Auffassung an, daß in entsprechender Anwendung des § 100 Abs 4 ZPO eine gesamtschuldnerische Haftung auch in diesem Fall in Frage kommt.[2]

III. Begründetheit

Die unterlegene Partei hat dem Gegner diejenigen Kosten zu erstatten, die im Sinne von § 91 ZPO zur zweckentsprechenden Rechtsverfolgung oder -verteidigung notwendig waren.
Die Klägerin macht Vorbereitungskosten für ein vorprozessuales Gutachten sowie die Gebühren und Auslagen des ProzBev geltend.

1. Vorbereitungskosten

Vorbereitungskosten sind Kosten, die durch Maßnahmen entstehen, die zur Prüfung der Erfolgsaussichten der Rechtsverfolgung entstehen. Vorprozessuale Aufwendungen sind nur zu erstatten, wenn sie in unmittelbarer Beziehung und gerade im Hinblick auf den konkreten Prozeß entstanden sind.

2 *Baumbach/Hartmann* ZPO, 54. Aufl, § 100 Rn 16; *Thomas-Putzo* ZPO, 19. Aufl, § 100 Rn 2.

Kosten für vorprozessuale Gutachten sind erstattungsfähig, wenn sie in bezug auf den konkreten Rechtsstreit eingeholt und aus vorprozessualer Sicht erforderlich und zur Beeinflussung des erwarteten Prozesses erforderlich und geeignet erscheinen. Das ist zB der Fall, wenn sich die Partei über schwierige tatsächliche zB technische Fragen aus eigener Sachkunde kein klares Bild verschaffen kann und der Gegner die Sachkunde hat.
Allerdings wird die Erstattungsfähigkeit verneint, wenn das Gutachten nicht in den Rechtsstreit eingeführt oder nicht vom Gericht verwertet wurde. Hier war die Sachkenntnis eines Gutachters erforderlich, außerdem haben sich die Beklagten mit der Verwertung des Gutachtens ausdrücklich einverstanden erklärt. Durch die Verwertung wurde ein durch das Gericht angeordnetes Beweisaufnahmeverfahren gespart. Die Notwendigkeit und Erstattungsfähigkeit sind deshalb zu bejahen.

2. Rechtsanwaltsvergütung

Die Gebühren und Auslagen eines ProzBev sind gem § 91 Abs 2 S 1 ZPO immer erstattungsfähig, eine Prüfung der Notwendigkeit hat durch den Rechtspfleger nicht zu erfolgen. Allerdings hat er die geltend gemachten Gebühren und Auslagen auf Richtigkeit zu überprüfen.

3. Gegenstandswert

In gerichtlichen Verfahren bestimmt sich der Gegenstandswert gem § 8 Abs 1 BRAGO nach den für die Gerichtsgebühren geltenden Vorschriften. Gem § 12 Abs 1 GKG sind die Vorschriften über den Prozeßstreitwert (§§ 3 bis 9 ZPO) entsprechend anzuwenden, wenn nicht etwas anderes in den §§ 12 Abs 2 bis 22 GKG bestimmt ist. Die Beklagten rechnen hilfsweise mit einer Gegenforderung in Höhe von 147.500,00 DM auf.
Für den Fall der Eventualaufrechnung ist die Sonderregelung des § 19 Abs 3 GKG zu beachten, wonach es zu einer Erhöhung des Gebührenstreitwerts kommt, soweit eine der Rechtskraft fähige Entscheidung über die Gegenforderung ergeht bzw durch einen Vergleich sachlich mit erledigt wird (§ 19 Abs 4 GKG).

a) Gegenstandswert I. Instanz

Laut Sachverhalt handelt es sich um eine Eventualaufrechnung, denn die Beklagten bestreiten die Klageforderung an sich und beantragen Klagabweisung; nur für den Fall, daß die Verteidigung erfolglos bleibt und der Klage stattgegeben wird, wird mit einer Gegenforderung aufgerechnet. Die Kläger haben die Gegenforderung bestritten. Das Urteil des Landgerichts Berlin vom 26. März 1997 stellt eine der Rechtskraft fähige Entscheidung über die Gegenforderung dar (§ 322 Abs 2 ZPO). Es liegt eine streitige, aber erfolglose Hilfsaufrechnung vor, denn das Gericht hat in den Urteilsgründen erläutert, daß die Klageforderung begründet ist und die Gegenforderung nicht besteht, die Gegenforderung ist damit rechtskraftfähig aberkannt.

Folglich kommt es zu einer Streitwerterhöhung gem § 19 Abs 3 GKG für die I. Instanz, allerdings nur auf **200.000,00 DM**, da die Klageforderung nur 100 000,00 DM betrug und nach § 322 Abs 2 ZPO eine Entscheidung nur bis zur Höhe des Betrages der Rechtskraft fähig ist, für den die Aufrechnung geltend gemacht wird. Maßgeblich hierfür ist allein das Urteil und nicht die Aufrechnungserklärung.

b) Gegenstandswert II. Instanz

Auch hier wird wiederum die Hilfsaufrechnung erklärt. Es fehlt hier jedoch an einer der Rechtskraft fähigen Entscheidung über die Gegenforderung. Der Vergleich wäre dieses ohnehin nicht, wegen § 19 Abs 4 GKG ist das jedoch unbeachtlich. Allerdings ist durch den Vergleich nur die Klageforderung erledigt, da die Bekl-Vertr im Termin am 16. September 1997 von der Eventualaufrechnung ausdrücklich Abstand genommen hat, so daß es zu keiner Erhöhung des Streitwertes kommt. Er beträgt nach dem Antrag des Berufungsklägers **100.000,00 DM** gem § 14 GKG.

4. Rückwirkung

Das erstinstanzliche Urteil enthält sowohl eine Entscheidung über die Klage, als auch über die Gegenforderung; in der Berufungsinstanz wurde aber nicht über die erneut geltend gemachte Gegenforderung entschieden bzw diese wurde nicht durch den Vergleich erledigt.

Hier stellt sich die Frage, ob sich auch der Streitwert der I. Instanz auf die Klageforderung reduziert.
Hinsichtlich einer fehlenden Entscheidung durch ein Urteil ist die Frage zu verneinen, denn der Streitwert der Instanz beurteilt sich danach, was in dieser Instanz geschehen ist und nicht danach, wie die höhere Instanz die Entscheidung der Vorinstanz beurteilt. Mit anderen Worten: es ist nicht auf eine rechtskräftige, sondern auf die rechtskraftfähige Entscheidung abzustellen.[3] Aus Gründen der Kostengerechtigkeit muß das dann auch für eine Erledigung des Rechtsstreits durch Vergleich gelten.

IV. Außergerichtliche Kosten der Klägerin/Berufungsbeklagten – I. Instanz

RA Dr. Kluge hat die Gebühren nach einem Gegenstandswert von 250.000,00 DM berechnet, die jeweilige Gebührenhöhe ist neu festzustellen und der Antrag jeweils bezüglich des Differenzbetrages zurückzuweisen.

1. Prozeßgebühr

Spätestens mit Einreichung der Klage ist die Prozeßgebühr gem § 31 Abs 1 Nr 1 BRAGO entstanden. Damit ist die gesamte Tätigkeit des Anwalts abgegolten (§§ 13, 37 BRAGO), soweit nicht ausdrücklich etwas anderes geregelt ist.
Zusätzlich macht der Kl-Vertr die Gebühr nach § 6 BRAGO geltend, da er nach seiner Auffassung mehrere Auftraggeber vertritt. Dieser Auffassung kann nicht gefolgt werden, da die Partnerschaft wegen ihrer „Verwandtschaft" mit der OHG ebenso wie diese nur als ein Auftraggeber anzusehen ist.[4] Der Antrag ist auch insoweit zurückzuweisen.

3 Ganz hM ua BGH KostRspr GKG § 19 Nr 118 (s *Schneider/Herget* Streitwertkommentar, 11. Aufl 1996, Rn 470 m div Nachw), aA BGH, KostRspr GKG § 19 Nr 92 m zust Anm Lappe.

4 Geht man davon aus, daß eine BGB-Gesellschaft als Auftraggeber anzusehen ist, müßte erörtert werden, um wieviele Auftraggeber es sich handelt und daß die Erhöhung höchstens 2 volle Gebühren betragen kann (§ 6 Abs 1 BRAGO) – sa Fn 1.

Es sind zu berücksichtigen:

10/10 Prozeßgebühr §§ 11 Abs 1 S 1, 31 Abs 1 Nr 1 BRAGO	Wert: 200.000,00 DM	2.765,00 DM

2. Verhandlungsgebühr

Die Verhandlungsgebühr nach § 31 Abs 1 Nr 2 BRAGO entsteht erst mit Stellen eines Sachantrages, dh mit Stellen desjenigen Antrages, der den Inhalt der gewünschten Sachentscheidung bestimmt und durch § 308 ZPO begrenzt ist. Für die Gebührenhöhe ist wichtig, ob der Sachantrag in einer streitigen oder einer nichtstreitigen Verhandlung gestellt wurde. In der mündlichen Verhandlung am 26. März 1997 wurden widerstreitende Sachanträge gestellt, so daß die Verhandlungsgebühr in voller Höhe entstanden ist.
RA Dr. Kluge kann berechnen:

10/10 Verhandlungsgebühr §§ 11 Abs 1 S 1, 31 Abs 1 Nr 2 BRAGO	Wert: 200.000,00 DM	2.765,00 DM

3. Auslagenpauschale

Die Auslagenpauschale gem § 26 BRAGO entsteht pro Rechtszug. Sie beträgt 15 % der Gebühren höchstens aber 40,00 DM
RA Dr. Kluge kann berechnen:

Auslagenpauschale § 26 BRAGO		40,00 DM

4. Kosten des vorprozessualen Gutachtens

– vergleiche hierzu die Ausführungen unter I 8 –

Kosten für vorprozessuales Gutachten der Sachverständigen		500,00 DM

V. Außergerichtliche Kosten der Klägerin/Berufungsbeklagten – II. Instanz

Auch hier hat RA Dr. Kluge die Gebühren wieder fälschlicherweise nach einem Wert von 250.000,00 DM (Beweisgebühr nach 150.000,00 DM) berechnet, hinsichtlich des jeweiligen Differenzbetrages ist der Antrag zurückzuweisen.

1. Prozeßgebühr

Der RA erhält die Gebühren für jeden Rechtszug gesondert (§ 13 Abs 2 BRAGO).
Allerdings ist § 11 Abs 1 S 4 BRAGO zu beachten, wonach sich die Gebühren im Berufungsverfahren um $^3/_{10}$ erhöhen.
Spätestens mit Einreichung des Abweisungsantrages vom 17. Juni 1997 hat sich der Kl-Vertr die Prozeßgebühr gem § 31 Abs 1 Nr 1 BRAGO verdient. Zur Erhöhung nach § 6 BRAGO s Ausf II. 1
Es sind zu berücksichtigen:

13/10 Prozeßgebühr §§ 11 Abs 1 S 1 u 4, 31 Abs 1 Nr 1 BRAGO	Wert: 100.000,00 DM	2.762,50 DM

2. Verhandlungsgebühr

In der mündlichen Verhandlung am 16. September 1997 mit Stellen von streitigen Sachanträgen verdient.
RA Dr. Kluge kann berechnen:

13/10 Verhandlungsgebühr §§ 11 Abs 1 S 1 u 4, 31 Abs 1 Nr 2 BRAGO	Wert: 100.000,00 DM	2.762,50 DM

3. Beweisgebühr

Die Beweisgebühr erhält der RA, wenn er seine Partei in einem gerichtlichen Beweisaufnahmeverfahren vertritt.
Die Beweiserhebung soll von dem Gericht durch Beweisbeschluß angeordnet werden. In der mündlichen Verhandlung am 16. September 1997 wurde der zufällig anwesende Geschäftsführer des GmbH gehört. Hierbei handelte es sich nicht um eine Beweisaufnahme, sondern um eine Anhörung nach § 137 Abs 4 ZPO.
Der Antrag ist hinsichtlich der Beweisgebühr zurückzuweisen.

4. Vergleichsgebühr

Für die Mitwirkung beim Abschluß eines wirksamen Vergleichs gem § 779 BGB erhält der RA eine Vergleichsgebühr (§ 23 Abs 1 BRAGO). Ein ordnungsgemer Vergleich liegt – wie schon erörtert – vor. Bezüglich des Gebührensatzes kommt es darauf an, ob über den Vergleichsgegenstand ein gerichtliches Verfahren

anhängig ist oder nicht. Für den hier anhängigen Gegenstand kann der RA eine volle, dh 13/10 Gebühr erhalten, da der Vergleich nicht widerrufen wurde (§ 23 Abs 2 BRAGO).
Gegenstandswert ist der Wert der Ansprüche, die durch den Vergleich erledigt werden und nicht der tatsächliche Vergleichswert. RA Dr. Kluge kann also berechnen:

13/10 Verhandlungsgebühr §§ 11 Abs 1 S 1 u 4, 23 Abs 1 S 3 BRAGO	Wert: 100.000,00 DM	2.762,50 DM

5. Auslagenpauschale

– siehe unter II. 3 –

6. Verzinsung

Die Verzinsung mit 4 % erfolgt ab Eingang des Antrages bei Gericht (1. Oktober 1997) gem § 104 Abs 1 S 2 ZPO und nicht wie beantragt ab 29. September 1997.

VI. Außergerichtliche Kosten der Beklagten/Berufungskläger – I. Instanz

Die ProzBev der Beklagten hat den Gegenstandswert der I. Instanz richtig ermittelt und ihren Gebühren zugrundegelegt.

1. Prozeßgebühr

Spätestens mit Einreichung der Klageerwiderung ist für die Bekl-Vertr die Prozeßgebühr gem § 31 Abs 1 Nr 1 BRAGO entstanden. Zusätzlich macht die Bekl-Vertr die Gebühr nach § 6 Abs 1 S 2 BRAGO geltend. Voraussetzung für eine Erhöhung gem § 6 Abs 1 S 2 BRAGO ist, daß der RA in derselben Angelegenheit für mehrere Auftraggeber und wegen desselben Gegenstandes tätig wird. Da die BGB – Gesellschaft nicht parteifähig ist und somit alle Gesellschafter die Auftraggeber sind, hat die RA insgesamt 3 Auftraggeber, denn die GmbH als juristische Person stellt ebenfalls nur einen Auftraggeber im Sinne von § 6 BRAGO dar.

Auch die weiteren Voraussetzungen sind hier erfüllt, da bei einer gesamtschuldnerischen Inanspruchnahme für alle Auftraggeber derselbe Gegenstand zugrundeliegt. Pro weiterem Auftraggeber erhöht sich die Prozeßgebühr um 3/10, mehrere Erhöhungen dürfen den Betrag von 2 vollen Gebühren nicht übersteigen.
RA'in Blosche kann berechnen:

16/10 Prozeßgebühr §§ 11 Abs 1 S 1, 31 Abs 1 Nr 1, 6 BRAGO	Wert: 200.000,00 DM	4.424,00 DM

2. Verhandlungsgebühr/Erörterungsgebühr

Auch die Bekl-Vertr hat sich in der mündlichen Verhandlung am 26. März 1997 die Verhandlungsgebühr in voller Höhe verdient.
RA Blosche kann berechnen:

10/10 Verhandlungsgebühr §§ 11 Abs 1 S 1, 31 Abs 1 Nr 2 BRAGO	Wert: 200.000,00 DM	2.765,00 DM

Im Termin wurde ebenfalls die Sach- und Rechtslage erörtert. Hierdurch ist eine Erörterungsgebühr nach § 31 Abs 1 Nr 4 entstanden, die jedoch wegen § 31 Abs 2 BRAGO auf die Verhandlungsgebühr anzurechnen ist.
Der Antrag ist insofern zurückzuweisen.

3. Beweisgebühr

In der mündlichen Verhandlung am 26. März 1997 fand eine Erörterung der Sach- und Rechtslage unter Einbeziehung des Gutachtens der Sachverständigen Scheinert statt.
Die Beweiserhebung soll von dem Gericht durch Beweisbeschluß angeordnet werden. Wird ein schriftliches Gutachten eingeholt, beginnt die Beweisaufnahme gem § 411 ZPO mit dem Erlaß der Anordnung. Eine entsprechende Anordnung durch das Gericht liegt nicht vor. Die Partei hat von sich aus ein privates Gutachten vorgelegt, was auch nach § 34 Abs 1 BRAGO keine Beweisgebühr auslöst.
Der Antrag ist hinsichtlich der Beweisgebühr zurückzuweisen.

4. Auslagenpauschale

– Siehe bei der Klägerin –

5. Umsatzsteuer

Die Bekl-Vertr hat beantragt, die Umsatzsteuer nach § 25 Abs 2 BRAGO mit auszugleichen. Gem § 104 Abs 2 S 3 ZPO genügt zur Berücksichtigung von Umsatzsteuerbeträgen die Erklärung des Antragstellers, daß er die Beträge nicht als Vorsteuer abziehen kann. Es ist unstreitig, daß diese Erklärung auch vom ProzBev abgegeben werden kann.

Es ist jedoch streitig, wie zu verfahren ist, wenn ernsthafte Zweifel hinsichtlich der Richtigkeit der Erklärung bestehen. Die Beklagten sind alle Gewerbetreibende und der Gegenstand des Prozesses betrifft diese Tätigkeit, so daß erhebliche Zweifel an der Richtigkeit der Erklärung bestehen können. Teilweise wird die Auffassung vertreten, daß der Erstattungspflichtige Einwendungen gegen die Richtigkeit der Erklärung innerhalb des Kostenfestsetzungsverfahrens vorbringen kann. Zur Begründung wird angeführt, daß die Neuregelung des § 104 Abs 2 S 3 ZPO nicht dem Grundsatz des § 104 Abs 2 S 1 ZPO unterliegt, der die Glaubhaftmachung verlangt. Nach § 104 Abs 2 S 1 ZPO hat der Antragsteller die für den Anfall und gegebenenfalls die Notwendigkeit der angemeldeten Kostenpositionen erforderlichen Umstände glaubhaft zu machen und es ist dann Aufgabe des Antragsgegners, seinerseits Umstände, die dagegen sprechen, vorzutragen und glaubhaft zu machen. Die Richtigkeit der Erklärung kann deshalb nur noch durch vom Antragsgegner zu erbringenden Gegenbeweis erschüttert werden, es sei denn, die Erklärung ist zweifelsfrei und offensichtlich unrichtig.

Diese Auffassung wird überwiegend abgelehnt. Zur Begründung wird angeführt, daß die Erklärung eben gerade nicht der Glaubhaftmachung unterliegt und daß die neu geschaffene Erleichterung des Verfahrens nicht eine Verzögerung und Komplizierung des Kostenfestsetzungsverfahrens hervorbringen soll. Die überwiegende Meinung in der Rechtsprechung geht davon aus, daß die Richtigkeit der Erklärung des Antragstellers, er könne diese Beträge nicht als Vorsteuer abziehen, nicht im Kostenfestsetzungsverfahren zu überprüfen ist.

RA Blosche hat eine entsprechende Erklärung abgegeben, so daß die Umsatzsteuer von derzeit 15 % auf Gebühren und Auslagen festzusetzen ist. In der I. Instanz betragen diese 7.229,00 DM, so daß die Umsatzsteuer insgesamt 1.084,35 DM beträgt.

VII. Außergerichtliche Kosten der Beklagten/Berufungskläger – II. Instanz

Für die II. Instanz sind einige Gebühren nach unterschiedlichen Gegenstandswerten berechnet. Sollte es notwendig sein, wird bei den nachfolgenden Ausführungen zu den einzelnen Gebühren darauf eingegangen werden.

1. Prozeßgebühr

Spätestens mit Einlegung der Berufung hat sich die Bekl-Vertr die Prozeßgebühr nach §§ 11 Abs 1 S 1u 4, 31 Abs 1 Nr 1 BRAGO verdient. Aber auch in der II. Instanz erhöht sich die Prozeßgebühr gem § 6 BRAGO. Die Erhöhung wird von der jeweiligen Ausgangsgebühr – hier 13/10 – berechnet und darf zwei volle Ausgangsgebühren – hier 26/10 – nicht übersteigen.
Es sind zu berücksichtigen:

20,8/10 Prozeßgeb §§ 11 Abs 1 S 1u 4, 31 Abs 1 Nr 1, 6 BRAGO	Wert: 100.000,00 DM	4.420,00 DM

(13/10 ProzGeb plus 6/10 Erhöhung von eben dieser 13/10 Geb = 7,8/10)

2. Verhandlungsgebühr

In der mündlichen Verhandlung am 16. September 1997 verdient RA Blosche kann berechnen:

13/10 Verhandlungsgebühr §§ 11 Abs 1 S 1u 4, 31 Abs 1 Nr 2 BRAGO	Wert: 100.000,00 DM	2.762,50 DM

3. Erörterungsgebühr

Im Termin am 16. September 1997 wurde ebenfalls die Sach- und Rechtslage erörtert. Hierdurch ist eine Erörterungsgebühr nach § 31 Abs 1 Nr 4 entstanden, die gem § 31 Abs 2 BRAGO auf die Verhandlungsgebühr anzurechnen ist, allerdings nur insoweit, als sie deckungsgleich sind. Die Erörterung bezog sich auch auf die Gegenforderung, so daß sich die Frage stellt, ob es zu einer entsprechenden Erhöhung des Gegenstandswertes hinsichtlich der Erörterungsgebühr kommt. Das ist nur zu bejahen, wenn die zur Aufrechnung gestellte Gegenforderung rechtshängig wird. Die hM

verneint jedoch die Rechtshängigkeit der Gegenforderung, da es an der Zustellung einer den Erfordernissen des § 253 ZPO entsprechenden Klageschrift fehlt, so daß eine Erhöhung des Gegenstandswerts nicht in Frage kommt.
Der Antrag ist insofern zurückzuweisen.

4. Beweisgebühr

Der Antrag ist hinsichtlich der Beweisgebühr zurückzuweisen – vergleiche Ausführungen bei der Klägerin –

5. Vergleichsgebühr

– siehe Ausführungen bei der Klägerin –
RA Blosche kann ebenfalls berechnen:

13/10 Vergleichsgebühr §§ 11 Abs 1 S 1u 4, 23 Abs 1 S 3 BRAGO	Wert: 100.000,00 DM	2.762,50 DM

6. Auslagenpauschale und Umsatzsteuer

– siehe I Instanz –

Die Gebühren und Auslagen betragen in der II. Instanz 9.985,00 DM, so daß die USt insgesamt 1.497,75 DM beträgt.

VIII. Ausgleichung

Im Antrag hat der Kl-Vertr zwar formularmäßig die Ausgleichung „der Kosten" beantragt, sein bezifferter Antrag enthielt jedoch keinen Hinweis, daß auch die verauslagten Gerichtskosten ausgeglichen werden sollen, so daß auch nur die außergerichtlichen Kosten zur Ausgleichung kommen. Diese betragen:

Erstattungsfähige Kosten Klägerin	14.397,50 DM
Erstattungsfähige Kosten Beklagte	19.796,10 DM
Insgesamt	34.193,60 DM
davon trägt Klägerin 1/4	8.548,40 DM
die eigenen Kosten betragen	14.397,50 DM
Festzusetzen	5.849,10 DM

Die Beklagten haben demnach 5.849,10 DM an die Klägerin zu erstatten.

B. Entscheidung – Kostenfestsetzungsbeschluß

Landgericht Berlin Berlin, den 25. Oktober 1997
6 O 2/97

In dem Rechtsstreit
der Architekten und Baubetreuer Kleiber, Kiehne und Partner, Kantstraße 23, Berlin-Charlottenburg – vertreten durch den Architekten Walter Krüger, ebenda,

– Klägerin –

Prozeßbevollmächtiger: Rechtsanwalt Dr. Rolf Kluge, Uhlandstraße 122, Berlin-Wilmersdorf

gegen

1. Fa. Wohnbau Boden GmbH, Goethestraße 4, Berlin-Lichterfelde, vertreten durch den Geschäftsführer Reinhard Boden, ebenda,
2. den Dachdeckermeister Marius Müller, Schillerstraße 103, Berlin-Charlottenburg,
3. den Installateurmeister Dieter Ende, Zangengasse 7, Berlin-Wittenau,
– alle in Gesellschaft bürgerlichen Rechts –

– Beklagte –

Prozeßbevollmächtigte: Rechtsanwältin Elvi Blosche, Markstraße 3, Berlin-Reinickendorf

sind nach dem Vergleich des Kammergerichts vom 16. September 1997 – 7 U 127/97 –
von den Beklagten – als Gesamtschuldnern –
die gem Kostenrechnungen vom 29. September 1997 und 8. Oktober 1997 berechneten und ausgeglichenen Kosten in Höhe von 5.849,10 DM – i W: Fünftausendachthundertneunundvierzig Deutsche Mark –
nebst 4 % Zinsen seit dem 1. Oktober 1997 an die Klägerin zu erstatten.
Der zugrundeliegende Titel ist vollstreckbar.
Im übrigen werden die Anträge zurückgewiesen.

Gründe:
Die Klägerin hat mit Antrag vom 29. September 1997 die Kostenausgleichung gem § 106 ZPO beantragt. Auf die Aufforderung des Gerichts haben die Beklagten ihre Kosten mit Antrag vom 8. Oktober 1997 mitgeteilt. Die Parteien haben bei ihren Anträgen nicht immer den zutreffenden Gegenstandwert berücksichtigt; dieser beträgt für die I. Instanz 200.000,00 DM gem § 19 Abs 3 GKG iVm § 8 Abs 1 S 1 BRAGO, da eine streitige, aber erfolglose Eventualaufrechnung vorliegt. Hinsichtlich der II. Instanz fehlt es an einer der Rechtskraft fähigen Entscheidung über die Gegenforderung, so daß es beim ursprünglichen Wert von 100.000,00 DM bleibt. Die jeweilige Gebührenhöhe war neu zu ermitteln, die Anträge hinsichtlich des Differenzbetrages zurückzuweisen.
Die Klägerin macht eine Erhöhung nach § 6 Abs 1 S 2 BRAGO geltend, die jedoch nicht gewährt werden kann, da die Partnerschaftsgesellschaft nur ein Auftraggeber ist (§§ 7 PartGG, 124 HGB). Die beantragte Beweisgebühr der II. Instanz kann ebenfalls nicht festgesetzt werden, da die Anhörung des zufällig anwesenden Geschäftsführers einer der Beklagten keine Beweisaufnahme darstellt.
Die Beklagten haben für beide Instanzen jeweils eine Erörterungsgebühr geltend gemacht, diese ist jedoch nicht festsetzbar, da sie auf die erstattungsfähige Verhandlungsgebühr anzurechnen war (§ 31 Abs 2 BRAGO); mangels Rechtshängigkeit der Gegenforderung konnte sie auch nicht bezüglich der erörterten Gegenforderung entstehen. Die beantragten Beweisgebühren konnten ebenfalls nicht berücksichtigt werden, da die Vorlegung eines privaten Gutachtens keine Beweisgebühr auslöst (§ 34 Abs 1 BRAGO); ansonsten gilt hier das bei der Klägerin Gesagte.
Die Verzinsung war ab 1. Oktober 1997 auszusprechen und nicht wie beantragt ab 29. September 1997 (§ 104 Abs 1 S 2 ZPO).
Eine Kostenentscheidung konnte unterbleiben, da das Festsetzungsverfahren gerichtsgebührenfrei ist und Auslagen für die Zustellung nicht zu erheben waren.

Rehagel, Rechtspflegerin

Fall 13: Unterhaltsansprüche im isolierten Verfahren

Helga Hünnekens, Bad Münstereifel

Klausur aus dem Sachgebiet Zivilprozeß- und Kostenrecht

Aufgabe:

1. Nach dem Vergleich, der rechtswirksam ist, sind die Gerichtskosten abzurechnen. In der Schlußkostenrechnung sind die Kosten ausdrücklich unter Angabe der entsprechenden gesetzlichen Bestimmungen zu benennen. Die sich aus den §§ 49, 68, 69 GKG ergebenden Haftungsbeträge sind in besonderen Spalten anzugeben.
   Zu beachten und zu benennen sind auch die Vorschriften der KostVfg. und der DB-PKHG. Zahlungen auf die Gerichtskosten sind bisher nicht erfolgt.
2. Über die mit den Anlagen I bis III gestellten Anträge ist zu entscheiden. Hierbei ist davon auszugehen, daß die vom Klägervertreter mit Schreiben vom 25.5.1998 erklärten Umstände zum Anwaltswechsel der Wahrheit entsprechen und der Vergleich rechtswirksam ist. Die Gründe der Beschlüsse sind ausführlich darzulegen. Förmlicher Festsetzungen bedarf es nicht. Änderungen beantragter Beträge sind zu begründen und der jeweils festzusetzende Betrag ist zu ermitteln.
3. Die Prüfung gem § 130 BRAGO ist durchzuführen und das hiernach Erforderliche ist zu veranlassen. Bei notwendiger Einziehung von Kosten kann diese getrennt von den Gerichtskosten erfolgen.

Bearbeitungszeit:	4 Stunden
Hilfsmittel:	Schönfelder, Deutsche Gesetze Kostenverfügung einschl DB-PKHG Festsetzungs-AV v 9.11.1995 Taschenrechner Gebührentabellen

Sachverhalt:

Am 28.11.1997 geht bei dem Amtsgericht Geldern eine Klageschrift der Katrin Abels geb. Schloß, wohnhaft in Geldern, Ostwall 15, vertreten durch Rechtsanwalt Armin Stahl aus Geldern, ein mit dem Antrag, ihren geschiedenen Ehemann Paul Abels, wohnhaft in Geldern, Sonnenweg 23, zu verurteilen,

1. für sie rückwirkend seit dem 1.9.1997 eine monatliche Unterhaltsrente in Höhe von 1.400,00 DM und
2. an sie für den 12 Jahre alten gemeinsamen Sohn Sascha rückwirkend seit dem 1.9.1997 eine monatliche Unterhaltsrente in Höhe von 750,00 DM zu zahlen.

Die Ehe ist seit dem 16.10.1994 rechtskräftig geschieden und durch das Verbundurteil aus dem Jahre 1994 ist der Beklagte verurteilt worden, für seine geschiedene Ehefrau monatlich 1.000,00 DM und für den Sohn Sascha 600,00 DM an Unterhalt zu zahlen.
Außerdem beantragt die Klägerin Prozeßkostenhilfebewilligung für dieses Verfahren unter Beiordnung von Rechtsanwalt Stahl.
Die Klageschrift wird dem Beklagten förmlich durch die Post zugestellt.
Mit Schriftsatz vom 9.12.1997 beantragt der Beklagte, vertreten durch Rechtsanwalt Benno Müller aus Geldern, die Klage abzuweisen und im Wege der Widerklage die durch Verbundurteil titulierten Unterhaltsbeträge auf 900,00 DM für die Klägerin und auf 500,00 DM für den Sohn Sascha für die Zukunft herabzusetzen.
Nach Zustellung des Schriftsatzes vom 9.12.1997 an den Klägervertreter beantragt dieser mit Schriftsatz vom 16.12.1997 die Abweisung der Widerklage und Bewilligung von Prozeßkostenhilfe unter seiner Beiordnung auch für die Verteidigung gegen die Widerklage.
Durch Beschluß vom 22.12.1997 wird für den Rechtsstreit antragsgemäß Prozeßkostenhilfe ohne Zahlungsbestimmung bewilligt unter Beiordnung von Rechtsanwalt Stahl.
Gleichzeitig terminiert das Gericht auf den 31.1.1998.
Im Termin stellen die Parteivertreter die Anträge aus den Schriftsätzen vom 28.11.1997, 9.12.1997 und 16.12.1997. Im Anschluß an diese Verhandlung erklärt der anwesende Beklagte, daß seine geschiedene Ehefrau in einem eheähnlichen Verhältnis lebe mit

dem Bauunternehmer Artur Schmidt. Dieser sei durchaus in der Lage, für den Unterhalt der Klägerin aufzukommen, zumal sie ihm sowohl im Haushalt wie auch im Betrieb erhebliche Arbeit abnehmen würde. Soweit der Unterhaltsanspruch der Klägerin streitig ist, erläßt das Gericht einen Beweisbeschluß dahingehend, daß Artur Schmidt als Zeuge vernommen werden soll.

Mit Schriftsatz vom 17. 2. 1998 nimmt der Beklagte seine Widerklage insoweit zurück, als sie den Unterhaltsanspruch seines Sohnes Sascha betrifft.

Im Termin am 3. 3. 1998 erkennt der Beklagte den Klageanspruch auf laufenden Unterhalt von Sascha insoweit an, als für ihn monatlich 100,00 DM mehr gefordert werden. Insoweit ergeht ein entsprechendes Teilanerkenntnisurteil. Die Kostenentscheidung bleibt dem Schlußurteil vorbehalten. Nach streitiger Verhandlung über den noch rechtshängigen Unterhaltsanspruch von Sascha vernimmt das Gericht den Zeugen Schmidt gem Beweisbeschluß. Als Entschädigung wird ein Betrag in Höhe von 67,00 DM ausgezahlt.

Nach Erörterung des Sach- und Streitstandes erklärt der Klägervertreter, seine Mandantin sei zu Vergleichsverhandlungen bereit. Das Gericht vertagt daher auf den 12. 5. 1998.

Im Termin am 12. 5. 1998 erscheinen der Klägervertreter und für den Beklagten Rechtsanwalt Niklas Nolte aus Geldern.

Da der Beklagte nach dem Termin vom 3. 3. 1998 dem Rechtsanwalt Müller das Mandat entzogen hatte, wurde Rechtsanwalt Nolte am 5. 3. 1998 vom Beklagten mit der Wahrnehmung seiner Interessen in diesem Verfahren einschließlich der anstehenden Vergleichsverhandlungen beauftragt.

Nach Erörterung über die noch rechtshängigen Ansprüche und über bisher nicht rechtshängige Herausgabeansprüche im Wert von 18.000,00 DM schließen die Parteien den nachfolgenden Vergleich:

1. Zur Abgeltung des noch anhängigen Unterhaltsanspruchs von Sohn Sascha verpflichtet sich der Beklagte zur Zahlung eines einmaligen Betrages von 500,00 DM.
2. Der Beklagte verpflichtet sich, an die Klägerin vom 1. 7. 1998 an eine monatliche Unterhaltsrente in Höhe von 1.150,00 DM zu zahlen. Damit sind die Ansprüche aus Klage und Widerklage abgegolten.

3. Der Beklagte verpflichtet sich, an die Klägerin die goldene und mit 8 Brillanten besetzte Uhr Marke Baume & Mercier im Wert von 15.000,00 DM herauszugeben. Dafür überläßt die Klägerin dem Beklagten den Hometrainer der Marke Kettler im Wert von 3.000,00 DM.
4. Von den Kosten des Rechtsstreits übernehmen die Klägerin 1/5, der Beklagte 4/5, jedoch mit Ausnahme der durch den Abschluß des Mehrvergleichs entstandenen Mehrkosten, die der Beklagte in voller Höhe übernimmt.

Anlage I

Armin Stahl
Rechtsanwalt

Geldern, den 13.5.1998
Markt 25

Eingang: 14.5.98
Flott, JSekr

An das
Amtsgericht
Geldern

In der Unterhaltssache
Abels ./. Abels
10 F 196/97

beantrage ich unter Berücksichtigung der nachfolgend berechneten Kosten und nach entsprechender Kostenausgleichung die Festsetzungen, und zwar zuerst gegen die Landeskasse gem §§ 122 Abs 3, 128 BRAGO und sodann gegen den unterlegenen Gegner gem §§ 103ff, 126 ZPO. Um Ausspruch der gesetzlichen Verzinsung gem § 104 Abs 1 S 2 ZPO und Erteilung von vollstreckbaren Ausfertigungen der Festsetzungsbeschlüsse wird gebeten.
Ich teile mit, daß meine Mandanten zum Abzug der Vorsteuer nicht berechtigt sind.

		Wert DM	PKH-Vergütung	WA-Vergütung
1.	Prozeßgeb. §§ 6, 7, 8, 11, 31 Abs 1 Nr 1 BRAGO	10.650,00	578,50	864,50
2.	Prozeßgeb. §§ 7, 8, 11, 32 Abs 2 BRAGO	18.500,00	242,50	472,50
3.	Verhandlungs-/Erörterungsgeb. §§ 7, 8, 11, 31 Abs 1 Nr 2, 31 Abs 1 Nr 4, 31 Abs 2 BRAGO	9.460,00	435,00	595,00
4.	Verhandlungsgeb. §§ 7, 8, 11, 31 Abs 1 Nr 2, 33 Abs 1 BRAGO	1.200,00	45,00	45,00
5.	Beweisgeb. §§ 7, 8, 11, 31 Abs 1 Nr 3 BRAGO	10.650,00	445,00	665,00
6.	Vergleichsgeb. §§ 7, 8, 11, 23 Abs 1 S 3 BRAGO	8.250,00	420,00	540,00
7.	Vergleichsgeb. §§ 7, 8, 11, 23 Abs 1 S 1 BRAGO	18.500,00	727,50	1.417,50
8.	Auslagenpauschale § 26 S 2 BRAGO		40,00	40,00
9.	16 % Umsatzsteuer § 25 Abs 2 BRAGO		469,36	742,32
			3.402,86	5.381,82

Stahl
(pers. Unterschrift)

Anlage II

Niklas Nolte
Rechtsanwalt

Geldern, den 19.5.1998
Bahnhofstr. 17

Eingang: 20.5.98
Flott, JSekr

An das
Amtsgericht
Geldern

In der Unterhaltssache
Abels ./. Abels
10 F 196/97

melde ich für meinen Mandanten gem § 106 ZPO die nachfolgend berechneten Kosten an und teile mit, daß mein Mandant nicht zum Abzug von Vorsteuer berechtigt ist.

I. Vergütung, die dem Rechtsanwalt Müller für dessen Tätigkeit in diesem Verfahren zusteht:

		Wert DM	Betrag DM
1.	Prozeßgeb. §§ 7, 8, 11, 31 Abs 1 Nr 1 BRAGO	10.650,00	665,00
2.	Verhandlungs-/Erörterungsgeb. §§ 7, 8, 11, 31 Abs 1 Nr 2, 31 Abs 1 Nr 4, 33 Abs 1 S 1, 31 Abs 2 BRAGO	10.650,00	665,00
3.	Beweisgeb. §§ 7, 8, 11, 31 Abs 1 Nr 3 BRAGO	10.650,00	665,00
4.	Auslagenpauschale § 26 S 2 BRAGO		40,00
5.	15 % Umsatzsteuer § 25 Abs 2 BRAGO		305,25
			2.340,25

II. Vergütung, die mir für meine Tätigkeit in diesem Verfahren zusteht:

		Wert DM	Betrag DM
1.	Prozeßgeb. §§ 7, 8, 11, 31 Abs 1 Nr 1 BRAGO	10.650,00	665,00
2.	Prozeßgeb. §§ 7, 8, 11, 32 Abs 2 BRAGO	18.500,00	472,50
3.	Verhandlungs-/Erörterungsgeb. §§ 7, 8, 11, 31 Abs 1 Nr 2, 31 Abs 1 Nr 4, 31 Abs 2 BRAGO	10.650,00	665,00
4.	Vergleichsgeb. §§ 7, 8, 11, 23 Abs 1 S 3 BRAGO	8.250,00	540,00
5.	Vergleichsgeb. §§ 7, 8, 11, 23 Abs 1 S 1 BRAGO	18.500,00	1.417,50
6.	Auslagenpauschale § 26 S 2 BRAGO		40,00
7.	16 % Umsatzsteuer § 25 Abs 2 BRAGO		608,00
			4.408,00

Hinsichtlich der Ermittlung des Wertes zu den rechtshängigen Unterhaltsansprüchen folge ich zwar grundsätzlich den Angaben des Klägervertreters. Im Rahmen der Kostenfestsetzung bitte ich aber um Überprüfung und Aufschlüsselung.

Nolte
(pers. Unterschrift)

Anlage III

Armin Stahl
Rechtsanwalt

Geldern, den 25.5.1998
Markt 25

Eingang: 27.5.98
Flott, JSekr

An das
Amtsgericht
Geldern

In der Unterhaltssache
Abels ./. Abels
10 F 196/97

nehme ich zu dem Antrag des Beklagtenvertreters vom 19.5.1998 wie folgt Stellung:

Ich bitte, meinen Antrag vom 13.5.1998 dahingehend zu korrigieren, daß mir die Verhandlungsgebühr Nr 3 des Antrags nach einem Wert von 10.650,00 DM, also in Höhe von 445,00 DM bzw. 665,00 DM berücksichtigt wird.

Zudem erkläre ich, daß auf seiten des Beklagten der Anwaltswechsel völlig unnötig war, denn wie mir Rechtsanwalt Müller mitgeteilt hat, ist ihm das Mandat entzogen worden, weil sich der Beklagte mit ihm nach einem verlorenen Tennisspiel zerstritten hat. Den Wert von 10.650,00 DM halte ich für zutreffend, schließe mich dem Antrag auf Überprüfung und Aufschlüsselung seitens des Beklagtenvertreters an und stelle hilfsweise den Antrag auf Wertfestsetzung durch das Gericht, falls im Festsetzungsverfahren der rechtshängige Anspruch nicht mit 10.650,00 DM bestätigt werden sollte.

Stahl
(pers. Unterschrift)

Lösung:

1. Aufgabe

Gegenstand und gesetzliche Vorschriften – § 11 GKG –	Wert DM	Betrag DM	§§ 49, 68, 69 GKG K.A.[1] DM	P.A.[2] DM	S.A.[3] DM
			(6.000,–)	(2.400,–)	(2.250,–)
1. Verfahrensgebühr KV 1202 §§ 11, 12, 17 Abs 1 und 4, 19 Abs 1 S 1 GKG, 5 ZPO	10.650,00	265,00	175,00	110,00	110,00
2. Vergleichsgebühr KV 1653 §§ 11, 12 GKG, 5, 6 ZPO	18.000,00	88,80	88,80	88,80	–
3. Zeugenentschädigung KV 9005		67,00	67,00	67,00	–
Von den Gesamtkosten iHv		420,80	330,80	265,80	110,00
ist die Vergleichsgebühr iHv		88,80			
nicht ausgleichsfähig, da diese der Beklagte gem §§ 54 Ziffer 2, 58 Abs 2 S 1 GKG allein trägt. Sie ist einziehbar, da insoweit keine PKH-Bewilligung vorliegt.					
Von den ausgleichsfähigen Kosten iHv		332,00			
schuldet der Beklagte gem §§ 54 Ziffer 2, 58 Abs 2 S 1 GKG 4/5 iHv 65,60		265,60			
dieser Betrag ist einziehbar gem § 125 ZPO iVm Nr 3.3.2 DB.					
Demnach sind gegen den Beklagten zum Soll zu stellen.		354,40		354,40 xxx	
Zweitschuldnerin ist die Klägerin iHv 88,80 DM PKH-frei, also beitreibbar sowie iHv 175,60 DM			88,80		
in voller PKH nach Inanspruchnahme aus ihrer Erstschuldnerhaftung.			242,00		
Zweitschuldner iHv 110,00 DM ist Sascha, aber in voller PKH.					
Die Klägerin schuldet gem §§ 54 Ziffer 2, 58 Abs 2 S 1 GKG von den ausgleichsfähigen Kosten 1/5 iHv		66,40	66,40		
jedoch nicht beitreibbar, da insoweit volle PKH.			175,60		

Anmerkung:

Soweit Katrin Abels als gesetzliche Vertreterin den Unterhaltsanspruch für Sohn Sascha einklagt, ist sie nicht Antragstellerin iSv § 49 GKG, sondern es haftet der Vertretene[4].

1 Karin Abels
2 Paul Abels
3 Sascha Abels
4 Vgl *Oestreich/Winter/Hellstab* § 49 Rn 5, *Markl* § 49 Rn 3.

2. Aufgabe

A: Festsetzung gegen die Landeskasse gem § 128 BRAGO

Gründe:
Unter Berücksichtigung der Anträge vom 13.5. und 25.5.1998 ist dem Klägervertreter die nachfolgend berechnete Vergütung gegen die Landeskasse festzusetzen.

		§ 123 BRAGO
	Wert DM	Betrag DM
1. Prozeßgebühr § 31 Abs 1 Nr 1 BRAGO	10.650,00	445,00
2. Verhandlungs- bzw Erörterungsgebühr §§ 31 Abs 1 Nr 2, 31 Abs 1 Nr 4, 33 Abs 1 S 1, 31 Abs 2 BRAGO	10.650,00	445,00
3. Beweisgebühr § 31 Abs 1 Nr 3 BRAGO	7.200,00	405,00
4. Vergleichsgebühr § 23 Abs 1 S 3 BRAGO	8.250,00	420,00
5. Auslagenpauschale § 26 S 2 BRAGO		40,00
6. 16 % Umsatzsteuer § 25 Abs 2 BRAGO		280,80
		2.035,80

Da der Klägerin für den Vergleichsabschluß hinsichtlich der Herausgabeansprüche keine Prozeßkostenhilfe bewilligt war, sind die Prozeßgebühr gem § 32 Abs 2 BRAGO und die Vergleichsgebühr gem § 23 Abs 1 S 1 BRAGO ersatzlos zu streichen, da insoweit kein Anspruch gegen die Landeskasse besteht. Die Anwendung von § 122 Abs 3 S 1 BRAGO scheidet aus, da die Beiordnung des Klägervertreters nicht in einem Scheidungsverbundverfahren erfolgt ist, sondern in einer isolierten Familiensache auf Zahlung von Unterhalt.
Die Prozeßgebühr § 31 Abs 1 Nr 1 BRAGO ist ohne Anwendung von § 6 BRAGO anzusetzen, da die rechtshängigen Unterhalts-

ansprüche verschiedene Gegenstände anwaltlicher Tätigkeit darstellen und es somit an dem Erfordernis gem § 6 Abs 1 S 2 BRAGO für eine Erhöhung fehlt. Gem § 7 Abs 2 BRAGO sind die Unterhaltsansprüche zu addieren.
Im Termin am 31.1.1998 wurde über die rechtshängigen Ansprüche von Klage und Widerklage streitig verhandelt, so daß dem Antrag auf Zubilligung einer vollen Verhandlungsgebühr nach einem Wert von 10.650,00 DM in Höhe von 445,00 DM entsprochen werden kann. Die Gebühr gem § 33 Abs 1 S 1 BRAGO ist wegen § 13 Abs 2 BRAGO ersatzlos zu streichen.
Die Beweisgebühr ist zu kürzen auf 405,00 DM, da Gegenstand der Beweisaufnahme lediglich der Unterhaltsanspruch der Ehefrau war in Höhe von 7.200,00 DM. Die Umsatzsteuer ermäßigt sich auf 263,25 DM.

B: Festsetzungen gem §§ 103ff, 126 ZPO

I. An außergerichtlichen Kosten melden zur Ausgleichung an mit Antrag vom 13.5.1998

die Klägerin bzw. gem § 126 ZPO RA Stahl		5.381,82 DM
ergänzt durch Antrag vom 25.5.97, nämlich		
eine Erhöhung bei der Verhandlungsgebühr Nr 3		
um einen Mehrbetrag von 70,00 DM		
plus anteilige Umsatzsteuer, also		81,20 DM
	Sa:	5.463,02 DM
der Beklagte Kosten für RA Müller		2.340,25 DM
und Kosten für RA Nolte		4.408,00 DM
	Sa:	6.748,25 DM

Zum Streitwert ist anzumerken, daß die rechtshängigen Ansprüche insgesamt 10.650,00 DM betragen und sich wie folgt zusammensetzen:

mit der Klage sind geltend gemacht worden

für die geschiedene Ehefrau monatlich ein Mehrbetrag von	400,00 DM
für den Sohn Sascha monatlich ein Mehrbetrag von	150,00 DM
zusammen	550,00 DM
die laufenden Beträge gem § 17 Abs 1 GKG betragen	6.600,00 DM
die rückständigen Beträge gem § 17 Abs 4 GKG betragen	1.650,00 DM
Sa:	8.250,00 DM
mit der Widerklage sind geltend gemacht für die Zukunft je 100,00 DM monatlich weniger als bisher tituliert, also gem § 17 Abs 1 GKG 2 × 1.200,00 DM	2.400,00 DM
Klage und Widerklage sind gem § 19 Abs 1 S 1 GKG zu addieren, so daß rechtshängig sind gesamt	10.650,00 DM

1. Hinsichtlich des Antrags der Klägerseite sind folgende Korrekturen geboten:

a) Die Prozeßgebühr gem § 31 Abs 1 Nr 1 BRAGO ist ohne Anwendung von § 6 BRAGO anzusetzen, da die rechtshängigen Unterhaltsansprüche verschiedene Gegenstände anwaltlicher Tätigkeit darstellen und somit ein Erfordernis von § 6 Abs 1 S 2 BRAGO nicht erfüllt ist.

b) Die Prozeßgebühr gem § 32 Abs 2 BRAGO ist lediglich zu erheben von den verglichenen nicht rechtshängigen Herausgabeansprüchen in Höhe von 18.000,00 DM. Durch die in Ziffer 1 des Vergleichs enthaltene Regelung wird der noch rechtshängige Unterhaltsanspruch von Sascha abgegolten. Dieser Anspruch findet bereits Berücksichtigung beim Wert zur Prozeßgebühr gem § 31 Abs 1 Nr 1 BRAGO. Unter Beachtung von § 13 Abs 3 BRAGO ist daher die Gebühr Nr 2 des Antrags zu kürzen auf 437,50 DM.

c) Die Verhandlungs-/Erörterungsgebühr Nr 3 des Antrags wird, wie mit Schreiben vom 25. 5. 98 beantragt, erhöht auf 665,00 DM, denn im 1. Termin ist über alle rechtshängigen Ansprüche streitig verhandelt worden. Gem § 13 Abs 2 BRAGO ist die Gebühr Nr 4 für die nichtstreitige Verhandlung ersatzlos zu streichen.

d) Die Beweisgebühr ist zu kürzen auf 485,00 DM, da Gegenstand der Beweisaufnahme lediglich der Unterhaltsanspruch der Ehefrau war in Höhe von 7.200,00 DM.

e) Aus denselben Gründen wie unter b) dieser Begründung kann die Vergleichsgebühr gem § 23 Abs 1 S 1 BRAGO nur nach einem Wert von 18.000,00 DM zugebilligt werden. Unter Beachtung von § 13 Abs 3 BRAGO sind statt 1.417,50 DM nur 1.117,50 DM anzusetzen, da eine 15/10 Gebühr von 26.250,00 DM nicht überschritten werden darf.

f) Nach Kürzung der Umsatzsteuer auf 632,00 DM sind für die Klägerseite Kosten iHv insgesamt 4.582,00 DM
zu berücksichtigen, die in voller Höhe erstattungsfähig sind.

2. Hinsichtlich der Anmeldung für den Beklagten sind folgende Korrekturen geboten:

a) Bei der Berechnung für Rechtsanwalt Müller ist die Beweisgebühr aus denselben Gründen wie bei Rechtsanwalt Stahl zu kürzen auf 485,00 DM, so daß sich nach Kürzung der Umsatzsteuer auf 278,25 DM eine Vergütung ergibt in Höhe von 2.133,25 DM.

b) Rechtsanwalt Nolte wurde erst am 5. 3. 98 vom Beklagten mit der Wahrnehmung seiner Rechte in diesem Verfahren beauftragt. Zu diesem Zeitpunkt war die Widerklage bzgl Sascha bereits zurückgenommen mit einem Wert von 1.200,00 DM und ein Teilbetrag der Unterhaltsklage für Sascha bereits anerkannt, nämlich ein Betrag von 100,00 DM laufender Unterhalt, somit Wert ebenfalls 1.200,00 DM, so daß lediglich 8.250,00 DM noch rechtshängig waren.
Die Prozeßgebühr Nr 1 des Antrags beträgt somit nur 540,00 DM, ebenso die unter Nr 3 des Antrags angesetzte Verhandlungs-/Erörterungsgebühr.

c) Die unter Nr II 2 des Antrags angesetzte Prozeßgebühr ist aus den gleichen Gründen wie beim Klägerantrag zu kürzen auf 437,50 DM. Die Anwendung von § 13 Abs 3 BRAGO führt auch hierbei nicht zur Kürzung.

d) Wie schon unter Nr I. 1. e) begründet, ermäßigt sich auch beim Beklagtenvertreter Nolte die Vergleichsgebühr gem § 23 Abs 1 S 1 BRAGO iVm § 13 Abs 3 BRAGO auf 1.117,50 DM.
Nach Kürzung der Umsatzsteuer auf 514,40 DM können für Rechtsanwalt Nolte 3.729,40 DM berücksichtigt werden.

II. Diese Kosten des Beklagten in Höhe von insgesamt	2.133,25 DM
	3.729,40 DM
	5.862,65 DM

sind jedoch gem § 91 Abs 2 S 3 ZPO nur erstattungsfähig in Höhe der Kosten, die bei Inanspruchnahme **eines** Rechtsanwalts entstanden wären, denn der Anwaltswechsel war nicht notwendig. Wie sich aus dem glaubhaften Vortrag des Klägervertreters erkennen läßt, wurde dem Rechtsanwalt Müller das Mandat allein wegen persönlicher Differenzen entzogen. Hierin ist kein Grund zu sehen, der einen Wechsel in der Person des Rechtsanwalts notwendig macht.
Hätte er nicht stattgefunden, wären an Kosten wie auf Klägerseite 4.582,00 DM entstanden, so daß für den Beklagten die Kosten auch nur in dieser Höhe erstattungsfähig sind.

III. Von den erstattungsfähigen Kosten trägt der Beklagte in voller Höhe die Mehrvergleichskosten. Diese betragen je Rechtsanwalt

Prozeßgebühr § 32 Abs 2 BRAGO	437,50 DM
Vergleichsgebühr § 23 Abs 1 S 1 BRAGO	1.117,50 DM
anteilige Umsatzsteuer	248,80 DM
	Sa: 1.803,80 DM

Da der Klägerin insoweit keine Prozeßkostenhilfe bewilligt ist, bleiben diese Kosten bei Ermittlung des Festsetzungsanspruchs des Klägervertreters gem § 126 ZPO unberücksichtigt, denn insoweit war er nicht als beigeordneter Anwalt im Rahmen der Prozeßkostenhilfe tätig.

Der Betrag von 1.803,80 DM ist daher festzusetzen für die Klägerin gegen den Beklagten. Der festzusetzende Betrag ist seit dem 14. 5. 98 zu verzinsen mit 4 %.

IV. Von den ausgleichsfähigen Kosten in Höhe von

2 × 2.778,20 DM, also	5.556,40 DM
schuldet der Beklagte 4/5 iHv	4.445,12 DM
eigene ausgleichsfähige Kosten	2.778,20 DM
also besteht auf Klägerseite iHv	1.666,92 DM
ein Anspruch auf Erstattung.	

Dieser Betrag kann grundsätzlich gem §§ 103ff, 126 ZPO für den PKH-Anwalt festgesetzt werden.

Aus der Landeskasse werden ihm	2.035,80 DM
ausgezahlt. Bis zur Wahlanwaltsvergütung iHv	2.778,20 DM
fehlen ihm noch – vgl Nr 2.3.1 AV –	742,40 DM,

so daß auch nur dieser Betrag für Rechtsanwalt Stahl gegen den Beklagten festzusetzen ist.
Der Betrag ist vom 14. 5. 98 an mit 4 % zu verzinsen.
Der Eingang des Erhöhungsantrags vom 25. 5. 98 ist unerheblich für den Zinsbeginn, da bereits mit Antrag vom 13. 5. 98 mehr angemeldet war als letztendlich berücksichtigt wurde.

V. Der Beklagte hat zu erstatten an Vergütung,	
die unter die PKH-Bewilligung fällt,	1.666,92 DM
davon werden für den PKH-Anwalt festgesetzt	
– § 130 Abs 1 S 2 BRAGO –	742,40 DM,
so daß ein Betrag von	924,52 DM
auf die Landeskasse übergeht.	

Der Betrag wird gegen B zum Soll gestellt.[5]

5 Vgl § 130 Abs 2 BRAGO.

Fall 14: Straftaten eines Heranwachsenden sowie Flucht eines Strafgefangenen

Erich Denk, Starnberg

Klausur aus dem Sachgebiet Strafrecht, Strafprozeßrecht, Strafvollstreckungsrecht

Teil I
Straftaten eines Heranwachsenden

Aufgabe:

In einem Gutachten ist zu untersuchen, wie sich Theo Thiele strafbar gemacht hat. Die Darstellung des Sachverhalts ist erlassen.
Es ist davon auszugehen, daß Theo Thiele während der Spazierfahrt am 25. Juni 1998 eine Blutalkoholkonzentration von 1,5‰ hatte.

Sachverhalt:

Der 19jährige Theo Thiele machte am Abend des 25. Juni 1998 mit einem geliehenen Auto eine kleine Spazierfahrt. Zuvor hatte er insgesamt zwei Liter Bier zu sich genommen. Dennoch fühlte er sich bei Fahrtantritt voll fahrtauglich. In einer langgezogenen Linkskurve kam er, teils infolge des Alkoholgenusses, teils infolge mangelnder Fahrpraxis (er stand erst kurz vor der Führerscheinprüfung) nach rechts von der Fahrbahn ab. Dabei prallte er an eine Leitplanke, die dadurch erheblich beschädigt wurde. Thiele stieg aus, besah sich den Schaden und entschloß sich nach einigem Hin- und Herüberlegen, die Fahrt fortzusetzen, obwohl ihm jetzt bewußt geworden war, daß er alkoholbedingt fahruntauglich war. Während der vier Minuten, die er am Unfallort verbrachte, war niemand hinzugekommen, der den Vorfall hätte bemerken können. Nach Beendigung der Fahrt stellte Thiele das Auto vor dem Haus des Verleihers ab. Am nächsten Tag verneinte Thiele die Frage des Verleihers, ob er das Fahrzeug beschädigt habe. Der Verleiher, der daraufhin annahm, das Auto sei nachts vor dem Haus von einem Unbekannten angefahren worden, behob den

Schaden, so gut es ging, selbst, da er glaubte, den Unbekannten nicht ermitteln zu können.
Am Abend des 27. Juni 1998 begab sich Thiele zu einem abgelegenen Einfamilienhaus, um dort einzubrechen. Nachdem er durch mehrmaliges Anläuten geprüft hatte, ob jemand zu Hause war, öffnete er die Eingangstür, indem er mittels eines mitgeführten Werkzeugs das Zylinderschloß auseinanderbrach. Im Inneren des Hauses rollte Thiele drei Perserteppiche zusammen, deren hohen Wert er erkannte, und schleppte sie nacheinander jeweils bis zur Gartentüre. Dabei merkte er, daß er allein für den weiteren Abtransport zu schwach war. Er ließ die Teppiche daher auf dem zu dem Einfamilienhaus gehörenden Grundstück, und zwar nahe am Gartenzaun, zurück. Außerhalb des Grundstücks konnten die Teppiche nicht gesehen werden. Dann begab sich Thiele nach Hause, um seinen Bruder zu holen, der ihm beim Wegtragen der Teppiche helfen sollte. Der Bruder war jedoch zur Mithilfe nicht bereit. Er redete sogar Theo Thiele so lange ins Gewissen, bis dieser sich entschloß, von der Abholung der Teppiche Abstand zu nehmen. Die Teppiche wurden nach vier Tagen von ihrem aus dem Urlaub zurückkehrenden Eigentümer unbeschädigt aufgefunden und in das Haus zurückgebracht.

Teil II
Flucht eines Strafgefangenen

Aufgabe:

Die Strafzeit einschließlich des Zweidrittel-Zeitpunktes ist zu berechnen. Es wird darauf hingewiesen, daß die Monate Februar 1998 und 1999 28 Tage hatten.

Für Teil I und II:

Bearbeitungszeit: 5 Stunden
Hilfsmittel: Schönfelder, Deutsche Gesetze
Lackner, StGB
Hoefer/Schaller, Der Rechtspfleger in Bayern, Gesetzessammlung
nicht programmierbarer Taschenrechner

Sachverhalt:

Der 24jährige Georg Taler wurde am 13. Januar 1998 um 23.50 Uhr aufgrund Haftbefehls des Amtsgerichts Ingolstadt vom 5. Januar 1998 in Kelheim von der Polizei festgenommen. Dem Haftbefehl lag der dringende Verdacht zugrunde, Taler habe mehrere Vergehen des Bandendiebstahls begangen. Taler wurde am 14. Januar 1998 in die nächstgelegene Untersuchungshaftanstalt verbracht. Unmittelbar vor Beginn der Hauptverhandlung, die am 2. Februar 1998 um 9.00 Uhr vor dem Landgericht Ingolstadt stattfinden sollte, gelang Taler, begünstigt durch eine Menschenansammlung am Eingang des Sitzungssaales, die Flucht. Er setzte sich nach Frankreich ab.

Aufgrund der eiligst eingeleiteten Fahndungsmaßnahmen wurde Taler am 23. Februar 1998 um 13.30 Uhr in Albertville/Frankreich festgenommen und in Auslieferungshaft genommen. Am 10. März 1998 wurde er um 9.30 Uhr in Kehl/Rhein der deutschen Polizei übergeben, die ihn in die nächstgelegene Untersuchungshaftanstalt verbrachte.

Bis zum erneuten Hauptverhandlungstermin am 23. März 1998 befand sich Taler, zuletzt in der Justizvollzugsanstalt Ingolstadt, ununterbrochen in Untersuchungshaft. Mit Urteil des Landgerichts Ingolstadt vom 23. März 1998 wurde Taler wegen drei sachlich zusammentreffender Vergehen des Bandendiebstahls zur Gesamtfreiheitsstrafe von 1 Jahr 6 Monaten verurteilt. Es wurde angeordnet, daß die Anrechnung der vor der Einlieferung in die Bundesrepublik Deutschland am 10. März 1998 erlittenen Freiheitsentziehung unterbleibt. Angeklagter, Verteidiger und Sitzungsstaatsanwalt verzichteten nach der mündlichen Rechtsmittelbelehrung auf Rechtsmittel.

Am 25. März 1998 entwich Taler während der Verschubung in die zuständige Justizvollzugsanstalt und setzte sich erneut nach Frankreich ab. Dort wurde er am 11. April 1998 um 16.30 Uhr in Annecy festgenommen und in Auslieferungshaft genommen. Er wurde am 20. April 1998 um 9.30 Uhr in Kehl/Rhein der deutschen Polizei übergeben, die ihn in die nächstgelegene Justizvollzugsanstalt verbrachte.

Am 13. Oktober 1998 bildete das Landgericht Ingolstadt unter Einbeziehung der am 23. März 1998 verhängten Einzelstrafen und einer weiteren Freiheitsstrafe von 3 Monaten wegen eines Vergehens der Unterhaltspflichtverletzung, die das Amtsgericht Pfaffenhofen/Ilm ausgesprochen hatte, durch Beschluß eine nachträgliche Gesamtfreiheitsstrafe von 1 Jahr 7 Monaten. Die form- und fristgerecht von der Staatsanwaltschaft bei dem Landgericht Ingolstadt gegen diesen Beschluß eingelegte sofortige Beschwerde wurde am 10. November 1998 (Eingang bei dem Landgericht Ingolstadt am 11. November 1998) zurückgenommen. Der Verurteilte hatte kein Rechtsmittel eingelegt. Ein Antrag der Staatsanwaltschaft bei dem Landgericht Ingolstadt auf Anordnung, daß die Anrechnung der Auslieferungshaft, die bei der zweiten Entweichung erlitten wurde, unterbleibt, wurde von der großen Strafvollstreckungskammer des Landgerichts Traunstein, die für die Justizvollzugsanstalt, in der Taler mittlerweile einsaß, zuständig ist, zurückgewiesen. Die hiergegen von der Staatsanwaltschaft eingelegte sofortige Beschwerde wurde vom Oberlandesgericht München zurückgewiesen.

Gutachten:

Teil I

Strafbarkeit des Theo Thiele

A. Das Geschehen am 25. Juni bis zum Unfall

I. Vorsätzliche Trunkenheit im Verkehr, § 316 ABS 1 StGB

1. Vorab ist festzustellen, daß die Straftatbestände des StGB auch für den 19jährigen Thiele, der Heranwachsender ist, § 1 ABS 2 JGG, gelten. Dies folgt aus § 2 JGG und dem Umstand, daß das JGG schwerpunktmäßig die Rechtsfolgen der Tat des Jugendlichen und Heranwachsenden sowie das Verfahren regelt, aber keine Straftatbestände enthält. Diese Feststellung gilt auch für alle weiteren Tatbestände, ohne daß sie dort erneut getroffen wird.

2. Der objektive Tatbestand ist durch das Führen des Pkw im Straßenverkehr, bei dem Thiele alkoholbedingt fahruntauglich war, erfüllt. Da die Tatzeitblutalkoholkonzentration Thieles 1,5 ‰

betrug, liegt absolute Fahruntauglichkeit vor. Bei ihr brauchen keine weiteren Anzeichen für die Fahruntauglichkeit, wie Fahrfehler, Lallen oder Schwanken, hinzuzukommen.[1]

3. Es fehlt jedoch der Vorsatz bezüglich der Fahruntauglichkeit, da sich Thiele bei Fahrtantritt voll fahrtauglich fühlte. Der Tatbestand ist also nicht verwirklicht.

II. Fahrlässige Trunkenheit im Verkehr, § 316 Abs 1, 2 StGB

1. Zu der oben 1.2 dargestellten Tathandlung muß, damit der objektive Tatbestand verwirklicht ist, eine objektive Pflichtwidrigkeit hinzu kommen. Ein vernünftiger Kraftfahrer erkennt, daß er nach dem Genuß von zwei Litern Bier nicht mehr fahren kann und darf.

2. Auf der Ebene der Schuld ist die subjektive Pflichtwidrigkeit zu prüfen. Hier käme man zu einer Abweichung von oben II.1, wenn besondere Umstände in der Person Thieles, etwa das jugendliche Alter, zu einer Veränderung des Pflichtwidrigkeitsmaßstabes führten. Dies ist jedoch zu verneinen, da Thiele bereits 19 Jahre alt ist und nach dem Gesamthergang einem durchschnittlichen Erwachsenen gleichzustellen ist.

3. Die Alkoholisierung Thieles war nicht so stark, daß Schuldunfähigkeit, § 20 StGB, oder verminderte Schuldfähigkeit, § 21 StGB, in Betracht kämen.[2] Dies gilt auch für alle weiteren Tatbestände, die am 25. Juni verwirklicht wurden, und wird dort nicht erneut festgestellt. Der Tatbestand ist daher verwirklicht.

III. Fahrlässige Straßenverkehrsgefährdung, § 315c Abs 1 Nr 1a, Abs 3 Nr 2 StGB

1. Der objektive Tatbestand setzt hier zusätzlich zu oben II.1 eine konkrete Gefährdung fremder Sachen von bedeutendem Wert

1 *Lackner* Kommentar zum Strafgesetzbuch, 22. Aufl, Rn 3 zu § 316, Rn 6, 6a zu § 315c.
2 *Lackner* aaO Rn 18 zu § 20, Rn 3 zu § 21.

voraus. Das ist durch die erhebliche Beschädigung der Leitplanke, die im Eigentum des Trägers der Straßenbaulast steht, verwirklicht. Dagegen stellt die hM nicht auf den von Thiele gefahrenen Pkw, der ja im Eigentum des Verleihers steht und damit ebenfalls fremd ist, ab.[3]

2. Die Fahrt im Zustand der alkoholbedingten Fahruntauglichkeit und die Gefährdung müssen durch das Band der Kausalität verbunden sein. Das Abkommen von der Straße war nur zum Teil auf die Alkoholisierung des Thiele zurückzuführen. Mitursächlichkeit reicht jedoch aus.[4] Der Tatbestand ist ebenfalls verwirklicht.

IV. Vorsätzliches Fahren ohne Fahrerlaubnis, § 21 Abs 1 Nr 1 StVG

1. Thiele führte ein fahrerlaubnispflichtiges Kraftfahrzeug (§ 4 Abs 1 S 1 StVZO), ohne die Fahrerlaubnis zu haben, da er erst kurz vor der Führerscheinprüfung stand.

2. Vorsatz ist zu bejahen. Ein ständiges aktuelles Bewußtsein der maßgeblichen Umstände (oben IV.1) ist nicht erforderlich. Es genügt das sog Mitbewußtsein des Thiele.[5]
Der Tatbestand ist verwirklicht.

B. Das Geschehen am 25. Juni nach dem Unfall

I. Vorsätzliche Trunkenheit im Verkehr, § 316 Abs 1 StGB

Da Thiele seine alkoholbedingte Fahruntauglichkeit nach dem Unfall bewußt wurde, ist jetzt, im Gegensatz zu oben A, Vorsatz gegeben.
Der Tatbestand ist verwirklicht.

3 *Lackner* aaO Rn 25 zu § 315c.
4 *Lackner* aaO Rn 27 zu § 315c.
5 *Lackner* aaO Rn 9 zu § 15.

II. Unerlaubtes Entfernen vom Unfallort, § 142 Abs 1 Nr 2 StGB

1. objektiver Tatbestand

Thiele war Unfallbeteiligter, § 142 Abs 4 StGB. Er hat sich nach vier Minuten vom Unfallort entfernt. Damit war die Wartepflicht verletzt.[6]

2. subjektiver Tatbestand

Thiele kannte die oben I.1 genannten Umstände. Als er nach einigem Hin- und Herüberlegen weiterfuhr, handelte er vorsätzlich.

3. Schuld

Nachdem Thiele kurz vor der Führerscheinprüfung stand, mußte er die Wartepflicht kennen. Selbst wenn bei ihm ein diesbezüglicher Verbotsirrtum vorgelegen hätte, wäre dieser vermeidbar und damit nicht schuldausschließend gewesen, § 17 S 1 StGB.
Verwirklicht.

III. Vorsätzliches Fahren ohne Fahrerlaubnis, § 21 Abs 1 Nr 1 StVG
Verwirklicht (wie A IV.)

C. Das Geschehen am 26. Juni

I. Betrug, § 263 Abs 1 StGB

1. Objektiver Tatbestand

a) Täuschung
Thiele verneinte die Frage des Verleihers, ob er den Wagen beschädigt habe.

b) Irrtum
Der Verleiher glaubte, das Auto sei von einem Unbekannten über Nacht angefahren worden.

6 *Lackner* aaO Rn 19 zu § 142.

c) Vermögensverfügung

Der Verleiher unterließ es, seine Schadensersatzansprüche gegen Thiele geltend zu machen.[7]

d) Vermögensschaden

Fraglich ist, ob der Verleiher bereits jetzt geschädigt ist, da er die Ansprüche gegen Thiele aus Vertrag und aus unerlaubter Handlung weiterhin hat und, jedenfalls bis zum Eintritt der Verjährung, verfolgen könnte. Bereits jetzt muß jedoch eine Vermögensgefährdung angenommen werden, da mit fortschreitendem Zeitablauf die tatsächliche Durchsetzbarkeit der Ansprüche immer schwieriger wird (Beweislage nach Reparatur). Diese Vermögensgefährdung reicht aus.[8]

e) Kausalität zwischen den Elementen 1a bis 1d liegt vor. Jedes ist durch das vorangegangene bedingt.

2. subjektiver Tatbestand

Der Vorsatz des Thiele erstreckt sich auf alle oben 8.1 genannten Umstände. Rechtswidrige Bereicherungsabsicht liegt vor, da Thiele den Ersatz des Schadens vermeiden wollte. Der Tatbestand ist verwirklicht.

D. Das Geschehen am 27. Juni

I. Diebstahl, § 242 Abs 1

1. Objektiver Tatbestand

a) Tatobjekt sind die Perserteppiche. Sie gehören dem namentlich nicht bekannten Eigentümer und sind daher fremd.

b) Die Wegnahme verlangt Gewahrsamsbruch. Durch das Verbringen der Teppiche bis zum Gartenzaun wurde der Gewahrsam des Besitzers des Hausanwesens, der durch die urlaubsbedingte Abwesenheit nicht aufgehoben war, lediglich gelockert, nicht aber beseitigt. Durch den Gartenzaun sind Dritte vom Zugriff auf die im Garten befindlichen Sachen abgehalten. Auch Thiele hätte

7 *Lackner* aaO Rn 22 und 24 zu § 263.
8 *Lackner* aaO Rn 40 zu § 263.

beim Abtransport der Teppiche den Zaun erneut überwinden müssen. Thiele hat demnach weder fremden Gewahrsam gebrochen noch neuen Gewahrsam begründet.[9]
Der Tatbestand ist nicht verwirklicht.

II. Versuchter Diebstahl, §§ 242, 22 StGB

Die Strafbarkeit des Versuchs (§ 23 Abs 1 StGB) beim Diebstahl, der Vergehen ist (§ 12 Abs 2 StGB), folgt aus § 242 Abs 2 StGB.

1. Subjektiver Tatbestand

a) Vorsatz

Thiele wollte die Perserteppiche fortschaffen.

b) Rechtswidrige Zueignungsabsicht

Der Sachverhalt läßt offen, ob Thiele die Teppiche zu Geld machen oder für sich behalten wollte. Jedenfalls sollte das Eigentum für immer entzogen werden.

c) Unmittelbares Ansetzen zur Tatbestandsverwirklichung siehe D I 1 b

d) Strafbefreiender Rücktritt, § 24 Abs 1 S 1 StGB

Nach der Vorstellung Thieles sollte noch der Abtransport der Teppiche erfolgen. Das stellt einen unbeendigten Versuch dar, da noch nicht alles zur beabsichtigten Tatbestandsverwirklichung getan war.[10] Bei dieser Variante genügt die Aufgabe der weiteren Tatausführung, wie geschehen. Freiwilligkeit ist zu bejahen, da Thiele die Tat hätte weiter ausführen können. Die Weigerung und das Einwirken seines Bruders hätten ihn daran nicht gehindert. Er hätte eine dritte Person zur Hilfe beim Abtransport suchen können. Der Bruder hätte Thiele wohl auch kaum bei der Polizei angezeigt.[11]
Der Tatbestand ist zwar verwirklicht, es liegt jedoch strafbefreiender Rücktritt vor.

9 *Lackner* aaO Rn 8 und 16 zu § 242.
10 *Lackner* aaO Rn 3 und 5 zu § 242.
11 *Lackner* aaO Rn 17 zu § 24.

III. Versuchter Wohnungseinbruchsdiebstahl, §§ 244 Abs 1 Nr 3, Abs 2, 22 StGB

Das Regelbeispiel des früheren § 243 Abs 1 Nr 1 StGB wurde, soweit eine Wohnung betroffen ist, als qualifizierendes Merkmal in den oben genannten Tatbestand aufgenommen. Der Wohnungseinbruchsdiebstahl einschließlich seines Versuchs ist daher seit der Neuregelung ein eigener, gegenüber dem Grunddelikt qualifizierter Straftatbestand.
Es liegt somit auch versuchter Wohnungseinbruchsdiebstahl vor. Der Rücktritt wirkt hier ebenfalls strafbefreiend.

IV. Sachbeschädigung, § 303 Abs 1 StGB

Thiele zerstörte vorsätzlich das Zylinderschloß beim Eindringen in das Hausanwesen. Der strafbefreiende Rücktritt vom versuchten Diebstahl hat hier keine Auswirkungen, da die Sachbeschädigung vollendet war. Der Tatbestand ist verwirklicht. Strafantrag ist wegen § 303c StGB erforderlich.

V. Hausfriedensbruch, § 123 Abs 1 StGB

Thiele ist vorsätzlich auf das umzäunte Grundstück gegangen und in das Haus eingedrungen. Der strafbefreiende Rücktritt vom versuchten Diebstahl hat auch hier keine Auswirkungen, da der Hausfriedensbruch vollendet war. Der Tatbestand ist verwirklicht. Strafantrag ist wegen § 123 Abs 2 StGB erforderlich.

E. Konkurrenzen

Die Tatkomplexe A, B, C und D enthalten jeweils eine Handlung. Durch das Aussteigen, kurze Warten, Hin- und Herüberlegen und schließlich den neuen Tatentschluß am Unfallort ergibt sich dies auch für die Abgrenzung zwischen den Komplexen A und B. Eine Klammerwirkung durch das Fahren ohne Fahrerlaubnis ist abzulehnen, da eine Verklammmerung durch das Delikt mit geringerer Strafdrohung nicht möglich ist.[12] Im Tatkomplex A ist II gegenüber III subsidiär, wie sich aus § 316 Abs 1 StGB letzter Halbsatz ergibt. III steht mit IV in Tateinheit (§ 52 Abs 1 StGB). Im Tatkomplex B stehen I, II und III in Tateinheit. Im Tatkomplex D

12 *Lackner* aaO Rn 5 u 10 v § 52 u Rn 5 zu § 52.

stehen IV und V in Tateinheit. Die Straftaten der einzelnen Tatkomplexe wiederum stehen zueinander in Tatmehrheit, § 53 Abs 1 StGB.
Zusammenfassung: Thiele hat sich strafbar gemacht

- der fahrlässigen Straßenverkehsgefährdung in Tateinheit mit Fahren ohne Fahrerlaubnis hierzu in Tatmehrheit
- der vorsätzlichen Trunkenheit im Verkehr in Tateinheit mit unerlaubtem Entfernen vom Unfallort und Fahren ohne Fahrerlaubnis hierzu in Tatmehrheit
- des Betrugs hierzu in Tatmehrheit
- der Sachbeschädigung in Tateinheit mit Hausfriedensbruch.

Teil II

Strafzeitberechnung

1. Zu vollstreckende Strafe: 1 Jahr 7 Monate

Maßgeblich ist die durch Beschluß des Langerichts Ingolstadt vom 13. Oktober 1998 nachträglich gebildete Gesamtfreiheitsstrafe, § 41 Abs 1 StVollstrO. Der Beschluß ist mit Rücknahme der sofortigen Beschwerde am 11. November 1998 rechtskräftig geworden, §§ 460, 462 Abs 1 u 3, 302 Abs 1 StPO.

2. Strafbeginn: 23. März 1998 TB

Rechtskraft des Urteils durch allseitigen Rechtsmittelverzicht in der Hauptverhandlung, § 302 Abs 1 StPO, §§ 38c, 37 Abs 2 S 2 StVollstrO.

23.03.1998 TB	
+ 1 Jahr	§ 37 Abs 5 StVollstrO
23.03.1999 TB	
+ 7 Monate	
23.10.1999 TB	Vorläufiges Strafende Unterbrechung durch Flucht am 25. März 1998 Rest nach Tagen, § 40 Abs 1 S 1 StVollstrO: 26.03.1998 TB bis 23.10.1999 TB = 5 + 365 + 30 + 31 + 30 + 31 + 31 + 30 + 23 = 576 Tage

20. 04. 1998 TB + 576 Tage	Fortsetzung, §§ 40 Abs 2 S 1, 37 Abs 2 S 2 2. Hs StVollstrO 10 + 365 + 31 + 30 + 31 + 31 + 30 + 31 = 559 Rest 17
17. 11. 1999 TB	Vorläufiges Strafende Anrechnung: Anzurechnen ist die Dauer der vom 10. März 1998 bis 22. März 1998 erlittenen U-Haft: 10. 03. TB bis 23. 03. TB = 13 Tage § 51 Abs 1 S 1 StGB, § 39 Abs 2 StVollstrO Weiterhin ist die Dauer der Auslieferungshaft vom 11. April 1998 bis 19. April 1998 anzurechnen: 11. 04. TB bis 20. 04. TB = 9 Tage Der Antrag der Staatsanwaltschaft gem § 450a Abs 3 S 1 StPO blieb erfolglos. § 450a Abs 1 S 1 StPO, § 39a Abs 1 StVollstrO. Nicht anzurechnen sind die Freiheitsentziehungen vor dem 10. März 1998 (U-Haft und Auslieferungshaft). Dies wurde durch Urteil vom 23. März 1998 rechtskräftig angeordnet, § 51 Abs 1 S 2 StGB.
– 22 Tage 26. 10. 1999 TB =	
25. 10. 1999 TE	Strafende, § 39 Abs 4 StVollstrO

3. Zweidrittelzeitpunkt

Wegen § 40 Abs 1 S 1 StVollstrO liegt es nahe, zunächst nach den konkreten Methoden zu berechnen.

Strafzeit nach Tagen: 23. 03. 1998 TB bis 26. 03. 1998 TB = 3 Tage + 576 Tage (oben 2.) = 579 Tage

Drittel: 579 Tage : 3 = 193 Tage × 2 = 386 Tage

konkret-vorwärts:

20. 04. 1998 TB	Zur Vereinfachung werden die von 23. 03. TB bis 26. 03. TB verbüßten 3 Tage sowie die anrechenbaren 22 Tage (oben 2.) gleich von den 386 Tagen abgezogen und ab Fortsetzung gerechnet.
+ 361 Tage	10 + 31 + 30 + 31 + 31 + 30 + 31 + 30 + 31 + 31 + 28 + 31 = 345 Rest: 16

16. 04. 1999 TB =
15. 04. 1999 TE

konkret-rückwärts:

26. 10. 1999 TB	(oben 2.)
– 193 Tage	26 + 30 + 31 + 31 + 30 + 31 = 179 Rest: 14
16. 04. 1999 TB =	30 – 14 = 16
15. 04. 1999 TE	

Da stets die dem Verurteilten günstigste Berechnung anzuwenden ist, muß auch im Fall des § 40 Abs 1 S 1 StVollstrO der Zweidrittelzeitpunkt abstrakt berechnet werden. Der Wortlaut des § 40 Abs 1 S 1 StVollstrO steht dem nicht entgegen, da er die Zweidrittel-Berechnung nicht beinhaltet.
Drittel: 19 Monate : 3 = 6 1/3 × 2 = 12 2/3

abstrakt-vorwärts:

20. 04. 1998 TB	Die Anmerkung zu konkret-vorwärts oben gilt hier entsprechend.
+ 12 Monate	
20. 04. 1999 TB	
+ 20 Tage	
10. 05. 1999 TB	
– 25 Tage	(anrechenbare 22 Tage + 3 Tage vor Unterbrechung verbüßte Strafhaft)
15. 04. 1999 TB =	
14. 04. 1999 TE	

abstrakt-rückwärts:

26. 10. 1999 TB	
– 10 Tage	§ 37 Abs 5 StVollstrO
16. 10. 1999 TB	
– 6 Monate	
16. 04. 1999 TB =	
15. 04. 1999 TE	

Die Berechnung abstrakt-vorwärts mit dem Zweidrittelzeitpunkt 14. April 1999 TE ist für den Verurteilten am günstigsten und daher der Strafzeitberechnung zugrunde zu legen.

Zu guter Letzt

Die Kultur der Klausur 200 Jahre vor ihrem Untergang[1]

Diether Huhn, Berlin

1. Seit 100 Jahren nichts Neues

Wer das „Sozialphänomen Klausur“ unter einen Oberbegriff subsumieren will, wird vielleicht sagen: „Studienkontrolle, Prüfungsleistung, Bewertungsgrundlage“. Unter solchen oder ähnlichen Begriffen läßt sich die Debatte über Sinn und Unsinn von Klausuren mit wechselnden, aber rationalen Argumenten führen. Die Ergebnisse dieses andauernden Rundgesprächs sind – sozusagen als seine Primärfolgen Ausbildungs- und Prüfungsordnungen und in deren Gefolge die endlose Reihe der im vollsten Sinne so zu nennenden Sekundärliteratur: Von den einfachsten Anleitungsbüchern (man könnte sie in einem anderen Sinn zur Etiketten- und Benimmliteratur zählen) bis zu den renommiertesten Lehrbüchern, deren Uneigentlichkeit sich dem ersten Blick verschließt, reicht diese Folge. Der unterdessen mehr als 100 Jahre alte mit dem BGB an Klassizität wetteifernde „*Sattelmacher*“ ist das den meisten Juristen bekannte Beispiel für diese Literatur, die in den fortschreitenden Biographien der Justizkader versinkt wie die Jugend selbst.

Manchmal wundert sich einer der Teilnehmer an dieser Debatte über ihre Folgenlosigkeit. Er stellt dann aber in der Regel bald fest, daß es eigentlich nicht im genauen Sinne Folgenlosigkeit ist, wodurch dieses gesellschaftliche Gespräch gekennzeichnet ist, sondern Gleichförmigkeit: Es wiederholen sich bestimmte Phasen, gewisse Teilergebnisse werden in regelmäßigen Abständen gewonnen und verworfen, um nach einiger Zeit wiederum entdeckt und alsbald wieder verworfen zu werden. Was Ende der fünfziger Jahre richtig war, war Ende der sechziger Jahre falsch, um nun, Ende der achtziger Jahre, wieder als verhältnismäßig zutreffend zu gelten. Das soll nicht heißen, daß auf diesem gesellschaftlichen Teilfeld

1 Dieser Beitrag von Diether Huhn, RpflStud 1990, 13 ff hat auch heute, fast 10 Jahre nach Erscheinen, noch nicht seine Aktualität verloren, deshalb sei er hier auch noch zu guter Letzt abgedruckt.

kein Fortschritt festzustellen sei, aber er verläuft jedenfalls nicht kontinuierlich, sondern – wenn man ein Bild verwenden will – in Spiralen (und auf diesen Spiralen wird gelegentlich abwärts statt aufwärts gewandelt). Manchen älteren Teilnehmern erscheint die Debatte über Sinn und Unsinn der Klausuren daher langweilig, sie haben alles Für und Wider schon gehört, für sie gibt es innerhalb dieser Argumentationsmuster nichts Neues. Diese Haltung ist biographisch und moralisch gefährlich, außerdem betrügt sie sich um eine Chance. Die Chance läge in der Verwunderung. Denn es muß doch verwundern, daß die auf Argumente der Rationalität gestützte Sinndiskussion diesen gleichförmigen Verlauf nimmt. Woran liegt das? Was ist der Grund?

II. Klausuren sind kulturelle Ausdrucksformen

Diese Frage kündigt vielleicht ein aufsehenerregenderes Ergebnis an als es in Wirklichkeit erwartet werden kann. Denn wahrscheinlich liegt doch der Grund für die Gleichförmigkeit (um nicht zu sagen Langweiligkeit) der Aussagen über den Sinn von Klausuren als Kontroll-, Prüfungs-, allgemein: Motivationsmittel einfach darin, daß mit diesen auf Rationalität und Vernünftigkeit jedenfalls anspielenden Begriffen das Wesen dieses „Sozialphänomens Klausur" nur zum Teil erfaßt ist. Klausuren sind sicherlich Teile jenes gesellschaftspolitischen Auslese- und Selektionssystems, das sich in Ausbildungs- und Prüfungsordnungen ausdrückt, man kann es – wenn man höherrangige soziologische Begriffe sucht – zu dem Instrumentarium rechnen, dessen sich die Gesellschaft bedient, um die Lebenschancen und Lebensgüter auf einzelne ihrer Mitglieder mehr oder weniger gerecht, mehr oder weniger rational, mehr oder weniger nachvollziehbar zu verteilen. Von diesen Zusammenhängen handelt die pädagogisch-wissenschaftliche wie die politische Rede über die Klausuren selbst dann, wenn sie sich in die Form von Moralsätzen kleidet („das hat noch niemandem geschadet!", „man muß Probleme auch unter Streßbedingungen bewältigen können", „zu unserer Zeit waren die Bedingungen viel härter", „von den jungen Leuten muß irgendwann auch mal irgend etwas abgefordert werden!").

Die Beharrlichkeit des Phänomens Klausur kann jedoch angesichts der Altertümlichkeit der Form nur mit metarationalen Zusammenhängen erklärt werden. Für diese Zusammenhänge läßt sich ein einfacher Name finden. Die Klausur ist – wie das lyrische Gedicht oder der Kriminalroman – jenseits aller rationalen Erwartungen, die sie angeblich befriedigt, ein Kulturerzeugnis: Ein Element der Darstellung, des Ausdrucks, der Verlautbarung einer gesellschaftlichen Lebensform. Man kann also von einer Kultur der Klausur, von der Klausur als Kulturerzeugnis sprechen. Betrachtet man das „Sozialphänomen Klausur" unter diesem Gesichtspunkt wird schon die Beschreibung zu anderen Ergebnissen kommen als eine an der Wissenschaftsrationalität ausgerichtete Betrachtungsweise.

III. Wirklichkeitsimitationen

Der Begriff Kultur wird hier dem Begriff Rationalität nicht entgegengesetzt, so wie ihm der Antibegriff Irrationalität entgegengesetzt wäre. Denn Irrationalität ist: Unterdrückung der Fragestellung und Verschweigen der Methode. Aber in Klausuren – zumal in juristischen – wird ja die Fragestellung gerade nicht unterdrückt und die Methode eben nicht verschwiegen.

Das scheint sicher. Aber diese Sicherheit könnte trügerisch sein. Ist die sogenannte Methodik von (juristischen) Klausuren vielleicht nur scheinbar? Es könnte sein, daß Frage und Methode der üblichen juristischen Klausuren in Wirklichkeit nur Zeremonien sind. Bei sehr vielen herkömmlichen juristischen Klausuren stellt man tatsächlich fest, daß sie keine wirklichen, d. h. keine an die Realität gerichteten Fragen stellen und daß ihre Wirklichkeits-, Praxisnähe nur vorgegeben, nur ein täuschendes Kleid von Wirklichkeit über einem Körper reiner Fiktionalität ist. Viele Klausuren der juristischen Prüfungs- und Ausbildungsroutine besitzen deshalb zwar die Kälte der Rationalität, aber nicht ihre Klarheit. Wenn man sie als Kulturerzeugnisse betrachtet, erscheinen sie vor allem als Täuschungen, als Imitationen des Lebens, als Wirklichkeitsdouble. Die Beispiele dafür findet man vor allen Dingen am Beginn der Hochschulausbildung und in der Kurzlehrbuchliteratur.

IV. Gemeinschaftsunfähigkeit

Trotzdem ist es nicht die Nachahmung, die den kulturellen Charakter der Klausur am deutlichsten beschreibt, sondern die Hermetik: Die Klausur verlangt das eingeschlossene, hermetische

Arbeiten, das Arbeiten für sich, die Anti-Team-Arbeit. Ein Ausbildungs-, gar ein Studiengang, der sich wesentlich auf Klausuren bezieht, seine Ergebnisse mit Klausuren mißt, wendet sich gegen das Team, gegen die Gemeinsamkeit. Er erhebt – übertrieben gesagt – die Gemeinschaftsunfähigkeit, die Gemeinschaftsuntüchtigkeit zu einem sozialen Wert. (Das ist – ich muß es hier wohl hervorheben – gewiß nicht als Vorwurf zu verstehen; kulturelle Erscheinungen können nicht einfach moralisch gewertet werden, auch das lyrische Gedicht, auch die Sonate, das Tafelbild sind nicht unbedingt gemeinschaftsfördernde Ereignisse.)

V. Individualist gemäß herrschender Lehre

Mit der Klausur, mit Klausuren wird also die Abtrennung von der Welt geübt. Durch Klausuren lernt man, sich selbst als sein alleiniges Arbeitsmittel zu empfinden. Die Frage, welches Kulturideal die Klausur beherrscht, ist also identisch mit der Frage, welchem Menschenbild sie zugerichtet ist. Das kann man noch etwas genauer mit der Frage formulieren: Welche Vorstellungen drücken klausurbezogene Studien- und Ausbildungsgänge aus vom Menschen als einem Kulturträger? Die folgende Antwort ist vielleicht eine polemische Zuspitzung. Sie lautet: Das kulturelle Lernziel dieser Studiengänge (also fast aller juristischen Studiengänge) ist der Individualist in der Tradition der Mehrheiten von gestern: „Individualist gemäß herrschender Meinung". Ich glaube, daß das geheime Lernziel der meisten juristischen Studiengänge, vor allen Dingen der meisten Rechtspflegerstudiengänge, auf ein kulturelles Paradoxon hinausläuft. „Individualisten nach Mehrheitsmeinung" gibt es eben nicht. Die junger Rechtsanwärter merken das natürlich; sie reagieren auf die innere Widersprüchlichkeit des Studienzieles, dem sie unterworfen sind. Die meisten von ihnen erkennen, daß der juristischen Praxis- und Berufswelt die „Mehrheitsgemäßheit" der jungen Kolleginnen und Kollegen wertvoller ist als die Eigenarten ihrer (juristischen) Individualität. Individualität, persönliche Eigenart legen sich die Rechtslehrlinge daher von vornherein nur als Attitüde, nur als konventionelle Ausdrucks- und Auftrittsform zu. Die Klausur ist als kulturelles Erziehungsmittel daher im Ergebnis ein Training zur kulturellen Scharlatanerie und Maskenhaftigkeit. Sie korrespondiert in diesem kultu-

rellen Charakter auf merkwürdige – und wahrscheinlich nicht zufällige – Weise mit einem der höchsten Wertbegriffe von Juristen: mit dem Begriff der Unabhängigkeit und Selbständigkeit. Eine genauere sozialpsychologische (man kann aber auch hier sagen: kulturelle) Untersuchung dieser Begriffe wird ebenfalls ergeben, daß sie nicht wirklich ernst gemeint sind. Der Richter ist unabhängig, der Rechtspfleger selbständig, weil man infolge des Trainings, das beide durchlaufen haben, sicher sein kann, daß sie ihre Abhängigkeiten ohne besondere Anweisung selbst produzieren werden. Dieses gesellschaftliche Ziel läßt sich durch Verinnerlichung der in Studium und Ausbildung trainierten Klausurrituale tatsächlich gut erlernen. Die Klausur ist – bezogen auf dieses kulturelle Lernziel – ein verhältnismäßig gut geeignetes Ausbildungsmittel. Die Klausuraufgaben bewältigt derjenige am besten, der es am besten beherrscht, alleine für sich selbst auf dieselben Gedanken zu kommen, die alle anderen auch denken. Das jedenfalls ist die eigentliche Leistung, die mit den Klausuren gefordert wird. Andere nennenswerte Formen von Leistungen im Studium gibt es für juristische Ausbildungsgänge nicht.
Man hat gelegentlich bemerkt, daß die Klausur als Ausbildungsmittel in einer christlichen, nämlich mönchischen Tradition steht. Wenn man diese Bermerkung nicht kulturgeschichtlich, sondern kulturideologisch wertet, dann ist sie jedenfalls nicht abwegig. Auch die Klausur verlangt Leistung durch Rückzug von der Gesellschaft mit der wichtigen Vorbestimmung und Einschränkung, daß dieser Rückzug ohne Bestreitung der tragenden gesellschaftlichen Wertsysteme erfolgt, daß er also sozusagen ein konservativer (und konservierender) Rückzug ist.

VI. Verwandlung von Fremdzwang in Selbstzwang

Die Klausur ist also Ausdruck sublimen Selbstzwanges. Daß zu erkennen, ist für die Einsicht in ihren kulturellen Charakter wichtig. Studentinnen und Studenten werden allerdings Klausuren möglicherweise eher als Ausdrucksform der Fremdbestimmung und des institutionellen Zwanges der „Sozialorganisation Ausbildung“ ansehen. Aber das ist oberflächlich. Allerdings ist die Tatsache, daß Klausuren geschrieben werden, erzwungen. Die Studenten legen sich diese Pflicht nicht selbst auf. Sie schreiben Klausuren nicht, ohne von Autoritäten dazu angehalten zu werden. Klausuren sind nicht feiwillig. Aber wenn man sie in kulturgeschichtliche Zusammenhänge einordnen will, dann ginge man zu undifferenziert vor, wenn man nur an dieses Merkmal der fehlenden Freiwilligkeit anknüpfte. Man muß vielmehr darüber hinaus die Klausur auch in ihrer inhaltlichen Bedeutung würdigen: die Arbeit, die in Klausur geschrieben wird, hat bestimmten inhaltlichen Anforderungen und Voraussetzungen zu genügen. Die Klausur zwingt zu bestimmten Darstellungsformen und impliziert gewisse Leistungsstandards, die der – wenn auch un-freiwillig- eingeschlossene Klausurenverfertiger (mehr oder weniger) akzeptiert. Die (juristische) Klausur ist damit ein typisches Abbild der Entwicklung der abendländischen (Familien-)Pädagogik.

Bevor es im Abendland im eigentlichen Sinne Pädagogik gibt, also fast bis zum Ende des 18. Jahrhunderts ist Kindererziehung eine gesellschaftliche Aufgabe, die im wesentlichen mit den Mitteln des körperlichen Zwanges bewirkt wird. Erst die Aufklärung macht Methoden modern, die die körperliche Züchtigung von Kindern ablehnen und als ungeeignetes Erziehungsmittel anzusehen beginnen. Statt dessen bemüht sich Erziehung nunmehr „Außengewalt" in „Innengewalt, Fremdzwang in Selbstzwang" zu verwandeln. Daß freiwillig getan werde, was die Autoritäten sonst erzwingen könnten, das ist seitdem – wie wir wissen: bis tief in unser Jahrhundert hinein der mehr oder weniger unausgesprochene, aber beherrschende Inhalt hiesiger Erziehungssysteme. Ein literarisches Beispiel kann das gut illustrieren. Es handelt sich um ein Zitat aus der noch in den zwanziger und dreißiger Jahren dieses Jahrhunderts in vielen deutschen Bürgerhäusern vorzufindenden Autobiographie von *Wilhelm von Kügelgen.* Die Stelle lautet so:

> Nur selten strafte meine Mutter, suchte mich aber immer zur Einsicht meines Unrechts zu bringen und war ein so geschickter Bußprediger, daß ich mich stets beschämt und ganz geneigt fand, Abbitte zu tun. Für dies Verfahren danke ich ihr noch heute, denn es lehrte mich, jene Reste im Gewissen zu tilgen, die der Offenheit des Charakters so schädlich werden können. Mußte ein Vergehen ernstlicher gesühnt werden, so wurde ich auf ein Stündchen oder darüber an ein Tisch- oder Stuhlbein angekettet, zwar nur mit einem Zwirnsfaden, den ich aber nimmer zu zerreißen wagte, so groß war der Respekt vor meiner Mutter.

Man kann sich Äußerungen dieser inneren Struktur gut vorstellen in den Autobiographien älterer, zu Rang und in die Prüfungsämter gelangter Juristen, wenn sie sich anschicken Verfahren zu rechtfertigen, unter denen sie in ihrer Jugend zwar selbst gelitten, die sie aber in ihrem Mannesalter trotzdem selbst oft zur Anwendung gebracht haben. Diese älteren Juristen sind längst davon überzeugt, daß das Sozialverhalten, das die Klausur trainiert, in seiner Grundstruktur, in seiner Gestalt der klassischen beruflichen Situation ziemlich genau entspricht. Die berufliche Situation zumindest der Richter und Rechtspfleger ist durch die unausgesprochene, aber dringende gesellschaftliche Aufforderung gekennzeichnet, die verfassungsrechtlich gewährleistete Unabhängigkeit nicht in Anspruch zu nehmen, also sozusagen freiwillig das zu tun, was die Gesellschaft mehrheitlich will: für sich alleine zu arbeiten, aber Ergebnisse zu erzielen, die von dem allgemeinen kulturellen Einverständnis nicht oder nur unwesentlich abweichen. Der Justizjurist muß Zwangssituationen verinnerlichen, wenn er mit dem Justizsystem nicht in Konflikt kommen muß. Als Student kann er dieses Sozialverhalten in Klausuren gut trainieren. Diejenigen Studentinnen und Studenten bestehen Ausbildungsklausuren am besten, die sich gegen die Zwangsform der Veranstaltung am wenigsten wehren, die sich also am bereitwilligsten unterwerfen: eben wollen, was sie müssen.

VII. Kontrolle und Überwachung

Klausur heißt nicht nur: Alleinsein (wenn auch Alleinsein unter vielen), sondern auch: Überwachung. Durch Klausuren werden junge Menschen auch daran gewöhnt, von älteren überwacht zu werden. Klausurveranstaltungen werden oft „durchgeführt", die Autoritäten nehmen polizeiliche Attitüden an, sogar Verhaltensweisen aus dem Gefängniswesen sind in der täglichen Routine mancher juristischer Prüfungsämter nicht gänzlich ausgeschlossen. Auf den Gängen mancher Justizprüfungsämter patrouillieren uniformierte Wachtmeister. Den Barackensaal mit eigener Toilettenanlage, in dem ich in Schleswig Prüfungsklausuren geschrieben habe, vergesse ich mein Lebtag nicht. Die bedrückende Atmosphäre ist so unvergeßlich, daß ich mich darüber wundern müßte, warum ich mich niemals geweigert habe, an Prüfungsverfahren als

Prüfer überhaupt teilzunehmen. Das Klausurentraining ist eben kulturell auch darin erfolgreich, dem künftigen Juristen Kontrolle und Überwachung als förderliche Kulturtechniken zu vermitteln.

VIII. Gegen-Literatur

Die Klausur ist eine kulturelle Veranstaltung gegen literarische Tradition. Sie richtet sich gegen die Bibliotheken. Bücher stehen in der Regel in Klausuren nicht (ausreichend) zur Verfügung. Die Klausur transportiert also die kulturelle Vorstellung, daß Bibliotheken, Büchersammlungen für die wesentlichen Arbeitsschritte (des Juristen) nicht erforderlich sind. In Berlin verdeutlichte der Kammergerichtspräsident vor einigen Jahren dieses – kulturell sonst eher kaschierte Denken durch eine Verfügung, durch die er Rechtspflegeranwärtern in der praktischen Ausbildung den Besuch von Bibliotheken nur mit ausdrücklicher Genehmigung der Ausbilder gestatten wollte. In dieser Verfügung offenbarte sich das ganz richtige Gefühl, daß Bücher gefährlich sein können (wenn das auch bei den Büchern, die man gewöhnlich in Gerichtsbibliotheken findet, nicht sehr oft der Fall ist). An der Zurückdrängung des Einflusses von Büchern arbeitet deshalb die Gegenwartskultur; sie tut das – wie wir alle sehen – mehr oder weniger mit Erfolg. Die Justizautoritäten werden eingestanden oder nicht – diese Rückkehr der Postmoderne in die Vor-moderne nicht ungerne sehen. Die Klausur paßt als Ausbildungs- und Prüfungsmittel in die Gesellschaft der Tele-Kommunikation jedenfalls viel besser als in die langsam versinkende Welt der Bücher und Bibliotheken. Klausuren werden zwar geschrieben, sie sind aber keine literarischen Zeugnisse, sie erheben keine literarischen Ansprüche, die Klausurenbewertung enthält in der Regel keine literarischen Standards. Darstellungsformen, die sich mit den Ritualen von „Gutachtenstil" und „Urteilsstil" abgeben, lassen sich vereinheitlichen, vereinfachen, schablonisieren, aus Textbausteinen zusammensetzen: für den Computer zurichten. Die Justizprüfungsämter werden bestimmte Computersysteme für die Klausuren eher zulassen als brauchbare Handbibliotheken. Auf die politische Kraft und die merkantile Phantasie der Software-Fabrikanten können daher Hoffnungen auf Veränderung der Klausurenkultur gesetzt werden.

IX. Wissenschaftsfeindlichkeit

Die Klausur bewirkt wegen ihrer hermetischen und unliterarischen Produktionssituation eine Bekräftigung der gewöhnlichen (um nicht zu sagen: der herrschenden) Denkstrukturen und Darstellungsmodalitäten. Sie leistet das durch den Drang zur Schnelligkeit und Flüchtigkeit. Nicht umsonst (und vor allen Dingen nicht ohne Folgen) werden die Klausurtexte meist so bemessen, daß sie die zeitlichen Möglichkeiten auch der besten Studentinnen und Studenten übersteigen. Die Erziehung zur Flüchtigkeit ist Absicht. Die Klausurenbearbeiter sollen dazu gezwungen werden, bestehende Traditionen zu übernehmen, ohne sie belegen zu müssen. Die Kultur der Klausur ist daher auch wissenschaftsfeindlich. Das hängt möglicherweise mit der Natur der Jurisprudenz zusammen. Die Rechtswissenschaft ist als Wissenschaft – vorsichtig gesagt – nicht sehr ausgewiesen. Es gibt – noch vorsichtiger – wenige Beweise für ihre Wissenschaftlichkeit, sie erstrecken sich auf Randdisziplinen, die gesellschaftlich eher exotische Bestandteile dieser Betätigung betreffen. *Julius von Kirchmann* ist nicht widerlegt. Jurisprudenz ist eher eine Herrschaftslehre als eine Wissenschaft. Diesem Charakter entspricht die Klausur als Ausbildungs- und Erziehungsmittel ziemlich gut.

Die Klausur lehrt mit Mängeln umzugehen. Klausuraufgaben werden oft so bemessen, daß eine ganz vollkommene Leistung nicht erzielbar ist. An vollkommenen Leistungen besteht wenig Interesse. Auch das hängt wohl mit dem Charakter der Jurisprudenz als Herrschaftslehre (oder genauer der Verkleidung von Herrschaftswissen als Wissenschaft) zusammen. Die juristische Klausur kann daher auch als ein analoges Phänomen erfaßt werden: sie drückt eine Kultur der Eingeschlossenen aus, weil sie Einschließende werden sollen. Tatsächlich empfindet sich die deutsche Justiz nicht als eine Institution des Schutzes *vor* dem Gefängnis, sondern des Schutzes durch das Gefängnis.

X. Archäologie der Klausuren

Wenn unsere Kultur untergegangen ist, die Wälder verdorrt, die Säulen unserer Schulen und Hochschulen geborsten und nur die Klausuren erhalten sind, die man darin geschrieben hat, was werden sie über diese untergegangene Kultur verraten? Was entnimmt man z.B. nach zwei Jahrhunderten aus den Klausuren der Fachhochschule für Verwaltung und Rechtspflege über den Rechtspfleger und seine Tätigkeit? Ich stelle diese Frage nicht, weil ich sie hier genau beantworten könnte. Aber ich möchte – nebenbei – den wissenschaftlich begründeten, also auf nachvollziehbaren Beobachtungskriterien beruhenden Versuch einer solchen Beschreibung aufgrund dieses Materials vorschlagen. Ich rege das hiermit an. Ich schlage die planvolle didaktisch-pädagogische Überprüfung dieser Klausuren vor. Ein – wenigstens *ein* – deutsches Justizministerium oder Prüfungsamt sollte doch dafür Zeit und Interesse haben. Ich liefere deshalb hier nur den groben Versuch einer Antwort, mehr Diskussionsaufforderung als Erkenntnis.

Der Rechtspfleger ist ein vereinzelter Funktionsträger in Organisationszusammenhängen mit unklaren Zuständigkeiten. Diese Organisationszusammenhänge werden meist Gerichte genannt. In diesen sogenannten Gerichten gibt es noch andere, offenbar ebenfalls meist vereinzelt tätige Funktionsträger mit anderen Zuständigkeiten. Sie werden Richter genannt. Die Aufgabengrenzen zwischen Richtern und Rechtspflegern sind klar, es wird aber wenig darüber gesprochen. Unklar ist, warum es diese Aufgabenaufteilung gibt. Sie ist aber innerhalb dieser untergegangenen Kultur nicht problematisiert, auch nicht völlig akzeptiert, aber hingenommen worden. Rechtspfleger und Richter haben gemeinsam, daß sie wenig mit Menschen zu tun haben. Gelegentlich entsteht der Eindruck, als sprächen Rechtspfleger ein bißchen häufiger mit Menschen als Richter, bei genauerem Hinsehen (besonders wenn auch die Klausurlösungen in diese Archäologie einbezogen werden) stellt sich dieser Eindruck aber als trügerisch heraus. Der Rechtspfleger ist ein Vertreter einer Staat genannten Instanz, die ihren Ehrgeiz dareinsetzt, möglichst knapp und mit formalisierten Begründungen mit den anderen Menschen zu sprechen. Sie geben sich daher verhältnismäßig wenig Mühe, sich verständlich auszudrücken. Ihre Begründungen beschränken sich – außer in den Fällen, in denen auf ihre Mitteilungen nicht mehr sinnvoll reagiert werden kann (Beschlüsse genannt) – auf die Angabe von Ziffern. Offenbar hat in dieser Kultur ein Katalog oder eine Art von ausführlicher Liste existiert, die mögliche Begründungsformeln aufführte und die zur Vereinfachung von

Mitteilungen durchnumeriert war. Es ist nichts darüber bekannt, ob diese Liste allgemein, also auch denjenigen Menschen zugänglich war, die nicht Rechtspfleger oder Richter waren. Die am schwersten verständlichen, formelhaftesten Textteile ihrer sich – wie gesagt – vorwiegend schriftlich vollziehenden Arbeit nannten die Rechtspfleger „Praxis", „praktischer Teil".
Diese Kultur hat sich auch dann nicht geändert, als sie ihren Untergang schon vor Augen hatte. Sie ist klaglos untergegangen. Sie hat sich selbst nicht bedauert und ist nicht bedauert worden.

Anmerkungen

Der subjektive Charakter dieses Beitrags machte belegende Fußnoten unnötig. Einige wenige Hinweise könnten trotzdem nützlich sein. Sie folgen hier:

„Sattelmacher". Das Buch, das Juristen mit diesem Autorennamen zitieren, ist über 100 Jahre alt. Mit seinem vollen heutigen Titel heißt es: *Sattelmacher/Sirp,* Bericht, Gutachten und Urteil. Eine Einführung in die Rechtspraxis. 30. Auflage des 1884 von Hermann Daubenspeck, Reichsgerichtsrat, begründeten Werkes, München (Vahlen) 1986. – Der heutige Namensgeber des Buches Dr. *Paul Sattelmacher,* 1873–1947, war zuletzt Oberlandesgerichtspräsident in Naumburg an der Saale, vorher Vizepräsident des Juristischen Landesprüfungsamtes in Preußen. Seit der 26. Auflage ist das Buch von dem jetzigen Bearbeiter *Wilhelm Sirp* (Dr. h.c., Präsident des Landgerichtes a. D.) mit dem Motto versehen: „Weh dem, der mißt mit dem Maße der Willkür". Der erste Satz der ersten Auflage dieses Buches von 1884 lautete: „Die Klagen über die mangelhafte Ausbildung der jungen Juristen sind nicht gerade neu". Drei weitere typische Zitate: „Die Methode (ist) immer dieselbe, ganz gleich, welche Leistung in der Ausbildung oder in der Prüfung zu erbringen ist"; „Ob der junge Junst das Ausbildungsziel erreicht, bestimmt er weitestgehend selbst"; „Wer sich mit dem begnügt, was ihm in der ‚amtlichen' Ausbildung ... vorgesetzt wird, darf nicht enttäuscht ... sein, wenn er die Ausbildung ... nur mit dürftigem Erfolg beendet".

„Biographien der Justizkader". Ein typisches Beispiel ist das Buch von *Ludwig Ebermayer* (dem späteren obersten Staatsanwalt der Weimarer Republik), 50 Jahre Dienst am Recht, Erinnerungen eines Juristen, Leipzig/Zürich 1930. In diesem Buch von peinlicher Selbstgerechtigkeit liest man u. a. ein Loblied auf die Klausur: „Alle ... Bedenken und Ungleichheiten entfallen bei reiner Klausurarbeit. Jeder ist auf sich selbst gestellt, jedem stehen die gleichen Hilfsmittel zu Gebote. Bezeichnend ist, daß man auch in den Ländern, die früher die Klausur nur in beschränktem Umfang kannten, mehr und mehr auf sie hinauskommt". – Auch die Simplizitäten, die *Heinrich Kronstein* in seinen „Briefen an einen jungen Deutschen" (München 1968) von sich gibt, fügen sich in diesen bedrückenden Zusammenhang: (z. B.) „Einzig in der strengen Logik des Studienaufbaus liegt das Geheimnis der raschen Beherrschung der Materie“; „Gleich zu Beginn seines Studiums muß (der Student) verstehen lernen, was eine Rechtsregel ist ...“

„Imitation des Lebens in der Kurzlehrbuchliteratur“. In meinem Buch: Der Fall Familie (Darmstadt/Neuwied 1977), S. 31 ff habe ich Beispiele aus *Dieder Henrichs* Familienrechtskurzlehrbuch zitiert. Es liefert bis heute über das Verlöbnis eine wesentlich umfangreichere Darstellung als über Vormundschaft und Pflegschaft. Weitere Namensnennungen unterlasse ich; mein Bedürfnis, mich unbeliebt zu machen, ist befriedigt.

„Außengewalt in Innengewalt“. Genaueres zu diesem Thema kann man entnehmen aus *Dieter Richter*, Das fremde Kind. Zur Entstehung der Kindheitsbilder des bürgerlichen Zeitalters (Frankfurt/Main 1987); dort besonders dem Kapitel: Gebranntes Kind scheut das Feuer, Wandel der Strafen, neue Gewalt. – Über den Strafcharakter der Erziehung liest man Eindrucksvolles und Bedrückendes bei *Ludwig Fertig*, Zeitgeist und Erziehungskunst (Darmstadt 1984), Kapitel IV: „Rute und Strafe gibt Weisheit ...“, Erziehung und Strafe.

„Wilhelm von Kügelgen“. Wilhelm von Kügelgen, geb. 1802 in Petersburg, gest. 1867 als Hofmaler des Herzogs von Anhalt-Bernburg in Ballenstedt im Harz („für die in der Kleinstadt fehlende künstlerische Anregung durch ein besonders reiches und schönes Familienleben ... entschädigt“). Schon Vater und Onkel waren Maler, wie sie hat auch er Bilder von Goethe und Wieland gemalt. Berühmt ist er durch das erst 1870 nach seinem Tode erschienene Buch „Jugenderinnerungen eines alten Mannes“. In der Buchreihe „Bücher der Rose“ des Münchner Verlages Langewische-Brandt erlebte das Buch zahlreiche Auflagen. Bereits 1909 zum 75. Tausend behauptete der Verlag, das Buch sei „längst in den Besitz der Nation“ übergegangen; mit Nation meinte er eine gewisse Schicht von „Besitz und Bildung“, denn inhaltlich sprach das Buch wohl vor allem eine Art von Wertkonservativismus an, also nicht in erster Linie die Leute, die im Mittelpunkt des deutschen Hochkapitalismus standen, der seit 1870 den deutschen Gesellschaftscharakter bestimmte. Das Buch verherrlichte die „gute alte Zeit“; „Unordnung und wüster Streit“ werden bereits im dritten Satz sozusagen mit Ekel und Abscheu genannt.

„Keine gefährlichen Bücher in Gerichtsbibliotheken“. Solange dort Bücher wie der Beck-Verlags-Kommentar von *Stuckart* und *Globke* (Adenauers späterem Staatssekretär) über die Nazi-Rassengesetzgebung standen, hielt man sich allerdings von den Gerichtsbibliotheken tatsächlich besser fern.

„Julius von Kirchmann ist nicht widerlegt“. Die Lektüre von *Julius von Kirchmanns* Schrift: Die Wertlosigkeit der Jurisprudenz als Wissenschaft (Berlin 1848) empfehle ich auch heutigen Studentinnen und Studenten dringend (46 kleine Seiten im Nachdruck der Wissenschaftlichen Buchgesellschaft). Ein einziges Zitat daraus: „Die Nation ist der wissenschaftlichen Juristen überdrüssig. (Denn) Durch die Wissenschaft (ist die Rechtspflege) zum Glücksspiel geworden". Es war immerhin ein Generalstaatsanwalt, der das sagte. Man kann sich einen heutigen Amtsträger dieses Ranges mit so deutlichen Worten schwer vorstellen. Über Kirchmanns Aktualität habe ich 1976 in einem Vortrag unter dem Titel „Neues Recht durch neue Richter?" (abgedruckt in: Aus Politik und Zeitgeschehen, Beilage zur Wochenzeitung Das Parlament, B 43/76, S. 6ff) einige Sätze gesagt, die ich bis heute richtig finde.

Stichwortverzeichnis

www.ingramcontent.com/pod-product-compliance
Lightning Source LLC
LaVergne TN
LVHW010552300926
849162LV00002B/308